1001개의 문장으로 익히는 중등 영어 구문·문법 학습의 시작

쎄듀런 Mobile & PC 문장암기 서비스 제공

# 천일문 STARTER 1

- 이미지로 한눈에 이해하는 문장 구조 및 문법 개념
- 세분화된 180개 학습 포인트와 이해하기 쉬운 설명
- 실생활/인문/사회/과학 외 다양한 주제의 예문
- 심화 예문으로 마무리하는 Level Up Sentences
- 친절하고 자세한 해설 추가된 천일비급
- 영역 통합(어휘·문법·해석·영작) 학습 가능한 워크북

김기훈 쎄듀영어교육연구센터

쎄듀 | 쎄듀런

1001 SENTENCES **STARTER**

Get
Started!

대한민국 영어 구문 학습의 표준

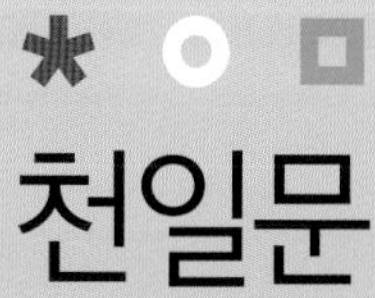

# 천일문

**CEDU**(쎄듀)는 A **C**omprehensive **E**nglish e**DU**cation(종합적 영어교육)의 약자입니다.

유형별 훈련으로 문장이 쉽게 통암기 되는 놀라운 경험!

Mobile & PC 동시 학습이 가능한

 **쎄듀런 온라인 구문 트레이닝 서비스**

학생용

❶ 직독직해(끊어읽기+해석하기)

❷ 문장 구조분석

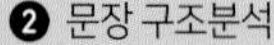

❸ 스크램블링

**천일문 STARTER 1 온라인 학습 50% 할인 쿠폰**

할인 쿠폰 번호 LFDTX6EM5Y38
쿠폰 사용기간 쿠폰 등록일로부터 90일

## PC 쿠폰 사용 방법

1 쎄듀런에 학생 아이디로 회원가입 후 로그인해 주세요.
2 [쿠폰등록하기]를 클릭하여 쿠폰 번호를 입력해주세요.
3 쿠폰 등록 후 홈페이지 최상단의 [상품소개→(학생전용) 쎄듀캠퍼스]에서 할인 쿠폰을 적용하여 상품을 결제해주세요.
4 [마이캠퍼스→쎄듀캠퍼스→천일문 스타터1 클래스]에서 학습을 시작해주세요.

**유의사항**

- 본 할인 쿠폰과 이용권은 학생 아이디로만 사용 가능합니다.
- 쎄듀캠퍼스 상품은 PC에서만 결제할 수 있습니다.
- 해당 서비스는 내부 사정으로 인해 조기 종료되거나 내용이 변경될 수 있습니다.

**천일문 STARTER 1 맛보기 클래스 무료 체험권** (챕터 1개)

무료 체험권 번호 TGL7Y2TUFMLM
클래스 이용기간 체험권 등록일로부터 30일

## Mobile 쿠폰 등록 방법

1 쎄듀런 앱을 다운로드해 주세요.
2 쎄듀런에 학생 아이디로 회원가입 후 로그인해 주세요.
3 [쿠폰등록하기]를 클릭하여 쿠폰 번호를 입력해주세요.
4 쿠폰 등록 후 [마이캠퍼스→쎄듀캠퍼스→<맛보기>천일문 STARTER 1 클래스]에서 학습을 바로 시작해주세요.

**쎄듀런 모바일앱 설치**

## PC 쿠폰 등록 방법

1 쎄듀런에 학생 아이디로 회원가입 후 로그인해 주세요.
2 [쿠폰등록하기]를 클릭하여 쿠폰 번호를 입력해주세요.
3 쿠폰 등록 후 [마이캠퍼스→쎄듀캠퍼스→<맛보기>천일문 STARTER 1 클래스]에서 학습을 바로 시작해주세요.

쎄듀런 홈페이지
**www.cedulearn.com**

쎄듀런 카페
**cafe.naver.com/cedulearnteacher**

# 천일문 STARTER 1

저자

**김기훈** 現 ㈜쎄듀 대표이사
現 메가스터디 영어영역 대표강사
前 서울특별시 교육청 외국어 교육정책자문위원회 위원
저서 | 천일문 / 천일문 Training Book / 천일문 GRAMMAR
첫단추 BASIC / 어법끝 / 문법의 골든룰 101 / Grammar Q
어휘끝 / 쎄듀 본영어 / 절대평가 PLAN A / 독해가 된다
The 리딩플레이어 / 빈칸백서 / 오답백서 / 거침없이 Writing
첫단추 / 파워업 / ALL씀 서술형 / 수능영어 절대유형 / 수능실감 등

쎄듀 영어교육연구센터
쎄듀 영어교육연구센터는 영어 콘텐츠에 대한 전문지식과 경험을 바탕으로 최고의 교육 콘텐츠를 만들고자 최선의 노력을 다하는 전문가 집단입니다.
인지영 책임연구원 · 최세림 전임연구원 · 장혜승 선임연구원 · 김지원 전임연구원

| | |
|---|---|
| 마케팅 | 콘텐츠 마케팅 사업본부 |
| 영업 | 문병구 |
| 제작 | 정승호 |
| 인디자인 편집 | 올댓에디팅 |
| 디자인 | 유은아 |
| 영문교열 | Stephen Daniel White |

| | |
|---|---|
| 펴낸이 | 김기훈 김진희 |
| 펴낸곳 | ㈜쎄듀/서울시 강남구 논현로 305 (역삼동) |
| 발행일 | 2023년 1월 2일 초판 1쇄 |
| 내용 문의 | www.cedubook.com |
| 구입 문의 | 콘텐츠 마케팅 사업본부<br>Tel. 02-6241-2007<br>Fax. 02-2058-0209 |
| 등록번호 | 제22-2472호 |
| ISBN | 978-89-6806-270-4<br>978-89-6806-272-8 (세트) |

# Foreword

〈천일문 STARTER〉 시리즈를 펴내며

천일문 시리즈는 2004년 첫 발간된 이래 지금까지 베스트셀러를 기록하며 전체 시리즈의 누적 판매 부수가 어느덧 500만 부를 훌쩍 넘어섰습니다. 이렇듯 천일문 시리즈를 통해 문장 중심의 영어 학습 효과는 이미 입증되었고, 문장 학습의 중요성은 고등에만 국한된 것이 아니기에 예비 중등부터 구문 학습을 체계적으로 시작할 수 있도록 새로운 〈천일문 STARTER〉를 선보이게 되었습니다.

## 중등 구문·문법 학습의 시작, 천일문 STARTER

초등 교육 과정에서는 영어를 어렵지 않게 학습하던 학생들도 중등 교육 과정을 접하기 시작하면서 갑자기 높아진 난도에 어려움을 겪는 경우가 많습니다. 중등부터는 점점 문장 길이가 길어지기 시작하고, 구조가 복잡한 문장들이 등장하기 때문입니다. 또한, 내신 서술형도 큰 비중을 차지하기 때문에 문법 공부도 소홀히 할 수 없습니다. 〈천일문 STARTER〉는 구문이나 문법 학습이 아직 낯선 학생들도 부담 없이 시작할 수 있도록 쉬운 예문들로 구성하였고, 올바른 해석 능력과 문장에 알맞은 문법 규칙을 적용할 수 있는 능력을 기를 수 있도록 하였습니다.

## 문장이 학습의 주가 되는 천일문

천일문은 우리말 설명보다는 문장이 학습의 주가 됩니다. 모든 문장은 원어민들이 실제로 사용하는가(authenticity), 자주 쓸 수 있는 표현인가(real-life usability), 내용이 흥미롭고 참신한 정보나 삶의 지혜를 담고 있는가(educational values)의 기준으로 엄선하여 체계적으로 재구성한 것입니다. 이들 문장을 중요한 구문·문법 항목별로 체계적으로 집중 학습할 수 있도록 설계했습니다.

## 천일문 STARTER의 특장점

1 **1,001개의 문장:** 구문 학습의 기초가 되는 모든 필수 구문 · 문법 사항을 총 1,001개의 문장에 담았습니다.
2 **이미지 학습:** 시각적 이미지를 활용하여 문장 구조와 문법 개념을 더욱 쉽게 이해할 수 있도록 했습니다.
3 **학습 포인트 세분화:** 학습 포인트를 세분화하여 학습 부담을 줄일 수 있도록 했습니다.
4 **종합학습서:** 어법과 영작 외에도 다양한 유형을 통해 구문·문법을 적용할 기회를 제공하고, 독해, 내신 및 서술형에도 대비할 수 있는 종합학습서의 역할도 갖추었습니다.
5 **천일비급(별책해설집):** 중등 학습자 눈높이에 맞춘 문장별 구조분석을 제공하며, 자세하고 친절한 해설을 추가하여 자기 주도적 학습과 복습이 가능합니다.
6 **WORKBOOK:** 학습한 구문·문법을 연습하고 적용할 수 있도록 충분한 양의 연습문제를 담았습니다.
7 **무료 부가서비스(www.cedubook.com):** 어휘리스트, 어휘테스트, 본문 해석/영작 연습지, MP3 파일, 딕테이션 sheet 등 풍부한 부가서비스도 마련하였습니다.

〈천일문 STARTER〉라는 이름에 걸맞게 구문 학습에 발걸음을 내딛는 학습자들의 첫걸음이 가벼워질 수 있도록 많은 연구와 토론으로 최대한의 노력을 기울였습니다. 이 교재와의 만남을 통해 더 많은 영어 학습자들이 영어를 영어답게 공부할 수 있기를 희망합니다.

저자

<〈천일문 STARTER 1〉 학습 로드맵

## 구문 이해하고 적용해 보기

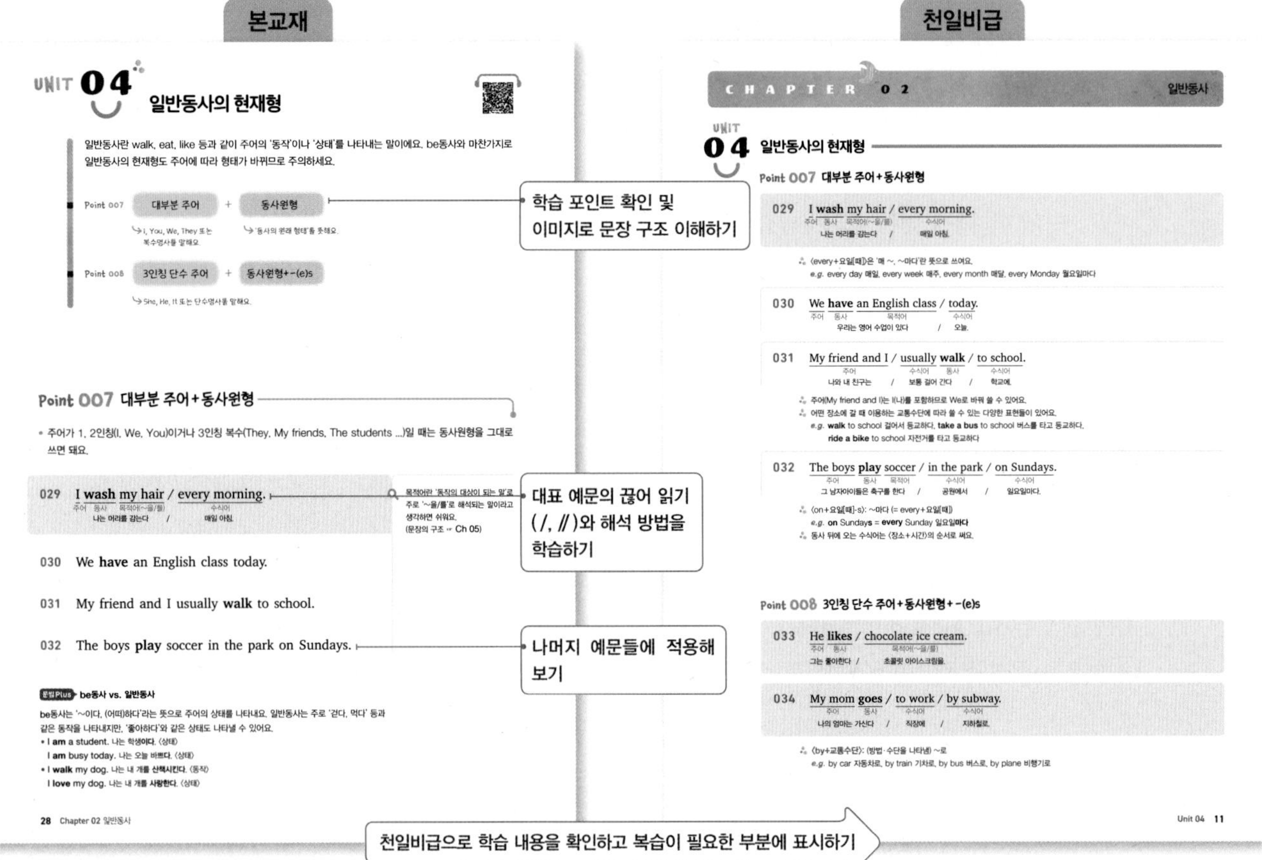


**본교재**

UNIT 04 일반동사의 현재형

일반동사란 walk, eat, like 등과 같이 주어의 '동작'이나 '상태'를 나타내는 말이에요. be동사와 마찬가지로 일반동사의 현재형도 주어에 따라 형태가 바뀌므로 주의하세요.

Point 007 대부분 주어 + 동사원형
↳ I, You, We, They 또는 복수명사를 말해요. ↳ '동사의 원래 형태'를 뜻해요.

Point 008 3인칭 단수 주어 + 동사원형+-(e)s
↳ She, He, It 또는 단수명사를 말해요.

**Point 007 대부분 주어+동사원형**

- 주어가 1, 2인칭(I, We, You)이거나 3인칭 복수(They, My friends, The students ...)일 때는 동사원형을 그대로 쓰면 돼요.

029 I **wash** my hair / every morning.
주어 동사 목적어(~을/를) 수식어
나는 머리를 감는다 / 매일 아침.

목적어란 '동작의 대상이 되는 말'로 주로 '~을/를'로 해석되는 말이라고 생각하면 쉬워요. (문장의 구조 ☞ Ch 05)

030 We **have** an English class today.

031 My friend and I usually **walk** to school.

032 The boys **play** soccer in the park on Sundays.

**문법Plus be동사 vs. 일반동사**

be동사는 '~이다, (어떠)하다'라는 뜻으로 주어의 상태를 나타내요. 일반동사는 주로 '걷다, 먹다' 등과 같은 동작을 나타내지만, '좋아하다'와 같은 상태도 나타낼 수 있어요.

- I **am** a student. 나는 학생**이다**. 〈상태〉
  I **am** busy today. 나는 오늘 **바쁘다**. 〈상태〉
- I **walk** my dog. 나는 내 개를 **산책시킨다**. 〈동작〉
  I **love** my dog. 나는 내 개를 **사랑한다**. 〈상태〉

28 Chapter 02 일반동사

**천일비급**

CHAPTER 02 일반동사

UNIT 04 일반동사의 현재형

**Point 007 대부분 주어+동사원형**

029 I **wash** my hair / every morning.
주어 동사 목적어(~을/를) 수식어
나는 머리를 감는다 / 매일 아침.

〈every+요일[때]〉은 '매 ~, ~마다'란 뜻으로 쓰여요.
*e.g.* every day 매일, every week 매주, every month 매달, every Monday 월요일마다

030 We **have** an English class / today.
주어 동사 목적어 수식어
우리는 영어 수업이 있다 / 오늘.

031 My friend and I / usually **walk** / to school.
주어 수식어 동사 수식어
나와 내 친구는 / 보통 걸어 간다 / 학교에.

주어(My friend and I)는 I(나)를 포함하므로 We로 바꿔 쓸 수 있어요.
어떤 장소에 갈 때 이용하는 교통수단에 따라 쓸 수 있는 다양한 표현들이 있어요.
*e.g.* **walk** to school 걸어서 등교하다, **take a bus** to school 버스를 타고 등교하다, **ride a bike** to school 자전거를 타고 등교하다

032 The boys **play** soccer / in the park / on Sundays.
주어 동사 목적어 수식어 수식어
그 남자아이들은 축구를 한다 / 공원에서 / 일요일마다.

〈on+요일[때]-s〉: ~마다 (= every+요일[때])
*e.g.* **on** Sunday**s** = **every** Sunday 일요일**마다**
동사 뒤에 오는 수식어는 〈장소+시간〉의 순서로 써요.

**Point 008 3인칭 단수 주어+동사원형+-(e)s**

033 He **likes** / chocolate ice cream.
주어 동사 목적어(~을/를)
그는 좋아한다 / 초콜릿 아이스크림을.

034 My mom **goes** / to work / by subway.
주어 동사 수식어 수식어
나의 엄마는 가신다 / 직장에 / 지하철로.

〈by+교통수단〉: (방법·수단을 나타냄) ~로
*e.g.* by car 자동차로, by train 기차로, by bus 버스로, by plane 비행기로

Unit 04 11

## 복습과 반복 학습을 돕는 부가서비스 (무료로 다운로드) www.cedubook.com

### 본문 해석 연습지

영문에 /, // 등의 표시를 하고 해석한 뒤, 천일비급과 대조, 점검해보세요.

천일문 STARTER 1 해석 연습지
CHAPTER 01 be동사
UNIT 01 be동사의 현재형
Date Name

POINT 001 인칭대명사 주어+be동사
001 I am a middle school student.
→
002 You are so kind.
→
003 She is an actress. She's very famous.
→
004 They are puppies. They're really small.
→

POINT 002 명사 주어+be동사
005 My classmates are friendly.
→
006 Jane is a baseball fan.
→
007 My mother is a hairdresser.
→

### 본문 영작 연습지

'빈칸 채우기, 순서 배열하기, 직독직해 뜻을 보며 영작하기'의 세 가지 버전으로 구성되어 있어요. 이 중 적절한 것을 골라 우리말을 보고 영문으로 바꿔 써보세요.

천일문 STARTER 1 영작 연습지 STEP 1
CHAPTER 01 be동사
UNIT 01 be동사의 현재형
Date Name

STEP 1 주요 부분 빈칸 채우기

POINT 001 인칭대명사 주어+be동사
001 나는 중학생이다.
→ ______ ______ a middle school student.
002 당신은 ~하다 / 정말 친절한.
→ ______ ______ so kind.
003 그녀는 여배우이다. 그녀는 ~하다 / 매우 유명한.
→ ______ ______ an actress. ______ very famous.
004 그것들은 강아지이다. 그것들은 ~하다 / 정말 작은.
→ ______ ______ puppies. ______ really small.

POINT 002 명사 주어+be동사
005 나의 반 친구들은 친절하다.
→ My classmates ______ friendly.
006 제인은 야구팬이다.
→ Jane ______ a ______ ______.
007 나의 엄마는 미용사이시다.

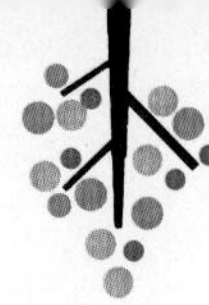

## 문장 암기하고 확인하기

천일문 STARTER 시리즈는 중등 교육과정의 언어형식에 기초하여 중등 학습자가 꼭 알아야 하는 필수 구문과 문법 포인트별로 문장을 수록하였습니다. 해당 구문이나 문법 포인트별로 문장이 모여 있기 때문에 체계적으로 집중 학습할 수 있습니다. 그러나 실제로 접하는 독해 지문이나 문제에서는 여러 구문들이 섞여서 등장합니다. 따라서 학습한 개념들을 적용하여 올바로 해석해 내거나 문제를 풀기 위해서는 그 개념들을 완전히 자기 것으로 만드는 과정이 꼭 필요합니다. 이때 가장 좋은 방법은 문장을 통째로 암기하고 여러 다른 문장에 적용하는 것입니다.

이러한 문장 암기를 돕는 방법 중 하나로 다음과 같이 두 가지 버전의 MP3을 제공합니다.

교재에서
QR 코드 스캔
UNIT 04
일반동사의 현재형
일반동사란 walk, eat, like 등과 같이 주어의 '동작'이나 '상태'를 나타내는 말이에요. be동사와 마찬가지로 일반동사의 현재형도 주어에 따라 형태가 바뀌므로 주의하세요.
Unit 제목 옆의 QR코드를 스캔하면 원하는 MP3 파일 유형을 선택하여 바로 재생할 수 있어요.
홈페이지에서
MP3 파일
다운로드
CEDU MP3 PLAYER
UNIT 04 일반동사의 현재형
자동재생
문장학습
청크학습
UNIT 04_전체 듣기
UNIT 04_029
UNIT 04_030
❶ 청크 학습: 어구 단위로 끊어 약간 느린 속도로 녹음된 버전이에요. 들으면서 의미를 떠올리고 익숙해질 때까지 반복해서 따라 말해보세요.
❷ 문장 학습: 문장 전체를 좀 더 자연스러운 속도로 녹음한 버전이에요. 같은 속도로 따라 말하면서 문장을 암기해보세요.
www.cedubook.com에서 무료로 다운로드 가능해요.

## 워크북으로 복습하기

본책과는 다른 문장으로 구성되어 있으며, 학습한 개념을 확실하게 이해했는지를 확인·점검해 볼 수 있습니다.

# Preview

〈천일문 STARTER 1〉 미리보기

1 본책

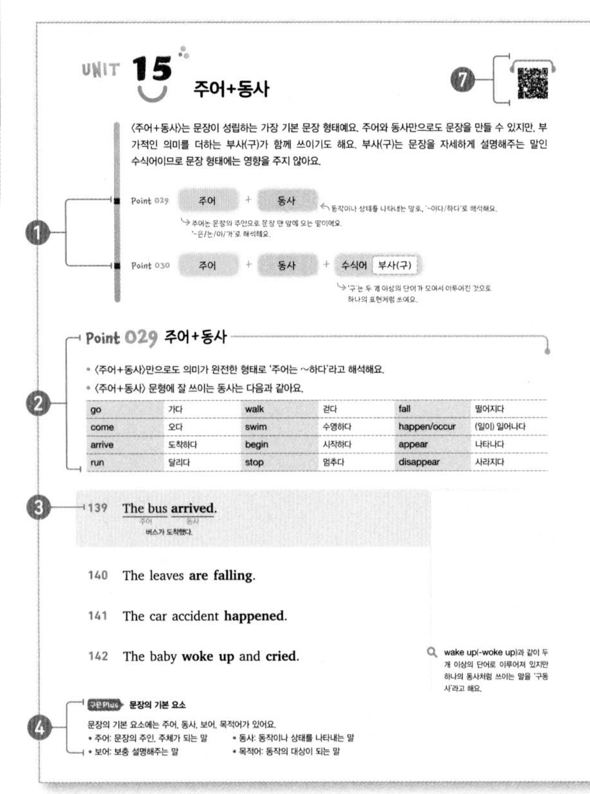

UNIT 15 주어+동사

〈주어+동사〉는 문장이 성립하는 가장 기본 문장 형태예요. 주어와 동사만으로도 문장을 만들 수 있지만, 부가적인 의미를 더하는 부사(구)가 함께 쓰이기도 해요. 부사(구)는 문장을 자세하게 설명해주는 말인 수식어이므로 문장 형태에는 영향을 주지 않아요.

Point 029 주어 + 동사

Point 030 주어 + 동사 + 수식어 부사(구)

Point 029 주어+동사

- 〈주어+동사〉만으로도 의미가 완전한 형태로 '주어는 ~하다'라고 해석해요.
- 〈주어+동사〉 문형에 잘 쓰이는 동사는 다음과 같아요.

| go | 가다 | walk | 걷다 | fall | 떨어지다 |
|---|---|---|---|---|---|
| come | 오다 | swim | 수영하다 | happen/occur | (일이) 일어나다 |
| arrive | 도착하다 | begin | 시작하다 | appear | 나타나다 |
| run | 달리다 | stop | 멈추다 | disappear | 사라지다 |

139 The bus arrived.
버스가 도착했다.

140 The leaves are falling.

141 The car accident happened.

142 The baby woke up and cried.

wake up(-woke up)과 같이 두 개 이상의 단어로 이루어져 있지만 하나의 동사처럼 쓰이는 말을 '구동사'라고 해요.

구문Plus 문장의 기본 요소

문장의 기본 요소에는 주어, 동사, 보어, 목적어가 있어요.
- 주어: 문장의 주인, 주체가 되는 말
- 동사: 동작이나 상태를 나타내는 말
- 보어: 보충 설명해주는 말
- 목적어: 동작의 대상이 되는 말

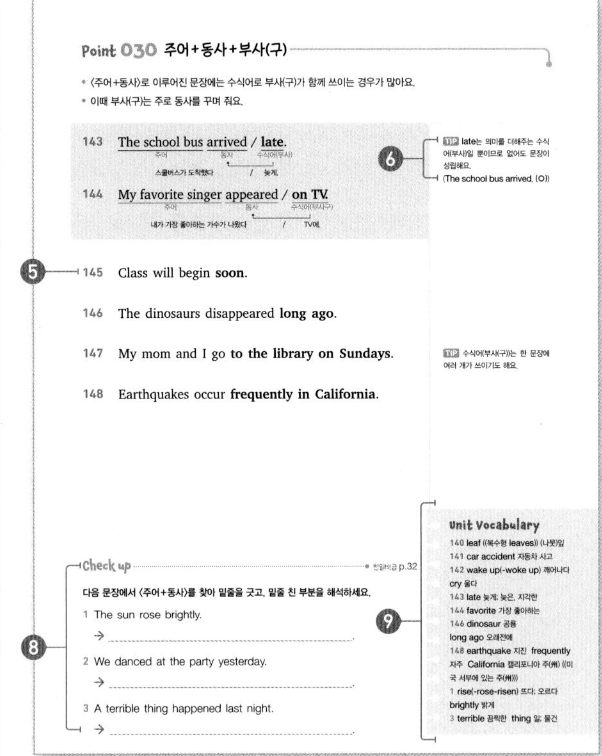

Point 030 주어+동사+부사(구)

- 〈주어+동사〉로 이루어진 문장에는 수식어로 부사(구)가 함께 쓰이는 경우가 많아요.
- 이때 부사(구)는 주로 동사를 꾸며 줘요.

143 The school bus arrived / late.
스쿨버스가 도착했다 / 늦게

144 My favorite singer appeared / on TV.
내가 가장 좋아하는 가수가 나왔다 / TV에

TIP late는 의미를 더해주는 수식어(부사)일 뿐이므로 없어도 문장이 성립해요. (The school bus arrived. (O))

145 Class will begin soon.

146 The dinosaurs disappeared long ago.

147 My mom and I go to the library on Sundays.

148 Earthquakes occur frequently in California.

TIP 수식어(부사(구))는 한 문장에 여러 개가 쓰이기도 해요.

Check up

다음 문장에서 〈주어+동사〉를 찾아 밑줄을 긋고, 밑줄 친 부분을 해석하세요.

1 The sun rose brightly.
→

2 We danced at the party yesterday.
→

3 A terrible thing happened last night.
→

Unit Vocabulary

140 leaf ((복수형 leaves)) (나뭇)잎
141 car accident 자동차 사고
142 wake up(-woke up) 깨어나다 cry 울다
143 late 늦게; 늦은, 지각한
144 favorite 가장 좋아하는
146 dinosaur 공룡 long ago 오래전에
148 earthquake 지진 frequently 자주 California 캘리포니아 주((미국 서부에 있는 주(州)))
1 rise(-rose-risen) 뜨다; 오르다 brightly 밝게
3 terrible 끔찍한 thing 일; 물건

1. 이미지로 문장 구조 학습
2. 세분화된 학습 포인트와 이해하기 쉬운 설명
3. 대표 예문 예시
4. 구문Plus, 문법Plus 관련 구문 및 문법 보충 설명
5. 본문 예문에 학습한 구문·문법 적용
6. TIP, 🔍 해당 예문의 구문·문법 이해를 도와주는 설명
7. QR코드로 MP3 파일 바로 재생
8. 학습한 내용을 확인하는 Check up 문제
9. 중등 필수 학습 단어 및 숙어, 동·반의어 정리

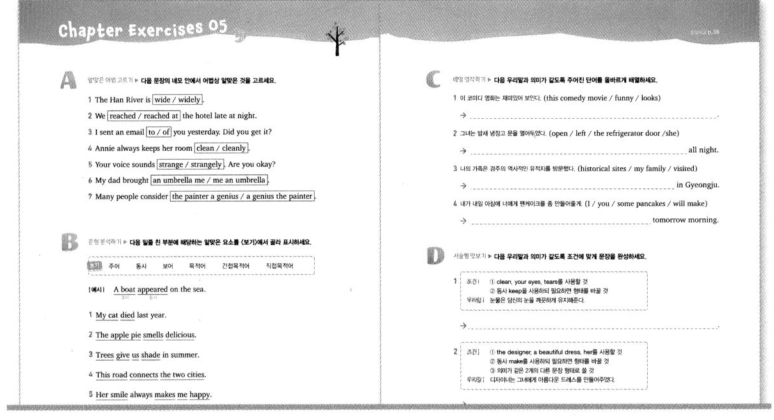

Chapter Exercises 05

A 다음 문장의 네모 안에서 어법상 알맞은 것을 고르세요.

1 The Han River is [wide / widely].
2 We [reached / reached at] the hotel late at night.
3 I sent an email [to / of] you yesterday. Did you get it?
4 Annie always keeps her room [clean / cleanly].
5 Your voice sounds [strange / strangely]. Are you okay?
6 My dad brought [an umbrella me / me an umbrella].
7 Many people consider [the painter a genius / a genius the painter].

B 다음 밑줄 친 부분에 해당하는 알맞은 요소를 〈보기〉에서 골라 표시하세요.

보기 주어 동사 보어 목적어 간접목적어 직접목적어

예시 A boat appeared on the sea.

1 My cat died last year.
2 The apple pie smells delicious.
3 Trees give us shade in summer.
4 This road connects the two cities.
5 Her smile always makes me happy.

C 다음 우리말과 의미가 같도록 주어진 단어를 올바르게 배열하세요.

1 이 코미디 영화는 재미있어 보인다. (this comedy movie / funny / looks)
2 그녀는 밤새 냉장고 문을 열어두었다. (open / left / the refrigerator door / she) → all night.
3 나의 가족은 경주의 역사적인 유적지를 방문했다. (historical sites / my family / visited) → in Gyeongju.
4 내가 내일 아침에 너에게 팬케이크를 좀 만들어줄게. (I / you / some pancakes / will make) → tomorrow morning.

D 다음 우리말과 의미가 같도록 조건에 맞게 문장을 완성하세요.

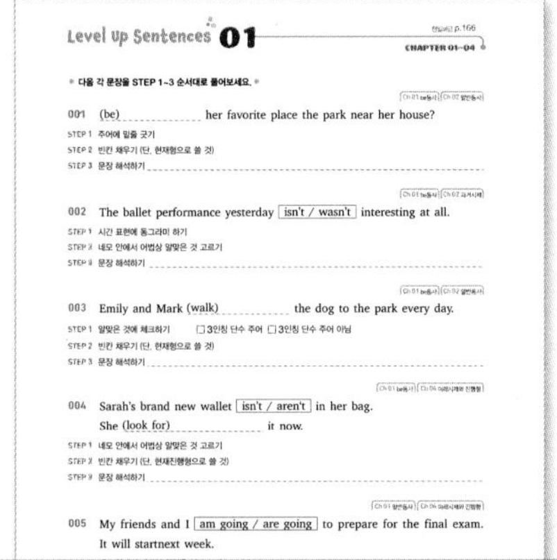

Level Up Sentences 01

001 (be) her favorite place the park near her house?

002 The ballet performance yesterday [isn't / wasn't] interesting at all.

003 Emily and Mark (walk) the dog to the park every day.

004 Sarah's brand new wallet [isn't / aren't] in her bag. She (look for) it now.

005 My friends and I [am going / are going] to prepare for the final exam. It will startnext week.

## Chapter Exercises

구문 이해를 확인해 볼 수 있는 연습 문제로 문법, 해석, 영작, 서술형 등 다양한 문제 유형으로 구성되어 있어요.

## Level Up Sentences

챕터 3~4개를 묶어 문장당 2개 이상의 구문이 포함되도록 한 심화 예문 코너예요. 단계별 문제를 통해 학습한 내용을 총정리 할 수 있어요.

**2 천일비급**

CHAPTER 03 과거시제

UNIT 07 be동사의 과거형

Point 013 be동사 과거형의 긍정문

❶ 056 I was very sick / yesterday.
주어 동사 보어 수식어
나는 매우 아팠다 / 어제.

057 We were at the gym / an hour ago.
주어 동사 장소 수식어
우리는 체육관에 있었다 / 한 시간 전에.

❷ 058 She was my homeroom teacher / last year.
주어 동사 보어 수식어
그녀는 내 담임 선생님이셨다 / 작년에.

059 They were hungry / after the hike.
주어 동사 보어 수식어
그들은 배고팠다 / 하이킹 후에.

❸ 060 The traffic was terrible / yesterday morning.
주어 동사 보어 수식어
교통(량)이 끔찍했다 / 어제 아침에.
❹ → 어제 아침에 교통이 아주 혼잡했다(차가 많이 막혔다).
heavy traffic(많은 교통량), traffic jam(교통 체증)이란 표현도 자주 쓰여서 알아두면 좋아요.
e.g. There was heavy traffic on the road. 그 도로에는 교통량이 많았다.

061 Max and I were at the concert / last night. We were so excited.
주어 동사 장소 수식어 주어 동사 보어
맥스와 나는 콘서트장에 있었다 / 어젯밤에. 우리는 무척 신났었다.

Point 014 be동사 과거형의 부정문

062 It was not your fault. It is okay.
주어 동사 보어 주어 동사 보어
그것은 네 잘못이 아니었어. 괜찮아.

❺ was not = wasn't

Unit 07 17

〈문장 구조 분석 기호〉

주어 동사 목적어 (간목:간접목적어, 직목:직접목적어)

보어 수식어

장소 (*be, stay, live 등 동사 뒤의 장소를 나타내는 말은 '장소'로 표기)

주어1 주어2 동사1 동사2
중복되는 문장 성분 구분

주어′ 동사′ 목적어′ 보어′ 수식어′
종속접속사가 이끄는 절의 문장 구조 분석 기호

주 동 목 보 수(윗첨자)
to부정사/동명사/분사구의 문장 구조 분석 기호

( ) 형용사구/생략어구 [ ] 관계사절

/, // 의미 단위 표시
– 문장 구조와 자연스러운 우리말을 고려하여 의미 단위(sense group)를 나타낸 것이며, 원어민들이 실제로 끊어 읽는 곳과는 차이가 있을 수 있어요.
– 일반적인 어구의 끊어 읽기는 /로 표시하였고, 절과 절의 구별은 //로 표시했어요.

❶ /, // – 끊어 읽기 표시
❷ 주어, 동사, 목적어, 보어, 수식어 등 구조 분석
❸ 우리말 직역
❹ 필요시 의역
❺ 중등 학습자 눈높이에 맞춘 자세하고 친절한 추가 해설

**3 워크북**

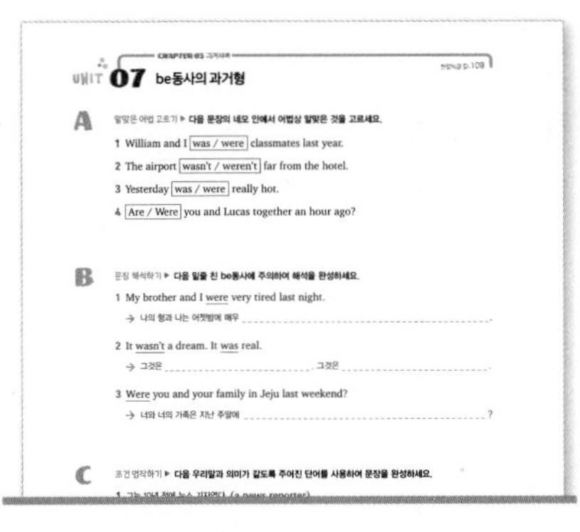

UNIT 07 be동사의 과거형

A 1 William and I [was / were] classmates last year.
2 The airport [wasn't / weren't] far from the hotel.
3 Yesterday [was / were] really hot.
4 [Are / Were] you and Lucas together an hour ago?

B 1 My brother and I were very tired last night.
2 It wasn't a dream. It was real.
3 Were you and your family in Jeju last weekend?

Chapter 통합 Exercises 03

### Unit Exercises

문법, 해석, 영작 등 다양한 유형의 연습 문제를 통해 각 유닛의 구문 포인트를 복습할 수 있어요.

### Chapter 통합 Exercises

❶ 2개 이상의 유형(어휘·문법·해석·영작)이 통합된 문제를 통해 구문 적용력을 높일 수 있어요.
❷ D 영작+해석 본책에서 학습한 구문으로 구성된 짧은 글 안에서 문장을 써 보고, 해석함으로써 실제 구문이 쓰이는 자연스러운 쓰임을 파악 및 체득할 수 있어요.

**4 부가서비스**

### 무료 부가서비스

**무료로 제공되는 부가서비스로 완벽히 복습하세요.** www.cedubook.com
**① 어휘리스트 ② 어휘테스트 ③ 해석 연습지 ④ 영작 연습지 ⑤ 딕테이션 Sheet**

# Contents

〈천일문 STARTER 1〉 이 책의 차례

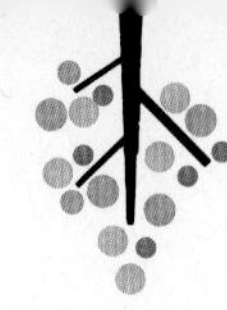



천일문 STARTER 2

CHAPTER 13 현재완료
CHAPTER 14 수동태
CHAPTER 15 부정사
CHAPTER 16 동명사
CHAPTER 17 분사
CHAPTER 18 접속사 I
CHAPTER 19 접속사 II
CHAPTER 20 관계사
CHAPTER 21 비교 표현과 가정법
CHAPTER 22 특수 구문

## 권/두/부/록/1 구문·문법 학습에 관한 궁금증 Question & Answer

**Q1**
**문법과 구문은 각각 무엇인가요?**

**A** 문법은 언어를 사용하는 데 필요한 모든 규칙과 정보를 모아 놓은 것을 뜻하고, 구문은 수많은 문법 규칙이 모여 이루어진 것 중에서도 특히 자주 나타나는, 영어 특유의 표현 방식을 뜻합니다. '구문(syntax)'이라는 용어는 '함께 배열하다'를 의미하는 그리스어에서 유래했는데, 문장을 의미 있게 만들도록 단어들을 함께 순서대로 배열한다는 의미를 나타냅니다.

**Q2**
**문법과 구문 학습은 왜 해야 하는 건가요?**

**A** 초등 교과 과정에서는 의사소통을 위한 측면이 강조되는 반면, 중등 내신 학습에서는 문법이 매우 강조됩니다. 예를 들어, 다음과 같은 내신 기출 문제에서는 문장을 문법적으로 분석해서 that이 어떤 것인지 정확히 파악해야 문제를 풀 수 있습니다.

**다음 주어진 문장 중 밑줄 친 ⓐ that과 같은 기능으로 쓰인 것은?** [중등 내신 기출]
① People love that girl for her kindness.
② I believe that many animals have emotion.
③ The yellow bag is cheaper, I will take that.
④ The boy that is playing the piano is Chris.
⑤ Look at the cat that is jumping on the street.

하지만 이런 분석이 독해할 때는 큰 의미가 없기 때문에 독해를 위해서는 구문 학습 또한 꼭 필요합니다. 결국 중등에서는 내신 대비를 위한 문법, 독해를 위한 구문 학습이 병행되어야 더욱 더 튼튼한 기초를 다질 수 있습니다.

**Q3**
**문장 위주의 학습이 왜 중요한가요?**

**A** 우리말 설명이 아무리 자세해도 예문이 부족하면 이해가 쉽지 않기 때문입니다.
천일문은 간단하고 명료한 우리말 설명과 많은 예문으로 구문을 최대한 효과적으로 학습할 수 있도록 구성되었습니다.

**Q4**
**시리즈 중 어떤 교재를 선택해야 하나요?**

**A** 스타터–입문–기본–핵심–완성은 점차 난도가 증가하는 동시에 각각의 학습목표가 있습니다.
초등 영어 교과 학습이 7, 80%가 된 상태라면 천일문 스타터 시리즈를, 중학교 내신 학습이 7, 80%가 된 상태라면 천일문 입문~완성 시리즈를 진행할 수 있습니다.

- **스타터** 가장 기초가 되는 중등 교과 과정의 구문과 문법을 쉬운 1001개 문장에 담아 체계적인 기초를 쌓을 수 있습니다.
- **입문** 가장 빈출되는 구문을 쉬운 500개 문장에 담았으므로 빠른 학습이 가능합니다.
- **기본** 기본이 되는 구문을 빠짐없이 1001개 문장에 담아 탄탄한 기본기를 완성할 수 있습니다.
- **핵심** 실전에서 혼동을 주는 구문을 완벽하게 구별하여 정확한 독해를 가능하게 해줍니다.
- **완성** 복잡하고 긴 문장의 핵심을 요약 정리하는 훈련으로 독해 스피드와 정확성을 올려줍니다. 수능 고난도 문장과 유사한 수준의 문장을 문제없이 해결 가능합니다.

| 난도 | STARTER 1, 2 | 입문 | 기본 | 핵심 | 완성 |
|---|---|---|---|---|---|
| 문장 개수 | 1001개 | 500개 | 1001개 | 500개 | 500개 |
| 학습 대상 | 예비 중1~중3 | 예비 고1 | 고등 | 고등 | 고등 |
| 어휘 | 초등 고학년~중학 수준 | 중학 수준 | 고1 수준 | 고2 수준 | 고3 수준 |
| 예문 추상성 | 3% 미만 | 5% | 20% | 50% | 80% |
| 문장당 구문 개수 | 1~2개 | 1~2개 | 1~3개 | 2~5개 | 3개 이상 |
| 문장 길이(평균) | 8개 단어 | 10개 단어 | 15개 단어 | 20개 단어 | 30개 단어 |

## Q5

**스타터 1권과 2권은 어떤 차이가 있나요?**

**A** 중등 교과 과정에서 반드시 알아야 할 내용을 두 권으로 나누었습니다.

● **스타터 1권**
동사, 명사, 대명사 등 품사 위주

| STARTER 1 | | 초등 | 중등 |
|---|---|---|---|
| Ch 01 | be동사 | ● | ● |
| Ch 02 | 일반동사 | ● | ● |
| Ch 03 | 과거시제 | ● | ● |
| Ch 04 | 미래시제와 진행형 | ● | ● |
| Ch 05 | 문장의 구조 | ● | ● |
| Ch 06 | 명사와 관사 | ● | ● |
| Ch 07 | 대명사 | ● | ● |
| Ch 08 | 형용사와 부사 | ● | ● |
| Ch 09 | 조동사 | ● | ● |
| Ch 10 | 의문사 의문문 | ● | ● |
| Ch 11 | 여러 가지 문장 | ● | ● |
| Ch 12 | 전치사 | ● | ● |

● **스타터 2권**
to부정사, 동명사, 접속사, 관계사 등 구문 위주

| STARTER 2 | | 초등 | 중등 |
|---|---|---|---|
| Ch 13 | 현재완료 | | ● |
| Ch 14 | 수동태 | | ● |
| Ch 15 | to부정사 | | ● |
| Ch 16 | 동명사 | | ● |
| Ch 17 | 분사 | | ● |
| Ch 18 | 접속사 I | ● | ● |
| Ch 19 | 접속사 II | ● | ● |
| Ch 20 | 관계사 | | ● |
| Ch 21 | 비교 표현과 가정법 | ● | ● |
| Ch 22 | 특수 구문 | | ● |

*초등과 중등에 모두 ●로 표시된 경우, 초등 교과에서는 기초적인 내용을 학습하고, 중등 교과에서는 기초+심화 내용을 학습합니다.

## Q6

**내가 끊어 읽은 것과 천일비급의 끊어 읽기가 똑같아야 하나요?**

**A** 천일비급의 끊어 읽기는 의미 단위의 구분을 말하는데, 본인의 끊어 읽기가 천일비급과 다르더라도 해석이 서로 완전히 다르지만 않다면 상관없습니다.
그러나 끊어 읽기에 따라 해석이 크게 차이가 나는 것은 문장 전체의 구조 파악에 오류가 있는 것이므로 비급의 의미 단위를 잘 알아두는 것이 좋습니다.

A dream about pigs / may bring you / luck.
돼지에 대한 꿈은 / 당신에게 가져다줄지도 모른다 / 행운을. (○)

A dream about pigs / may bring / you luck.
돼지에 대한 꿈은 / 가져다줄지도 모른다 / 당신에게 행운을. (○)

또한, 초보자는 3~4단어 정도로 의미 단위를 구분하고 고급자들은 그보다 훨씬 많은 단어 수로 의미 단위를 구분합니다. 본인의 실력이 향상되어 감에 따라 의도적으로 의미 단위를 이루는 단어의 수를 점점 늘리는 것이 바람직합니다.

**초보자:** The ability / to keep calm / is one of her strengths.
**중급자:** The ability to keep calm / is one of her strengths.

## 영어 문장의 재료

영어 문장을 이루는 것들, 즉 문장의 재료에는 명사, 대명사, 형용사, 부사, 동사, 전치사, 접속사, 감탄사가 있어요. 이러한 단어들이 모여서 문장을 구성하는데, 문장에서 할 수 있는 역할이나 의미 등에 따라 분류한 것이 바로 단어의 '품사'예요.

### 명사

**사람 또는 사물의 이름** (⇨ Ch 06)

house 집 | car 차 | apple 사과 | cheese 치즈 | friends 친구들

명사는 문장에서 주어, 목적어, 보어의 역할을 해요.

**Kate** has **a car**. 케이트는 자동차를 가지고 있다.
(Kate: 주어, a car: 목적어)

**Kate and Ben** are **friends**. 케이트와 벤은 친구이다.
(Kate and Ben: 주어, friends: 보어)

### 대명사

**명사를 대신하는 말** (⇨ Ch 07)

a house → **it** (집 → 그것)　　children → **they** (아이들 → 그들)

대명사는 명사와 마찬가지로 문장에서 주어, 목적어, 보어의 역할을 해요.

Kate has a car. **It** is black. 케이트는 자동차를 가지고 있다. 그것은 검은색이다.
(It: 주어)

### 형용사

**사람이나 사물의 성질이나 상태를 나타내는 말** (⇨ Ch 08)

hot 뜨거운 | cute 귀여운 | happy 행복한

형용사는 명사를 꾸며 주거나, 보어 역할을 해요.

Terry lives in a **beautiful** *town*. 테리는 아름다운 마을에서 산다.
(beautiful: 수식어 → town)

The town is **beautiful** and **peaceful**. 그 마을은 아름답고 평화롭다.
(beautiful and peaceful: 보어)

부사

**명사 이외의 모든 것을 수식하는 말** (⇨ Ch 08)

부사는 동사, 형용사 또는 다른 부사를 꾸며 줘요.

My dad *drives* **carefully**. 아빠는 조심스럽게 운전한다.
(동사 수식)

The coffee is **very** *hot*. 커피가 매우 뜨겁다.
(형용사 수식)

He speaks **too** *fast*. 그는 너무 빨리 말한다.
(부사 수식)

동사

**주어의 동작이나 상태를 설명하는 말** (⇨ 1권 Ch 01, 02, 03, 04, / 2권 Ch 13, 14)

동사는 주어의 수 또는 시제에 따라 그 형태가 바뀌어요.

I **play** soccer every day. 나는 매일 축구를 한다.

The basketball game **was** exciting. 그 농구 경기는 흥미진진했다.

전치사

**명사 또는 대명사 앞에 놓여서 시간, 장소, 방법 등을 나타내는 말** (⇨ Ch 12)

**in, at, on, by, to, for** 등

〈전치사+(대)명사〉로 이루어진 어구는 '전치사구'라고 하며, 문장에서 명사를 꾸며 주는 형용사의 역할을 하거나 동사 등을 꾸며 주는 부사 역할을 해요.

The *cell phone* (**on the table**) is mine. 테이블 위에 있는 휴대전화는 내 것이다.
(형용사 역할)

The cat *is sleeping* **on the sofa**. 고양이가 소파 위에서 자고 있다.
(부사 역할)

접속사

**말과 말을 이어 주는 역할** (⇨ 2권 Ch 18, 19)

접속사는 단어와 단어, 구와 구, 절과 절을 연결시켜 주는 말이에요.

We had ice cream **and** cake for dessert. 우리는 디저트로 아이스크림과 케이크를 먹었다.

I called her name, **but** she did not answer. 나는 그녀의 이름을 불렀지만, 그녀는 대답하지 않았다.

감탄사

**느낌이나 감정을 간단하게 표현하는 말**

**Oh**, I am sorry. 아, 미안해.

**Oops**! I dropped my ice cream! 이런! 내 아이스크림을 떨어뜨렸어!

2

## 영어 문장의 구성 요소 (⇨ Ch 05)

영어 문장은 기본적으로 '누가(주어) ~하다(동사)'라는 내용을 담고 있는데, 문장에 따라 목적어나 보어가 꼭 필요한 경우도 있어요. 그 외에 문장의 의미를 풍부하게 하기 위해 수식어가 덧붙여질 수 있어요.



### 1 주어 + 동사

문장은 주어와 동사가 있어야 성립해요. 주어는 동작이나 상태의 주체가 되는 말로 우리말의 '~은/는, ~이/가'가 붙는 말이에요. 동사는 주어의 동작이나 상태를 나타내며, '~이다, ~하다'로 해석해요.

The baby sleeps quietly. 아기는 조용히 잠을 잔다.
(The baby: 주어, sleeps: 동사)

### 2 목적어

어떤 동사는 그 뒤에 목적어를 필요로 해요. 목적어는 동사의 대상이 되는 말로, 문장에서 '~을/를, ~에게'로 해석해요.

I changed. (×) 나는 바꿨다. ('무엇을'에 해당하는 말 → 목적어가 필요함.)

▶ I changed **my hairstyle**. 나는 헤어스타일을 바꿨다.
(my hairstyle: 목적어)

### 3 보어

주어나 목적어에 대해 보충 설명하는 말이에요. 동사 뒤에서 주어를 보충 설명하는 주격보어와 목적어 뒤에서 목적어를 보충 설명하는 목적격보어가 있어요.

Your idea sounds. (×) 네 생각은 들린다. ('어떻게'에 해당하는 말 → 보어가 필요함.)

▶ Your idea sounds **wonderful**. 네 생각은 멋지게 들린다.
(wonderful: 보어)

### 4 수식어

수식어는 문장의 주요소인 주어, 동사, 목적어, 보어를 꾸며 주는 말이에요.
문장의 필수 요소는 아니지만 문장의 의미를 풍부하게 하는 말이에요. 주로 형용사, 부사, 전치사구가 수식어로 쓰여요.

My mother likes **beautiful** *flowers*. 어머니는 예쁜 꽃을 좋아한다.
(beautiful: 형용사)

Jake looks **very** sad today. 제이크는 오늘 매우 슬퍼 보인다.
(very: 부사)

The baby is sleeping **quietly** **on the bed**. 아기는 침대에서 조용히 자고 있다.
(quietly: 부사, on the bed: 전치사구)

3

# 영어 문장의 종류

문장은 의미상으로 평서문, 의문문, 명령문, 감탄문 등이 있어요.

## 1 평서문: 긍정문과 부정문

평서문은 사실을 그대로 설명하는 문장이에요. 평서문에는 긍정문과 부정문이 있어요.

긍정문 Tyler is a student. 타일러는 학생이다.

부정문 Tyler is not a student. 타일러는 학생이 아니다.

## 2 의문문

### ⓐ 의문사가 없는 의문문 (⇨ Ch 01, 02, 09)

be동사나 조동사로 시작되는 의문문으로, yes, no로 답할 수 있어요.

A: **Are** you hungry now? 지금 배고프니?
B: Yes, I am. 응, 배고파. / No, I'm not. 아니, 배고프지 않아.

A: **Do** you **like** your new house? 너는 새 집이 마음에 드니?
B: Yes, I do. 응, 마음에 들어. / No, I don't. 아니, 마음에 들지 않아.

### ⓑ 의문사가 있는 의문문 (⇨ Ch 10)

의문사에 해당하는 정보를 묻는 의문문으로, yes, no로 답할 수 없고 구체적인 내용으로 답해요.

A: **Who** is your favorite actor? 네가 가장 좋아하는 배우는 누구니?
B: Elliot Smith. 엘리엇 스미스야.

## 3 명령문 (⇨ Ch 11)

상대방에게 '~해라'라고 명령, 요구, 금지의 의미를 전달하는 것으로, 일반적으로 'You'를 생략해요.
'~하지 마라'라는 의미의 부정 명령문은 문장 앞에 'Don't'를 붙여요.

**Be** careful! 조심해!
**Don't walk** on the grass. 잔디 위를 걷지 마시오.

## 4 감탄문 (⇨ Ch 11)

기쁨, 슬픔, 놀람 등의 감정을 나타내는 문장이에요.

**What** a beautiful day it is! 오늘 날씨가 정말 좋구나!
**How** awful it is! 정말 끔찍하다!

CHAPTER
01

# be동사

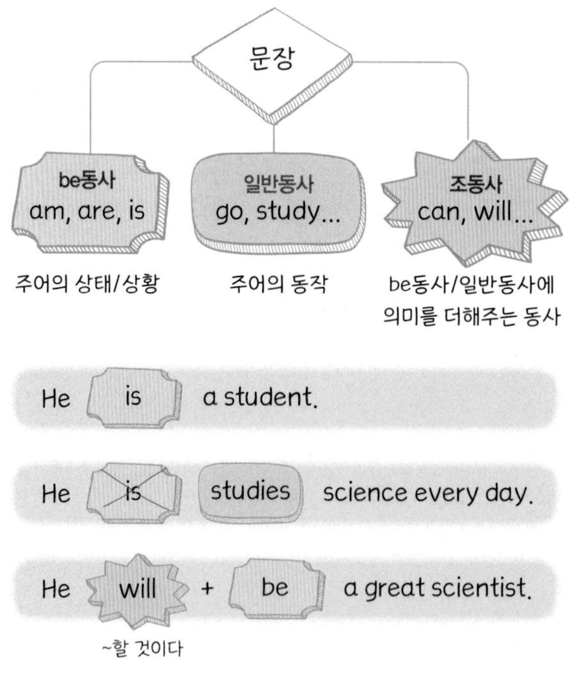
문장
be동사
am, are, is
일반동사
go, study...
조동사
can, will...
주어의 상태/상황
주어의 동작
be동사/일반동사에
의미를 더해주는 동사
He is a student.
He is studies science every day.
He will + be a great scientist.
~할 것이다

영어 문장에는 '주어'와 be동사나 일반동사와 같은 '동사'가 반드시 필요해요.

일반동사는 주로 '가다, 먹다, 공부하다'와 같이 동작을 나타내며, 주어가 무엇을 하고 있는지 알려 주는 역할을 해요. (⇨ **Ch 02**)

be동사는 동작이 아닌 '~이다, ~하다, ~(에) 있다'와 같이 주어의 '상태'를 나타내는 동사예요.
주어의 상태를 나타낸다는 의미는 '나는 학생이야', '나는 행복해', '나는 집에 있어'처럼
주어의 직업이나 신분, 기분, 성질, 주어가 있는 장소 등에 관해 설명해 주는 거예요.
be동사는 주어와 be동사 뒤에 오는 말을 '연결해 주는' 역할이 커요.

She **is** in the classroom. 그녀는 교실**에 있다.**
주어의 상태

She **studies** in the classroom. 그녀는 교실에서 **공부한다.**
주어의 동작

be동사의 쓰임에서 꼭 기억해야 할 것들이 있어요.
첫째, be동사는 am, are, is 세 가지밖에 없지만, 주어의 인칭과 수에 따라 알맞은 것을 써야 해요.
둘째, be동사와 일반동사는 함께 쓰일 수 없고, 문장에서의 쓰임에 맞게 둘 중 하나를 써야 해요.

The singer **is dances** very well. (×) 그 가수는 춤을 매우 잘 춘다.
→ dances be동사와 일반동사는 함께 쓰일 수 없어요.

I **don't** sad. (×) 나는 슬프지 않다.
→ am not 주어의 상태(sad)를 주어와 연결해야 하므로 be동사가 와야 해요.

# UNIT 01 be동사의 현재형

be동사는 주어의 '상태'를 나타내며, 현재형은 주어에 따라 am, are, is로 형태가 바뀌어요.

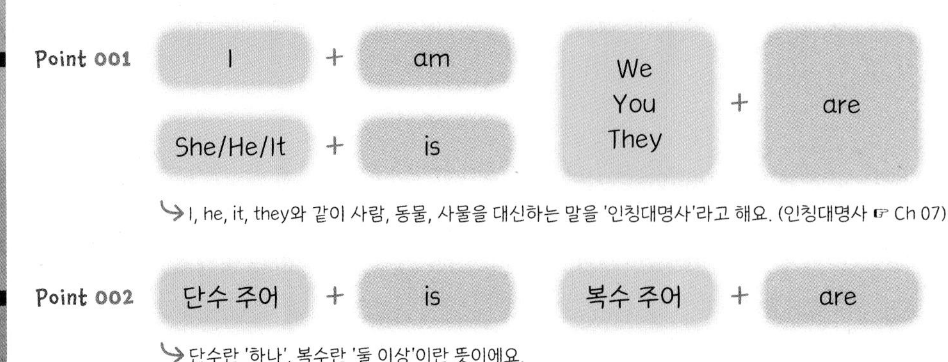


## Point 001 인칭대명사 주어+be동사

- be동사의 현재형은 주어의 인칭과 수에 따라 am, are, is로 형태가 바뀌어요.
- 〈인칭대명사 주어+be동사〉는 아래 표와 같이 줄여 쓸 수 있어요.

| | 단수 | | | 복수 | | |
|---|---|---|---|---|---|---|
| | 주어 | be동사 | 줄임말 | 주어 | be동사 | 줄임말 |
| 1인칭 (나/우리) | I | am | I'm | We | are | We're |
| 2인칭 (너/너희) | You | are | You're | You | are | You're |
| 3인칭 (그 외) | She/He/It | is | She's/He's/It's | They | are | They're |

**001** I **am** a middle school student.
주어 동사 보어
나는 중학생이다.

보어란 문장의 주어나 목적어를 '보충 설명해주는 말'이에요. (문장의 구조 ☞ Ch 05)

**002** You **are** so kind.

**003** She **is** an actress. She'**s** very famous.

**004** They **are** puppies. They'**re** really small.

## Point 002 명사 주어+be동사

- 주어가 명사(이름을 나타내는 말)인 경우, 〈단수명사+is〉, 〈복수명사+are〉로 써요.
- 개수를 셀 수 없는 명사가 주어일 때는 be동사로 is를 써요.

| | 주어 | be동사 |
|---|---|---|
| 단수명사 (하나) | A book, My friend, The girl, The dog | is |
| 복수명사 (둘 이상) | Books, My friends, Anna and Jay | are |
| 셀 수 없는 명사 | Anna, Water, Air, English, Canada | is |

**005** My classmates **are** friendly.
주어(복수명사) / 동사 / 보어
나의 반 친구들은 친절하다.

**006** Jane **is** a baseball fan.
주어 (셀 수 없는 명사) / 동사 / 보어
제인은 야구팬이다.

TIP 〈명사 주어+be동사〉는 줄여 쓸 수 없어요. (**Jane's** a baseball fan. (×))

**007** My mother **is** a hairdresser.

**008** Nate and Aaron **are** my best friends.

TIP 주어가 'A and B (A와 B)'일 경우, 둘 이상인 복수이므로 **are**을 써요.

**009** San Francisco **is** beautiful all year.

### Check up

천일비급 p.7

**다음 빈칸에 be동사의 현재형을 알맞은 형태로 쓰세요.**

1 I ____________ late for school.

2 He ____________ good at Chinese.

3 Dolphins ____________ very smart animals.

4 English ____________ my favorite subject.

5 Hannah and I ____________ neighbors. We're very close.

### Unit Vocabulary

003 actress 여배우 famous 유명한
004 puppy ((복수형 puppies)) 강아지
005 classmate 반 친구
friendly 친절한
007 hairdresser 미용사
009 San Francisco 샌프란시스코 ((미국 캘리포니아 주의 항구 도시))
all year 일 년 내내
1 be late for ~에 늦다, 지각하다
2 be good at ~을 잘하다
Chinese 중국어; 중국(인)의
3 smart 똑똑한, 영리한
4 favorite 가장 좋아하는
subject 과목; 주제
5 neighbor 이웃(사람)
close 친한, 가까운; (문을) 닫다

# be동사의 쓰임과 의미

be동사는 뒤에 오는 말에 따라 쓰임과 의미가 달라져요. 주어의 '상태(~이다, (어떠)하다)' 또는 '위치(~(에) 있다)'를 나타낼 수 있어요.

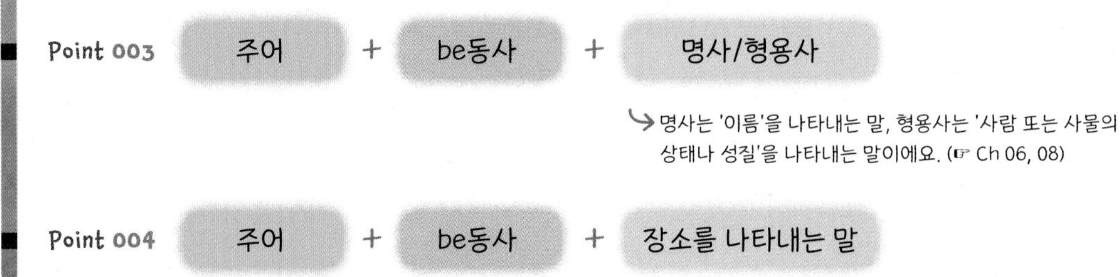

Point 003 주어 + be동사 + 명사/형용사
명사는 '이름'을 나타내는 말, 형용사는 '사람 또는 사물의 상태나 성질'을 나타내는 말이에요. (☞ Ch 06, 08)
Point 004 주어 + be동사 + 장소를 나타내는 말


## Point 003 be동사+명사/형용사

• be동사 뒤에는 명사나 형용사가 올 수 있어요. 뒤에 오는 말에 따라 be동사의 뜻과 쓰임이 아래 표와 같이 달라져요.

| | | |
|---|---|---|
| be동사+명사 | ~이다 | 주어의 이름, 신분, 직업 등 |
| be동사+형용사 | (어떠)하다 | 주어의 기분, 상태, 특징 등 |

**010** This(주어) is(동사) **Mr. Brown**(보어(명사)). He(주어) is(동사) **a pilot**(보어(명사)).
이분은 브라운 씨입니다. 그는 조종사입니다.

**011** The stars(주어) are(동사) **bright**(보어(형용사)) / tonight(수식어).
별들이 밝다 / 오늘 밤에.

**012** My parents are **lawyers**. They are always **busy**.

**013** The new smartphone is **expensive**.

**014** The girl is **the contest winner**.

**015** K-pop songs are **popular** in Asia.

## Point 004 be동사+장소를 나타내는 말

• 〈be동사+장소를 나타내는 말〉은 '~(에) 있다'라는 뜻으로 주어의 위치를 나타내요.

**016** The textbooks are / **in my locker.**
(주어: The textbooks / 동사: are / 장소: in my locker)
그 교과서들은 있다 / 나의 사물함에.

**017** Your glasses are / **on the table.**
(주어: Your glasses / 동사: are / 장소: on the table)
너의 안경은 있다 / 탁자 위에.

장소를 나타내는 말로는 주로 in(~(안)에), at(~에), on(~ (위)에) 등을 사용해요. (전치사 ☞ Ch 12)

**018** The socks are **in the top drawer.**

**019** Our classroom is **on the third floor.**

**020** Somebody is **at the front door.**

**문법Plus** 〈be동사+from ~〉: ~ 출신이다, ~에서 오다

I'**m from** Los Angeles. 나는 로스앤젤레스 **출신이다**.
My English teacher **is from** Canada. 나의 영어 선생님은 캐나다**에서 오셨다**.

### Check up

천일비급 p.8

**다음 밑줄 친 be동사에 주의하여 해석을 완성하세요.**

1 The air is clean today.
→ 오늘은 공기가 ________________.

2 We are at the market now.
→ 우리는 지금 ________________.

3 My brother is a university student.
→ 나의 형은 ________________.

### Unit Vocabulary

**010** pilot 조종사, 비행사
**011** bright 밝은 (↔ dark 어두운)
**012** lawyer 변호사
always 항상, 언제나
**013** expensive 비싼 (↔ cheap (값이) 싼)
**014** contest 대회, 경연
winner 우승자, 승자
**015** popular 인기 있는 Asia 아시아
**016** textbook 교과서 locker 사물함
**017** glasses 안경
**018** top 맨 위의; 맨 위, 꼭대기
drawer 서랍
**019** third 세 번째(의) floor 층; 바닥
**020** somebody 누군가
front door 현관
**1** clean 깨끗한, 맑은; 청소하다
**2** market 시장 **3** university 대학(교)

# be동사의 부정문과 의문문

be동사의 부정문은 be동사 뒤에 not만 붙이면 되고, 의문문은 주어와 be동사의 위치를 바꾼 후 문장 끝에 물음표(?)를 붙이면 돼요.

Point 005 주어 + be동사 + not + ~.

Point 006 be동사 + 주어 + ~?

## Point 005 be동사의 부정문

- 부정문은 be동사 뒤에 not을 붙여서, '~이 아니다, (어떠)하지 않다, ~(에) 있지 않다'라는 뜻을 나타내요.
- 〈be동사+not〉은 아래 표와 같이 줄여 쓰는 경우가 많아요.

| 주어 | be동사+not | 줄임말 | |
|---|---|---|---|
| | | be동사+not | 주어+be동사 |
| I | am not | × | I'm not |
| You/We/They | are not | aren't | You're/We're/They're not |
| She/He/It | is not | isn't | She's/He's/It's not |

**021** I **am not** free / this afternoon.
주어 동사 보어 / 수식어
나는 한가하지 않다 / 오늘 오후에.

TIP am not은 amn't로 줄여 쓸 수 없으니 주의하세요.
(I amn't (×), I'm not (○))

**022** Julia **is not** my sister. She's my cousin.

**023** The chicken **isn't** spicy for me.

**024** The eggs **aren't** in the refrigerator. They're in the basket.

## Point 006 be동사의 의문문

• 의문문은 주어와 be동사의 위치를 바꿔주면 되는데, 이때 be동사는 주어의 인칭과 수에 따라 알맞은 형태로 써야 해요.

| | |
|---|---|
| be동사의 의문문과 대답 | be동사+주어 ~? |
| | Yes, 주어+be동사. |
| | No, 주어+be동사+not. |

**025** A: **Are** you ready / now?
동사 주어 보어 수식어
너는 준비가 됐니 / 이제?

B: Yes, I **am**.
주어 동사
응, 그래.

TIP Yes로 대답할 때 〈주어+be동사〉는 줄여 쓰지 않아요. (Yes, I'm. (×))

**026** A: **Are** they 13 years old?

B: No, they **aren't**. They're 12 years old.

TIP No로 대답할 때 〈be동사+not〉은 주로 줄여 써요.

**027** A: **Is** your mom at work today?

B: No, she **isn't**.

TIP 의문문의 주어가 명사일 경우, 알맞은 인칭대명사로 바꿔 대답해야 해요. (your mom → she)

**028** A: **Are** you and Jake twins?

B: Yes, we **are**.

### Check up

천일비급 p.10

**A** 다음 문장을 부정문으로 바꿔 쓸 때, 빈칸에 알맞은 말을 쓰세요. (단, 줄임말로 쓸 것)

1 We are hungry. → We __________ hungry.

2 The math test is easy. → The math test __________ easy.

3 I am on the playground. → _______ _______ on the playground.

**B** 다음 대화의 빈칸에 알맞은 말을 쓰세요.

1 A: __________ __________ angry at me? B: No, I'm not.

2 A: Is the book interesting? B: Yes, __________ __________.

### Unit Vocabulary

021 free 한가한, 시간이 있는; 자유로운
022 cousin 사촌
023 spicy 매운, 매콤한
024 refrigerator 냉장고
025 ready 준비가 된
027 at work 직장에(서)
028 twin 쌍둥이
A 2 math 수학 easy 쉬운, 간단한
3 playground 운동장, 놀이터
B 2 interesting 재미있는, 흥미로운

# Chapter Exercises 01

## A

알맞은 어법 고르기 ▶ **다음 문장의 네모 안에서 어법상 알맞은 것을 고르세요.**

1 [Is / Are] she busy with homework?

2 They [isn't / aren't] in the cafeteria now.

3 The boy [isn't / aren't] good at sports.

4 The children [is / are] excited about the picnic.

5 [Is / Are] the soccer players from Italy?

6 Hong Kong [is / are] a famous tourist city.

7 Eddie and I [am / are] members of the book club.

## B

문장 해석하기 ▶ **다음 밑줄 친 be동사 의미에 주의하여 해석을 완성하세요.**

1 Is your father a science teacher?

→ 너의 아버지는 ______________________________?

2 My new shoes aren't comfortable.

→ 나의 새 신발은 ______________________________.

3 They are from New York.

→ 그들은 ______________________________.

4 The weather isn't sunny today.

→ 오늘 날씨는 ______________________________.

5 My mom and I are in the kitchen.

→ 나의 엄마와 나는 ______________________________.

**A** 1 be busy with ~으로[~하느라] 바쁘다 2 cafeteria (회사·학교 등의) 구내 식당 4 be excited about ~에 흥분하다, 들뜨다 picnic 소풍, 피크닉 5 Italy 이탈리아 6 tourist city 관광 도시 *cf.* tourist 관광객 7 member 회원, 구성원 **B** 1 science 과학 2 comfortable 편안한 4 weather 날씨, 기상 sunny 맑은, 화창한 5 kitchen 부엌, 주방

## C

조건 영작하기 ▶ **다음 우리말과 의미가 같도록 주어진 단어를 사용하여 문장을 완성하세요.**

1 그는 우리 학교의 교장 선생님이시다. (the principal)

→ He ______________________________ of our school.

2 그 수프는 뜨겁지 않다. 그것은 차갑다. (hot)

→ The soup ______________________________. It's cold.

3 릴리와 제니는 지금 쇼핑몰에 있지 않다. (at the shopping mall)

→ Lily and Jenny ______________________________ now.

4 나는 외동이다. (an only child)

→ I ______________________________.

5 너의 집은 여기서 머니? (your house, far)

→ ______________________________ from here?

## D

서술형 맛보기 ▶ **주어진 단어와 be동사의 현재형을 사용해서 문장을 완성하세요.**

1

My parents ________ ________ about my sister. (worried)
She ________ very ________. (sick)

2

A: Are Alice and Brian in the same class?
B: ________, ________ ________. (no)
They're in different classes.

**C** 1 principal 교장　4 only child 외동(딸·아들)　5 far 멀리　**D** 1 worried 걱정하는　2 same (똑)같은, 동일한 (↔ different 다른, 차이가 있는)

CHAPTER
02

# 일반동사

일반동사
go, study...
현재형
3인칭 단수 주어를 제외한 나머지 주어
+
동사원형
3인칭 단수 주어
He
She
It
David
My friend
My sister
Her bag
The dog
+
동사원형+-(e)s
부정문과 의문문
주어
+
do/does not
+
동사원형
Do/Does
+
주어
+
동사원형
+
~?

일반동사는 동사 중 be동사와 조동사를 제외한 모든 동사를 말하며,
주로 주어의 행동이나 움직임을 나타내요.

이때, 우리말과 영어의 가장 큰 차이점은 현재의 일을 나타낼 때 일반동사는 주어에 따라 형태가 바뀐다는 점이에요. 영어에서는 주어가 3인칭 단수일 때 일반동사의 뒤에 -s 또는 -es를 붙여요.

여기서 주어가 3인칭 단수라는 것은 어떤 의미일까요?
3인칭은 나, 너, 우리를 제외한 나머지를 뜻하고, 단수는 '하나'를 의미해요.
즉, 3인칭 단수란 나, 너, 우리를 제외한 한 사람, (사물) 한 개, (동물) 한 마리 등을 가리키는 말이에요.
예를 들어, David, My friend, My sister, Her bag, The dog 등이 있으며,
대명사 He, She, It으로 바꿔 쓸 수 있는 것들이에요.

나는 고양이를 **좋아해.** → I **like** cats.
내 여동생은 고양이를 **좋아해.** → My sister **likes** cats.
3인칭 단수 주어 (→ She)

일반동사에서 또 한 가지 중요한 점은 부정문이나 의문문을 만들 때,
be동사와는 달리 반드시 do와 does의 도움이 필요하다는 거예요. 이때, do와 does는 동사를 도와주는 역할만 하므로, 그 뒤에는 반드시 일반동사의 원래 형태인 동사원형이 와야 해요.

**Is** she like cats? (×)
**Does** she **likes** cats? (×) 그녀는 고양이를 좋아하니?
→ **Does** she **like** cats?

**UNIT 04** 일반동사의 현재형
**UNIT 05** 일반동사의 부정문
**UNIT 06** 일반동사의 의문문

# 일반동사의 현재형

일반동사란 walk, eat, like 등과 같이 주어의 '동작'이나 '상태'를 나타내는 말이에요. be동사와 마찬가지로 일반동사의 현재형도 주어에 따라 형태가 바뀌므로 주의하세요.

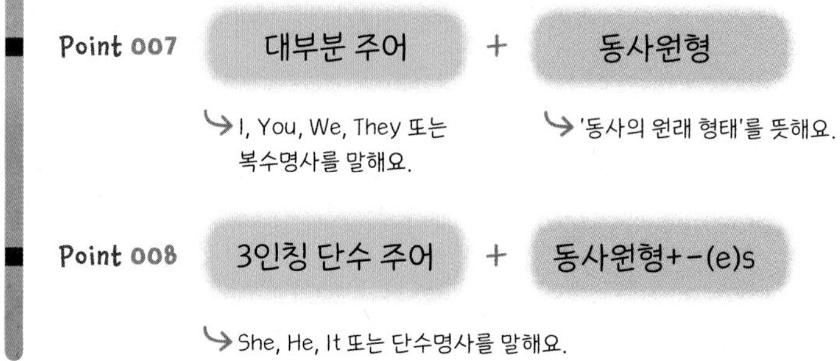

Point 007
대부분 주어
+
동사원형
I, You, We, They 또는 복수명사를 말해요.
'동사의 원래 형태'를 뜻해요.
Point 008
3인칭 단수 주어
+
동사원형+-(e)s
She, He, It 또는 단수명사를 말해요.


## Point 007 대부분 주어+동사원형

- 주어가 1, 2인칭(I, We, You)이거나 3인칭 복수(They, My friends, The students ...)일 때는 동사원형을 그대로 쓰면 돼요.

**029** I **wash** my hair / every morning.
주어 동사 목적어(~을/를) 수식어
나는 머리를 감는다 / 매일 아침.

> 목적어란 '동작의 대상이 되는 말'로 주로 '~을/를'로 해석되는 말이라고 생각하면 쉬워요.
> (문장의 구조 ☞ Ch 05)

**030** We **have** an English class today.

**031** My friend and I usually **walk** to school.

**032** The boys **play** soccer in the park on Sundays.

**문법Plus** **be동사 vs. 일반동사**

be동사는 '~이다, (어떠)하다'라는 뜻으로 주어의 상태를 나타내요. 일반동사는 주로 '걷다, 먹다' 등과 같은 동작을 나타내지만, '좋아하다'와 같은 상태도 나타낼 수 있어요.

- I **am** a student. 나는 학생**이다**. 〈상태〉
  I **am** busy today. 나는 오늘 바쁘**다**. 〈상태〉
- I **walk** my dog. 나는 내 개를 **산책시킨다**. 〈동작〉
  I **love** my dog. 나는 내 개를 **사랑한다**. 〈상태〉

## Point 008 3인칭 단수 주어+동사원형+-(e)s

• 주어가 3인칭 단수(She, He, It, My friend ...)일 때는 대부분 동사원형에 -s나 -es를 붙여요.

**일반동사의 3인칭 단수 현재형 만드는 법**

| | | | | | | |
|---|---|---|---|---|---|---|
| 대부분의 동사 | +-s | eats | reads | sleeps | likes | takes |
| -s, -sh, -ch, -x, -o로 끝나는 동사 | +-es | passes<br>teaches | washes<br>fixes | brushes<br>mixes | watches<br>goes | |
| 「자음+y」로 끝나는 동사 | y를 i로 바꾸고 +-es | study → studies | | cry → cries | | |
| 「모음+y」로 끝나는 동사 | +-s | plays | enjoys | buys | says | |
| 불규칙 변화 | | have → **has** | | | | |

**033** He **likes** / chocolate ice cream.
주어 동사 목적어(~을/를)
그는 좋아한다 / 초콜릿 아이스크림을.

**034** My mom **goes** / to work / by subway.
주어 동사 수식어 수식어
나의 엄마는 가신다 / 직장에 / 지하철로.

**035** The baby **cries** all day.

**036** She **plays** the violin very well.

**037** Jack **has** breakfast at 8 a.m. every day.

### Check up

천일비급 p.12

**다음 빈칸에 주어진 동사를 현재형으로 알맞게 바꿔 쓰세요.**

1 He ________________ his teeth before bed. (brush)

2 Jessica ________________ Korean on Mondays. (study)

3 Mike and I ________________ plans for this weekend. (have)

4 My alarm clock ________________ at 7 a.m. (ring)

### Unit Vocabulary

029 wash 씻다, 감다
030 have 있다; 가지고 있다; 먹다
class 수업; 학급, 반
031 usually 보통, 대개
walk 걷다, 걸어가다; 산책시키다
034 work 직장, 일; 일하다
by subway 지하철로
035 all day 하루 종일
036 well 잘
037 breakfast 아침 식사
1 before bed 자기 전에
3 plan 계획; 계획을 세우다
weekend 주말
4 alarm clock 자명종 (시계)
ring (종을[이]) 울리다; 반지

# 일반동사의 부정문

일반동사의 부정문은 '~하지 않다'라는 뜻을 나타내며, be동사의 부정문과 달리 do/does의 도움이 필요해요. 일반동사 앞에 do not 또는 does not을 붙이면 되는데요. 이때 동사는 반드시 원형으로 써야 해요.

## Point 009 do not[don't]+동사원형

- 주어가 1, 2인칭이거나 3인칭 복수일 때는 동사원형 앞에 do not[don't]을 써요.

| 1, 2인칭 또는 3인칭 복수 주어 | 동사 |
|---|---|
| I, You, We, They, My friends | do not[don't]+동사원형 |

038 I **do not like** / loud music.
(주어: I / 동사: do not like / 목적어: loud music)
나는 좋아하지 않는다 / 시끄러운 음악을.

039 Penguins **don't live** / in the North Pole.
(주어: Penguins / 동사: don't live / 장소: in the North Pole)
펭귄들은 살지 않는다 / 북극에.

040 Hurry up! We **don't have** time.

041 The children **don't eat** vegetables at all.

042 Many stores **don't open** on Sundays.

## Point 010 does not[doesn't]+동사원형

• 주어가 3인칭 단수일 때는 동사원형 앞에 does not[doesn't]을 써요.

| 3인칭 단수 주어 | 동사 |
| --- | --- |
| She, He, It, My friend | does not[doesn't]+동사원형 |

043 She **does not drink** coffee / at night.
주어 동사 목적어 수식어
그녀는 커피를 마시지 않는다 / 밤에.

044 My computer **doesn't work** / well.
주어 동사 수식어
내 컴퓨터는 작동하지 않는다 / 잘.

TIP 주어가 3인칭 단수라도 does not[doesn't] 뒤에는 항상 동사원형이 와요.
(She *does not* drinks ~. (×))

045 He **doesn't go** to bed early on weekends.

046 Our school **doesn't have** a swimming pool.

047 The train **doesn't stop** at this station.

### Check up

천일비급 p.13

주어진 동사를 사용하여 부정문을 완성하세요. (단, 현재형으로 쓸 것)

1 He ________ ________ comic books. (read)

2 We ________ ________ horror movies. (watch)

3 Sophia ________ ________ carrots. (eat)

4 Our first class ________ ________ at 10 o'clock. (start)

5 My sister and I ________ ________ anymore. (fight)

### Unit Vocabulary

038 loud 시끄러운, (소리가) 큰
039 North Pole 북극
*cf.* South Pole 남극
040 hurry up 서둘러라
041 vegetable 채소, 야채
at all (부정문에서) 조금도 (~않은)
042 store 가게, 상점 (= shop)
open (문을) 열다 (↔ close 문을 닫다)
044 work (기계·장치 등이) 작동하다
045 go to bed 잠자리에 들다, 자러 가다 early 일찍, 빨리; 이른, 빠른
1 comic book 만화책
2 horror movie 공포 영화
4 first 첫 번째의, 처음의
5 anymore (부정문에서) 더 이상, 이제는

# 일반동사의 의문문

일반동사의 의문문은 '~하니?'라는 뜻을 나타내며, 주어 앞에 Do 또는 Does를 쓰면 돼요. 이때 부정문과 마찬가지로 동사는 반드시 원형으로 써야 해요.

Point 011 | Do | + | 대부분 주어 | + | 동사원형 | + | ~?

Point 012 | Does | + | 3인칭 단수 주어 | + | 동사원형 | + | ~?

## Point 011 Do+주어+동사원형 ~?

• 주어가 1, 2인칭이거나 3인칭 복수일 때는 Do[do]를 써서 질문하고 답해요.

| | |
|---|---|
| 1, 2인칭 또는 3인칭 복수 주어 (I, you, we, they, students) | Do+주어+동사원형 ~? |
| | Yes, 주어+do. |
| | No, 주어+don't. |

**048** A: **Do** you **have** an older brother?
(you: 주어 / Do ... have: 동사 / an older brother: 목적어)
너는 형이 있니?

B: No, I **don't**.
(I: 주어 / don't: 동사)
아니, 없어.

**049** A: **Do** you **go** to the same school?

B: Yes, we **do**.

**050** A: **Do** students **wear** uniforms in England?

B: Yes, they **do**.

TIP 의문문의 주어가 명사일 경우, 알맞은 대명사로 바꿔 대답해야 해요. (students → they)

**051** A: **Do** Andy and Clara **like** action movies?

B: No, they **don't**.

## Point 012 Does+주어+동사원형 ~?

• 주어가 3인칭 단수일 때는 Does[does]를 써서 질문하고 답해요.

| | |
|---|---|
| 3인칭 단수 주어<br>(he, she, it, a student) | Does+주어+동사원형 ~? |
| | Yes, 주어+does. |
| | No, 주어+doesn't. |

052 A: **Does** she **exercise** / regularly?

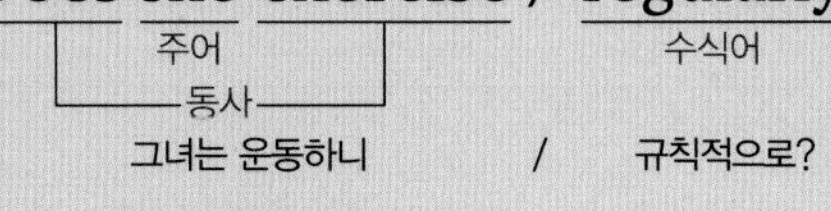


B: Yes, she **does.**

주어 동사
응, 맞아.

> **TIP** 의문문의 주어가 3인칭 단수라도 〈Does+주어〉 뒤에는 항상 동사원형이 와야 해요. (Does she exercises ~? (×))

053 A: **Does** Oliver **speak** Spanish well?

B: No, he **doesn't.**

> **TIP** 의문문의 주어가 명사일 경우, 알맞은 대명사로 바꿔 대답해야 해요. (Oliver → he)

054 A: **Does** your mom **work** at the hospital?

B: Yes, she **does.**

055 A: **Does** the shop **close** at 9 p.m.?

B: No, it **doesn't.** It closes at 10 p.m.

**문법Plus be동사 의문문 vs. 일반동사 의문문**

• 〈be동사 의문문〉: 맨 앞에 be동사가 오며, 주어 뒤에는 주로 보어로 명사나 형용사가 와요.
• 〈일반동사 의문문〉: 맨 앞에 Do 또는 Does가 오며, 주어 뒤에는 일반동사가 와요.
**Do** you thirsty? (×) (→ **Are** you thirsty? 또는 **Do** you feel thirsty?)
보어(형용사) 일반동사

### Check up

천일비급 p.15

**다음 문장을 의문문으로 바꿔 쓸 때, 빈칸에 알맞은 말을 쓰세요.**

1 They go to the beach every summer.
→ ________ ________ ________ to the beach every summer?

2 Erin lives in New York.
→ ________ ________ ________ in New York?

3 The farmer grows tomatoes.
→ ________ ________ ________ ________ tomatoes?

**Unit Vocabulary**

048 older brother 형, 오빠 (= elder brother)
050 wear 입고[신고·쓰고] 있다 uniform 교복 England 영국
051 action movie 액션 영화
052 exercise 운동하다; 운동 regularly 규칙적으로
053 speak (언어를) 할 줄 알다 Spanish 스페인어; 스페인(인)의
3 farmer 농부 grow (식물을) 키우다, 재배하다; 자라다

# Chapter Exercises 02

알맞은 어법 고르기 ▶ **다음 문장의 네모 안에서 어법상 알맞은 것을 고르세요.**

1 We [take / takes] a bus to school.

2 She usually [buy / buys] clothes online.

3 Does he [do / does] his homework after dinner?

4 [Do / Does] your sister have long hair?

5 The plane [flys / flies] to Paris every week.

6 This plant doesn't [need / needs] water every day.

7 Ethan [don't / doesn't] have a piano lesson today.

8 [Are / Do] you know his phone number?

## B

알맞은 동사 형태를 쓰고 해석하기 ▶ **주어진 동사를 현재형으로 알맞게 바꿔 쓴 후, 해석을 완성하세요.**

1 The boy ____________ TV all day. (watch)

→ 그 남자아이는 하루 종일 ______________________________.

2 Mina ____________ English with her friends. (study)

→ 미나는 그녀의 친구들과 함께 ______________________________.

3 The house ____________ a beautiful garden. (have)

→ 그 집은 아름다운 정원을 ______________________________.

4 He ____________ the newspaper every morning. (read)

→ 그는 매일 아침 ______________________________.

5 My grandparents ____________ in the countryside. (live)

→ 나의 조부모님은 ______________________________.

**A** **1** take (버스·기차 등을) 타다 **2** clothes 옷 *cf.* cloth 옷감, 천 online 온라인으로 **5** fly 비행[운항]하다; 날다 Paris 파리 ((프랑스의 수도)) **6** plant 식물; 심다 **7** lesson 수업 **8** phone number 전화번호 **B** **3** beautiful 아름다운 garden 정원 **5** grandparent 조부모 countryside 시골, 지방

천일비급 p.16

## C

조건 영작하기 ▶ **다음 우리말과 의미가 같도록 주어진 단어를 사용하여 문장을 완성하세요.**

1 존스 씨는 중학교에서 과학을 가르치신다. (science, teach)

→ Mr. Jones ______________________ at a middle school.

2 우리는 매운 음식을 좋아하지 않는다. (spicy food, like)

→ We ______________________.

3 너의 부모님은 네게 용돈을 주시니? (your parents, give)

→ ______________________ you pocket money?

4 애슐리는 늦게 일어나지 않는다. 그녀는 항상 일찍 일어난다. (get up)

→ Ashley ______________________ late. She always gets up early.

5 그는 그 사고에 대해 무언가 알고 있니? (he, anything, know)

→ ______________________ about the accident?

## D

서술형 맛보기 ▶ **주어진 단어를 사용해서 대화를 완성하세요.**

1

A: Do you usually eat a sandwich for lunch?
B: No, ________ ________.
I usually ________ ________ ________. (have, a salad)

2

A: ________ ________ often ________ ________
________? (go, Jessica, to concerts)
B: Yes, she does. She likes rock concerts.

**C** 1 science 과학 2 spicy 매운, 양념 맛이 강한 3 pocket money 용돈 *cf.* pocket 주머니 4 get up (잠자리에서) 일어나다 late 늦게; 늦은, 지각한 (↔ early 일찍, 빨리; 이른, 빠른) 5 anything (부정·의문문에서) 무엇, 무엇이든, 아무것도 accident 사고 **D** 2 often 자주, 종종 rock 록 (음악) ((음악의 한 장르))

CHAPTER
03

# 과거시제

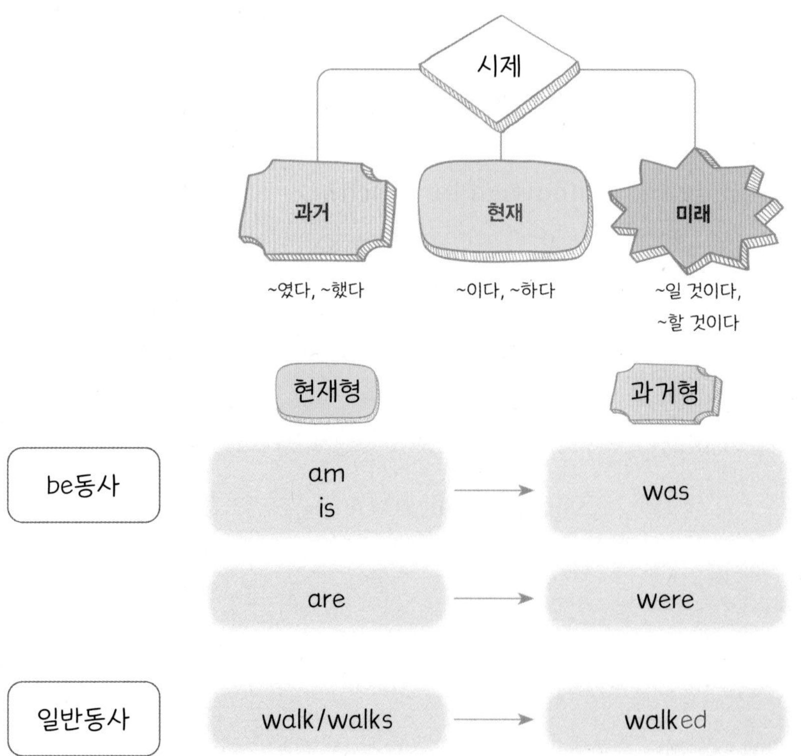
시제
과거
현재
미래
~였다, ~했다
~이다, ~하다
~일 것이다,
~할 것이다
현재형
과거형
be동사
am
is
was
are
were
일반동사
walk/walks
walked

시제란 어떤 동작이나 사실이 일어난 시간의 위치를 말하며, 과거, 현재, 미래시제가 가장 기본이 되는 시제예요.

우리말의 '걸었다, 걷는다, 걸을 것이다'처럼
(걸었다: 과거, 걷는다: 현재, 걸을 것이다: 미래)

영어에서도 **동사의 형태**를 통해 언제 일어난 일인지를 나타낼 수 있어요.

이때 현재시제와 과거시제는 동사의 형태를 바꾸지만, 미래시제는 동사의 형태를 바꾸지 않고 조동사 will을 동사원형 앞에 써서 나타내요. (⇨ **Ch 04**)

| 과거 | 현재 | 미래 |
|---|---|---|
| was / were | am / are / is | will be |
| walked | walk / walks | will walk |

시제 중에서 '과거시제'는 주어가 과거에 했던 동작이나 과거의 상태, 역사적인 사실 등에 대해 말할 때 쓰는 시간 표현이에요. 오늘 있었던 일이라도 지금이 아니라 '조금 전에' 있었던 일이면 과거로 나타내면 돼요.

You **look** good *today*. 〈현재〉 너는 오늘 멋져 보여.
You **did** a great job *today*. 〈과거〉 너는 오늘 아주 잘했어.

동사의 형태는 be동사의 경우 was 또는 were로, 일반동사는 주로 〈동사원형+-(e)d〉로 바꿔 과거를 나타내요. 하지만, 일반동사 과거형의 경우 이 규칙을 따르지 않는 동사들도 많기 때문에 꼭 외워 두어야 해요.

# be동사의 과거형

be동사의 과거형은 과거 상태나 위치를 나타내며, 주어에 따라 was 또는 were을 써요.
am, is는 was로, are는 were로 바꿔 쓰면 돼요.

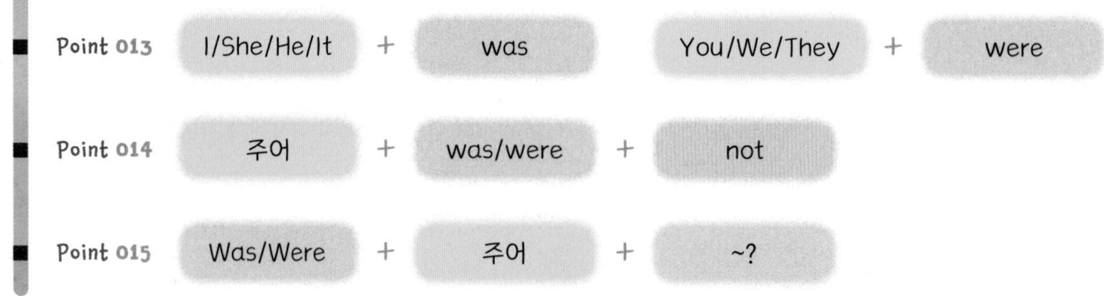

Point 013
I/She/He/It + was
You/We/They + were
Point 014
주어 + was/were + not
Point 015
Was/Were + 주어 + ~?


## Point 013 be동사 과거형의 긍정문

- be동사의 과거형은 주어에 따라 was 또는 were을 쓰고, '~이었다, (어떠)했다, ~(에) 있었다'로 해석해요.

| 주어 | be동사 과거형 |
|---|---|
| I/She/He/It/단수명사 | was |
| You/We/They/복수명사 | were |

**056** I **was** very sick / *yesterday.*
주어 동사 보어 수식어
나는 매우 아팠다 / 어제.

**057** We **were** at the gym / *an hour ago.*
주어 동사 장소 수식어
우리는 체육관에 있었다 / 한 시간 전에.

TIP be동사 과거형은 과거를 나타내는 시간 표현 yesterday(어제), last ~(지난 ~), ~ ago(~ 전에) 등과 함께 자주 쓰여요.

**058** She **was** my homeroom teacher *last year.*

TIP 〈인칭대명사+was/were〉는 현재형과 달리 줄여 쓸 수 없어요.

**059** They **were** hungry after the hike.

**060** The traffic **was** terrible *yesterday morning*.

**061** Max and I **were** at the concert *last night*. We **were** so excited.

**TIP** 셀 수 없는 명사가 주어일 때 be동사의 과거형은 was를 써야 해요.

## Point 014 be동사 과거형의 부정문

• be동사 과거형의 부정문은 was/were 뒤에 not을 붙여 나타내며, 주로 wasn't/weren't로 줄어 써요.

**062** It **was not** your fault. It is okay.
주어 동사 보어 주어 동사 보어
그것은 네 잘못이 아니었어. 괜찮아.

**063** We **weren't** in the same class *last year*.

**064** The novel **wasn't** interesting. It was boring.

**065** My test results **weren't** good this time.

### Check up

천일비급 p.18

**다음 문장의 네모 안에서 어법상 알맞은 것을 고르세요.**

1 I [was / were] busy with schoolwork.

2 The woman [was / were] a famous singer long ago.

3 They [wasn't / weren't] in the classroom this morning.

4 My family [isn't / wasn't] in Seoul last week.

### Unit Vocabulary

**057** gym 체육관; 헬스클럽
**058** homeroom teacher 담임 선생님
**059** hike 하이킹, 도보여행
**060** traffic 교통(량), 차량들
terrible 끔찍한, 무서운
**061** excited 신난, 흥분한
**062** fault 잘못, 책임
**063** class 반, 학급; 수업
**064** novel (장편) 소설
boring 지루한, 재미없는
**065** result 결과, 결실
this time 이번에는
1 schoolwork 학교 공부, 학업
2 long ago 오래 전에

## Point 015 be동사 과거형의 의문문

• be동사 과거형의 의문문은 주어와 was 또는 were의 순서를 바꿔주면 돼요.

| be동사 과거형의 의문문과 대답 | Was/Were+주어 ~? |
|---|---|
| | Yes, 주어+was/were. |
| | No, 주어+wasn't/weren't. |

**066** A: **Were** you at the fireworks festival / *yesterday*?
(Were: 동사, you: 주어, at the fireworks festival: 장소, yesterday: 수식어)
너희들은 불꽃 축제에 있었니 / 어제?

B: Yes, we **were.**
(we: 주어, were: 동사)
응, 그랬어.

**067** A: **Were** you nervous about the test?

B: No, I **wasn't.**

**068** A: **Were** Ann and Ted at the movie theater?

B: No, they **weren't.**

TIP 의문문의 주어가 명사일 경우, 알맞은 대명사로 바꿔 대답해야 해요. (Ann and Ted → they)

**069** A: **Was** your school trip fun *last week*?

B: Yes, it **was.**

### Check up

천일비급 p.19

**다음 대화의 빈칸에 알맞은 말을 쓰세요.**

1 A: ____________ you at the park an hour ago?
B: Yes, I ____________.

2 A: ____________ the bus crowded this morning?
B: No, it ____________.

3 A: ____________ Nate the class president last year?
B: Yes, he ____________.

### Unit Vocabulary

**066** fireworks festival 불꽃 축제
**067** nervous 긴장한, 초조한
**068** movie theater 영화관, 극장
**069** school trip 수학여행
fun 재미있는, 즐거운; 재미
*cf.* funny 웃기는, 재미있는
**2** crowded 사람들로 꽉 찬, 붐비는 *cf.* crowd 사람들, 군중
**3** class president 반장
*cf.* president 대통령; 회장

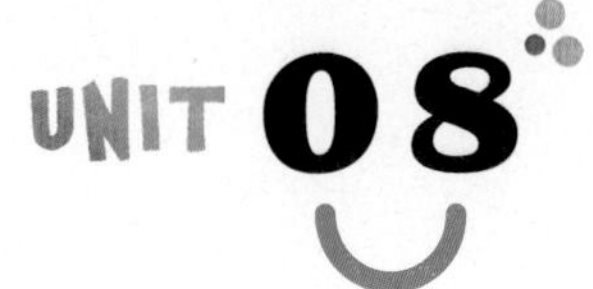

# 일반동사의 과거형

일반동사의 과거형은 '~했다'라는 뜻으로 과거의 동작이나 상태를 나타내요. 주어의 인칭과 수에 상관없이 대부분의 일반동사는 〈동사원형+-(e)d〉 형태로 과거를 나타내요. 그러나, 형태가 불규칙하게 변하는 일반동사의 과거형도 있으니 주의하세요.

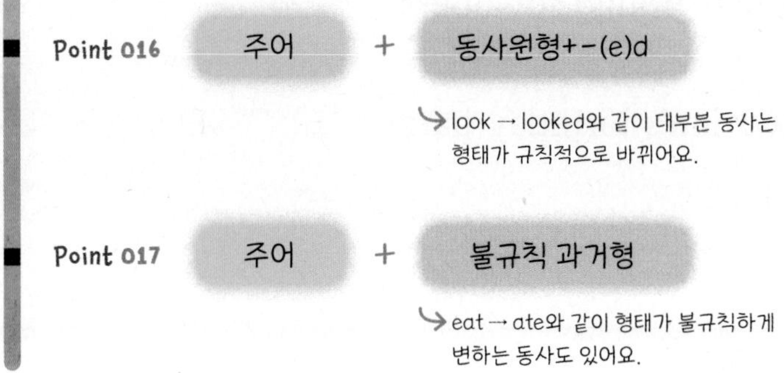

Point 016
주어
+
동사원형+-(e)d
look → looked와 같이 대부분 동사는 형태가 규칙적으로 바뀌어요.
Point 017
주어
+
불규칙 과거형
eat → ate와 같이 형태가 불규칙하게 변하는 동사도 있어요.


## Point 016 일반동사의 과거형: 규칙 변화

• 일반동사의 과거형은 주어에 상관없이 주로 〈동사원형+-(e)d〉 형태로 써요.

**일반동사의 과거형 만드는 법**

| | | |
|---|---|---|
| 대부분의 동사 | +-ed | look**ed** ask**ed** help**ed** watch**ed**<br>finish**ed** pass**ed** end**ed** clean**ed** |
| -e로 끝나는 동사 | +-d | like**d** live**d** move**d** invite**d** |
| 「자음+y」로 끝나는 동사 | y를 i로 바꾸고 +-ed | study → stud**ied** try → tr**ied** |
| 「모음+y」로 끝나는 동사 | +-ed | play**ed** enjoy**ed** stay**ed** |
| 「모음 1개+자음 1개」로 끝나는 동사 | 마지막 자음을 한 번 더 쓰고 +-ed | stop → stop**ped** hug → hug**ged**<br>plan → plan**ned** drop → drop**ped**<br>(*강세가 앞에 오는 2음절 이상의 동사는 +-ed<br>visit[vízit] → visit**ed**) |

**070** I **watched** a fun movie / *yesterday*.
주어 동사 목적어 수식어
나는 재미있는 영화를 보았다 / 어제.

**071** Chloe **studied** / for the test / *last night*.
주어 동사 수식어 수식어
클로이는 공부했다 / 시험을 위해 / 어젯밤에.

**TIP** 일반동사 과거형도 과거를 나타내는 시간 표현 yesterday(어제), last ~(지난 ~), ~ ago(~ 전에) 등과 함께 자주 쓰여요.

072 My last summer vacation **passed** quickly.

073 Minho **moved** to Busan *three years ago*.

074 I **tried** bungee jumping once. I **enjoyed** it.

075 The kids **played** on the playground for hours.

076 My friends and I **planned** Ian's birthday party.

## Point 017 일반동사의 과거형: 불규칙 변화

- 아래 표와 같이 일반동사 과거형 중 형태가 불규칙하게 변하는 동사는 꼭 외워야 해요.
  (☞ p.196 주요 불규칙 동사 변화 표)

**일반동사의 불규칙 과거형**

| | | | |
|---|---|---|---|
| 모음이 바뀌는 동사 | come → **came**<br>run → **ran**<br>take → **took**<br>forget → **forgot** | give → **gave**<br>begin → **began**<br>get → **got**<br>eat → **ate** | drink → **drank**<br>ride → **rode**<br>speak → **spoke**<br>see → **saw** |
| 단어 끝이 바뀌는 동사 | have → **had**<br>send → **sent**<br>lend → **lent** | make → **made**<br>build → **built**<br>lose → **lost** | hear → **heard**[həːrd]<br>spend → **spent**<br>mean → **meant**[ment] |
| 모음이 바뀌고 단어 끝이 d, t로 바뀌는 동사 | do → **did**<br>sleep → **slept**<br>feel → **felt** | tell → **told**<br>leave → **left**<br>catch → **caught** | sell → **sold**<br>buy → **bought**<br>bring → **brought** |
| 기타 동사 | go → **went** | | |
| 원형과 형태가 같은 동사 | cut → **cut**<br>hurt → **hurt** | put → **put**<br>let → **let** | hit → **hit**<br>read[riːd] → **read**[red] |

077 We **saw** the paintings / at the museum.

주어 동사 목적어 수식어

우리는 그림들을 보았다 / 그 박물관에서.

**078** The Egyptians **built** the pyramids *long ago*.

**079** My dad **sold** his old car *yesterday*.

**080** I only **slept** for three hours *last night*.

**081** I **got** a cold. I **went** to the doctor *two days ago*.

**082** Emily loved the book. She **read** it three times.

**TIP** long ago는 '오래전에'라는 뜻으로 과거를 나타내는 시간 표현이에요. (= a long time ago)

**TIP** 주어가 3인칭 단수 Emily인데 동사는 reads가 아니므로 과거형 read[red]라는 것을 알 수 있어요.

## Check up

천일비급 p.20

**A** 다음 동사의 과거형을 쓰세요.

1 give ______________ 2 invite ______________

3 put ______________ 4 study ______________

5 spend ______________ 6 visit ______________

**B** 주어진 동사를 과거형으로 알맞게 바꿔 쓰세요.

1 I ____________ a big suitcase. (carry)

2 The baker ____________ the pie in half. (cut)

3 He ____________ his phone on the floor. (drop)

4 They ____________ Chinese class last Monday. (have)

5 Alice ____________ her jacket at school. (leave)

6 My brother and I ____________ computer games. (play)

### Unit Vocabulary

**072** summer vacation 여름 방학
pass 지나가다, 통과하다 quickly 빨리
**073** move 이사하다; 움직이다
**074** try 해보다, 시도하다
bungee jumping 번지점프
once 한 번 enjoy 즐기다
**075** playground 놀이터, 운동장
for hours 한참 동안
**076** plan 계획하다; 계획
**077** museum 박물관
**078** Egyptian 이집트인; 이집트(인)의
build(-built-built) (건물을) 짓다, 건축하다 pyramid 피라미드
**079** sell 팔다
**080** only 겨우, 오직, 단지
sleep(-slept-slept) 자다; 수면, 잠
**081** get a cold 감기에 걸리다
(= catch a cold) go to the doctor 병원에 가다, 진찰받다
**B 1** suitcase 여행 가방
carry 가지고[들고] 가다; 나르다
**2** cut A in half A를 반으로 자르다
**3** drop 떨어뜨리다 floor 바닥; 층
**4** Chinese 중국어; 중국(인)의
**5** leave 두고 오다[가다]; 떠나다

# 일반동사 과거형의 부정문과 의문문

일반동사 과거형의 부정문과 의문문을 만들 때는 did가 필요해요. 주어의 인칭과 수에 상관없이 항상 did를 사용하고, 그 뒤에 오는 일반동사는 꼭 동사원형으로 써야 해요. 이미 과거형 did를 이용해서 과거임을 알려줬기 때문이에요.

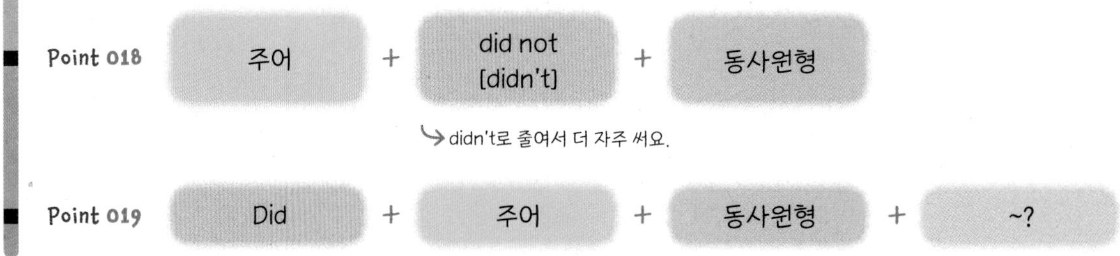


## Point 018 일반동사 과거형의 부정문

• 일반동사 과거형의 부정문은 '~하지 않았다'라는 뜻으로 주어에 상관없이 〈did not[didn't]+동사원형〉의 형태로 나타내요.

**083** I **did not hear** my alarm / *this morning*.
주어 동사 목적어 수식어
나는 내 알람을 듣지 못했다 / 오늘 아침에.

**TIP** did not[didn't] 뒤에는 반드시 동사원형이 와야 해요. (I did not **heard** ~. (×))

**084** I am sorry. I **didn't get** your message.

**085** We **didn't know** each other *then*.

**086** Julie **didn't eat** anything all day.

**087** Luckily, the storm **didn't hit** this area.

## Point 019 일반동사 과거형의 의문문

- 일반동사 과거형의 의문문은 '~했니?'라는 뜻을 나타내요.
- 주어에 상관없이 Did로 시작하고, 주어 뒤에는 반드시 동사원형이 와야 해요.

| | |
|---|---|
| 일반동사 과거형의 의문문과 대답 | Did+주어+동사원형 ~? |
| | Yes, 주어+did. |
| | No, 주어+didn't. |

**088** A: **Did** you **sleep** / well?
주어 / 동사 / 수식어
너는 잤니 / 잘?

B: No, I **didn't**.
주어 동사
아니, 그렇지 않았어.

TIP 일반동사 과거형의 의문문 〈Did+주어〉 뒤에는 항상 동사원형이 와야 해요.
(Did you **slept** well? (×))

**089** A: **Did** you **eat out** *last night*?

B: Yes, we **did**.

**090** A: **Did** Tony **win** a medal in the race?

B: Yes, he **did**.

TIP 의문문의 주어가 명사일 경우, 알맞은 대명사로 바꿔 대답해야 해요. (Tony → he)

**091** A: **Did** your school **finish** early *yesterday*?

B: No, it **didn't**.

### Check up

천일비급 p.22

**A** 주어진 동사를 사용하여 과거를 나타내는 부정문을 완성하세요.

1 They ________ ________ the exam. (pass)

2 My mom ________ ________ her car key. (bring)

**B** 다음 문장을 의문문으로 바꿔 쓸 때, 빈칸에 알맞은 말을 쓰세요.

1 The class meeting ended an hour ago.

→ ________ the class meeting ________ an hour ago?

2 They bought tickets for the concert.

→ ________ they ________ tickets for the concert?

### Unit Vocabulary

**083** hear 듣다, 들리다
alarm 알람, 자명종
**084** message 메시지
**085** each other 서로 then 그때
**086** anything (부정·의문문에서) 아무것도, 무엇, 무엇이든 all day 하루 종일
**087** luckily 다행히, 운 좋게(도) storm 폭풍(우) hit (폭풍 등이) 강타하다; 치다
area 지역, 구역
**089** eat out 외식하다
**090** win (상·메달 등을) 따다, 획득하다
race 경주, (달리기) 시합
**091** early 일찍, 빨리; 빠른
**A 2** bring 가져오다, 데려오다
**B 1** class meeting 학급 회의

UNIT 10

# 현재시제와 과거시제

현재시제는 '현재의 상태나 동작, 일상적인 습관' 등을 나타내고, 과거시제는 '과거의 상태나 동작' 등을 나타내요.

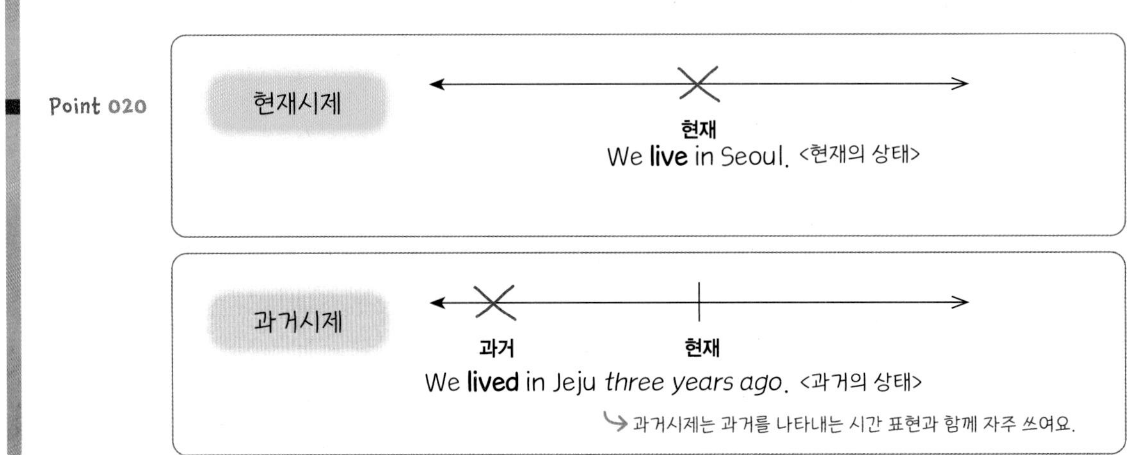

Point 020
현재시제
현재
We **live** in Seoul. <현재의 상태>
과거시제
과거
현재
We **lived** in Jeju *three years ago*. <과거의 상태>
과거시제는 과거를 나타내는 시간 표현과 함께 자주 쓰여요.


## Point 020 현재시제 vs. 과거시제

- 현재시제와 과거시제의 쓰임과 동사 형태는 다음과 같아요.

| | 현재시제 | 과거시제 |
|---|---|---|
| 나타내는 의미 | 현재의 상태, 동작 | 과거의 상태, 동작 |
| | 현재의 습관, 반복적인 동작 | 과거의 습관, 반복적인 동작 |
| | 변함없는 진리, 일반적 사실 | 역사적 사실 |
| 동사 형태 | am/are/is | was/were |
| | 일반동사의 현재형 | 일반동사의 과거형 |

- 과거시제의 경우 다음과 같은 시간 표현과 함께 자주 쓰여요. 분명한 과거를 나타내므로 현재시제와는 함께 쓰일 수 없어요.

| 과거를 나타내는 표현 | yesterday(어제), last(지난 ~), ago(~ 전에), then(그때), in+과거 연도(~년에) |
|---|---|

**092** She **eats** spaghetti / for lunch.
주어 동사 목적어 / 수식어
그녀는 스파게티를 먹는다 / 점심으로. 〈현재: 동작〉

**093** She **ate** a hamburger / *yesterday*.
주어 동사 목적어 / 수식어
그녀는 햄버거를 먹었다 / 어제. 〈과거: 동작〉

**094** I **was** very tired *yesterday*, but *now* I **am** okay.

> but은 '하지만, 그러나'라는 뜻으로 문장과 문장을 연결할 수 있어요. (접속사 ☞ 2권 Ch 18)

**095** Wendy **takes** a shower every morning.

**096** My dad **washes** his car on Sundays.

**097** The earth **goes** around the sun.

**098** It often **rains** in Seattle.

> It이 '날씨, 시간, 요일 등'을 나타낼 때는 '그것'으로 해석하지 않아요. 이때 It은 뜻이 없는 주어예요. (비인칭 주어 it ☞ Ch 07)

**099** King Sejong **created** Hangul *in 1443*.

**문법Plus** **현재시제 vs. 과거시제**

하나의 글 안에서 현재시제와 과거시제가 모두 쓰일 수 있는데,
문장에 분명한 시간 표현이 없는 경우 문맥을 통해 어떤 시제를 써야 할지 잘 판단해야 해요.

❶ 시간 표현은 없지만, 앞뒤 문맥상 과거시제로 써야 할 때
Sally ① **took** care of her younger brother all day ***yesterday***. She ② **played** with him.
She ③ **reads** a book for him. She even ④ **made** lunch for him.
→ read(과거의 동작)
샐리는 어제 종일 그녀의 남동생을 돌봤다. 그녀는 그와 함께 놀았다. 그녀는 그에게 책을 읽어 주었다. 그녀는 그를 위해 점심을 만들어 주기까지 했다.

❷ 과거시제 문장들 사이에서 현재시제로 표현되어야 하는 내용일 때
This summer, we ① **went** to Yosemite National Park.
Yosemite ② **was** in California. It ③ **is** famous for its natural wonders.
→ is(현재의 사실)
이번 여름에 우리는 요세미티 국립공원에 갔다. 요세미티는 캘리포니아에 있다. 그곳은 경이로운 자연경관으로 유명하다.

## Check up

천일비급 p.23

**주어진 동사를 시제에 알맞게 바꿔 문장을 완성하세요.**

1 Rome ____________ the capital city of Italy. (be)

2 We ____________ a baseball game last night. (watch)

3 Plants ____________ water and sunlight. (need)

4 France ____________ the World Cup 4 years ago. (win)

### Unit Vocabulary

**094** tired 피곤한
**095** take a shower 샤워를 하다
**097** earth 지구; 땅
around 주위를 돌아, 주위에
**098** often 자주, 종종 Seattle 시애틀 ((미국 워싱턴 주에 있는 도시))
**099** create 만들어내다, 창조[창작]하다
**A 1** Rome 로마 ((이탈리아의 도시))
capital city 수도 (= capital)
**2** game 경기, 게임
**3** sunlight 햇빛, 햇살

# Chapter Exercises 03

## A

어법 판단하기 ▶ **다음 밑줄 친 부분을 어법상 알맞은 형태로 고쳐 쓰세요.**

1 Mike didn't <u>came</u> to the party. → ______________

2 The man <u>were</u> a great actor long ago. → ______________

3 I <u>leaved</u> my bag on the bus yesterday. → ______________

4 Helen <u>was</u> fourteen years old now. → ______________

5 Mary and Jane <u>wasn't</u> roommates last year. → ______________

6 Did you <u>took</u> your medicine this morning? → ______________

7 My mom <u>cleans</u> the house yesterday. → ______________

8 <u>Is</u> your sister sick last night? → ______________

## B

알맞은 동사 형태를 쓰고 해석하기 ▶ **주어진 동사를 시제에 알맞게 바꿔 쓴 후, 해석을 완성하세요.**

1 I ______________ the sad news yesterday. (hear)

→ 나는 어제 슬픈 소식을 ______________________________.

2 Water ______________ at 100 degrees. (boil)

→ 물은 100도에서 ______________________________.

3 Columbus ______________ America in 1492. (discover)

→ 콜럼버스는 1492년에 아메리카 대륙을 ______________________________.

4 The movie ______________ a big hit last year. (be)

→ 그 영화는 작년에 ______________________________.

5 My dad ______________ this house five years ago. (build)

→ 나의 아빠는 5년 전에 ______________________________.

**A** 2 great 훌륭한, 위대한 5 roommate 룸메이트 6 take medicine 약을 먹다[복용하다] 7 clean 청소하다; 깨끗한 **B** 1 news 소식; (신문·방송 등의) 뉴스 2 degree (온도 단위) 도 boil 끓다, 끓이다 3 Columbus 콜럼버스 ((이탈리아의 항해가)) America 아메리카 대륙; 미국 discover 발견하다 4 a big hit 대성공, 대히트 *cf.* hit 인기 작품, 히트작, 히트곡

## C

조건 영작하기 ▶ **다음 우리말과 의미가 같도록 주어진 단어를 사용하여 문장을 완성하세요.**

1 달은 지구 주위를 돈다. (move)

→ The moon ______________________ around the earth.

2 그 버스는 빨간불에서 멈추지 않았다. (stop)

→ The bus ______________________ at the red light.

3 그녀는 30분 전에 열쇠를 테이블 위에 두었다. (the key, put)

→ She ______________________ on the table 30 minutes ago.

4 톰은 그의 친구 집에서 하룻밤을 머물렀다. (stay, a night)

→ Tom ______________________ at his friend's house.

5 오늘 아침에 하늘이 맑았니? (clear, the sky)

→ ______________________ this morning?

## D

서술형 맛보기 ▶ **주어진 단어를 사용해서 대화를 완성하세요.**

A: You look sleepy today. What's up?
B: I usually **1** __________ to bed at 11 p.m. (go)
But yesterday, I **2** __________ to bed at 2 a.m. (go)
A: Oh, no! Then, **3** __________ __________ __________ __________
late this morning? (wake up)
B: Yes, I did. I **4** __________ __________ for class, too. (late, be)
A: Go to bed early tonight. You **5** __________ __________ __________
__________. (need, a good sleep)
B: Thanks, I will!

**C** 1 move 움직이다, 이동하다 2 stop 멈추다, 서다 red light (신호등의) 빨간불 3 put 두다, 놓다 minute ((시간 단위)) 분; 잠깐 4 stay 머무르다, 계속 있다 5 clear (날씨가) 맑은; 분명한, 확실한 **D** look ~해 보이다; 보다 go to bed 잠자리에 들다, 자러 가다 wake up (잠에서) 깨어나다 late 지각한, 늦은; 늦게 good (질적으로) 좋은 sleep 수면[잠]; 자다

CHAPTER
04

# 미래시제와 진행형

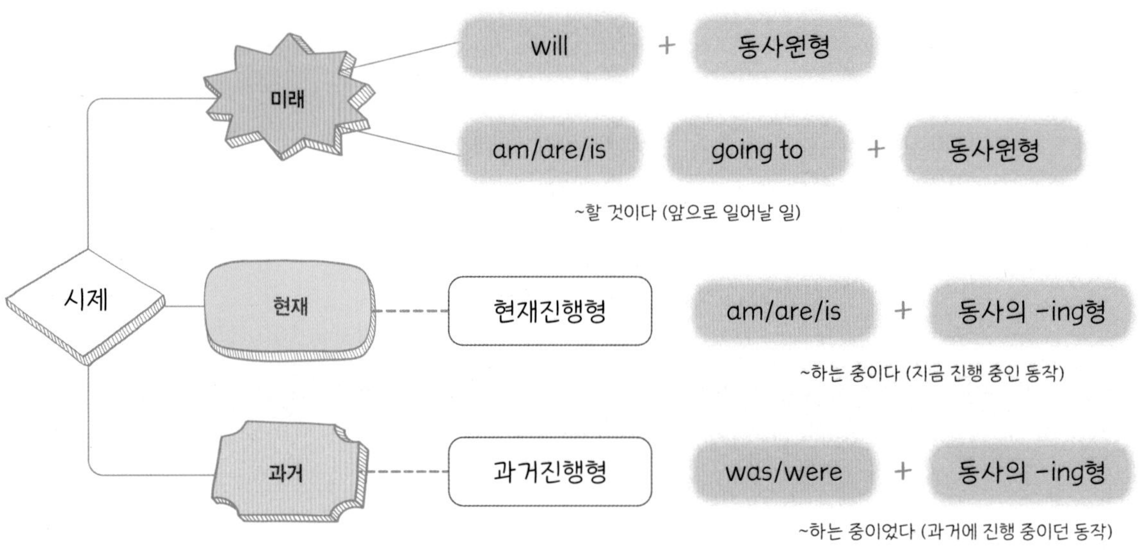
시제
미래
will + 동사원형
am/are/is going to + 동사원형
~할 것이다 (앞으로 일어날 일)
현재
현재진행형
am/are/is + 동사의 -ing형
~하는 중이다 (지금 진행 중인 동작)
과거
과거진행형
was/were + 동사의 -ing형
~하는 중이었다 (과거에 진행 중이던 동작)

미래시제는 앞으로 일어날 일을 나타낼 때 쓰는 시간 표현으로, 동사원형 앞에 조동사 will을 붙여 '~할 것이다'라는 의미를 나타내요.

이때, 동사원형 앞에 will 대신 be going to라는 표현도 쓸 수 있는데, 여기서 go에 '가다'라는 뜻은 없고 미래를 나타내는 표현일 뿐이에요. be going to를 쓸 때는 주어에 따라 be동사가 am, are, is로 바뀌는 것에 주의해야 해요.

Dinner **will be** ready soon. 저녁 식사는 곧 준비될 거예요.
= Dinner **is going to be** ready soon.

그리고 각 시제에는 '진행형'이라는 것이 있는데, 진행형이란 현재, 과거, 미래의 어느 시점에서 어떤 동작이 계속 진행 중인 것을 말해요. 진행형은 be동사 뒤에 동사를 -ing형으로 바꾼 것을 덧붙여 나타내요. 진행형 또한 시제와 주어에 따라 알맞은 be동사를 써야 해요.

진행형 중에서 현재진행형은 지금, 이 순간 '~하는 중이다'라는 뜻을 나타내고, 과거진행형은 과거의 어느 순간에 '~하는 중이었다'라는 뜻을 나타내요.

현재시제와 현재진행형을 혼동하는 경우가 종종 있는데, 현재시제가 '늘, 항상'이라는 의미를 나타낸다면, 현재진행형에는 '지금, 이 순간'이라는 의미가 포함되어 있어요.

예를 들어, 아래 첫 번째 문장은 토요일마다 '늘, 항상' 테니스를 친다는 의미이므로, 빈칸에는 현재시제인 play가 들어가는 것이 적절해요. 반면, 두 번째 문장에서는 '지금, 이 순간' 하고 있는 동작을 나타내므로 빈칸에는 현재진행형인 are playing이 들어가는 것이 자연스러워요.

They ___play___ tennis *on Saturdays*. 그들은 토요일마다 테니스를 친다.
They ___are playing___ tennis *right now*. 그들은 지금 테니스를 치는 중이다.

# UNIT 11 미래 표현 will

미래를 나타내는 will은 앞으로 일어날 일을 나타낼 때 사용해요. 주어에 상관없이 항상 will을 쓰며, 그 뒤에는 반드시 동사원형이 와야 해요.

Point 021 주어 + will + 동사원형

Point 022 주어 + will not [won't] + 동사원형

↳ won't로 줄여서 더 자주 써요.

Will + 주어 + 동사원형 + ~?

## Point 021 will+동사원형

- 〈will+동사원형〉은 앞으로 일어날 일을 나타내며, '~할 것이다, ~일 것이다'로 해석해요.
- 아래와 같은 미래를 나타내는 시간 표현과 함께 자주 쓰여요.

| 미래를 나타내는 표현 | tomorrow(내일), tonight(오늘 밤), soon(곧), later(나중에), next week(다음 주), this Friday(이번 주 금요일) |
|---|---|

**100** I **will finish** my homework / *tonight*.
주어 동사 목적어 수식어
나는 내 숙제를 끝낼 것이다 / 오늘 밤에.

TIP 〈인칭대명사 주어+will〉은 'll로 줄여 쓸 수 있어요.
(I'll finish my homework.)

**101** Kate **will visit** her grandma *next week*.

TIP 주어가 3인칭 단수라도 will 뒤에는 항상 동사원형이 와야 해요.
(Kate will **visits** ~. (×))

**102** It **will be** rainy and cold *tomorrow*.

**103** The train **will arrive** here *in five minutes*.

## Point 022 will의 부정문과 의문문

• will의 부정문과 의문문은 아래 표와 같이 나타내요.

| | |
|---|---|
| will의 부정문 | will not[won't]+동사원형 |
| will의 의문문 | Will+주어+동사원형 ~? |
| | Yes, 주어+will. / No, 주어+won't. |

104 I **will not tell** anybody. I promise.
주어 동사 목적어 주어 동사
나는 아무에게도 말하지 않을 거야. 내가 약속할게.

105 A: **Will** you **come** home / late / today?
주어 수식어 수식어 수식어
동사
너는 집에 올 거니 / 늦게 / 오늘?

B: No, I **won't.**
주어 동사
아니요, 그렇지 않을 거예요.

106 Liam **won't have** pizza. He is on a diet now.

107 I **won't bother** you too long. But I have a quick question.

108 A: **Will** the soccer game **begin** *soon*?

B: Yes, it **will**.

### Check up

천일비급 p.25

**다음 문장의 네모 안에서 어법상 알맞은 것을 고르세요.**

1 Paul [will practice / will practices] the guitar tomorrow.

2 I [will take not / will not take] a shower tonight.

3 [Will you play / Will play you] baseball with your friends?

4 Anna and Jane will [are / be] fifteen years old next year.

### Unit Vocabulary

**100** finish 끝나다, 마치다; 끝
**101** visit 방문하다; 방문
**103** arrive 도착하다
**104** anybody (부정문·의문문에서) 아무도, 누구라도
promise 약속하다; 약속
**106** have 먹다; 가지고 있다
be[go] on a diet 다이어트를 하다
*cf.* diet 식사, 식단
**107** bother 방해하다, 귀찮게 하다
quick question 간단한 질문
**108** game 경기, 시합 (= match)
begin 시작하다
**1** practice 연습하다; 연습
**2** take a shower 샤워를 하다

# UNIT 12 미래 표현 be going to

미래를 나타내는 또 다른 표현인 be going to 역시 앞으로 일어날 일을 나타내며, be going to 뒤에도 반드시 동사원형이 와야 해요.

Point 023 주어 + am / are / is going to + 동사원형

Point 024 am/are/is + not + going to + 동사원형

Am/Are/Is + 주어 + going to + 동사원형 + ~?

## Point 023 be going to+동사원형

- 〈be동사+going to+동사원형〉 역시 '~할 것이다, ~일 것이다'로 해석해요.
- 이때 be going to의 be동사는 주어의 인칭과 수에 따라 알맞게 바꿔 써야 해요.

109 I **am going to meet** / my friend / *tomorrow*.
(I: 주어 / am going to meet: 동사 / my friend: 목적어 / tomorrow: 수식어)
나는 만날 것이다 / 내 친구를 / 내일.

TIP 〈인칭대명사 주어+be동사〉는 줄여 쓸 수 있어요. (**I'm** going to meet ~.)

110 She's **going to go** to the dentist.

TIP 주어에 상관없이 be going to 뒤에도 항상 동사원형이 와야 해요. (She's going to **goes** ~. (×))

111 The students **are going to clean** the classroom.

112 Paul and I **are going to play** tennis *this Sunday*.

## Point 024 be going to의 부정문과 의문문

- be going to의 부정문과 의문문은 아래 표와 같이 나타내요.

| | |
|---|---|
| be going to의 부정문 | be동사+not+going to+동사원형 |
| be going to의 의문문 | be동사+주어+going to+동사원형 ~? |
| | Yes, 주어+be동사. / No, 주어+be동사+not. |

**113** I'm not going to change / my mind.
주어 / 동사 / 목적어
나는 바꾸지 않을 것이다 / 내 마음을.

**114** A: **Are** you **going to do** / volunteer work?
주어 / 동사 / 목적어
너희는 할 거니 / 자원봉사 활동을?

B: Yes, we **are**.
주어 동사
응, 그럴 거야.

**115** He **isn't going to join** our club. He's too busy.

**116** A: **Are** we **going to have** a barbecue *tonight*?

B: Yes, we **are**.

**117** A: **Is** the city **going to build** a new library?

B: No, it **isn't**.

TIP I am not을 제외한 〈be동사+not〉과 〈인칭대명사 주어+be동사〉는 줄여 쓸 수 있어요.
(He **isn't**[**He's** not] going to join ~.)

### Check up

천일비급 p.26

**다음 우리말과 의미가 같도록 주어진 단어를 올바르게 배열하세요.**

1 나는 도서관에 책을 반납할 것이다. (return / am / going to)

→ I ______________________ the book to the library.

2 그들은 오늘 밤에 영화를 보지 않을 것이다. (are / watch / going to / not)

→ They ______________________ a movie tonight.

3 그는 체육관에서 운동할 거니? (going to / exercise / is / he)

→ ______________________ at the gym?

### Unit Vocabulary

109 meet 만나다
110 go to the dentist 치과에 가다
111 clean 청소하다; 깨끗한
113 change one's mind ~의 마음[생각]을 바꾸다
114 volunteer work 자원 봉사활동
*cf.* volunteer 자원 봉사하다; 자원봉사자
115 join 가입하다, 참여하다
club 동아리, 클럽
116 have a barbecue 바비큐 파티를 하다
117 build (건물을) 짓다, 건축하다
1 return 반납하다; 돌아오다
3 exercise 운동하다; 운동
gym (학교 등의) 체육관; 헬스클럽

UNIT 13

# 현재진행형

현재진행형은 '지금, 이 순간에 진행 중인 일'을 나타내며, 〈be동사의 현재형+동사의 -ing형〉으로 써요.

Point 025 주어 + am/are/is + 동사의 -ing형

Point 026 주어 + am/are/is + not + 동사의 -ing형

Am/Are/Is + 주어 + 동사의 -ing형 + ~?

## Point 025 현재진행형

• 현재진행형은 〈am/are/is+동사의 -ing형〉으로 나타내며, '(지금) ~하고 있다, ~하는 중이다'로 해석해요.

**동사의 -ing형 만드는 법**

| | | | |
|---|---|---|---|
| 대부분의 동사 | 동사원형+-ing | go**ing** talk**ing** | read**ing** play**ing** |
| -e로 끝나는 동사 | -e를 빼고+-ing | come → com**ing**<br>make → mak**ing** | have → hav**ing**<br>live → liv**ing** |
| -ie로 끝나는 동사 | -ie를 y로 바꾸고+-ing | lie → **lying** | tie → **tying** |
| 「모음 1개+자음 1개」로 끝나는 1음절 동사 | 마지막 자음을 한 번 더 쓰고+-ing | run → run**ning**<br>cut → cut**ting** | sit → sit**ting**<br>put → put**ting** |

**118** I **am reading** a science book / *now*.
주어 동사 목적어 수식어
나는 과학 책을 읽고 있다 / 지금.

**119** The children **are lying** / on the beach.
주어 동사 수식어
아이들이 누워 있다 / 해변에.

현재진행형은 '지금 진행중인 일'을, 현재형은 '항상 하는 일이나 습관'을 나타내요. (I **read** a book *every day*. 나는 매일 책을 읽는다. - 항상 하는 일)

**120** She **is listening to** her favorite song.

121 The cook **is making** spaghetti *now*.

122 **I'm tying** my shoelaces. Wait for me.

123 Tim and Jenny **are swimming** in the river.

주어 없이 '동사원형'으로 시작하는 문장은 '~해라, ~하세요'라는 뜻으로 어떤 행동을 지시하거나 요구할 때 사용해요. (여러 가지 문장 ☞ Ch 11)

**문법 Plus** **현재진행 be going vs. 미래시제 be going to**

I **am going** to a park now. 나는 지금 공원에 **가는 중이다**. 〈현재진행: be going+to 장소〉
I **am going to go** to a park. 나는 공원에 **갈 것이다**. 〈미래시제: be going to+동사원형〉

**문법 Plus** **진행형을 쓸 수 없는 동사**

❶ 동작이 아닌 '상태'를 나타내는 동사는 진행형으로 쓸 수 없어요.
- 감정: like, love, hate
- 소유: have(가지고 있다), belong to
- 상태: be, want
- 감각: look, see(보이다), feel
- 인식: know, think(~라고 믿다)

❷ 단, have, think...와 같은 동사가 다른 의미로 쓰여 '동작이나 일시적인 행동'을 나타내면 진행형으로 쓸 수 있어요.
I **am having** lunch now. 나는 지금 점심을 **먹는 중이다**.
We **are thinking** of a solution. 우리는 해결책에 대해 **생각하고 있다**.

## Check up

천일비급 p.27

**A** 다음 동사의 -ing형을 쓰세요.

1 talk → ____________ 2 tie → ____________

3 come → ____________ 4 get → ____________

5 play → ____________ 6 sit → ____________

**B** 주어진 동사를 사용하여 현재진행형 문장을 완성하세요.

1 We ____________ ____________ French. (learn)

2 I ____________ ____________ breakfast now. (have)

3 My dog ____________ ____________ on the grass. (run)

4 Sea turtles ____________ ____________ from water pollution. (die)

### Unit Vocabulary

118 science 과학
119 lie 누워 있다; 거짓말하다; 거짓말
120 listen to ~를 듣다, ~에 귀를 기울이다 favorite 가장 좋아하는
121 cook 요리사; 요리하다
122 tie (끈 등을) 묶다, 매다
shoelace 신발끈
wait for ~를 기다리다
B 1 French 프랑스어; 프랑스(인)의
3 grass 잔디(밭), 풀
4 water pollution 수질오염
*cf.* pollution 오염, 공해
die from A A로 죽다

## Point 026 현재진행형의 부정문과 의문문

• 현재진행형의 부정문과 의문문은 아래 표와 같이 나타내요.

| | |
|---|---|
| 현재진행형의 부정문 | am/are/is+not+동사의 -ing형 |
| 현재진행형의 의문문 | Am/Are/Is+주어+동사의 -ing형 ~? |
| | Yes, 주어+be동사. / No, 주어+be동사+not. |

**124** She **is not answering** my call.
주어 / 동사 / 목적어
그녀가 내 전화를 받지 않고 있다.

**125** A: **Are** you **waiting for** your friends / *now*?
주어 / 동사 / 목적어 / 수식어
너는 네 친구들을 기다리는 중이니 / 지금?

B: Yes, I **am**.
주어 동사
응, 그래.

**TIP** 〈be동사+not〉와 〈인칭대명사+be동사〉는 줄여 쓸 수 있어요. (She **isn't**[**She's not**] answering my call.)

**126** The kids **aren't sitting**. They're running around.

**127** A: **Is** your brother **using** the bathroom *now*?

B: No, he **isn't**. He's in his room.

**128** A: **Is** Kelly **working out** at the gym *these days*?

B: Yes, she **is**.

### Check up

천일비급 p.28

**다음 문장을 괄호 안의 지시대로 바꿔 쓰세요.**

1 I'm drawing a picture now. (부정문)
→ ________ ________ ________ a picture now.

2 Ms. Miller is baking cookies for us. (부정문)
→ ________ ________ ________ cookies for us.

3 The boys are writing letters to their teacher. (의문문)
→ ________ ________ ________ ________ letters to their teacher?

### Unit Vocabulary

**124** answer (전화를) 받다; 대답하다; 대답 call 전화 (통화)
**126** run around 뛰어다니다, 이리저리 달리다
**127** use 사용[이용]하다
**128** work out 운동하다 (= exercise)
these days 요즘에
**1** draw (그림 등을) 그리다
picture 그림; 사진
**2** bake (빵 등을) 굽다
*cf.* baker 제빵사
**3** write 쓰다, 작성하다

UNIT 14

# 과거진행형

과거진행형은 '과거의 어느 시점에서 진행 중이던 일'을 나타내며, 〈be동사의 과거형+동사의 -ing형〉으로 나타내요. 현재진행의 의미를 단순히 과거 시점으로 옮긴 거로 생각하면 돼요.

Point 027 주어 + was/were + 동사의 -ing형

Point 028 주어 + was/were + not + 동사의 -ing형

Was/Were + 주어 + 동사의 -ing형 + ~?

## Point 027 과거진행형

- 과거진행형은 '(과거에) ~하고 있었다, ~하는 중이었다'로 해석하며, 〈was/were+동사의 -ing형〉으로 써요.

129 I **was talking** / on the phone / *then*.
주어 동사 / 수식어 / 수식어
나는 이야기하는 중이었다 / 전화로 / 그때.

과거진행형은 '과거에 진행 중이던 일'을, 과거시제는 '과거에 이미 일어난 일'을 나타내요. (I **talked** to him *yesterday*. 나는 어제 그와 이야기했다. - 과거의 동작)

130 The team **was winning** *at that time*.

131 He **was taking** a test *at 11 a.m. yesterday*.

132 They **were waiting** in line for tickets.

133 Lily and I **were hanging out** together *then*.

**문법Plus 미래진행형**

미래진행형 〈will+be+동사의 -ing형〉은 미래의 어느 시점에 진행 중일 것으로 예상되는 일을 나타내며, '(미래에) ~하고 있을 것이다'로 해석해요.
**I will be meeting** Susan *at this time tomorrow*. 나는 내일 이 시간에 수잔을 **만나고 있을 것이다**.

## Point 028 과거진행형의 부정문과 의문문

• 과거진행형의 부정문과 의문문은 아래 표와 같이 나타내요.

| | |
|---|---|
| 과거진행형의 부정문 | was/were+not+동사의 -ing형 |
| 과거진행형의 의문문 | Was/Were+주어+동사의 -ing형 ~? |
| | Yes, 주어+was/were. / No, 주어+was/were+not. |

**134** He **was not wearing** glasses / *at that time*.
주어 / 동사 / 목적어 / 수식어
그는 안경을 쓰고 있지 않았다 / 그 당시에는.

**135** A: **Were** you **living** / in Seoul / *then*?
주어 / 동사 / 장소 / 수식어
너는 살고 있었니 / 서울에 / 그때?

B: No, I **wasn't**.
주어 동사
아니, 그렇지 않았어.

**TIP** was not, were not은 wasn't, weren't로 줄여 쓸 수 있어요. (He **wasn't** wearing ~.)

**136** I **wasn't feeling** good *yesterday*.

**137** She **wasn't listening to** our conversation.

**138** A: **Were** you **preparing** for your final exams?

B: Yes, we **were**.

**문법Plus** 현재, 과거, 미래 시제 정리

| 시제의 종류 | | 예문과 쓰임 |
|---|---|---|
| 기본 시제 | 현재 | She **has** long straight hair. 〈현재의 상태〉<br>Daniel **listens to** the radio *every morning*. 〈습관, 반복적인 동작〉<br>Water **freezes** at zero degrees. 〈변함없는 진리〉 |
| | 과거 | We **visited** the museum *last weekend*. 〈과거의 동작〉<br>The Chinese **invented** paper *long ago*. 〈역사적 사실〉 |
| | 미래 | Dave and I **will play** badminton *tomorrow*. 〈미래의 일〉 |
| 진행 시제 | 현재진행 | My mom **is cooking** dinner *now*. 〈지금, 이 순간 진행 중인 일〉 |
| | 과거진행 | I **was studying** at home *at 10 p.m. last night*.<br>〈과거 어느 시점에 진행 중이던 일〉 |
| | 미래진행 | I **will be taking** an English exam *at this time tomorrow*.<br>〈미래 어느 시점에 진행 중일 것으로 예상되는 일〉 |

## Check up

천일비급 p.30

**A 다음 우리말과 의미가 같도록 주어진 단어를 사용하여 문장을 완성하세요.**

1 그는 그때 무대 위에서 춤을 추고 있었다. (dance)

→ He ________________ on the stage then.

2 나는 30분 전에 소파에 누워 있었다. (lie)

→ I ________________ on the sofa 30 minutes ago.

3 미아와 나는 그때 산책하는 중이었다. (take)

→ Mia and I ________________ a walk then.

4 우리는 그때 쇼핑몰에서 쇼핑하고 있었다. (shop)

→ We ________________ in the mall at that time.

5 그들은 지금 전화로 피자를 주문하고 있다. (order)

→ They ________________ pizza over the phone now.

**B 다음 과거진행형 문장을 괄호 안의 지시대로 바꿔 쓰세요.**

1 They were riding their bikes.

→ They ____________________ their bikes. (부정문)

→ ________ they ________ their bikes? (의문문)

2 The farmer was feeding the horses.

→ The farmer ____________________ the horses. (부정문)

→ ________ the farmer ________ the horses? (의문문)

### Unit Vocabulary

130 win 이기다; 우승하다
131 take a test 시험을 보다[치다]
132 wait in line 줄을 서서 기다리다
133 hang out (사람·무리와) 놀다[어울려 다니다] together 함께, 같이
134 glasses 안경
136 feel ~한 느낌이 들다, 느끼다
137 conversation 대화
138 prepare 준비[대비]하다
final exam 기말고사
A 1 stage 무대
3 take a walk 산책하다
4 shop 쇼핑하다, 사다; 가게, 상점
mall 쇼핑몰, 쇼핑센터
5 order 주문하다; 주문
over the phone 전화상으로
B 1 ride (탈 것을) 타다
2 feed 먹이를 주다; (동물의) 먹이

# Chapter Exercises 04

## A

알맞은 어법 고르기 ▶ **다음 문장의 네모 안에서 어법상 알맞은 것을 고르세요.**

1 The boy will [is / be] a great artist in the future.

2 Tell him the truth. He [not will / will not] be upset.

3 The farmers [is / are] picking the apples.

4 Korean movies are [becomeing / becoming] popular in America.

5 Are you [going to meet / going to meeting] Sarah today?

6 She [is knowing / knows] a lot about computers.

7 Oliver [is cleaning / was cleaning] his room at that time.

8 Fred and Roy [isn't going to / aren't going to] go swimming today.

## B

문장 해석하기 ▶ **다음 문장의 밑줄 친 부분에 주의하여 해석을 완성하세요.**

1 She will be healthy soon. Don't worry.

→ 그녀는 곧 ______________________. 걱정하지 마.

2 These days, the climate is changing very fast.

→ 요즘에 기후가 매우 빠르게 ______________________.

3 They aren't listening to the teacher carefully.

→ 그들은 선생님의 말씀을 주의 깊게 ______________________.

4 Are you going to go to the zoo this weekend?

→ 너희는 이번 주말에 ______________________?

5 Amy and Alice were living in London at that time.

→ 에이미와 앨리스는 그때 ______________________.

**A** 1 great 훌륭한, 위대한 artist 화가, 예술가 future 미래 2 truth 사실, 진실 upset 속상한, 기분이 상한 3 pick (과일 등을) 따다; 선택하다, 고르다 4 become ~해지다, ~이 되다 popular 인기 있는 6 a lot 많이, 아주 8 go swimming 수영하러 가다 **B** 1 healthy 건강한 worry 걱정하다 2 climate 기후 change 변하다, 바뀌다 3 carefully 주의 깊게

## C

조건 영작하기 ▶ **다음 우리말과 의미가 같도록 주어진 단어를 사용하여 문장을 완성하세요.**

1 댄서들이 곧 무대에서 공연할 것이다. (will, perform)

→ The dancers ______________________________ on the stage soon.

2 그 영화는 오후 7시에 시작할 것이다. (begin, be going to)

→ The movie ______________________________ at 7 p.m.

3 그때 그는 그의 가족과 저녁 식사를 하고 있었다. (dinner, have)

→ He ______________________________ with his family at that time.

4 너는 오늘 헬스클럽에서 운동할 거니? (be going to, work out)

→ ______________________________ at the gym today?

5 나는 지금 컴퓨터를 사용하고 있지 않아. 네가 사용해도 돼. (use, the computer)

→ I ______________________________ now. You can use it.

## D

서술형 맛보기 ▶ **다음 우리말과 의미가 같도록 조건에 맞게 문장을 완성하세요.**

1

조건 | ① win, our baseball team, the game을 사용할 것
② 9 단어로 쓸 것
우리말 | 우리 야구팀이 그 경기에서 우승할 것이다.

→ ______________________________________________.

2

조건 | ① my mom and I, muffins, bake를 사용할 것
② 8 단어로 쓸 것
③ 시간을 나타내는 표현 then을 문장 끝에 사용할 것
우리말 | 나의 엄마와 나는 그때 머핀을 굽고 있었다.

→ ______________________________________________.

**C** 1 perform 공연하다 dancer 댄서, 무용수 2 begin 시작하다 (= start) **D** 2 muffin 머핀

CHAPTER
05

# 문장의 구조

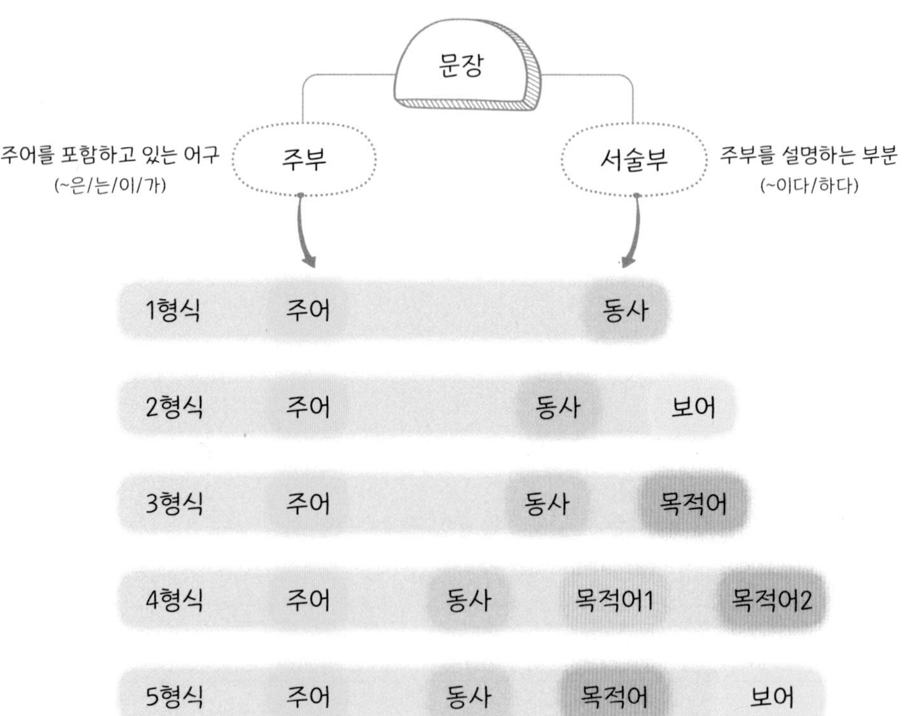
문장
주어를 포함하고 있는 어구
(~은/는/이/가)
주부
서술부
주부를 설명하는 부분
(~이다/하다)
1형식 주어 동사
2형식 주어 동사 보어
3형식 주어 동사 목적어
4형식 주어 동사 목적어1 목적어2
5형식 주어 동사 목적어 보어

우리말과 영어에는 큰 차이점이 있어요. 다음 예시에서 볼 수 있듯이, 바로 말의 순서(어순)예요.

나는 강아지를 좋아해. → I like dogs.
주어 동사 주어 동사

영어는 〈주어+동사〉를 가장 먼저 말하거나 쓴 뒤, 나머지 필요한 요소(목적어, 보어)를 보충해 나가는 방식으로 문장을 만들어요. 이때 〈주어+동사〉 뒤에 어떤 요소가 더 와야 하는지 결정하는 것은 바로 '동사'예요. 동사에 따라 그 뒤에 목적어나 보어가 오기도 하고, 목적어가 두 개 오기도 해요.

He **likes** *spicy food*. 그는 매운 음식을 좋아한다.
뒤에 좋아하는 대상인 '목적어'가 필요한 동사

He **looks** *happy*. 그는 행복해 보인다.
뒤에 주어의 상태를 설명해 주는 '보어'가 필요한 동사

이때, 중요한 것은 각 단어가 정해진 순서에 맞게 오는 거예요.
영어에서는 주어, 동사, 목적어, 보어와 같은 각 요소를 정해진 위치에 쓰지 않으면 문장이 성립하지 않아요.

Amy likes cookies. (O) 에이미는 쿠키를 좋아한다.
Amy cookies like. (×) / Like Amy cookies. (×) / Cookies like Amy. (×)

영어 문장은 꼭 필요한 요소와 어순에 따라 크게 **5가지 문장 형태(5문형)**로 나뉘는데,
각 문장 형태별로 잘 쓰이는 동사들을 잘 알아 두어야 해요.

**UNIT 15** 주어+동사
**UNIT 16** 주어+동사+보어
**UNIT 17** 주어+동사+목적어
**UNIT 18** 주어+동사+목적어1+목적어2
**UNIT 19** 주어+동사+목적어+보어

# UNIT 15 주어+동사

〈주어+동사〉는 문장이 성립하는 가장 기본 문장 형태예요. 주어와 동사만으로도 문장을 만들 수 있지만, 부가적인 의미를 더하는 부사(구)가 함께 쓰이기도 해요. 부사(구)는 문장을 자세하게 설명해주는 말인 수식어이므로 문장 형태에는 영향을 주지 않아요.

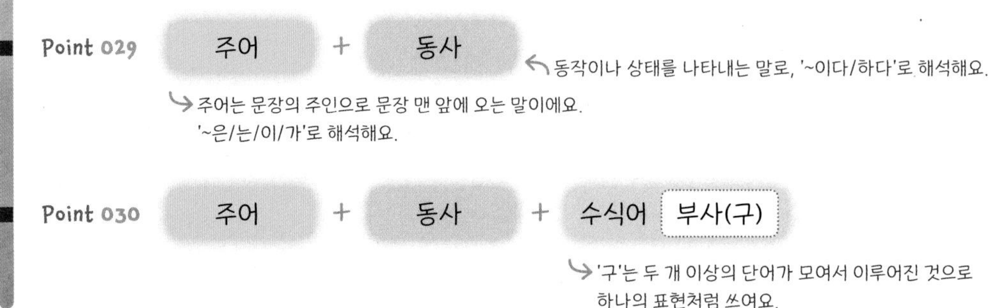

Point 029 주어 + 동사
동작이나 상태를 나타내는 말로, '~이다/하다'로 해석해요.
주어는 문장의 주인으로 문장 맨 앞에 오는 말이에요. '~은/는/이/가'로 해석해요.
Point 030 주어 + 동사 + 수식어 부사(구)
'구'는 두 개 이상의 단어가 모여서 이루어진 것으로 하나의 표현처럼 쓰여요.

## Point 029 주어+동사

- 〈주어+동사〉만으로도 의미가 완전한 형태로 '주어는 ~하다'라고 해석해요.
- 〈주어+동사〉 문형에 잘 쓰이는 동사는 다음과 같아요.

| go | 가다 | walk | 걷다 | fall | 떨어지다 |
|---|---|---|---|---|---|
| come | 오다 | swim | 수영하다 | happen/occur | (일이) 일어나다 |
| arrive | 도착하다 | begin | 시작하다 | appear | 나타나다 |
| run | 달리다 | stop | 멈추다 | disappear | 사라지다 |

139 The bus **arrived.**
주어 / 동사
버스가 도착했다.

140 The leaves **are falling.**

141 The car accident **happened.**

142 The baby **woke up** and **cried.**

wake up(-woke up)과 같이 두 개 이상의 단어로 이루어져 있지만 하나의 동사처럼 쓰이는 말을 '구동사'라고 해요.

**구문Plus 문장의 기본 요소**

문장의 기본 요소에는 주어, 동사, 보어, 목적어가 있어요.
- 주어: 문장의 주인, 주체가 되는 말
- 동사: 동작이나 상태를 나타내는 말
- 보어: 보충 설명해주는 말
- 목적어: 동작의 대상이 되는 말

## Point 030 주어+동사+부사(구)

- 〈주어+동사〉로 이루어진 문장에는 수식어로 부사(구)가 함께 쓰이는 경우가 많아요.
- 이때 부사(구)는 주로 동사를 꾸며 줘요.

143 The school bus arrived / **late.**
주어 / 동사 / 수식어(부사)
스쿨버스가 도착했다 / 늦게.

144 My favorite singer appeared / **on TV.**
주어 / 동사 / 수식어(부사구)
내가 가장 좋아하는 가수가 나왔다 / TV에.

**TIP** late는 의미를 더해주는 수식어(부사)일 뿐이므로 없어도 문장이 성립해요.
(The school bus arrived. (O))

145 Class will begin **soon.**

146 The dinosaurs disappeared **long ago.**

147 My mom and I go **to the library on Sundays.**

**TIP** 수식어(부사(구))는 한 문장에 여러 개가 쓰이기도 해요.

148 Earthquakes occur **frequently in California.**

### Check up

천일비급 p.32

**다음 문장에서 〈주어+동사〉를 찾아 밑줄을 긋고, 밑줄 친 부분을 해석하세요.**

1 The sun rose brightly.

→ ______________________.

2 We danced at the party yesterday.

→ ______________________.

3 A terrible thing happened last night.

→ ______________________.

### Unit Vocabulary

140 leaf ((복수형 leaves)) (나뭇)잎
141 car accident 자동차 사고
142 wake up(-woke up) 깨어나다
cry 울다
143 late 늦게; 늦은, 지각한
144 favorite 가장 좋아하는
146 dinosaur 공룡
long ago 오래전에
148 earthquake 지진 frequently 자주 California 캘리포니아 주(州) ((미국 서부에 있는 주(州)))
1 rise(-rose-risen) 뜨다; 오르다
brightly 밝게
3 terrible 끔찍한 thing 일; 물건

# UNIT 16 주어+동사+보어

〈주어+동사〉만으로 문장의 의미를 완전히 전달할 수 없어서, 주어를 보충 설명하는 말인 '보어'가 필요한 문장 형태예요. 보어로는 주로 명사나 형용사가 와요.

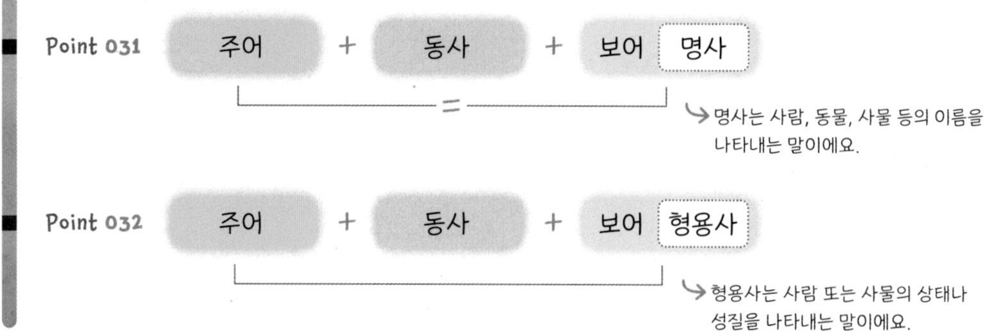


## Point 031 동사+보어(명사)

- 보어 자리에 명사가 올 경우 '주어는 보어이다'라고 해석하며, 명사 보어가 필요한 동사에는 be, become(~이다, ~이 되다), remain(~인 채로 있다) 등이 있어요.
- 이때 명사 보어는 주어가 '누구' 또는 '무엇'인지를 나타내며, '주어 = 보어'의 관계를 이루어요.

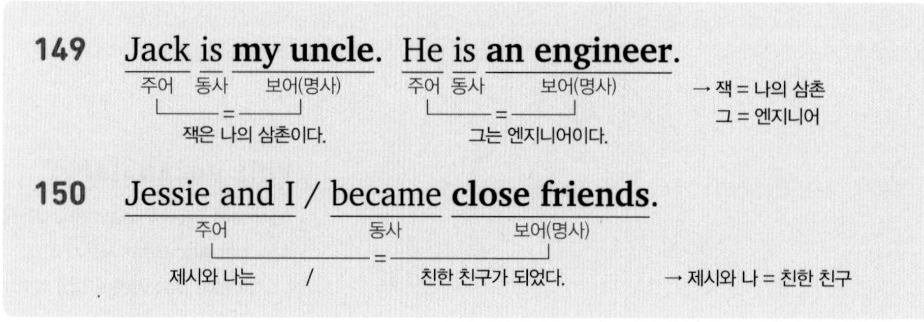

149 Jack is **my uncle**. He is **an engineer**.
주어 동사 보어(명사) 주어 동사 보어(명사)
책은 나의 삼촌이다. 그는 엔지니어이다.
→ 잭 = 나의 삼촌
그 = 엔지니어
150 Jessie and I / became **close friends**.
주어 동사 보어(명사)
제시와 나는 / 친한 친구가 되었다.
→ 제시와 나 = 친한 친구


151 Albert Einstein was **a great scientist**.

152 Elizabeth the Second became **queen** in 1952.

153 The pyramids remain **a mystery**.

## Point 032 동사+보어(형용사)

- 형용사 보어는 주어의 '상태나 성질' 등을 보충 설명해요.
- 이때 보어를 '~하게'로 해석하는 것이 자연스럽다고 해서 -ly로 끝나는 부사를 사용하지 않도록 주의해야 해요.
  sounds **great** (O), sounds **greatly** (×) 멋지게 들리다

**형용사 보어가 필요한 동사**

| | |
|---|---|
| 상태를 나타내는 동사 | be, remain, keep, stay(~이다, ~인 채로 있다) |
| 변화를 나타내는 동사 | become, get, go, turn, come, grow(~이 되다, ~해지다) |
| 감각을 나타내는 동사 (감각동사) | look(~하게 보이다, ~인 것 같다), feel(~한 느낌이 들다), sound(~하게 들리다), taste(~한 맛이 나다), smell(~한 냄새가 나다) |
| 생각·인식을 나타내는 동사 | seem, appear(~인 것 같다, ~하게 보이다) |

**154** The museum is **open** / every day.
주어 동사 보어(형용사) 수식어
그 박물관은 열려 있다 / 매일.

**155** You look **sad** / today. What's wrong?
주어 동사 보어(형용사) 수식어
너는 슬프게 보인다 / 오늘. 무슨 일이니?

**TIP** 우리말 해석 '~하게'를 보고 형용사 대신 부사를 쓰지 않도록 주의하세요. (You look **sadly**. (×))

**156** One day, your dream will come **true**.

**157** My cat's fur feels very **soft**.

**158** Our team's win didn't seem **real** to me.

**TIP** 감각동사 뒤에 '~와 같은'을 뜻하는 like를 붙이면 명사와 함께 쓸 수 있어요. (My cat's fur feels **like** *silk*. 나의 고양이의 털은 실크 같은 느낌이 난다.)

### Unit Vocabulary

**149** engineer 엔지니어, 기술자
**150** become(-became-become) ~이 되다, ~해지다 close 친한; 가까운
**151** great 훌륭한, 위대한
scientist 과학자
**153** mystery 미스터리, 수수께끼
**154** museum 박물관
**156** one day 언젠가
come true 이루어지다, 실현되다
**157** fur (동물의) 털
**158** win 승리; 이기다
real 진짜의, 실제의
**1** suddenly 갑자기 dark 어두운
**3** melody 멜로디, 선율

### Check up

천일비급 p.33

**다음 문장의 네모 안에서 어법상 알맞은 것을 고르세요.**

1 Suddenly, the sky got [dark / darkly].

2 The soup tasted like [salt / salty].

3 This melody sounds [beautiful / beautifully].

4 Our teacher seems [busy / busily] today.

# UNIT 17 주어+동사+목적어

〈주어+동사〉 뒤에 동사의 목적어가 필요한 문장 형태예요. 목적어란 주어가 하는 '동작의 대상이 되는 말'로 대개 '~을/를'로 해석되나, '~에/와' 등으로 해석되는 경우도 있으니 주의하세요.

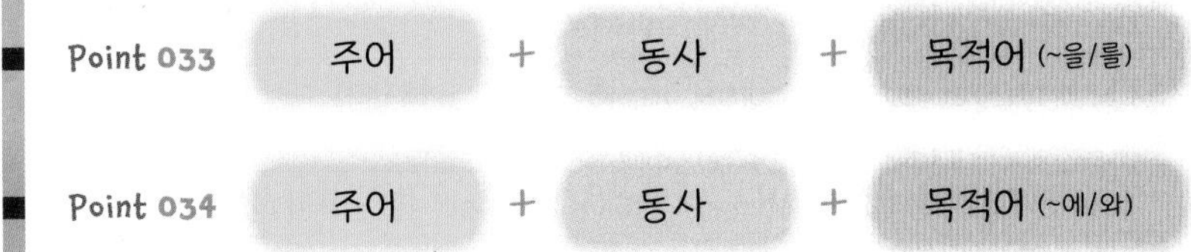


## Point 033 동사+목적어

- 목적어로는 주로 명사나 대명사가 쓰이며, 대개 '~을/를'로 해석되는 말이에요.
- 〈주어+동사+목적어〉 문형은 '주어는 목적어를 ~하다'로 해석하며, 대부분의 영어 동사들이 이 문장 형태로 쓰여요.

**159** An octopus (주어) has (동사) / **three hearts.** (목적어)
문어는 가지고 있다 / 세 개의 심장을.

**160** My sister brought **her friends** home.

**161** I'll wear **a skirt** and **a blouse** today.

**162** We took **a short nap** after lunch.

**163** Sandy looked after **my dog** yesterday.

look after(~을 돌보다)와 같이 목적어가 꼭 필요한 구동사도 있어요.

**문법 Plus** 보어(명사) vs. 목적어(명사)

'주어 = 명사'의 관계이면 보어이고, 그렇지 않으면 목적어예요.

**She** is **a singer**. 그녀는 가수이다.
(She = a singer: 보어)

**She** sang **a song**. 그녀는 노래를 불렀다.
(She ≠ a song: 목적어)

## Point 034 전치사와 잘못 사용하기 쉬운 동사

- 동사에 따라 목적어가 '~을/를'이 아닌 '~에/와'로 해석되는 경우도 있어요.
- 이때 우리말 해석 때문에 동사 뒤에 전치사(to, with, about 등)를 쓰지 않도록 주의하세요.

| | |
|---|---|
| ~에 | answer ~~to~~ the question(질문**에** 답하다),<br>enter ~~into~~ the room(방**에** 들어가다), reach ~~at~~ the station(역**에** 도착하다) |
| ~와 | marry ~~with~~ her(그녀**와** 결혼하다), resemble ~~with~~ my brother(오빠**와** 닮다) |
| ~에 대해 | discuss ~~about~~ the problem(문제**에 대해** 논의하다),<br>appreciate ~~about~~ your help(너의 도움**에 대해** 고마워하다) |

**164** The train just **reached** / Seoul station.
주어 수식어 동사 / 목적어
그 기차는 방금 도착했다 / 서울역에.

**165** I **discussed** the problem / with my mom.
주어 동사 목적어 / 수식어
나는 그 문제에 대해 논의했다 / 나의 엄마와 함께.

**166** You **didn't answer** my question yet.

**167** My uncle **married** Sofia last month.

**168** I **appreciate** your help and kindness.

### Check up

천일비급 p.35

**다음 밑줄 친 부분이 맞으면 ○, 틀리면 ×하고 바르게 고치세요.**

1 Eric resembles his father. ________

2 We'll discuss about this matter later. ________

3 Listen carefully and answer to the questions. ________

### Unit Vocabulary

159 octopus 문어 heart 심장; 마음
160 bring(-brought-brought) 데려오다; 가져오다
162 take a nap 낮잠을 자다
*cf.* nap 낮잠
163 look after ~을 돌보다
164 just 방금, 막 station 역, 정거장
165 problem 문제
166 question 질문; 문제
yet (부정문에서) 아직
168 help 도움; 돕다, 도와주다
kindness 친절, 상냥함
2 matter 일, 문제; 중요하다
3 carefully 주의 깊게

# 주어+동사+목적어1+목적어2

동사 뒤에 두 개의 목적어가 필요한 문장 형태예요. 이때, 동사는 주로 '(해)주다'라는 뜻을 가지며, '~에게(간접목적어)'와 '…을/를(직접목적어)'에 해당하는 두 개의 목적어가 와요.

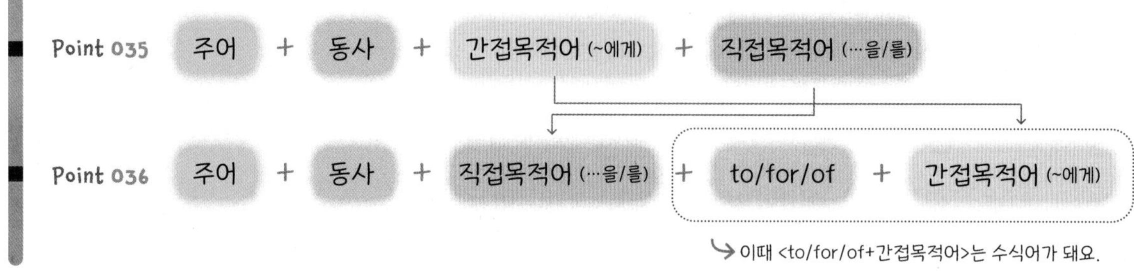


## Point 035 동사+간접목적어+직접목적어

- 어떤 동사는 '~에게(사람)'에 해당하는 간접목적어와 '…을/를(물건)'에 해당하는 직접목적어, 이렇게 두 개의 목적어가 필요해요.
- 이때 동사 뒤에는 반드시 〈간접목적어+직접목적어〉의 순서로 써야 하며, '~에게 …을/를 (~해)주다'라고 해석해요.

**목적어가 두 개 필요한 동사**

| | | | |
|---|---|---|---|
| give A B | A에게 B를 주다 | make A B | A에게 B를 만들어 주다 |
| buy A B | A에게 B를 사 주다 | tell A B | A에게 B를 말하다 |
| show A B | A에게 B를 보여 주다 | bring A B | A에게 B를 가져다 주다 |
| send A B | A에게 B를 보내다 | ask A B | A에게 B를 묻다 |

**169** Cows give **us** / **milk.**
주어 동사 간접목적어(~에게) 직접목적어(…를)
소들은 우리에게 준다 / 우유를.

**170** I'll show **you the way**. It's close to here.

**171** Grandma sent **me a gift** on my birthday.

**172** Don't worry. I didn't tell **anyone your secret**.

## Point 036 동사+직접목적어+전치사+간접목적어

- 〈주어+동사+간접목적어+직접목적어〉
  → 〈주어+동사+직접목적어+전치사+간접목적어〉로 바꿔 쓸 수 있어요.
- 이때, 동사에 따라 알맞은 전치사를 쓰는 것이 매우 중요해요. 아래 표의 동사별 전치사는 꼭 외워두세요.

| | |
|---|---|
| to | give, show, send, tell, bring, lend, pass(건네주다), teach, write 등 |
| for | buy, make, cook, get(사다; 가져다주다) 등 |
| of | ask(묻다; 부탁하다) |

**173** I **will send** you / the photos / soon.
주어 동사 간접목적어 직접목적어 수식어
내가 너에게 보내줄게 / 그 사진들을 / 곧.

→ I **will send** the photos / **to** you / soon.
주어 동사 목적어 수식어 수식어

**174** Dad **made** us / a delicious steak.
주어 동사 간접목적어 직접목적어
아빠는 우리에게 만들어주셨다 / 아주 맛있는 스테이크를.

→ Dad **made** a delicious steak / **for** us.
주어 동사 목적어 수식어

**175** The story **teaches** us an important lesson.

→ The story **teaches** an important lesson **to** us.

**176** We **got** the teacher some flowers.

→ We **got** some flowers **for** the teacher.

**177** The police **asked** him questions all day.

→ The police **asked** questions **of** him all day.

**문법Plus** ask A B → ask B of A

ask는 ask a question(질문을 하다), ask a favor(부탁을 하다)와 같은 표현에만 of를 쓸 수 있어요.
Lucy **asked** me a favor. → Lucy **asked** a favor **of** me. 루시는 나에게 부탁을 했다.

### Check up

천일비급 p.36

**주어진 문장과 의미가 같도록 빈칸에 알맞은 말을 쓰세요.**

1 I'll lend you my notebook.
→ I'll lend ________ ________ ________ ________.

2 Mom bought me new boots.
→ Mom bought ________ ________ ________ ________.

### Unit Vocabulary

170 way (장소로 가는) 길; 방법
172 anyone (부정문·의문문에서) 아무도, 누구라도 secret 비밀
173 photo 사진 soon 곧
174 delicious 아주 맛있는 steak 스테이크
175 important 중요한 lesson 교훈; 수업
176 some 조금의, 약간의
177 police 경찰, 경찰관 all day 하루 종일
2 boot(s) 부츠

# 주어+동사+목적어+보어

동사 뒤에 목적어와 그 목적어를 보충 설명하는 보어가 함께 필요한 문장 형태도 있어요. 이때도 보어로는 주로 명사나 형용사가 쓰여요.

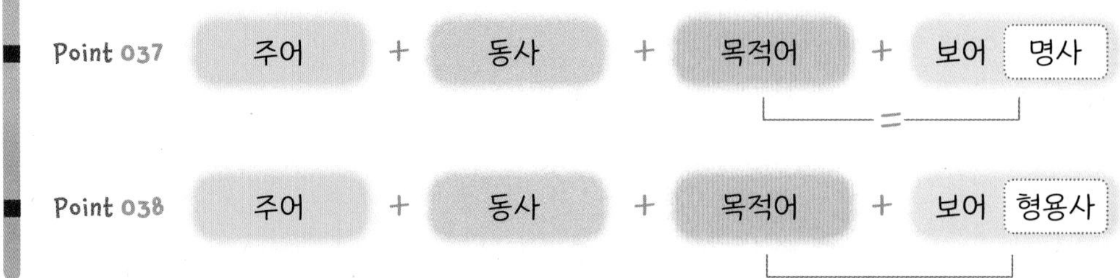


## Point 037 동사+목적어+보어(명사)

- 어떤 동사는 목적어 뒤에 목적어를 보충 설명하는 보어가 필요해요.
- 이때, 명사 보어는 목적어가 '누구' 또는 '무엇'인지를 나타내며, '목적어 = 보어'의 관계예요.

**명사 보어가 필요한 동사**

| | | | |
|---|---|---|---|
| make+목적어+명사 | 목적어를 ~로 만들다 | consider+목적어+명사 | 목적어를 ~라고 여기다 |
| call+목적어+명사 | 목적어를 ~라고 부르다 | name+목적어+명사 | 목적어를 ~라고 이름 짓다 |
| think+목적어+명사 | 목적어를 ~라고 생각하다 | elect+목적어+명사 | 목적어를 ~로 뽑다 |

178 This song made / **her a star.**
주어 동사 목적어 보어(명사) → 그녀 = 스타
목적어 = 보어(명사) She was a star.
이 노래는 만들었다 / 그녀를 스타로.

179 People call **Chicago the *Windy City*.**

180 The students consider **him a good teacher.**

181 They elected **Emily the class president.**

**문법Plus** 〈주어+동사+간목+직목(명사)〉 vs. 〈주어+동사+목적어+보어(명사)〉

〈간접목적어+직접목적어(명사)〉, 〈목적어+보어(명사)〉 문형 모두 목적어 뒤에 명사가 오지만 명사와 목적어와의 관계가 서로 달라요.

We made **her a birthday cake**. 우리는 그녀에게 생일 케이크를 만들어주었다.
간접목적어 ≠ 직접목적어(명사)

We consider **her a good friend**. 우리는 그녀를 좋은 친구로 여긴다.
목적어 = 보어(명사)

## Point 038 동사+목적어+보어(형용사)

- 형용사 보어는 '목적어의 상태나 성질' 등을 보충 설명해요.
- 이때도 보어 자리에 형용사 대신 부사를 사용하지 않도록 주의하세요.
  made me **happy** (O), made me **happily** (×) 나를 행복하게 만들었다

**형용사 보어가 필요한 동사**

| | | | |
|---|---|---|---|
| make+목적어+형용사 | 목적어를 ~하게 만들다 | leave+목적어+형용사 | 목적어를 ~한 상태로 두다 |
| keep+목적어+형용사 | 목적어를 ~한 상태로 두다[유지하다] | think+목적어+형용사 | 목적어를 ~하다고 생각하다 |
| find+목적어+형용사 | 목적어가 ~하다는 것을 알게 되다 | consider+목적어+형용사 | 목적어를 ~하다고 여기다 |

**182** The math exam made / **me nervous.**
주어 / 동사 / 목적어 / 보어(형용사)
수학 시험은 만들었다 / 나를 긴장하게.
→ 나의 상태: 긴장함 I was nervous.

**183** Here it is. This blanket will keep **you warm.**

**184** We found **our neighbor kind.**

**185** Mom leaves **the windows open** every morning.

**186** I don't think **superhero movies fun.**

TIP 보어가 '~하게'라고 해석되어도 부사를 쓰지 않도록 주의하세요. (This blanket will keep you warmly. (×))

### Check up

천일비급 p.38

**다음 문장의 해석을 완성하세요.**

1 They named their son Lucas.
→ 그들은 ______________________.

2 A lot of homework makes me busy.
→ 많은 숙제는 ______________________.

3 Vitamin D keeps our bones strong.
→ 비타민 D는 ______________________.

### Unit Vocabulary

178 star (연예인 등과 같은) 스타; 별
179 windy 바람이 많이 부는
181 class president 반장
*cf.* president 회장; 대통령
182 nervous 긴장한, 초조한
183 blanket 담요 warm 따뜻한
184 neighbor 이웃(사람)
kind 친절한; 종류
186 superhero movie 슈퍼히어로 영화
1 son 아들
2 a lot of 많은 양[수]의 ~ (= lots of)
3 vitamin 비타민 bone 뼈
strong 튼튼한, 강한; 힘이 센

# Chapter Exercises 05

알맞은 어법 고르기 ▶ **다음 문장의 네모 안에서 어법상 알맞은 것을 고르세요.**

1 The Han River is [wide / widely].

2 We [reached / reached at] the hotel late at night.

3 I sent an email [to / of] you yesterday. Did you get it?

4 Annie always keeps her room [clean / cleanly].

5 Your voice sounds [strange / strangely]. Are you okay?

6 My dad brought [an umbrella me / me an umbrella].

7 Many people consider [the painter a genius / a genius the painter].

**B**

문형 분석하기 ▶ **다음 밑줄 친 부분에 해당하는 알맞은 요소를 〈보기〉에서 골라 표시하세요.**

보기 주어 동사 보어 목적어 간접목적어 직접목적어

|예시| A boat appeared on the sea.
(A boat: 주어, appeared: 동사)

1 My cat died last year.

2 The apple pie smells delicious.

3 Trees give us shade in summer.

4 This road connects the two cities.

5 Her smile always makes me happy.

6 I will send a thank-you card to my teacher.

**A** 1 Han River 한강 wide (폭이) 넓은 widely 널리, 폭 넓게 3 get 받다; 사다; 얻다 4 always 항상, 언제나 clean 깨끗한 cleanly 깨끗이 5 voice 목소리 strange 이상한 strangely 이상하게 7 painter 화가 genius 천재, 영재 **B** 2 pie 파이 3 shade 그늘 4 connect 연결하다, 잇다 city ((복수형 cities)) 도시 5 smile 미소, 웃음 6 thank-you card 감사 카드

천일비급 p.38

## C 배열 영작하기 ▶ 다음 우리말과 의미가 같도록 주어진 단어를 올바르게 배열하세요.

1 이 코미디 영화는 재미있어 보인다. (this comedy movie / funny / looks)

→ ______________________________.

2 그녀는 밤새 냉장고 문을 열어두었다. (open / left / the refrigerator door / she)

→ ______________________________ all night.

3 나의 가족은 경주의 역사적인 유적지를 방문했다. (historical sites / my family / visited)

→ ______________________________ in Gyeongju.

4 내가 내일 아침에 너에게 팬케이크를 좀 만들어줄게. (I / you / some pancakes / will make)

→ ______________________________ tomorrow morning.

## D 서술형 맛보기 ▶ 다음 우리말과 의미가 같도록 조건에 맞게 문장을 완성하세요.

1
조건 | ① clean, your eyes, tears를 사용할 것
② 동사 keep을 사용하되 필요하면 형태를 바꿀 것
우리말 | 눈물은 당신의 눈을 깨끗하게 유지해준다.

→ ______________________________.

2
조건 | ① the designer, a beautiful dress, her를 사용할 것
② 동사 make를 사용하되 필요하면 형태를 바꿀 것
③ 의미가 같은 2개의 다른 문장 형태로 쓸 것
우리말 | 디자이너는 그녀에게 아름다운 드레스를 만들어주었다.

→ ______________________________.

→ ______________________________.

**C** 1 comedy movie 코미디 영화 *cf.* comedy 코미디, 희극 funny 재미있는, 웃긴 2 refrigerator 냉장고 all night 밤새도록, 하룻밤 내내 3 historical 역사적인 site 땅, 유적지; 장소 visit 방문하다 4 pancake 팬케이크 **D** 1 tear 눈물 2 designer 디자이너 dress 드레스, 원피스

# 명사와 관사

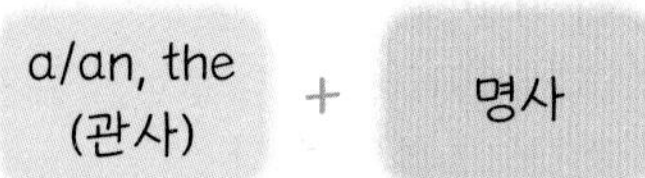


관사는 명사 앞에 쓰여 명사에 대한 정보를 전달해요.

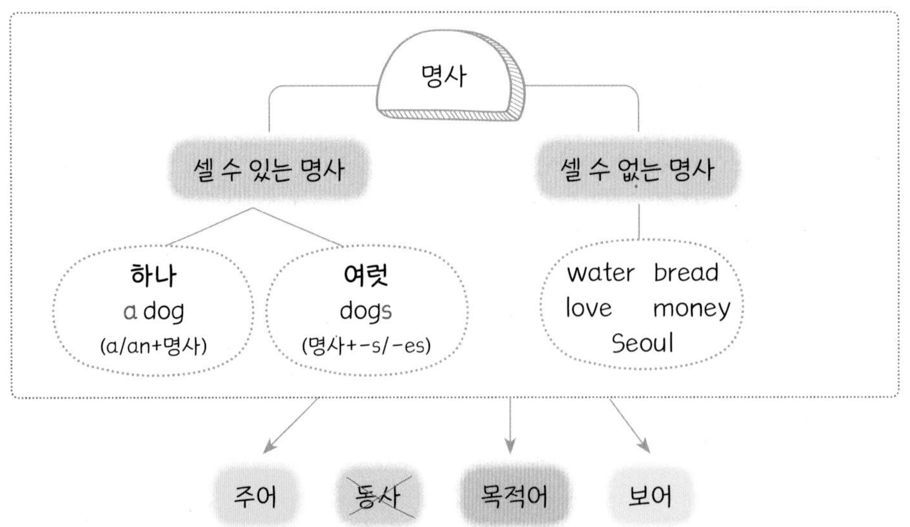


명사는 주어, 목적어, 보어 자리에 쓰여요.

Jane likes cats. <주어, 목적어> / Jane is a singer. <주어, 보어>

명사란 사람, 사물, 동물 등 모든 것들의 이름을 나타내는 말이고,
관사(a, an, the)란 명사 앞에 쓰여 명사에 대해 좀 더 자세한 정보를 전달해 주는 말이에요.

영어의 명사와 관사는 우리말과 큰 차이가 있는데, 먼저 우리말에는 관사라는 것이 없어요.
그럼 영어의 명사는 우리말과 어떤 차이가 있을까요?

첫째, 영어의 명사는 한 개, 두 개와 같이 개수를 '셀 수 있는 명사'와 '셀 수 없는 명사'로 나누고,
셀 수 있는 명사가 한 개일 땐 관사 a나 an을 꼭 붙여 표시해 줘요.

I bought **an apple**. 나는 **사과 한 개**를 샀다. (a/an+셀 수 있는 명사)
I bought **milk**. 나는 **우유**를 샀다. (셀 수 없는 명사)

둘째, 셀 수 있는 명사가 여러 개일 때는 여러 개라는 것을 표시해 주기 위해 명사 뒤에 -s 또는 -es를 붙여요.

an **apple** → three **apples**

그럼 관사는 명사에 대한 어떤 정보를 전달해 줄까요?
바로 명사가 한 개인지 아닌지, 특정한 것인지 아닌지 등과 같은 정보예요.

I bought **an** apple. I ate **the** apple. 나는 사과 **하나**를 샀다. 나는 **그** 사과를 먹었다.
(an apple: 보통 사과 중 한 개 / the apple: 구입한 특정한 사과)

그런데, 명사 앞에 관사를 쓰지 않는 경우도 있고, 반드시 써야 하는 경우도 있어요.
이렇게 관사가 예외적으로 쓰이는 경우는 잘 알아 두어야 해요.

UNIT 20

# 셀 수 있는 명사와 셀 수 없는 명사

명사란 사람이나 사물, 동물, 장소 등의 이름을 나타내는 말로 하나, 둘, 셋 …과 같이 개수를 셀 수 있는 것과 셀 수 없는 것으로 나뉘어요.

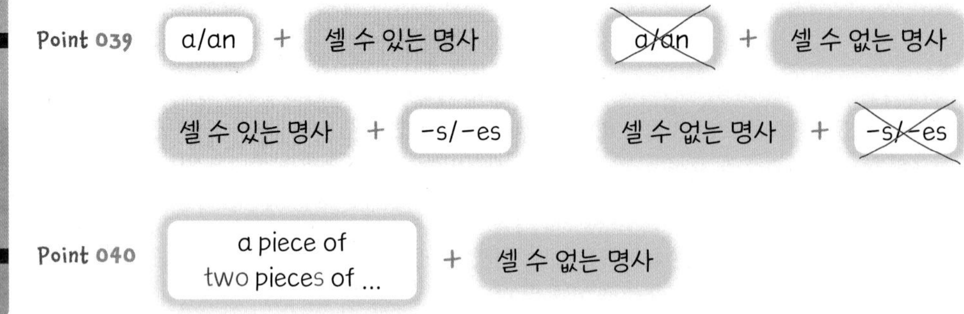


Point 040 a piece of / two pieces of ... + 셀 수 없는 명사

## Point 039 셀 수 있는 명사 vs. 셀 수 없는 명사

• 셀 수 있는 명사와 셀 수 없는 명사는 다음과 같은 특징이 있어요.

| 셀 수 있는 명사 | 셀 수 없는 명사 |
|---|---|
| • 대개 모양이 일정해서 개수를 셀 수 있어요.<br>• 단수(하나): a/an+명사<br>• 복수(여럿): 명사+-s/-es | • 형태가 없거나 모양이 일정하지 않아서 개수를 셀 수 없어요.<br>• 앞에 a/an을 쓸 수 없고, 복수형 -s/-es로도 쓸 수 없어요.<br>**a** water (×), water**s** (×) |

• 셀 수 없는 명사의 종류는 다음과 같아요.

| | |
|---|---|
| 일정한 형태가 없는 물질 | water, bread, butter, salt, sugar, air, snow, glass, paper, gold ... |
| 추상적인 의미의 개념 | love, health, happiness, time, news, math, music ... |
| 종류 전체를 대표하는 단어 | money, jewelry, meat, furniture ... |
| 사람, 장소 등의 고유한 이름 | Noah, Korea, London, Friday, April ... |

**187** We have / **a dog** and **two cats.**
주어 동사 목적어1 목적어2
우리는 기른다 / 개 한 마리와 고양이 두 마리를.

**188** **Pets** bring **happiness** / to **people.**
주어 동사 목적어 수식어
반려동물은 행복을 가져다준다 / 사람들에게.

TIP 셀 수 있는 명사가 '하나'일 땐 반드시 앞에 a나 an이 필요해요. (관사 a/an ☞ Point 43)

**189** **Nancy** and I picked **peaches** at the **farm.**

**190** **Milk** is good for your **bones.**

TIP 셀 수 있는 명사가 '하나'이지만 특정한 것을 가리킬 때는 앞에 the를 쓰기도 해요.
(관사 the ☞ Point 44)

TIP 셀 수 없는 명사는 단수 취급하기 때문에, 〈셀 수 없는 명사+단수형 동사〉로 써야 해요.
(Milk **are** good ~. (×))

**문법Plus** 의미에 따라 셀 수 있거나 없는 명사

- glass(유리) vs. a glass(유리잔 하나) / time(시간) vs. many times(여러 번)

## Point 040 셀 수 없는 명사의 수량 표현

- 셀 수 없는 명사는 담는 그릇이나 모양 등 단위를 나타내는 표현(a cup of, a glass of ...)을 써서 그 양을 나타낼 수 있어요.
- 복수형은 단위를 나타내는 말에 -s/-es를 붙여서 나타내요. (two cup**s** of, two glass**es** of ...)

| | |
|---|---|
| • **a piece[sheet]**(장) **of** paper | • **a piece[slice]**(조각) **of** cake/cheese/pizza |
| • **a cup**(컵) **of** tea/coffee | • **a bowl**(그릇) **of** cereal/soup/rice |
| • **a glass**(잔) **of** water/milk/juice | • **a bar**(막대) **of** chocolate/soap |
| • **a bottle**(병) **of** water/juice/oil | • **a loaf**(덩이) **of** bread |

**191** I'll have ***a glass of*** **orange juice**, please.
주어 동사 목적어
오렌지 주스 한 잔 주세요.

**192** ***A cup of*** **hot chocolate** will warm you up.

**193** She bought ***two pieces of*** **cake** at the bakery.

TIP 수량 표현을 쓸 때, 셀 수 없는 명사는 복수형으로 쓰지 않도록 주의하세요.
(two pieces of **cakes** (×))

### Check up

천일비급 p.40

다음 문장의 네모 안에서 어법상 알맞은 것을 고르세요.

1 Ryan puts [a butter / butter] on his toast.

2 My aunt has two [son / sons] and one daughter.

3 We need five [sheet / sheets] of paper for the next class.

### Unit Vocabulary

**188** pet 반려동물 bring 가져다주다, 가져오다 happiness 행복
**189** pick 따다, 꺾다; 고르다 peach 복숭아 farm 농장
**190** good (건강에) 좋은 bone 뼈
**192** warm up ~을 데우다, ~의 몸을 녹이다
**193** buy(-bought-bought) 사다, 구매하다 bakery 빵집, 제과점
**1** put 바르다; 놓다, 두다

UNIT 21

# 셀 수 있는 명사의 복수형

셀 수 있는 명사가 여러 개일 때는 보통 명사 뒤에 -s나 -es를 붙여요. 그러나 예외적으로 형태가 불규칙하게 변하는 명사도 있으므로 주의하세요.

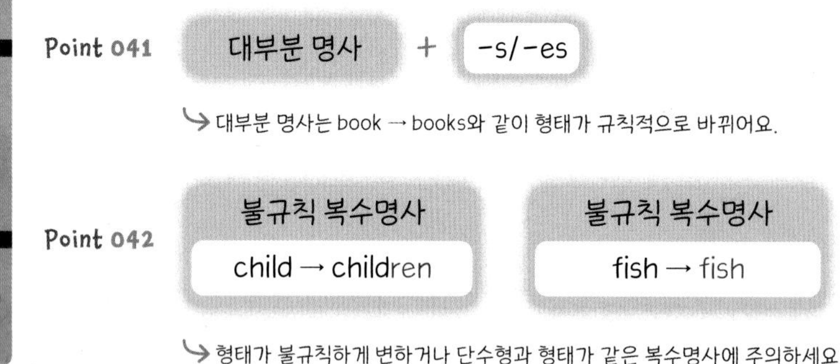


대부분 명사는 book → books와 같이 형태가 규칙적으로 바뀌어요.

Point 042
불규칙 복수명사
child → children
불규칙 복수명사
fish → fish



형태가 불규칙하게 변하거나 단수형과 형태가 같은 복수명사에 주의하세요.

## Point 041 셀 수 있는 명사의 복수형: 규칙 변화

- 셀 수 있는 명사의 복수형은 주로 명사 뒤에 -s나 -es를 붙여요.

**셀 수 있는 명사의 복수형: 규칙 변화**

| | | |
|---|---|---|
| 대부분의 명사 | +-s | books desks trees boys toys |
| -s, -sh, -ch, -x로 끝나는 명사 | +-es | classes glasses brushes dishes<br>watches benches boxes foxes |
| 「자음+o」로 끝나는 명사 | +-es | potatoes tomatoes heroes<br>(*예외: pianos, photos, memos) |
| 「자음+y」로 끝나는 명사 | y를 i로 바꾸고 +-es | baby → babies city → cities<br>story → stories lady → ladies |
| -f, -fe로 끝나는 명사 | f, fe → ves | leaf → leaves knife → knives<br>(*예외: roof → roofs) |

**194** We planted **trees** / on Earth Day.
주어 동사 목적어 / 수식어
우리는 나무들을 심었다 / 지구의 날에.

**195** **Tomatoes** are / rich in Vitamin C.
주어 동사 / 보어 수식어
토마토들은 ~하다 / 비타민 C가 풍부한.

**196** She needs some **brushes** for art class.

TIP some(약간의, 몇몇의), many, a lot[lots] of(많은) 등과 같은 여러 개의 수를 나타내는 말 뒤에는 반드시 명사의 복수형을 써야 해요.

**197** Air pollution is a big problem in many **cities**.

**198** My dad is sweeping **leaves** in the garden.

**문법Plus** 두 개가 짝을 이루어 복수형으로 쓰는 명사

- glasses(안경), shoes(신발), socks(양말), pants(바지), gloves(장갑), scissors(가위) 등이 있어요.
- 이때 다음과 같이 a pair of를 사용해 수를 나타내요.
  **a pair of** shoes(신발 한 켤레), **two pairs of** pants(바지 두 벌)

## Point 042 셀 수 있는 명사의 복수형: 불규칙 변화

- 아래 표와 같이 형태가 불규칙하게 변하는 복수형 명사는 잘 외워둬야 해요.

| | | | |
|---|---|---|---|
| 불규칙하게 형태가 변하는 명사 | child → **children**<br>tooth → **teeth** | man → **men**<br>foot → **feet** | woman → **women**<br>mouse → **mice** |
| 단·복수 형태가 같은 명사 | fish → **fish** | sheep → **sheep** | deer → **deer** |

**199** **My feet** hurt / after the long walk.
주어 동사 / 수식어
내 발은 아팠다 / 오래 걸은 후에.

**200** The museum is free for **children**.

**201** You will see many **deer** in this park.

### Check up

천일비급 p.41

**다음 문장의 네모 안에서 어법상 알맞은 것을 고르세요.**

1 Most [babys / babies] sleep 14 hours a day.

2 Four [childs / children] were playing with a ball.

3 Two pairs of my [sock / socks] have holes in them.

4 We took many [photos / photoes] during our family vacation.

### Unit Vocabulary

**194** plant 심다; 식물
Earth Day 지구의 날 ((환경 보호의 날, 4월 22일))
**195** rich in ~이 풍부한[풍성한]
vitamin 비타민
**196** art class 미술 수업
**197** air pollution 대기오염
problem 문제
**198** sweep 쓸다, 청소하다
garden 정원
**199** hurt 아프다; 다치게 하다
walk 걷기; 걷다
**200** free 무료의; 자유로운
**1** most 대부분의 hour 시간, 한 시간
**3** hole 구멍
**4** during ~동안[내내]
vacation 여행, 휴가, 방학

# 관사 a/an, the

관사 a, an과 the는 명사 앞에 쓰이는 말로 명사의 의미를 명확히 나타내거나 보충해주는 역할을 해요.

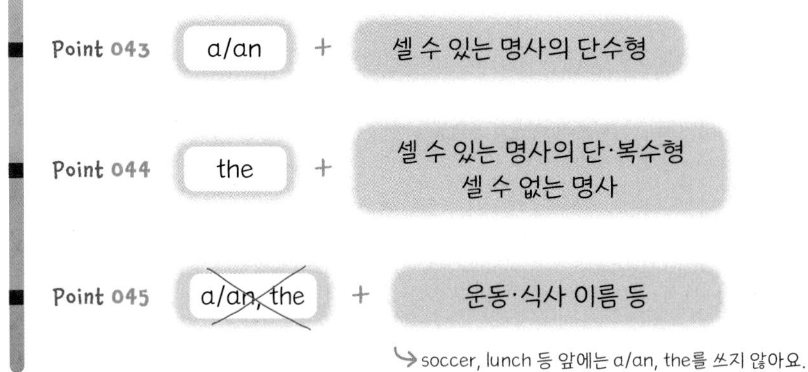


soccer, lunch 등 앞에는 a/an, the를 쓰지 않아요.

## Point 043 a/an+셀 수 있는 명사의 단수형

- 셀 수 있는 명사의 단수형 앞에는 a나 an을 써요.
- 명사의 첫 발음이 자음일 때는 a, 모음일 때는 an을 써요. 철자가 아닌 발음으로 a, an을 구분해서 써야 하는 점에 주의하세요. (**a** uniform, **a** university, **an** hour)

| a/an의 쓰임 | • 특별히 정해지지 않은 것 하나를 말하거나 또는 처음 언급할 때<br>• 사람, 사물 등이 하나일 때 (= one)<br>• ~당, ~마다 (= per) |
|---|---|

**202** Do you need **an umbrella**?
(Do: 동사, you: 주어, an umbrella: 목적어)
너는 우산이 필요하니? 〈정해지지 않은 것 하나〉

**203** My flight leaves in half **an hour**.

**204** Charlie is **an honest boy**. He never lies.

**205** She jogs three times **a week**.

TIP a/an 뒤에 형용사가 올 경우에도 형용사의 첫 소리가 자음이면 a를, 모음이면 an을 써야 해요.

## Point 044 the+셀 수 있는 명사/셀 수 없는 명사

• the는 셀 수 있는 명사(단수/복수)와 셀 수 없는 명사 모두 앞에 쓸 수 있어요.

| | |
|---|---|
| the의 쓰임 | • 앞에 말한 명사를 다시 말할 때 (I have *a bike*. **The** bike is blue.)<br>• 서로 이미 알고 있는 것을 말할 때 (Close **the** door, please.)<br>• 세상에 하나뿐인 것(지구, 태양 등)을 가리킬 때 (**the** earth, **the** sun)<br>• 악기 이름, 하루의 시간 앞에 (play **the** piano, in **the** morning) |

**206** I bought *a jacket*. **The jacket** was cheap.

주어 동사 목적어 / 주어 동사 보어

나는 재킷을 샀다. 그 재킷은 가격이 저렴했다. 〈앞에 말한 명사를 다시 언급할 때〉

**207** Did you turn on **the heater**? It's too hot.

**208** **The moon** disappeared behind the clouds.

## Point 045 a/an, the를 쓰지 않는 경우

• 다음과 같은 경우 관사 a/an, the를 모두 쓰지 않아요.

| | |
|---|---|
| a/an, the를 쓰지 않는 경우 | • 운동, 과목, 식사 이름 앞 (play **soccer**, study **English**, have **lunch**)<br>• 〈by+교통·통신수단〉 (by **subway**, by **email**)<br>• 어떤 장소가 본래의 목적으로 쓰일 때 (go to **school**, go to **bed**) |

**209** Our family had **lunch** / in Chinatown.

주어 동사 목적어 / 수식어

우리 가족은 점심을 먹었다 / 차이나타운에서.

**TIP** 식사 이름 앞에 꾸며 주는 말인 형용사가 오면 a/an을 쓸 수 있으니 주의하세요. (**a** nice dinner 훌륭한 저녁 식사, **a** late lunch 늦은 점심 식사)

**210** I'll send you the file by **email**.

**211** The children go to **school** by **bus**.

### Check up

천일비급 p.42

**다음 빈칸에 들어갈 알맞은 관사를 쓰세요.**

1 She didn't say ________ word today.

2 Do you know ________ boy in this picture?

### Unit Vocabulary

**203** flight 비행, 항공편 half 반의, 절반의
**204** honest 정직한 never 절대 ~않다
lie 거짓말하다; 누워 있다
**205** jog 조깅하다
**206** cheap 저렴한, (값이) 싼
**207** turn on ~을 켜다
heater 히터, 난방기
**208** disappear 사라지다
behind ~뒤에
**209** Chinatown 차이나타운 ((중국이 아닌 나라에서 중국인들이 모여 만든 거리))
**210** send 보내다 file (컴퓨터의) 파일
**1** word 한마디; 단어

# UNIT 23 명사의 쓰임

명사는 문장에서 주로 주어, 목적어, 보어 자리에 쓰여요.

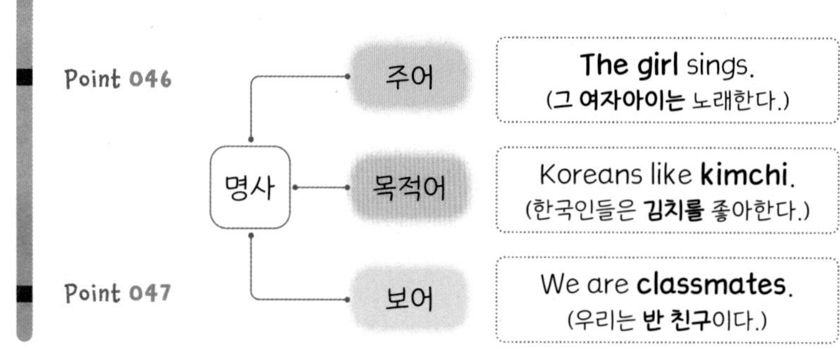

Point 046
Point 047
명사
주어
목적어
보어
The girl sings.
(그 여자아이는 노래한다.)
Koreans like kimchi.
(한국인들은 김치를 좋아한다.)
We are classmates.
(우리는 반 친구이다.)

## Point 046 주어, 목적어로 쓰이는 명사

- 주어로 쓰이는 명사는 '~은/는/이/가'로 해석하며, 문장의 맨 앞에 오는 말이에요.
- 목적어로 쓰이는 명사는 '~을/를, 에게'로 해석하며, 주어가 하는 동작의 대상이 되는 말이에요.
- 이때, 명사 앞에는 명사를 꾸며 주는 말인 '형용사'나 my(나의), your(너의) ... 등과 같은 '소유를 나타내는 말'이 올 수 있어요. (**fresh** apples 신선한 사과, **my** wallet 내 지갑)

212 Honeybees live / in large groups.
주어(명사) 동사 수식어
꿀벌들은 산다 / 큰 무리를 지어.

213 A: Mina found ***my*** **cell phone**!
주어 동사 목적어(명사)
미나가 내 휴대전화를 찾아 주었어!

B: I'm glad to hear that.
그 말을 들으니 기쁘다[다행이다].

《(I'm) glad to hear that.》은 상대방의 말을 듣고, 기쁨을 나타내는 표현으로 '그 말을 들으니 기쁘다, 다행이다.'라고 해석하는 것이 자연스러워요.

214 ***My*** **aunt** is traveling around the world.

215 A ***strong*** **typhoon** is coming to Korea.

216 I got **an invitation** to the birthday party.

217 A ***small*** **change** makes **a** ***big*** **difference.**

218 ***Our*** **teacher** gave us ***some good*** **advice.**

## Point 047 보어로 쓰이는 명사

• 보어로 쓰이는 명사는 동사 뒤에서 주어나 목적어를 보충 설명해요.

219 My favorite subject / is **math.**
주어 = 동사 보어(명사)
내가 가장 좋아하는 과목은 / 수학이다.

보어 자리에는 명사뿐 아니라 형용사도 올 수 있어요.
(People thought him **smart**. 사람들은 그가 똑똑하다고 생각했다.) (문장의 구조 ☞ Ch 05)

220 Venice is **a** ***beautiful*** **city.** It is in Italy.

221 The song became **a** ***big*** **hit** across the country.

222 People thought Mozart **a genius.**

### Check up

천일비급 p.44

**다음 밑줄 친 부분의 역할로 알맞은 것을 고르세요.**

1 The water is boiling now. [주어 / 보어]

2 The tennis player hit the ball. [목적어 / 보어]

3 A good book is a friend for life. [목적어 / 보어]

4 She drew pictures for the children's book. [목적어 / 보어]

### Unit Vocabulary

212 honeybee 꿀벌 *cf.* bee 벌
in groups 무리 지어
214 travel 여행하다; 여행
around ~의 곳곳에, ~의 여기저기에
215 strong 강한; 강력한; 힘이 센
typhoon 태풍
216 invitation 초대장; 초대
217 change 변화; 변화시키다
difference 차이(점), 다름
218 advice 조언, 충고
220 Venice 베니스 ((이탈리아의 항구 도시))
221 hit 히트곡, 히트작; 치다, 때리다
across ~의 전역에 걸쳐
222 think(-thought-thought) 생각하다; 여기다 genius 천재
1 boil 끓다

# Chapter Exercises 06

## A

알맞은 어법 고르기 ▶ **다음 문장의 네모 안에서 어법상 알맞은 것을 고르세요.**

1 Do you put [sugar / sugars] in your tea?

2 The news [were / was] on TV all morning.

3 I was brushing my [teeth / tooths] then.

4 We talked on the phone for [a / an] hour.

5 I heard some interesting [storys / stories] from my friend.

6 She takes yoga lessons three [time / times] a week.

7 He gave me two [bar of / bars of] chocolate.

## B

문장 분석·해석하기 ▶ **다음 밑줄 친 부분의 역할로 알맞은 것을 〈보기〉에서 골라 그 기호를 쓰고, 문장의 해석을 완성하세요.**

보기 ⓐ 주어 ⓑ 목적어 ⓒ 보어

1 Mice and bats sleep during the day.

→ ______________________ 낮 동안 잠을 잔다.

2 I will make you lunch today.

→ 내가 오늘 너에게 ______________________.

3 Handball is a popular sport in Europe.

→ 핸드볼은 유럽에서 ______________________.

4 Bright colors easily attract bees.

→ 밝은 색은 쉽게 ______________________.

A 2 news (신문·방송 등의) 뉴스; 소식 3 then 그때 5 hear(-heard-heard) 듣다 interesting 재미있는, 흥미로운 story 이야기 6 take lessons 레슨을 받다 yoga 요가 time 번[때]; 시간 B 1 bat 박쥐 3 handball 핸드볼 ((운동 경기)) popular 인기 있는 Europe 유럽 4 bright 밝은, 선명한 easily 쉽게 *cf.* easy 쉬운 attract 끌어들이다

천일비급 p.44

## C 조건 영작하기 ▶ 다음 우리말과 의미가 같도록 주어진 단어를 사용하여 문장을 완성하세요.

1 스미스 씨는 정원에서 토마토들을 키운다. (grow, tomato)

→ Mr. Smith ______________________ in his garden.

2 그는 매일 아침으로 사과 한 개를 먹는다. (apple, eat)

→ He ______________________ for breakfast every day.

3 리나는 종종 그녀의 친구들과 테니스를 친다. (tennis, play)

→ Lina often ______________________ with her friends.

4 나의 엄마는 나에게 바지를 두 벌 사 주셨다. (two, pants, buy)

→ My mom ______________________ for me.

5 달은 27일마다 지구 주위를 한 바퀴 돈다. (moon, go)

→ ______________________ around the earth once every 27 days.

## D 서술형 맛보기 ▶ 다음 우리말과 의미가 같도록 조건에 맞게 문장을 완성하세요.

1
조건 | ① my family, nice dinner, have를 사용할 것
② 필요시 단어를 추가하거나 형태를 바꿀 것
우리말 | 나의 가족은 근사한 저녁 식사를 했다.

→ ______________________.

2
조건 | ① order, two, cake, for dessert를 사용할 것
② 필요시 단어를 추가하거나 형태를 바꿀 것
우리말 | 우리는 디저트로 두 조각의 케이크를 주문했다.

→ ______________________.

C 1 grow 키우다, 재배하다; 자라다 garden 정원 3 often 종종, 자주 4 pants 바지 5 around 주위를 돌아, 주위에 earth 지구 once 한 번 every 매, 마다; 모든 D 2 order 주문하다 dessert 디저트

CHAPTER
07

# 대명사

대명사
인칭대명사
사람, 사물, 동물을 가리키는 말
I, you, we, he, they ...
~은/는/이/가 (주격)
my, your, our, his, their ...
~의 (소유격)
me, you, us, him, them ...
~을/를, ~에게 (목적격)
mine, yours, ours, his, theirs ...
~의 것 (소유대명사)
myself, yourself, ourselves, himself, themselves ...
(~들) 자신 (재귀대명사)
목적격이나 소유격 대명사에 – self[selves]를 붙인 것
지시대명사
this, that, these, those
특정한 사람이나 사물을 가리키는 말
부정대명사
some, any, all, every, one, other ...
특별히 정해지지 않은
사람이나 사물을 가리키는 말

대명사의 '대'는 '대신하다'라는 뜻을 가지고 있어요. 즉, 대명사란 '명사를 대신해서 쓰는 말'이에요. 영어는 같은 단어의 반복을 피하려는 성격을 가지고 있기 때문에, 대명사가 정말 자주 쓰여요. 다음 예를 한번 살펴볼까요?

"나 지난 주말에 **할머니** 댁에 갔거든. **할머니**가 나를 보고 정말 좋아하시는 거야. **할머니**는 내가 제일 좋아하는 음식도 만들어 주셨어. 나는 **할머니**랑 정말 좋은 시간을 보냈어."
"I went to **my grandmother**'s house last weekend. **She** was very happy to see me. **She** also made me my favorite food. I had a great time with **her**."

우리말에서는 같은 명사를 반복해서 말하는 경우가 많지만, 영어에서는 처음에 등장한 명사가 반복되면 되도록 그 명사를 대신하는 대명사로 바꿔 말해요. (my grandmother → she/her)

영어의 대명사에는 여러 종류가 있는데, 각 대명사가 하는 역할과 쓰임이 다르므로 잘 알아두어야 해요. 대명사와 관련해서 가장 중요하고 기억해야 할 점은 다음과 같아요.

첫째, 인칭대명사의 경우 여러 형태가 있으므로 문장에서의 쓰임에 맞게 써야 해요.
***e.g.*** she(그녀는), her(그녀를/그녀의), hers(그녀의 것)
Do you know **she**? (×) → Do you know **her**? (O) 너는 **그녀를** 아니?
목적어 자리에 쓰는 대명사 (목적격)

둘째, 대명사가 앞에 나온 명사 중 어떤 것을 가리키는지 문맥을 통해 정확하게 파악할 수 있어야 해요. 엉뚱한 명사를 대신하는 것으로 이해하면, 문장을 잘못 해석하거나 알맞은 형태의 대명사를 쓸 수 없기 때문이에요.

Kate and Danny made bags from old clothes. Then they sold **them** (= bags) and donated all the money.
케이트와 데니는 낡은 옷으로 가방을 만들었다. 그리고 나서, 그들은 **그것들을** 팔아 모든 돈을 기부했다.

UNIT 24

# 인칭대명사

인칭대명사란 사람, 동물, 사물 등을 대신해서 쓰는 말로, 문장에서 어떤 역할을 하는지에 따라 형태가 바뀌어요.

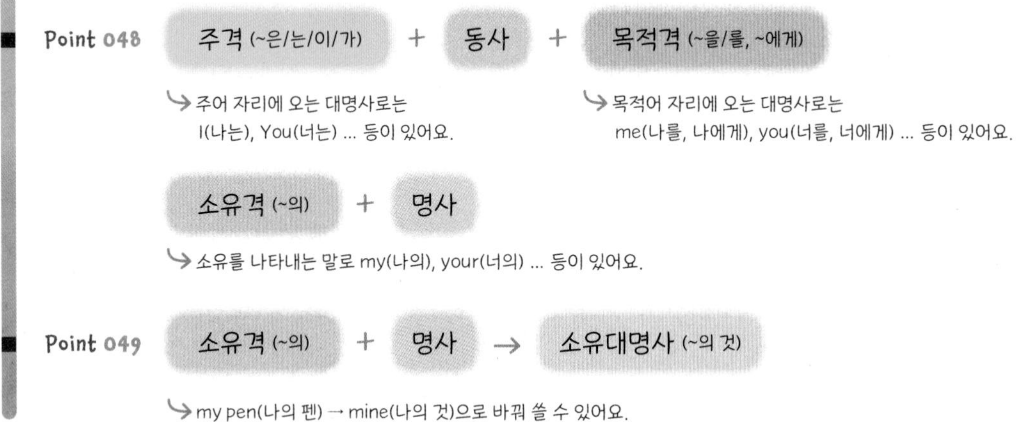

Point 048
주격 (~은/는/이/가) + 동사 + 목적격 (~을/를, ~에게)
주어 자리에 오는 대명사로는
I(나는), You(너는) ... 등이 있어요.
목적어 자리에 오는 대명사로는
me(나를, 나에게), you(너를, 너에게) ... 등이 있어요.
소유격 (~의) + 명사
소유를 나타내는 말로 my(나의), your(너의) ... 등이 있어요.
Point 049
소유격 (~의) + 명사 → 소유대명사 (~의 것)
my pen(나의 펜) → mine(나의 것)으로 바꿔 쓸 수 있어요.


## Point 048 주격, 목적격, 소유격

• 인칭대명사는 문장에서의 역할에 따라 아래 표와 같이 형태가 바뀌어요.

| | 단수 | | | 복수 | | |
|---|---|---|---|---|---|---|
| | 주격<br>(~은/는/이/가) | 소유격<br>(~의) | 목적격<br>(~을/를, ~에게) | 주격<br>(~은/는/이/가) | 소유격<br>(~의) | 목적격<br>(~을/를, ~에게) |
| 1인칭 | I | my | me | we | our | us |
| 2인칭 | you | your | you | you | your | you |
| 3인칭 | she | her | her | | | |
| | he | his | him | they | their | them |
| | it | its | it | | | |

**223** Ben is / **my** younger brother. **He** is smart.
(Ben: 주어, is: 동사, my younger brother: 보어, He: 주어, is: 동사, smart: 보어)
벤은 ~이다 / 내 남동생. 그는 똑똑하다.

**224** **I** miss **my** grandpa. **I** will visit **him** / soon.
(I: 주어, miss: 동사, my grandpa: 목적어, I: 주어, will visit: 동사, him: 목적어, soon: 수식어)
나는 나의 할아버지가 그립다. 나는 그를 찾아뵐 것이다 / 곧.

**TIP** 앞에 나온 명사를 다시 언급할 때 사용하는 인칭대명사는 인칭과 격에 맞게 써야 해요. (Ben → He)

**225** Amy and **I** went to the beach. **We** had a good time.

226 I'm looking for Nate and Susan. Did **you** see **them**?

227 The building is famous for **its** long history.

228 Eric showed **us his** new bicycle.

229 I studied with **him** at the library yesterday.

> **TIP** 목적격 인칭대명사는 전치사(with, about 등) 뒤에 쓰이기도 해요.

230 **Her** cat was sick. **She** took **it** to the hospital.

**문법Plus** **it's vs. its**

it's는 it is의 줄임말이고, its는 it의 소유격이에요. 형태는 비슷해도 쓰임이 다르므로 헷갈리지 않도록 주의하세요.

**It's**(= It is) an elephant. **그것은** 코끼리예요.

**Its**(= The elephant's) nose is long. **그것의** 코는 길어요.

## Check up

천일비급 p.46

**A 주어진 단어를 알맞은 형태의 인칭대명사로 바꿔 쓰세요.**

1 I have a dog. ________ fur is very soft. (it)

2 ________ new skirt looks good on you. (you)

3 He lied to me again. I won't believe ________ anymore. (he)

4 My sister asked ________ for help. (I)

**B 다음 밑줄 친 부분을 알맞은 인칭대명사로 바꿔 쓰세요.**

1 Mike's kittens are so cute. → ________

2 I waited for Helen for an hour. → ________

3 We saw you and Alice at the bus stop. → ________

4 My friends and I went on a picnic yesterday. → ________

### Unit Vocabulary

223 younger brother 남동생
224 miss 그리워하다; 놓치다
226 look for ~을 찾다
227 building 건물
be famous for ~로 유명하다
history 역사
228 show 보여주다; 공연
230 sick 아픈, 병든
take(-took-taken) 데려가다[가져가다]
A 1 fur (동물의) 털
2 look good on A A에게 잘 어울리다
3 lie 거짓말하다; 거짓말 believe 믿다
anymore (부정문에서) 더 이상, 이제는
4 ask A for B A에게 B를 요청하다[구하다]
B 1 kitten 새끼 고양이
2 wait for ~를 기다리다
4 go on a picnic 소풍을 가다

## Point 049 소유대명사

- 소유격과 소유대명사는 형태는 비슷하지만 의미와 쓰임이 달라요.
- 소유격은 '~의'라는 뜻으로 〈소유격+명사〉의 형태로 쓰이며 명사와의 소유 관계를 나타내지만, 소유대명사는 '~의 것'이라는 뜻으로 〈소유격+명사〉를 대신해서 쓸 수 있어요.

| | 단수 | | | 복수 | | |
|---|---|---|---|---|---|---|
| | 인칭대명사 | 소유격 (~의) | 소유대명사 (~의 것) | 인칭대명사 | 소유격 (~의) | 소유대명사 (~의 것) |
| 1인칭 | I | my | **mine** | we | our | **ours** |
| 2인칭 | you | your | **yours** | you | your | **yours** |
| 3인칭 | she | her | **hers** | they | their | **theirs** |
| | he | his | **his** | | | |
| | it | its | × | | | |

**231** It wasn't your mistake. It was **mine.** (mine = my mistake)
주어 동사 보어 / 주어 동사 보어
그것은 너의 실수가 아니었어. 그것은 내 실수였어.

**TIP** 소유격(my) 뒤에는 '명사'가 오지만, 소유대명사(mine) 뒤에는 명사를 쓸 수 없어요.

**232** This is my umbrella and that is **yours.**

**233** I lost my eraser, so she lent me **hers.**

**문법Plus** 명사의 소유격과 소유대명사

- 명사의 소유격과 소유대명사는 〈명사+'s〉로 나타내요.

**Jane's coat**(= **Jane's**) is brown. 제인의 코트(= 제인의 것)는 갈색이다.

- -(e)s로 끝나는 복수명사는 '(아포스트로피)만 붙이면 돼요.

I wrote a letter on **Parents'** Day. 나는 어버이날에 편지를 썼다.
→ Parents**'s** (×)

### Check up

천일비급 p.46

다음 밑줄 친 부분을 〈소유격+명사〉 형태로 바꿔 쓰세요.

1 The glasses on the table are his. → ______________

2 Tom's notebook is red. Mine is blue. → ______________

3 This isn't my backpack. It's Nancy's. → ______________

### Unit Vocabulary

231 mistake 실수, 잘못
233 lose(-lost-lost) 잃어버리다
lend(-lent-lent) 빌려주다
1 glasses 안경
*cf.* glass 유리; 유리잔
3 backpack 책가방, 배낭

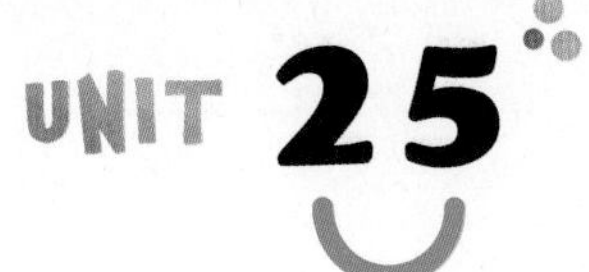

# 지시대명사와 비인칭 주어 it

지시대명사란 this, that과 같이 특정한 사물이나 사람을 가리키는 말이고, 비인칭 주어 it은 시간, 날씨, 요일, 날짜 등을 나타낼 때만 쓰는 특별한 it이에요.

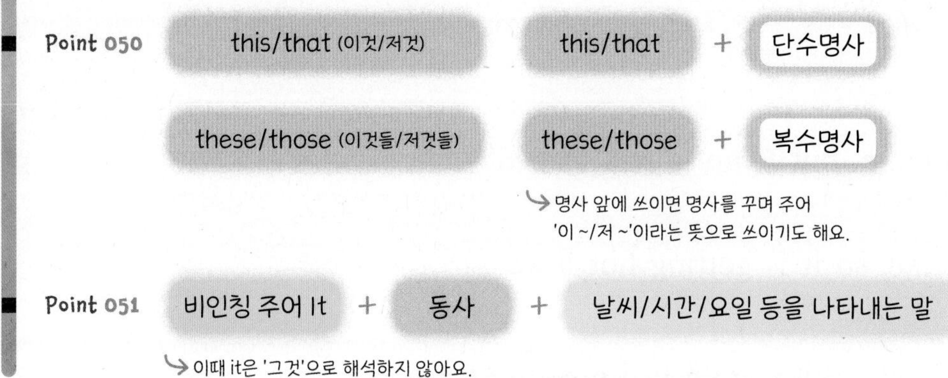

Point 050
this/that (이것/저것)
this/that + 단수명사
these/those (이것들/저것들)
these/those + 복수명사
명사 앞에 쓰이면 명사를 꾸며 주어
'이 ~/저 ~'이라는 뜻으로 쓰이기도 해요.
Point 051
비인칭 주어 It + 동사 + 날씨/시간/요일 등을 나타내는 말
이때 it은 '그것'으로 해석하지 않아요.


## Point 050 this/that, these/those

- this/that, these/those는 말하는 사람과 가까이 있거나 멀리 있는 대상을 가리키는 대명사예요. 하지만, 뒤에 명사가 오면 그 명사를 꾸며 주는 형용사처럼 쓰여요.

| | 지시대명사 | 지시형용사 |
|---|---|---|
| 가까이 있는 대상 | this (이것, 이 사람) | this+단수명사 (이 ~) |
| | these (이것들, 이 사람들) | these+복수명사 (이 ~들) |
| 멀리 있는 대상 | that (저것, 저 사람) | that+단수명사 (저 ~) |
| | those (저것들, 저 사람들) | those+복수명사 (저 ~들) |

234 **This** is my textbook // and **that**'s yours.
주어1 동사1 보어1 // 주어2 동사2 보어2
이것은 내 교과서이고 // 저것이 네 것이야.

TIP That is는 That's로 줄여 쓸 수 있지만, 〈나머지 지시대명사+be동사〉는 줄여 쓸 수 없어요.

235 **These** are my friends, Ariel and Jason.

TIP 누군가를 소개할 때에도 this[these]를 사용할 수 있어요.

236 A: Is **that** your family picture on the wall?

B: Yes, it is.

237 **These** *jeans* are $100, but **those** *pants* are $50.

## Point 051 비인칭 주어 it

- 날씨, 온도, 시각, 요일, 월[달], 날짜, 계절, 거리, 명암 등을 나타내는 문장에서는 주어로 it을 사용해요.
- 이때, it은 '그것'이라고 해석하지 않으며, 특별히 무엇을 가리키는 것이 아니기 때문에 '비인칭 주어'라고 해요.

238 **It** is snowing / outside.
주어 동사 수식어
눈이 오고 있다 / 밖에. 〈날씨〉

239 **It** is 11 a.m. but Ryan is still in bed.

240 **It** is June, so **it** is getting hot now.

241 **It** is a ten-minute walk to the station.

242 **It** gets dark early in winter.

**문법Plus 인칭대명사 it vs. 비인칭 주어 it**

인칭대명사 it은 '그것'이라고 해석하지만, 비인칭 주어 it은 뜻 없이 주어 역할만 해요.
비인칭 주어를 인칭대명사 it과 혼동하여 '그것'으로 해석하지 않도록 주의하세요.
We saw a cat. **It**(= The cat) was cute. 우리는 고양이 한 마리를 봤다. **그것은** 귀여웠다.
**It** is windy today. 오늘은 바람이 많이 분다.

### Check up

천일비급 p.48

**다음 우리말과 의미가 같도록 빈칸에 알맞은 말을 쓰세요.**

1 이 사람들은 내 누나들이다.
→ ____________ are my sisters.

2 하늘에 있는 저 별들을 봐.
→ Look at ____________ stars in the sky.

3 이것은 내가 가장 좋아하는 영화야.
→ ____________ is my favorite movie.

4 시간이 빠르다. 벌써 12월이야.
→ Time flies. ____________ is already December.

### Unit Vocabulary

234 textbook 교과서
236 wall 벽
237 jeans 청바지
238 snow 눈이 오다; 눈
239 still 아직, 여전히
240 get ~해지다, ~이 되다; 얻다
241 walk 걷기; 걷다
station 역, 정류장
242 dark 어두운 (↔ bright 밝은)
3 favorite 가장 좋아하는
4 fly 쏜살같이 지나가다; 날다
already 이미, 벌써

# UNIT 26 재귀대명사

재귀대명사란 인칭대명사에 -self[selves]를 붙인 형태로 '(~들) 자신'이라는 의미를 나타내는 말이에요.

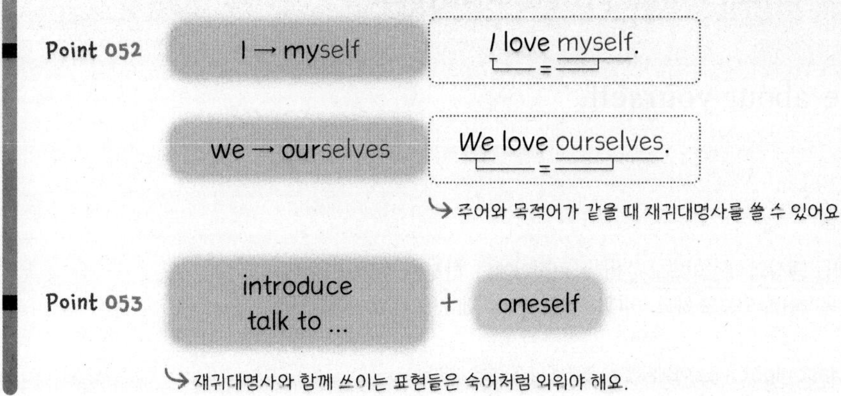

Point 052
I → myself
I love myself.
=
we → ourselves
We love ourselves.
=
주어와 목적어가 같을 때 재귀대명사를 쓸 수 있어요.
Point 053
introduce
talk to ...
+
oneself


재귀대명사와 함께 쓰이는 표현들은 숙어처럼 익위야 해요.

## Point 052 재귀대명사: -self[selves]

- 재귀대명사는 인칭대명사의 소유격 또는 목적격에 -self[복수형 -selves]를 붙여서 만들고, '(~들) 자신'이라는 뜻을 나타내요.
- 주어와 목적어가 같을 때 목적어 자리에 재귀대명사를 사용해요.

| | 단수 | 복수 |
|---|---|---|
| 1인칭 | myself (나 자신) | ourselves (우리들 자신) |
| 2인칭 | yourself (너 자신) | yourselves (너희들 자신) |
| 3인칭 | himself (그 자신)/herself (그녀 자신)/ itself (그것 자신) | themselves (그들 자신) |

**243** *I* drew **myself** / in art class.
주어 동사 목적어 수식어
나는 내 자신을 그렸다 / 미술 시간에.

**244** *She* was angry / with **herself**.
주어 동사 보어 수식어
그녀는 화가 났다 / 자기 자신에게.

**TIP** 전치사(with, of, about 등) 뒤에 오는 대상과 주어가 같을 때도 재귀대명사를 쓸 수 있어요.

**245** *He* considers **himself** lucky.

**246** *Yuna* threw **herself** onto her new bed.

**247** *Bats* hide **themselves** during the day.

**248** I won the first prize. *I* was proud of **myself**.

**249** Please tell me about **yourself**.

**문법Plus** 재귀대명사의 주의할 점

❶ 일반적으로 목적어는 주어가 하는 동작의 대상이므로 주어 ≠ 목적어예요. 하지만, 주어가 동작을 자신에게 행하는 경우, 주어 = 목적어가 되기도 해요. 이때는 목적어 자리에 반드시 재귀대명사를 써야 해요.

*I* saw **myself** in my dream last night. 나는 어젯밤에 꿈속에서 나 자신을 보았다.
→ me (×)

❷ 재귀대명사를 쓸 때는 꼭 주어의 수와 인칭에 맞게 써야 해요.

*The children* hid **themselves** behind the curtain. 아이들은 커튼 뒤에 숨었다.
→ himself/herself (×)

## Check up

천일비급 p.49

**A** 다음 각 단어를 알맞은 재귀대명사로 바꿔 쓰세요.

1 a cat ______________

2 you and Jay ______________

3 my sister ______________

4 Anna and I ______________

5 Mr. Phillips ______________

**B** 다음 굵게 표시한 부분에 주의하여 빈칸에 알맞은 재귀대명사를 쓰세요.

1 **I** always worry about ______________.

2 **Sally** looked at ______________ in the mirror.

3 **The kids** covered ______________ with the blanket.

4 **My uncle** considers ______________ an excellent driver.

### Unit Vocabulary

**243** draw(-drew-drawn) (연필 등으로) 그리다
**245** consider 여기다, 생각하다
lucky 운이 좋은, 행운의
**246** throw(-threw-thrown) 던지다
onto ~위로, ~위에
**247** bat 박쥐 hide 숨기다, 숨다
during ~동안, ~내내
**248** win a prize 상을 받다
be proud of A A를 자랑스러워하다
**B 1** worry about A A에 대해 걱정하다
**3** cover 덮다, 가리다
blanket 담요
**4** excellent 훌륭한, 탁월한
driver 운전자, 기사

## Point 053 재귀대명사를 포함한 다양한 표현

• 다음과 같은 재귀대명사와 함께 쓰이는 표현들은 잘 암기해두어야 해요.

| | | | |
|---|---|---|---|
| introduce oneself | 자기소개를 하다 | help yourself (to) | (~을) 마음껏 먹다 |
| talk[say] to oneself | 혼잣말하다 | cut oneself | 베이다 |
| enjoy oneself | 즐거운 시간을 보내다 | between ourselves | 우리끼리 얘긴데 |
| by oneself | 홀로; 혼자 힘으로 | make oneself at home | (집에 있는 것처럼) 편안히 있다 |

**250** Ann **introduced herself** / to the class.
주어 동사 목적어 수식어
앤은 자기소개를 했다 / 반 학생들에게.

**251** A: I'm sorry. I didn't hear you.

B: Never mind. I **was talking to myself.**

**252** We **enjoyed ourselves** at the film festival.

**253** **Help yourself to** these doughnuts.

### Check up

천일비급 p.50

**다음 문장의 네모 안에서 어법상 알맞은 것을 고르세요.**

1 Help [you / yourself] to snacks.

2 Brandon cut [himself / itself] with a knife.

3 I finished the school project [by / to] myself.

4 Welcome to my house. Make [myself / yourselves] at home.

5 Jenny said to [itself / herself], "Don't give up."

### Unit Vocabulary

250 class 학급[반] (학생들); 수업
251 hear 듣다, 들리다
never mind 신경 쓰지 마, 걱정하지 마
252 film festival 영화제
253 doughnut 도넛
1 snack 간식, 스낵
2 knife 칼, 나이프
3 project 프로젝트, 계획
5 give up ~을 포기하다

# UNIT 27 부정대명사 I

부정대명사란 특별히 정해지지 않은 사람이나 사물을 가리키는 대명사로 one(하나), another(또 다른 하나), other(다른 것) 등이 있어요.

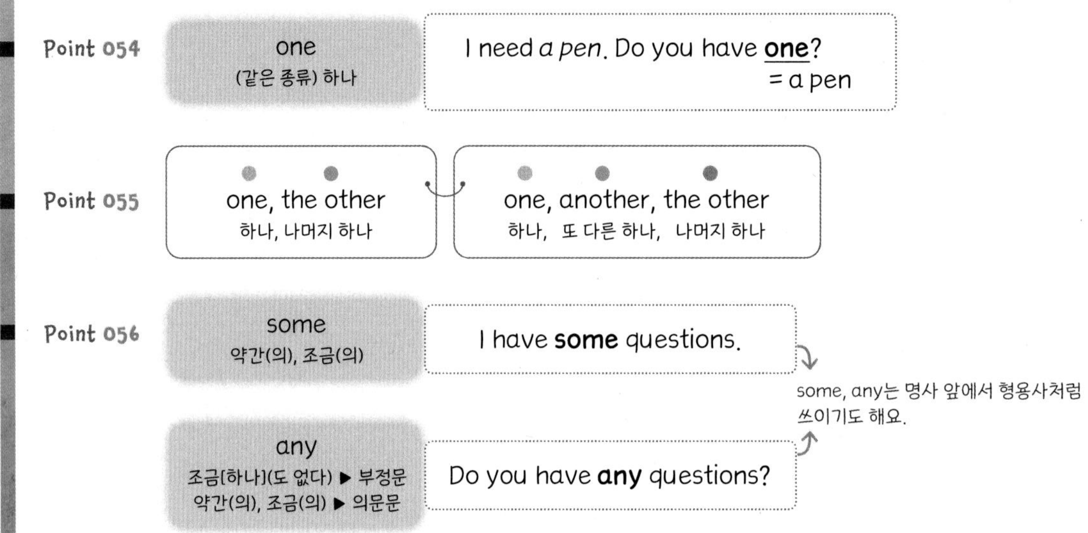

Point 054
one
(같은 종류) 하나
I need a pen. Do you have one?
= a pen
Point 055
one, the other
하나, 나머지 하나
one, another, the other
하나, 또 다른 하나, 나머지 하나
Point 056
some
약간(의), 조금(의)
I have some questions.
some, any는 명사 앞에서 형용사처럼 쓰이기도 해요.
any
조금[하나](도 없다) ▶ 부정문
약간(의), 조금(의) ▶ 의문문
Do you have any questions?


## Point 054 one

- one은 '하나'라는 뜻으로 앞에서 말한 명사와 '같은 종류의 불특정한 것 하나'를 나타낼 때 쓰며, 여러 개를 나타낼 때는 ones를 써요.
- one과 다르게 it은 '그것'이라는 뜻으로 앞에서 이미 언급한 '특정한 것'을 가리켜요.

| one = ⟨a/an+명사⟩ | it = ⟨the+명사⟩ |
|---|---|

**254** I made cookies. Do you want **one**? (one = a cookie)
주어 동사 목적어 / 주어 동사 목적어
내가 쿠키를 만들었어. 하나 원하니[먹을래]?

*cf.* I got a cookie // and I ate **it**. (it = the cookie)
주어1 동사1 목적어1 / 주어2 동사2 목적어2
나는 쿠키 하나를 받았어 // 그리고 나는 그것을 먹었어.

**255** I lost my wallet. I need a new **one**.

**TIP** one 앞에 ⟨a/an+형용사⟩를 붙여서 꾸며 줄 수도 있어요.

**256** These cups seem dirty. Do you have clean **ones**?

## Point 055 one, another, other(s)

- 여러 개의 불특정한 명사를 나열할 땐 one, another, other(s)를 사용해서 나타내요.

| | |
|---|---|
| one ~, the other ... | (둘 중) 하나는 ~, 나머지 하나는 … |
| one ~, another ..., the other ~ | (셋 중) 하나는 ~, 또 다른 하나는 …, 나머지 하나는 ~ |
| some ~, others ... | (여럿 중) 몇몇은 ~[몇몇 ~은], 다른 몇몇은 … |
| one ~, the others ... | (여럿 중) 하나는 ~, 나머지 모두는 … |
| some ~, the others ... | (여럿 중) 몇몇은 ~[몇몇 ~은], 나머지 모두는 … |

**257** We have two dogs.
주어 / 동사 / 목적어
우리는 개를 두 마리 키운다.

**One** is big // and **the other** is small.
주어1 동사1 보어1 / 주어2 동사2 보어2
한 마리는 크다 // 그리고 나머지 한 마리는 작다.

**258** I have three caps. **One** is white, **another** is blue, and **the other** is red.

another는 '또 하나의'라는 뜻의 형용사로도 쓰여요. (Do you want **another** slice of pizza? 피자 한 조각 더 먹을래?)

**259** **Some** like summer and **others** like winter.

**260** He bought five apples. **One** was sour and **the others** were sweet.

TIP 대상이 개수가 정해져 있는 여러 개일 때, '나머지 모두'를 가리키는 말로 the others를 써요.

### Check up

천일비급 p.51

**다음 문장의 네모 안에서 어법상 알맞은 것을 고르세요.**

1 I speak two languages.
One is English and [another / the other] is French.

2 He bought some flowers.
[Some / Others] are roses and the others are tulips.

3 We ordered three dishes.
One is salad, [other / another] is pasta, and the other is steak.

### Unit Vocabulary

**255** lose(-lost-lost) 잃어버리다; 잃다
wallet 지갑
**256** seem ~인 것 같다
dirty 더러운, 지저분한 (↔ clean 깨끗한, 깔끔한)
**260** sour (맛이) 신, 시큼한; 상한
**1** speak (언어를) 할 줄 알다
language 언어, 말
French 프랑스어; 프랑스(인)의
**2** buy(-bought-bought) 사다, 구매하다 tulip 튤립
**3** order 주문하다; 주문
dish 요리; 접시, 그릇

## Point 056 some, any

- some, any는 정해지지 않은 수나 양을 나타내며, 대명사 또는 형용사처럼 쓰여요.
- some, any가 형용사처럼 쓰이는 경우, 그 뒤에는 셀 수 있는 명사(복수형), 셀 수 없는 명사 둘 다 올 수 있어요.

| | | |
|---|---|---|
| some | 긍정문 | 약간(의), 조금(의) |
| | '권유'나 '허락'을 나타내는 의문문 | |
| any | 부정문 | 조금[하나](도 없다)<br>전혀[하나도] ~없는 |
| | 의문문 | 약간(의), 조금(의) |

**261** This cake is delicious. Would you like **some**?
주어 / 동사 / 보어 / 주어 / 동사 / 목적어
이 케이크는 아주 맛있어요. 좀 드시겠어요?

〈Would you like+명사[대명사]?〉는 '~을 드시겠습니까?'라는 뜻으로 정중하게 무언가를 제안할 때 쓰는 표현이에요.

**262** He doesn't have **any** *brothers*. He has a sister.
주어 / 동사 / 목적어 / 주어 / 동사 / 목적어
그는 남자 형제가 한 명도 없다. 그는 여동생이 있다.

**263** I have a bad headache. I need **some** *medicine*.

TIP 일반적으로 some은 긍정문에 많이 쓰이고, any는 부정문과 의문문에 많이 쓰여요.

**264** He came up with **some** great *ideas*.

**265** A: Do you have **any** *plans* during the vacation?

B: No, I don't have **any**.

during은 '~동안, ~내내'라는 뜻으로 시간을 나타내는 말 앞에 쓰이는 전치사예요. (☞ Ch 12)

### Check up

천일비급 p.52

다음 빈칸에 some과 any 중 알맞은 것을 쓰세요.

1 We need ________ flour and butter.

2 I don't have good ideas. Do you have ________?

3 He had a stomachache today, so he didn't eat ________ food.

### Unit Vocabulary

261 delicious 아주 맛있는
263 headache 두통
medicine 약, 약물
264 come up with ~을 생각해내다 idea 생각, 아이디어
265 plan 계획; 계획하다
during ~동안[내내]
vacation 방학, 휴가, 여행
1 flour 밀가루
3 stomachache 복통

# UNIT 28 부정대명사 Ⅱ

-one, -body, -thing은 불특정한 사람이나 사물을 가리키는 부정대명사이고, all, every, both, each는 수량이나 대상의 범위를 나타내요.

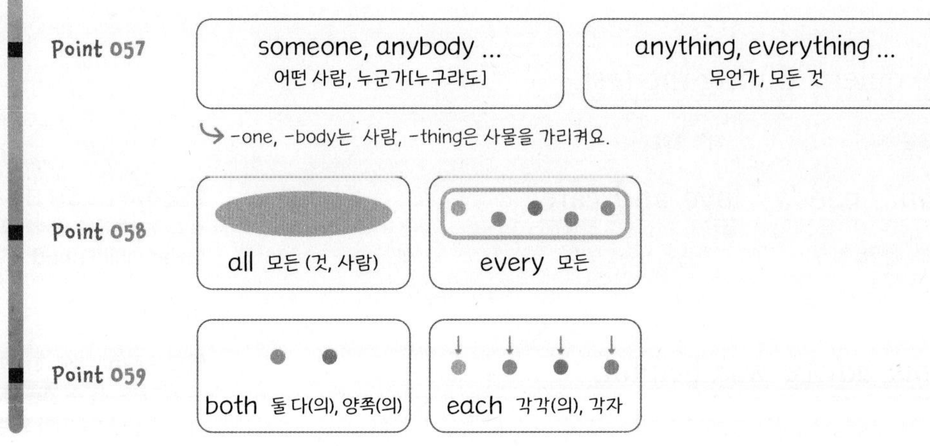

Point 057
someone, anybody ...
어떤 사람, 누군가[누구라도]
anything, everything ...
무언가, 모든 것
-one, -body는 사람, -thing은 사물을 가리켜요.
Point 058
all 모든 (것, 사람)
every 모든
Point 059
both 둘 다(의), 양쪽(의)
each 각각(의), 각자


## Point 057 -one, -body, -thing

- -one, -body, -thing으로 끝나는 대명사는 정해져 있지 않은 사람이나 사물을 가리키며, 항상 3인칭 단수 취급해요.

| someone[somebody] | 어떤 사람, 누군가 | something | 무언가 |
|---|---|---|---|
| anyone[anybody] | 누군가, 누구라도 | anything | 무언가, 무엇이든 |
| no one[nobody] | 아무도 ~ 않다 | nothing | 어떤 것도 ~ 아니다 |
| everyone[everybody] | 모든 사람, 모두 | everything | 모든 것 |

**266** Lucy! **Someone** *is calling* you.
(Someone: 주어 / is calling: 동사 / you: 목적어)
루시! 누군가 너를 부르고 있어.

**267** I knocked on the door. **Nobody** answered.

**268** He doesn't know **anything** about sports.

TIP -one, -body, -thing은 단수 취급하므로, 그 뒤에 오는 동사도 단수형으로 써야 해요.
(Someone **are calling** ~. (×))

TIP no one, nobody, nothing은 not과 함께 쓰지 않아요.
(Nobody **didn't answer**. (×))

## Point 058 all, every

- **all**: '모든 (것, 사람)'이란 뜻으로 대명사 또는 형용사로 쓰여요.
〈all (of)+명사〉 형태로 자주 쓰이며, all (of) 뒤에 오는 명사의 수에 동사를 일치시켜야 해요.
***e.g.*** All of *my books* **are** on the bookshelf. (→ All of *my books* **is** ~. (×))
- **every**: '모든'이란 뜻으로 형용사로만 쓰여요. 〈every+단수명사〉 형태로만 쓰며, 항상 단수 취급하므로 주의하세요.

**269** All *were* quiet / during the test.
주어 동사 보어 수식어
모두가 조용했다 / 시험 중에.

**270** Every *child needs* / love [and] care.
주어 동사 목적어1 목적어2
모든 아이는 필요로 한다 / 사랑과 보살핌을.

**271** All of *your advice was* helpful.

**272** All *my relatives gather* on New Year's Day.

**273** Every *school has* its own rules.

**TIP** every는 항상 단수 취급하므로 그 뒤에는 단수 동사가 와야 해요. (Every child **need** ~. (×))

**TIP** All (of) 뒤에 오는 명사가 단수 취급하는 셀 수 없는 명사이므로 그 뒤에도 단수 동사가 와야 해요. (All *of your advice* **were** helpful. (×))

**문법Plus** '~마다'라는 의미로 쓰이는 every

every는 '매~, ~마다'라는 뜻으로 다음과 같이 쓸 수 있어요.
- 〈every+'시간이나 요일'을 나타내는 단수명사〉: **every** *Tuesday* 화요일**마다**
- 〈every+'시간의 간격'을 나타내는 복수명사〉: **every** *five years* 5년**마다**

### Check up

천일비급 p.53

**다음 문장의 네모 안에서 어법상 알맞은 것을 고르세요.**

1 [Is / Are] anyone home now?

2 Every [student / students] learns English in middle school.

3 All my money [is / are] in the wallet.

4 Nothing [is / isn't] on your desk. Where is your book?

5 All of the flowers [is / are] beautiful in this garden.

### Unit Vocabulary

**266** call 부르다; 전화하다
**267** knock (문을) 두드리다, 노크하다
answer 대답하다; 대답; 답
**269** quiet 조용한, 고요한 (↔ noisy 시끄러운)
**270** need 필요로 하다; 필요
care 보살핌, 돌봄; 돌보다
**271** advice 조언, 충고
helpful 도움이 되는, 유용한
**272** relative 친척
gather 모이다
**273** own 자신만의, 고유의; 소유하다 rule 규칙
**2** learn 배우다, 학습하다
**5** garden 정원

## Point 059 both, each

- **both**: '둘 다(의), 양쪽(의)'란 뜻으로 대명사 또는 형용사로 쓰여요.
  〈both (of)+복수명사〉 형태로 자주 쓰이며, 항상 복수 취급해요.
- **each**: '각각(의), 각자'란 뜻으로 대명사 또는 형용사로 쓰여요.
  〈each+단수명사〉, 〈each of+복수명사〉 형태로 자주 쓰며, 항상 단수 취급해요.

**274** I have two cousins. **Both** *live* / in the U.S.
(주어 / 동사 / 목적어 / 주어 / 동사 / 장소)
나는 사촌이 두 명 있다. 둘 다 산다 / 미국에.

**275** **Each** *class is* / 50 minutes long.
(주어 / 동사 / 보어)
각 수업은 ~이다 / 50분 (길이인).

**276** **Both** of *the books are* bestsellers.

**277** **Each** *person has* different strengths.

**278** **Each** of *the answers is* worth 5 points.

TIP both는 항상 복수 취급하므로 그 뒤에도 복수 동사가 와야 해요.
(Both **lives** in the U.S. (×))

TIP each는 항상 단수 취급하므로 〈each of+복수명사〉 뒤에도 단수 동사가 와야 해요.
(Each of *the answers* **are** worth 5 points. (×))

### Check up

천일비급 p.54

**다음 밑줄 친 부분을 어법상 알맞은 형태로 고쳐 쓰세요.**

1 Each students will get four new books. → ________
2 Each box weigh three kilograms. → ________
3 Both team did their best in the game. → ________
4 Each of us have our own opinion. → ________
5 Both questions was too difficult for me. → ________

### Unit Vocabulary

**274** U.S. 미국 (= United States (of America))
**275** long 길이[거리]가 ~인; 긴
**276** bestseller 베스트셀러
**277** person 사람 different 다른 strength 장점, 강점
**278** be worth A A의 가치가 있다
**2** weigh 무게가 ~이다
**3** do one's best 최선을 다하다
**4** opinion 의견
**5** question 문제; 질문

# Chapter Exercises 07

알맞은 어법 고르기 ▶ **다음 문장의 네모 안에서 어법상 알맞은 것을 고르세요.**

1 My sister and I share a room. [We / Our] room is big.

2 [It / This] is already 8 o'clock. Let's go home.

3 This passport isn't [my / mine]. It's my brother's.

4 The cat is lazy. [It / They] sleeps all day.

5 She introduced [yourself / herself] as Anna.

6 Are [this / these] your photos on the table?

7 Would you like [some / any] hot chocolate?

8 A fox uses [it's / its] tail like a blanket in winter.

**B**

알맞은 대명사 찾아 쓰기 ▶ **다음 빈칸에 들어갈 알맞은 대명사를 〈보기〉에서 골라 쓰세요. (단, 한 번씩만 쓸 것)**

| 보기 | one | ones | another | some | the others |
|---|---|---|---|---|---|

1 My sandals are too old. I need new ___________.

2 ___________ like novels, and others like poems.

3 I brought two sandwiches today. I gave ___________ to my friend.

4 Four people attended the meeting. One came on time, and ___________ were late.

5 Traffic lights have three colors. One is green, ___________ is red, and the other is orange.

A 1 share 함께 쓰다, 공유하다 2 already 벌써, 이미 3 passport 여권 4 lazy 게으른 all day 하루 종일 6 photo 사진 7 hot chocolate 핫초콜릿, 코코아 8 use 사용[이용]하다 tail (동물의) 꼬리 like ~처럼, ~같은 B 1 sandals 샌들 2 novel (장편) 소설 poem (한 편의) 시(詩) *cf.* poet 시인 4 attend 참석하다, 출석하다 meeting 회의, 모임 on time 정시에, 제때에 5 traffic light 신호등

## C

조건 영작하기 ▶ **다음 우리말과 의미가 같도록 주어진 단어를 사용하여 문장을 완성하세요.**

1 걸어서 20분 걸린다. (take, 20 minutes)

→ ______________________________ on foot.

2 두 학생 다 수학을 잘한다. (student, be, both)

→ ______________________________ good at math.

3 나의 아빠 차에 무언가 문제가 있다. (something, wrong, be)

→ ______________________________ with my dad's car.

4 바다 거북은 등껍질로 자기 자신을 보호한다. (sea turtles, protect)

→ ______________________________ with their shells.

5 모든 교실은 벽에 시계가 있다. (have, classroom, every)

→ ______________________________ a clock on the wall.

## D

서술형 맛보기 ▶ **다음 중 어법상 어색한 문장 3개를 찾아 그 기호를 쓰고, 어색한 부분을 고쳐 문장 전체를 다시 쓰세요.**

ⓐ I lost my keys. Did you see it?
ⓑ Kevin sometimes spends time by himself.
ⓒ These shoes are uncomfortable. Can I try those?
ⓓ He didn't have some cash. He only had a credit card.
ⓔ Each person learn in a different way.

→ __________, ______________________________

→ __________, ______________________________

→ __________, ______________________________

**C** 1 take (시간이) 걸리다; 가져가다 on foot 걸어서 2 be good at ~을 잘하다 3 wrong 문제가 있는; 틀린, 잘못된 4 protect 보호하다, 지키다 shell (거북 등의) 등껍질; 껍질[껍데기] **D** sometimes 때때로, 가끔 spend (시간을) 보내다, (돈을) 쓰다 uncomfortable 불편한 (↔ comfortable 편안한) try 해보다, 시도하다 cash 현금 credit card 신용카드 way 방법, 방식; 길

CHAPTER
08

# 형용사와 부사

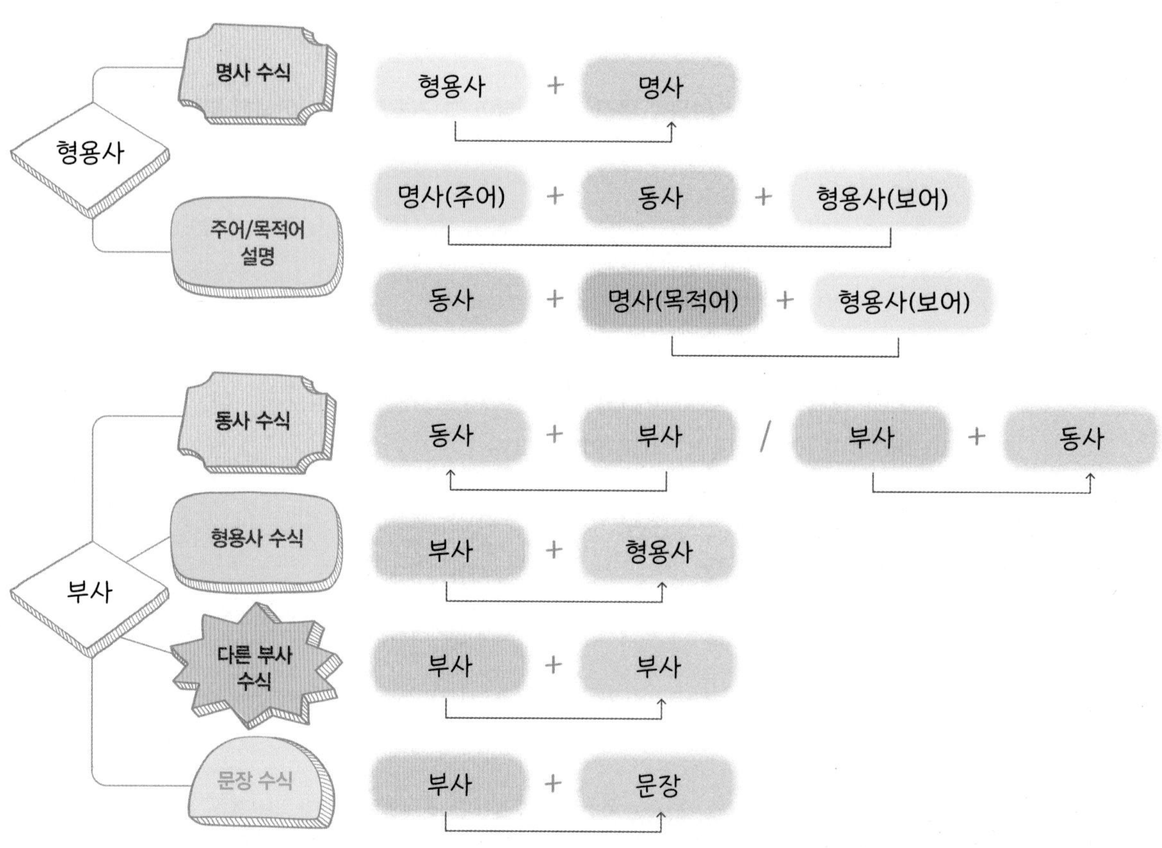
형용사
명사 수식
형용사 + 명사
주어/목적어 설명
명사(주어) + 동사 + 형용사(보어)
동사 + 명사(목적어) + 형용사(보어)
부사
동사 수식
동사 + 부사 / 부사 + 동사
형용사 수식
부사 + 형용사
다른 부사 수식
부사 + 부사
문장 수식
부사 + 문장

형용사와 부사는 모두 다른 말을 꾸며 주는 말(수식어)이에요.
형용사는 명사의 모양, 색깔, 성질, 크기, 개수 등을 자세하게 설명해주고,
부사는 형용사, 동사, 다른 부사 등을 더 자세하게 설명하거나 꾸며 주는 역할을 해요.

형용사나 부사와 같은 수식어는 문장의 의미를 더욱 풍부하게 만들어주기 위해 사용하기 때문에,
형용사와 부사가 문장에서 없이져도 문장 자체는 성립해요.

He bought a ~~new~~ bag. 그는 ~~새~~ 가방을 샀다. (형용사 new가 없어도 문장 성립)

He bought a bag ~~yesterday~~. 그는 ~~어제~~ 가방을 샀다. (부사 yesterday가 없어도 문장 성립)

그런데, 형용사가 문장에 반드시 있어야 하는 경우가 있어요.
바로 형용사가 주어나 목적어로 쓰인 명사를 '보충 설명해 주는' 보어 역할을 할 때예요. (⇒ **Ch 05**)
이렇게 형용사가 보어로 쓰일 때는 명사 앞이 아니라, '동사 뒤'에 쓰여 명사에 대해 설명해 주는 역할을 해요.

보통 형용사는 '파란, 큰, 행복한' 등과 같은 뜻을 나타내지만, 동사 뒤에 쓰이면 '파랗다, 크다, 행복하다'로 해석될 수도 있고, 부사처럼 '파랗게, 크게, 행복하게'와 같이 해석되기도 해요.

하지만 명사를 설명해 주는 자리에는 형용사 대신 부사를 절대 쓸 수 없어요.
우리말 해석 때문에 많이 헷갈리는 부분이므로 잘 알아 두어야 해요.

He looks **happy** today. 그는 오늘 **행복하게** 보인다. 〈명사(주어)를 설명해 주는 자리 → 형용사〉
→ happily (×)

He smiled **happily**. 그는 **행복하게** 미소 지었다. 〈동사를 꾸며 주는 자리 → 부사〉
→ happy (×)

형용사와 부사는 각각의 다양한 종류와 형태, 역할을 잘 구분해서 알맞은 자리에 써 보는 훈련이 필요해요.

UNIT 29

# 형용사의 역할

형용사란 명사의 상태, 성질 등을 나타내는 말로 주로 명사를 꾸며 주거나 보충 설명하는 역할을 해요.

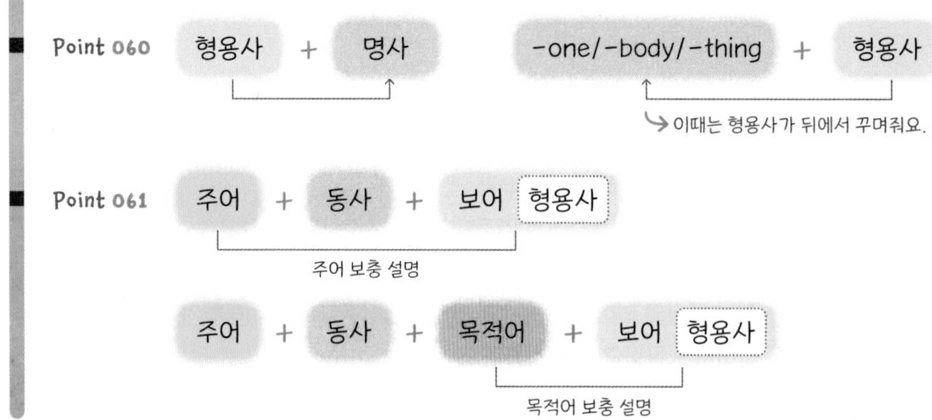


## Point 060 명사, 대명사를 꾸며 주는 형용사

- 형용사는 주로 명사 앞에서 명사를 꾸며 주며, 이때 명사를 '수식한다'라고 말하기도 해요.

  a **tall** boy 키 큰 소년

- -one, -body, -thing으로 끝나는 대명사는 형용사가 뒤에서 수식하므로 위치에 주의하세요.

  something **special** 무언가 특별한 것

**279** The movie was / a **big** *success*.
주어 동사 보어
그 영화는 ~이었다 / 큰 성공작.

**280** Let's do / *something* **fun** / today.
동사 목적어 수식어
해 보자 / 무언가 재미있는 것을 / 오늘.

**281** It was an **interesting** *lecture*. He is a **good** *speaker*.

**282** Thank you for your **warm** *welcome*.

**TIP** 명사를 꾸며 주는 형용사 앞에는 관사(a/an, the), 지시형용사(this, that ...), 소유격(my, your ...) 등이 올 수 있어요.

⟨Let's ~.⟩는 '~하자.'라는 뜻으로 상대방에게 권유나 제안을 할 때 쓰는 표현이에요. (☞ Ch 11)

283 Bella has **curly brown** *hair* and **blue** *eyes*.

284 I was at home all day. I didn't do *anything* **special**.

285 We want *something* **light** for breakfast.

**문법Plus** **〈the+형용사〉**

〈the+형용사〉는 '~한 사람들'이란 뜻으로 〈형용사+people〉과 같은 의미예요.
복수명사처럼 쓰이므로 그 뒤에는 복수형 동사가 와야 해요.
**The rich** *are not* always happy. 부자가 항상 행복한 것은 아니다.
= Rich people
They are building houses for **the homeless**. 그들은 노숙자들을 위한 집을 짓고 있다.
= homeless people

**문법Plus** **명사를 수식하는 〈숫자-단수명사(-형용사)〉**

숫자와 명사가 하이픈(-)으로 연결되어 형용사처럼 쓰일 때는 〈숫자-단수명사(-형용사)〉 형태로 써요. 이때 숫자 뒤의 명사는 항상 단수형으로 써야 하는 점에 주의하세요.
a two-**week** vacation 2주간의 휴가[방학]
a twelve-**year**-old boy 열두 살의 남자아이

## Check up

천일비급 p.55

**A 다음 굵게 표시된 형용사가 꾸며 주는 말에 밑줄을 그으세요.**

1 The waiter poured **hot** tea in my cup.

2 Nothing **new** happened yesterday.

3 You need **comfortable** shoes for a hike.

4 They heard something **strange** from outside.

**B 다음 문장의 네모 안에서 어법상 알맞은 것을 고르세요.**

1 She saw a [beauty / beautiful] house on the hill.

2 We prepared a [special gift / gift special] for Mom.

3 I want [something sweet / sweet something] for dessert.

4 She met [famous someone / someone famous] on the street.

### Unit Vocabulary

279 success 성공작; 성공, 성과
280 fun 재미있는, 즐거운; 재미
281 interesting 흥미로운, 재미있는
lecture 강의, 강연
speaker 연설자, 발표자
282 warm 따뜻한
welcome 환영, 환대; 환영하다
283 curly 곱슬곱슬한
284 special 특별한
285 light 가벼운; 빛
A 1 pour 따르다, 붓다
3 comfortable 편안한
hike 하이킹, 도보 여행
4 strange 이상한, 희한한
B 1 hill 언덕
2 prepare 준비[대비]하다
3 dessert 디저트
4 famous 유명한

## Point 061 보어로 쓰이는 형용사

- 형용사는 동사나 목적어 뒤에서 보어로 쓰여 명사인 주어나 목적어를 보충 설명하기도 해요. (문장의 구조 ☞ Ch 05)
- 주어 설명: 〈주어+동사+보어(**형용사**)〉
  *Our teacher* was **angry** today. 우리 선생님은 오늘 화가 나셨다.
- 목적어 설명: 〈주어+동사+목적어+보어(**형용사**)〉
  This song made *me* **sleepy**. 이 노래는 나를 졸리게 했다.

**286** The history class was **interesting**.
주어 / 동사 / 보어(형용사)
그 역사 수업은 흥미로웠다. 〈주어 보충 설명〉

**287** Your smile makes / me **happy**.
주어 / 동사 / 목적어 / 보어(형용사)
너의 미소는 만든다 / 나를 행복하게. 〈목적어 보충 설명〉

**288** It seems **difficult**, but I'll try my best.

**289** Is that a new shirt? It looks **good** on you.

**290** The noise kept us **awake** all night.

### Unit Vocabulary

**286** history 역사
**288** seem ~해 보인다, ~인 것 같다
difficult 어려운, 힘든
try one's best 최선을 다하다 (= do one's best)
**289** look good on A A에게 잘 어울리다
**290** keep(-kept-kept) 계속 ~하게 하다, (상태를) 유지시키다
awake 깨어 있는, 잠들지 않은
all night 밤새도록
**1** voice 목소리, 음성 low 낮은
**3** always 항상
**4** dish 요리; 접시, 그릇
**5** become(-became-become) ~이 되다, ~해지다
muddy 흙탕물의; 진흙투성이인

### Check up

천일비급 p.56

**다음 굵게 표시된 부분을 보충 설명하는 형용사를 찾아 밑줄을 그으세요.**

1 **Tony's voice** is low.

2 The scarf will make **your neck** warm.

3 My dad always keeps **his car** clean.

4 **Grandma's dishes** always taste great.

5 It rained yesterday, so **the river** became muddy.

# 수나 양을 나타내는 형용사

형용사에는 명사의 수나 양이 많고 적음을 나타내는 표현들도 있어요. 수량을 나타내는 형용사는 뒤에 오는 명사가 셀 수 있는 명사인지 아닌지에 따라 그 쓰임이 달라져요.

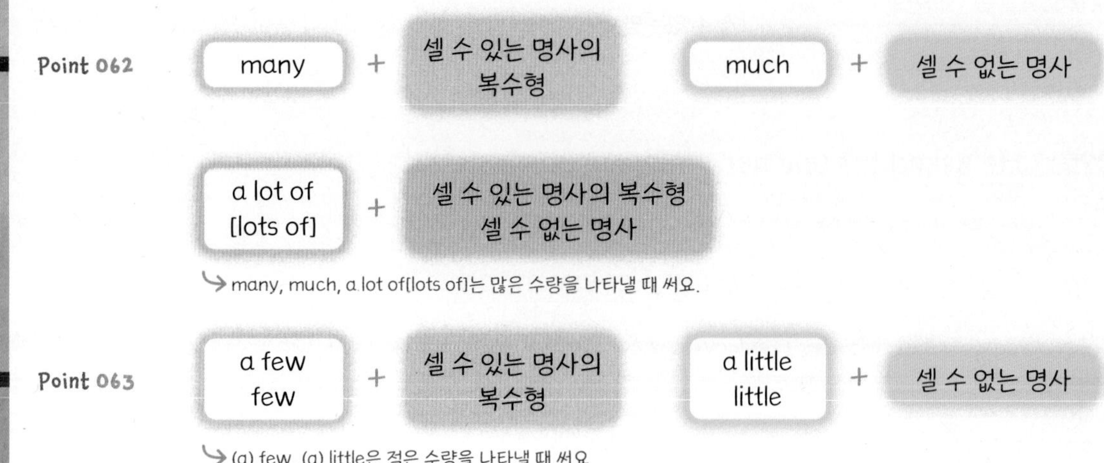


## Point 062 many, much, a lot of[lots of]

- many, much, a lot of[lots of]는 '많은'이란 뜻으로 아래 표와 같이 뒤에 오는 명사에 따라 구별해서 써야 해요.

| | |
|---|---|
| many (수가) 많은 | +셀 수 있는 명사의 복수형 |
| much (양이) 많은 | +셀 수 없는 명사 |
| a lot of[lots of] (수·양이) 많은 | +셀 수 있는 명사의 복수형/셀 수 없는 명사 |

**291** The forest is home / to **many** *animals*.
주어 동사 보어 / 수식어
그 숲은 서식지이다 / 많은 동물들에게.

**TIP** many, much는 a lot of 또는 lots of로 바꿔 쓸 수도 있어요.

**292** I didn't get **much** *sleep* last night.

**293** **A lot of** *tourists* visit Paris every year.

**294** She spends **lots of** *money* on clothes.

## Point 063 (a) few, (a) little

• (a) few, (a) little은 적은 수량을 나타낼 때 쓰며, 아래 표와 같이 앞에 관사 a가 있는지 없는지에 따라 뜻이 달라져요.

| | |
|---|---|
| a few 조금 있는, 약간의 | +셀 수 있는 명사의 복수형 |
| few 거의 없는 | |

| | |
|---|---|
| a little 조금 있는, 약간의 | +셀 수 없는 명사 |
| little 거의 없는 | |

**295** He asked his teacher / **a few** *questions*.
주어 동사 간접목적어 직접목적어
그는 그의 선생님에게 물어보았다 / 몇 가지 질문들을.

**296** She saves **a little** *money* / every month.
주어 동사 목적어 수식어
그녀는 약간의 돈을 저축한다 / 매달.

**297** I know **a few** *people* in the class.

**298** She made **few** *mistakes* on her test.

**299** This sauce needs **a little** *salt* and *pepper*.

**300** We had very **little** *rain* last summer.

### Check up

천일비급 p.58

**다음 문장의 네모 안에서 어법상 알맞은 것을 고르세요.**

1 He poured [a few / a little] milk into his tea.

2 [Few / Little] students solved this math problem.

3 We had [many / lots of] fun at summer camp.

4 [Many / Much] children are riding bikes in the park.

### Unit Vocabulary

291 forest 숲
home 서식지, 거주지; 집
292 sleep 잠, 수면; 자다
293 tourist 관광객
294 spend A on B
B에 A(시간, 돈)를 쓰다, 소비하다
clothes 옷 *cf.* cloth 천, 옷감
295 ask 묻다, 질문하다
296 save (돈을) 저축하다, 모으다
298 mistake 실수, 잘못
299 sauce 소스, 양념
pepper 후추
2 solve 풀다, 해결하다
problem (시험) 문제; 문제

UNIT 31

# 부사의 역할

부사는 명사를 제외한 다른 어구들을 꾸며 주거나 자세하게 설명해 줄 수 있어요. 대부분의 부사는 〈형용사+-ly〉 형태이나 그렇지 않은 경우도 있어요.

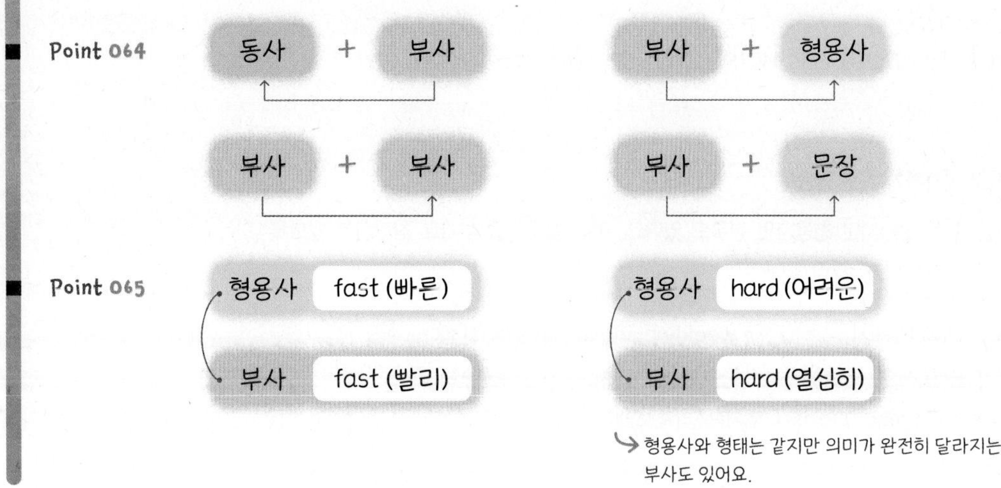


## Point 064 부사의 역할과 쓰임

- 부사는 주로 〈형용사+-ly〉의 형태로 '~하게'로 해석하며, 동사, 형용사, 다른 부사 또는 문장 전체를 꾸며 주는 역할을 해요.
- 부사는 문장에서 비교적 위치가 자유롭게 쓰이지만, 형용사를 꾸며 줄 때는 〈부사+형용사〉 순서로 써야 해요.

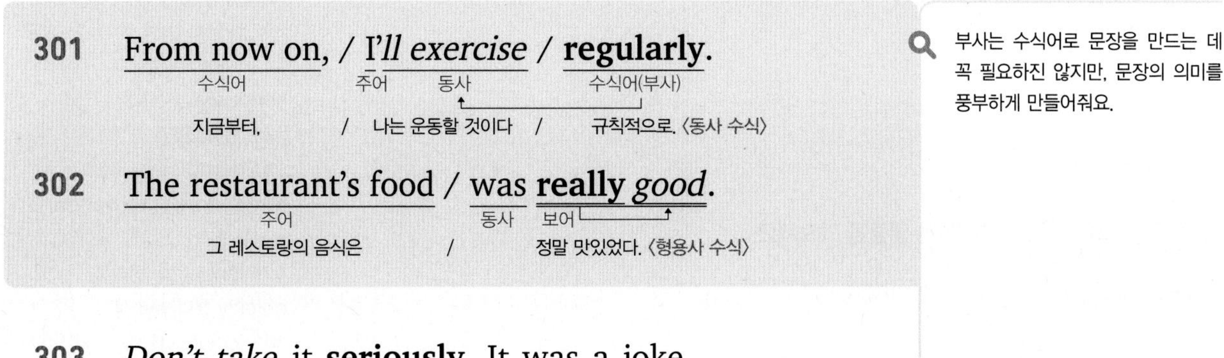

301 From now on, / I'll exercise / regularly.
수식어 주어 동사 수식어(부사)
지금부터, / 나는 운동할 것이다 / 규칙적으로. 〈동사 수식〉
302 The restaurant's food / was really good.
주어 동사 보어
그 레스토랑의 음식은 / 정말 맛있었다. 〈형용사 수식〉


부사는 수식어로 문장을 만드는 데 꼭 필요하진 않지만, 문장의 의미를 풍부하게 만들어줘요.

303 *Don't take* it **seriously**. It was a joke.

304 I **completely** *forgot* her birthday.

305 These shoes are **too** *large* for me.

306 Lina *learns* languages **very** ***quickly***.

307 **Luckily**, *nobody was hurt in the car accident*.

**문법 Plus** **부사로 착각하기 쉬운 형용사**

❶ 마치 부사처럼 -ly로 끝나지만 형용사인 경우도 있어요. 이때 형용사를 부사로 착각하지 않도록 주의하세요.

- a **lovely** girl **사랑스러운** 소녀
- a **friendly** teacher **친절한** 선생님
- a **lively** puppy **활발한** 강아지
- **weekly** piano lessons **주 1회** 피아노 수업

❷ 보어 자리에 -ly로 끝나는 형용사가 오는 경우 부사로 착각하기 쉬우므로 주의하세요.

The baby looks so **lovely**. 그 아기는 너무 사랑스러워 보인다.
보어(형용사)

**문법 Plus** **형용사 vs. 부사**

형용사와 부사의 가장 큰 차이점은 형용사는 '명사'를 꾸며 주거나 보충 설명하지만,
부사는 '명사를 제외한 모든 어구들'을 꾸며 줄 수 있다는 점이에요.
그러므로 각각 형용사와 부사를 알맞은 자리에 쓰는 것이 매우 중요해요.

❶ 주어나 목적어를 보충 설명하는 보어 자리에는 반드시 형용사가 와야 해요.

*All the teachers* looked **busy** today. (→ busily (×)) 오늘 모든 선생님은 바빠 보였다.
명사(주어)

Technology made *our lives* **convenient**. (→ conveniently (×)) 과학기술은 우리의 삶을 편리하게 만들었다.
명사(목적어)

❷ 부사는 동사, 형용사, 다른 부사, 문장 전체를 꾸며 줄 수 있어요.

The doctor *looked at* the patient **closely**. (→ close (×)) 의사는 환자를 자세히 살펴보았다.
동사

## Check up

천일비급 p.59

**다음 문장에서 부사를 모두 찾아 밑줄을 그으세요.**

1 She has a really lovely face.

2 Sadly, my dog is very sick.

3 Deep rivers flow silently.

4 My sister plays the piano very well.

5 This book explains English grammar so easily.

### Unit Vocabulary

301 from now on 지금부터, 이제부터
exercise 운동하다; 운동
regularly 규칙적으로
302 restaurant 레스토랑, 식당
303 take 받아들이다; 가져가다
seriously 심각하게
joke 농담, 장난
304 completely 완전히
forget(-forgot-forgotten) 잊어버리다, 잊다
306 language 언어
quickly 빨리, 빠르게
307 luckily 다행히, 운 좋게(도)
hurt 다친; 다치게 하다
car accident 자동차 사고
3 flow 흐르다 silently 조용히
5 explain 설명하다
grammar 문법

## Point 065 형태가 같은 형용사와 부사

- 아래 표와 같이 형용사와 부사의 형태가 같아서 주의해야 하는 부사들이 있어요. 특히, hard와 같이 의미가 완전히 달라지는 부사에 주의하세요.

| | | | |
|---|---|---|---|
| hard | 형 어려운; 힘든; 딱딱한<br>부 열심히; 몹시, 심하게 | early | 형 이른 부 일찍 |
| pretty | 형 예쁜 부 꽤, 상당히 | late | 형 늦은 부 늦게 |
| enough | 형 충분한 부 충분히 | high | 형 높은 부 높이 |
| fast | 형 빠른 부 빨리 | near | 형 가까운 부 가까이 |

**308** The test was **hard** / for her.
주어 동사 보어 수식어
그 시험은 어려웠다 / 그녀에게. 〈형용사〉

The team trained / **hard** / for the final match.
주어 동사 수식어 수식어
그 팀은 훈련했다 / 열심히 / 결승전을 위해. 〈부사〉

**309** You have a really **pretty** voice.

Your idea sounds **pretty** good.

**TIP** 주로 명사 앞에 오는 말은 형용사, 형용사나 동사 뒤에 오는 말은 부사로 구분할 수 있어요.

**310** He is a **fast** runner. He'll win the race.

The car is going too **fast**.

**문법Plus** **-ly가 붙어 의미가 달라지는 부사**

hardly(거의 ~ 않다), lately(최근에), highly(매우), nearly(거의)
I **hardly** know my neighbors. 나는 내 이웃 사람들을 **거의** 알지 **못한다**.

### Check up

천일비급 p.59

**다음 밑줄 친 부분의 알맞은 의미를 고르세요.**

1 Is the room large enough for the party?
① 충분히 ② 충분한

2 He is a highly successful businessman.
① 높은 ② 높이 ③ 매우

3 The students practiced hard for the contest.
① 어려운 ② 열심히 ③ 거의 ~ 않다

### Unit Vocabulary

**308** train 훈련하다[훈련시키다]; 기차, 열차 final match 결승전
**309** sound ~하게 들리다; 소리
**310** runner 주자, 달리기 선수
win 이기다, 우승하다
race 경주, (달리기) 시합
**2** successful 성공한, 성공적인
businessman 사업가
**3** practice 연습하다; 연습
contest 대회, 시합

# UNIT 32 빈도부사

어떤 일이 얼마나 자주 일어나는지를 나타내는 부사를 '빈도부사'라고 해요. 빈도부사는 다른 부사와 달리 정해진 위치에 쓰는 것이 중요해요.

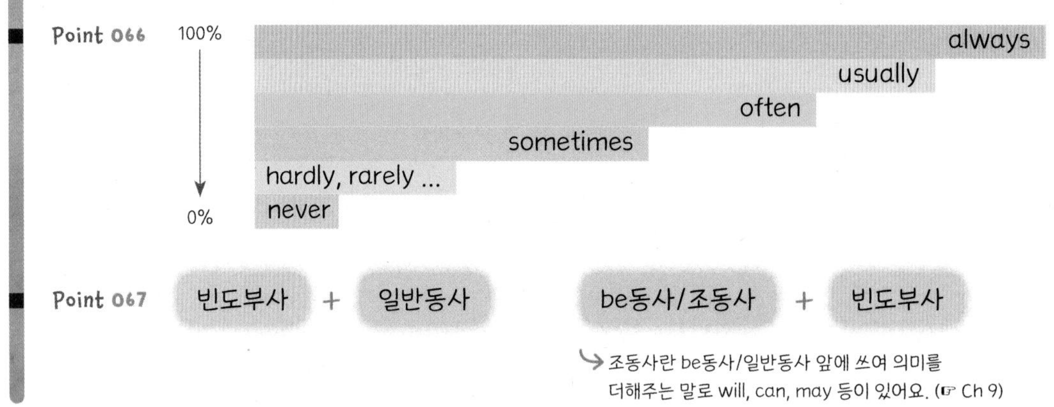


조동사란 be동사/일반동사 앞에 쓰여 의미를 더해주는 말로 will, can, may 등이 있어요. (☞ Ch 9)

## Point 066 빈도부사의 종류

- 빈도부사는 아래와 같은 종류가 있으며, always(항상)에서 never(전혀 ~ 않다)로 갈수록 일이 일어나는 빈도가 줄어들어요.

| 100% | | 90% | | 70% | | 50% | | 5~10% | | 0% |
|---|---|---|---|---|---|---|---|---|---|---|
| always (항상, 늘) | > | usually (대개, 보통) | > | often (자주, 종종) | > | sometimes (때때로, 가끔) | > | hardly, rarely, seldom (거의 ~ 않다) | > | never (전혀 ~ 않다) |

**311** He is **always** on time / for class.
(He: 주어, is: 동사, always: 수식어(빈도부사), on time: 수식어, for class: 수식어)
그는 항상 제 시간에 온다 / 수업을 위해.

**312** My school **usually** finishes at 4 o'clock.

**313** My dad **sometimes** cooks dinner for us.

**314** I'll **never** go to that hair salon again.

TIP never, hardly 등은 부정의 의미를 포함하고 있으므로 not과 함께 쓰지 않아요.
(I'll never **don't go** ~. (×))

## Point 067 빈도부사의 위치

• 빈도부사는 동사에 따라서 아래와 같이 정해진 위치에 써야 해요.

| 일반동사 앞 | I **usually** *walk* to school. |
|---|---|
| be동사 뒤 | She *is* **never** late for school. |
| 조동사 뒤 (will, can, may ...) | I *will* **always** remember you. |

315 She **always** brushes her teeth / after meals.
주어 수식어(빈도부사) 동사 목적어 / 수식어
그녀는 항상 양치를 한다 / 식사 후에.

316 I am **usually** free / on the weekends.
주어 동사 수식어(빈도부사) 보어 / 수식어
나는 보통 한가하다 / 주말에.

317 My dad **often** gives me a ride to school.

318 The coffee shop is **rarely** open on Sundays.

319 The truth can **sometimes** hurt people's feelings.

### Check up

천일비급 p.61

**다음 주어진 빈도부사가 들어갈 알맞은 위치를 고르세요.**

1 (seldom) My dog ① barks ② loudly.

2 (always) Olivia ① is ② polite to everyone.

3 (usually) My parents ① watch ② TV at night.

4 (sometimes) He ① is ② late for class.

5 (never) I ① will ② forget this beautiful scenery.

### Unit Vocabulary

311 be on time 제 시간에 오다, 시간을 잘 지키다
314 hair salon 미용실
315 after ~후에 meal 식사
316 free 한가한, 시간이 있는; 무료의
317 give A a ride A를 태워다 주다
*cf.* ride (차 등에) 태워 주기; 타다
318 open 열린; 열다
319 truth 진실, 사실
hurt (감정을) 상하게 하다; 다치게 하다; 다친 feeling 감정, 기분
1 bark 짖다
2 polite 예의 바른, 공손한
5 scenery 풍경

# Chapter Exercises 08

알맞은 어법 고르기 ▶ **다음 문장의 네모 안에서 어법상 알맞은 것을 고르세요.**

1 Cats are very [clean / cleanly] animals.

2 I have [little / few] interest in music.

3 He [hard / hardly] said a word today.

4 Drive [careful / carefully] on those icy roads.

5 My family [usually has / has usually] a big dinner.

6 Regular exercise will make you [healthy / healthily].

7 Honestly, I didn't do [anything wrong / wrong anything].

8 [Much / Lots of] people go camping on weekends these days.

**B** 문맥에 알맞은 형용사·부사 쓰기 ▶ **주어진 단어 중 알맞은 것을 골라 각 문장을 완성하세요.**

1 (kind / kindly) The girl ______________ helped the old lady.
Joshua is always ______________ to everybody.

2 (much / many) I had too ______________ cookies at a time.
This recipe doesn't need ______________ butter.

3 (good / well) Did you have a ______________ weekend?
Sarah plays the flute very ______________.

4 (a few / a little) I drank some tea and ate ______________ bread.
She only read ______________ pages of the book.

**A** 2 interest 관심, 흥미 3 say(-said-said) 말하다 word 한마디; 단어 4 careful 조심하는, 주의 깊은 carefully 조심해서, 주의 깊게 icy 얼어붙은; 얼음같이 찬 6 regular 규칙적인, 정기적인 healthy 건강한 healthily 건강하게 7 honestly 솔직히, 정말로 8 go camping 캠핑을 가다 these days 요즘에 **B** 2 at a time 한 번에 recipe 조리법, 레시피 3 flute 플루트 4 only 오직 ~만

## C

배열 영작하기 ▶ **다음 우리말과 의미가 같도록 주어진 단어를 올바르게 배열하세요.**

1 그 도시는 항상 관광객들로 붐빈다. (crowded / always / is)

→ The city ______________________ with tourists.

2 여름에는 음식이 쉽게 상한다. (goes / food / bad)

→ ______________________ easily in summer.

3 무언가 시원한 거 마실래? (you / cold / want / something / do)

→ ______________________ to drink?

4 나는 절대 희망을 포기하지 않을 것이다. (give up / will / hope / never)

→ I ______________________.

5 그는 컴퓨터 게임에 너무 많은 시간을 낭비한다. (time / too / wastes / much)

→ He ______________________ on computer games.

## D

서술형 맛보기 ▶ **다음 중 어법상 어색한 문장 2개를 찾아 그 기호를 쓰고, 어색한 부분을 고쳐 문장 전체를 다시 쓰세요.**

ⓐ It rarely rains in this desert.
ⓑ A lot of homework keeps me busily.
ⓒ Mr. and Mrs. Miller have three lovely kids.
ⓓ We donated a few money for the sick children.
ⓔ Peter is a highly intelligent student.

→ __________, ______________________

→ __________, ______________________

C 1 crowded 붐비는 *cf.* crowd 사람들, 군중 2 go bad (음식 등이) 상하다 4 give up 포기하다, 그만두다 hope 희망, 바람; 바라다 5 waste 낭비하다, 허비하다; 쓰레기 D desert 사막 *cf.* dessert 디저트 busily 바쁘게 donate 기부하다 *cf.* donation 기부 intelligent 똑똑한, 총명한

# 조동사

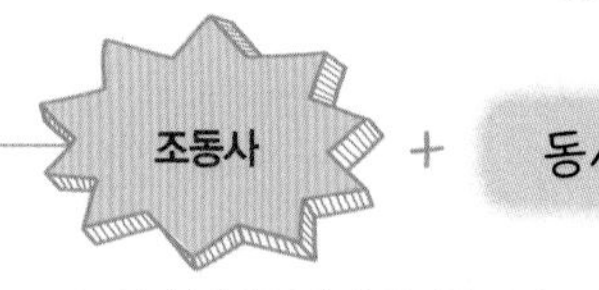


be동사/일반동사에 의미를 더해 주는 동사

| 조동사 | 의미 |
| --- | --- |
| can | ~할 수 있다 <능력·가능><br>~해도 된다 <허가><br>~해 주시겠어요? <요청> |
| may | ~해도 된다 <허가><br>~일지도 모른다 <추측> |
| will | ~할 것이다 <미래><br>~해 주시겠어요? <요청> |
| should<br>must<br>have to | ~해야 한다 <의무><br>should < have to < must<br>↳ should는 가벼운 충고, must는 가장 강한 의무를 나타내요. |
| had better | ~하는 게 낫다[좋다]<br><강한 충고·권고> |
| used to | ~하곤 했다, ~였다<br><과거의 습관, 상태> |

영어 문장에는 주어, 그리고 be동사나 일반동사와 같은 동사가 꼭 필요하다고 배웠어요.
동사에는 한 가지 종류가 더 있는데, 바로 '조동사'예요.

조동사(Helping verbs)는 '도와주는 동사'라는 의미로, be동사나 일반동사를 돕는 역할을 해요.
조동사에는 여러 역할과 종류가 있는데, 이 챕터에서는 그중에서 can, may, will, must 등과 같이 동사에 의미를 더해 주는 조동사들에 대해 학습해요.

다음 예문에서 볼 수 있듯이, 이 조동사들에는 몇 가지 중요한 특징이 있어요.
She **is** a good teacher. 그녀는 좋은 선생님**이다**.
She **will be** a good teacher. 그녀는 좋은 선생님이 **될 것이다**.
조동사+동사원형

첫째, 조동사는 혼자서 쓰일 수 없고 항상 be동사나 일반동사와 함께 쓰여요. 이때 조동사는 동사 앞에 와야 해요. (She **will** a good teacher. (×) / She **be will** ~. (×))
둘째, 조동사 뒤에 오는 동사는 항상 '동사원형'의 형태여야 해요. (She will **is** ~. (×))
셋째, 조동사는 be동사나 일반동사와 달리 어떤 주어가 와도 모양이 바뀌지 않아요. (She **wills** be ~. (×))
넷째, 조동사는 두 개를 연달아 쓸 수 없어요. (She **will can** ~. (×))

그리고 can, may, will, must 등과 같이 동사에 의미를 더해 주는 조동사들은 각각의 조동사가 여러 의미를 나타낼 수 있어요. 그렇기 때문에 문맥을 잘 살펴서 어떤 의미로 쓰인 것인지 파악하는 것이 정말 중요해요.
You **may** go there. 너는 그곳에 가**도 된다**. 〈허락〉
It **may** be true. 그것은 사실**일지도 모른다**. 〈추측〉

UNIT 33

# can

조동사 can은 동사원형 앞에 쓰여 '능력', '허가', '요청' 등의 의미를 나타내요.

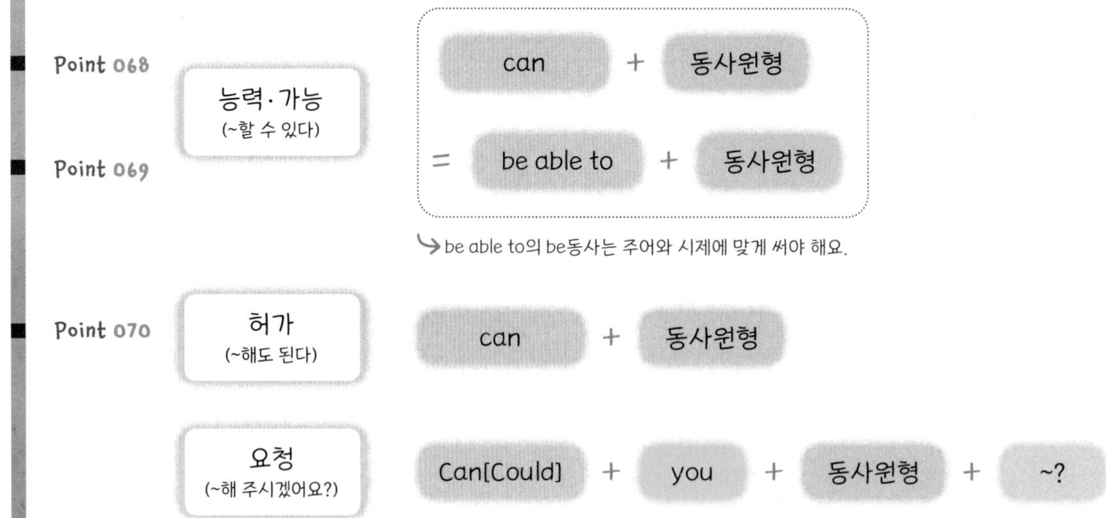


## Point 068 can: 능력·가능

- '~할 수 있다'라는 뜻의 조동사 can은 능력, 가능을 나타내요. 아래 표와 같은 형태로 나타낼 수 있어요.

| | | |
|---|---|---|
| 능력·가능 | ~할 수 있다<br>~할 수 없다<br>~할 수 있니? | can+동사원형<br>cannot[can't]+동사원형<br>Can+주어+동사원형 ~? |
| | ~할 수 있었다 (과거)<br>~할 수 없었다 (과거) | could+동사원형<br>could not[couldn't]+동사원형 |

320 She **can** speak Chinese / fluently.
주어 / 조동사 / 동사원형 / 목적어 / 수식어
그녀는 중국어를 할 수 있다 / 유창하게.

**TIP** 주어와 상관없이 조동사 뒤에는 항상 동사원형이 와야 해요. (She can **speaks** ~. (×))

321 He **can** throw a baseball very fast.

**TIP** 주어가 3인칭 단수이고 현재를 나타내더라도 조동사의 형태는 변하지 않아요. (He **cans** ~. (×))

322 I **cannot** lift these boxes. They're too heavy.

323 A: **Can you** play any musical instruments?

B: Yes, I **can** play the violin.

324 My sister **couldn't** swim last year, but now she **can**.

## Point 069 can (능력·가능) = be able to

• 능력, 가능을 나타내는 조동사 can은 be able to로도 바꿔 쓸 수 있어요. 이때 be동사는 주어와 시제에 알맞게 바꿔 써야 하는 점에 주의하세요.

| can | ~할 수 있다 | = am/are/is+able to+동사원형 |
|---|---|---|
| cannot[can't] | ~할 수 없다 | = am/are/is+not+able to+동사원형 |
| could | ~할 수 있었다 | = was/were+able to+동사원형 |
| could not[couldn't] | ~할 수 없었다 | = was/were+not+able to+동사원형 |

325 Now, / the baby **is able to** walk / by herself.
(= can)
수식어 / 주어 / be able to / 동사원형 / 수식어
이제, / 그 아기는 걸을 수 있다 / 혼자 힘으로.

326 Chameleons **are able to** change their color.

327 I am sorry. I'**m not able to** help you this time.

328 He **wasn't able to** speak Korean a few years ago, but now he **is able to**.

**문법Plus** will be able to+동사원형

'~할 수 있을 것이다'라는 미래의 능력·가능은 will be able to로 나타내요.
조동사는 다른 조동사와 연달아 쓸 수 없으므로 will can으로 쓰지 않도록 주의하세요.
We **will be able to arrive** in time. 우리는 늦지 않게 **도착할 수 있을 것이다**.
→ will can arrive (×)

### Unit Vocabulary

320 Chinese 중국어; 중국(인)의
fluently 유창하게
321 throw 던지다
322 lift 들다, 들어 올리다
323 musical instrument 악기 (= instrument)
*cf.* musical 음악의, 음악적인
325 by oneself 혼자 힘으로; 혼자서, 홀로
326 chameleon 카멜레온
change 바꾸다, 변화시키다; 변화
327 this time 이번에(는)

## Point 070 can/could: 허가, 요청

• can, could는 아래 표와 같이 허가, 금지, 요청의 의미도 나타낼 수 있어요.

| | | |
|---|---|---|
| 허가 | ~해도 된다 | can+동사원형 |
| | ~해도 될까요? | Can[Could] I+동사원형 ~? |
| 금지 | ~해서는 안 된다 | cannot[can't]+동사원형 |
| 요청 | ~해 주시겠어요? | Can[Could] you+동사원형 ~? |

329 Here, / you **can** borrow my umbrella.
(Here: 수식어 / you: 주어 / can: 조동사 / borrow: 동사원형 / my umbrella: 목적어)
여기, / 너는 내 우산을 빌려가도 돼. 〈허가〉

330 A: **Could you** do me a favor? (Could = Can)
(Could: 조동사 / you: 주어 / do: 동사원형 / me: 간목 / a favor: 직목)
제 부탁 하나 들어주시겠어요? 〈요청〉
B: Sure.
물론이죠.

**TIP** '허가'나 '요청'의 의미를 나타낼 때 can 대신 could를 쓰면 더 공손한 표현이 돼요. 이때의 could는 과거를 나타내는 것은 아니에요.

331 A: Mom, **can I** sleep over at Nicole's house?
B: No, you **can't**.

332 You **can't** swim here without a swimming cap.

333 A: **Can you** recommend a good movie?
B: Of course.

### Check up

천일비급 p.64

**다음 우리말과 의미가 같도록 주어진 단어를 사용하여 문장을 완성하세요.**

1 부엉이는 어둠 속에서 잘 볼 수 있다. (can, see)
→ Owls ______________________ well in the dark.

2 나의 아빠는 자동차를 고칠 수 있다. (able, fix)
→ My dad ______________________ the car.

3 에어컨을 켜도 될까요? (can, turn on)
→ ______________________ the air conditioner?

### Unit Vocabulary

329 borrow 빌리다
330 do A a favor A의 부탁을 들어주다, A에게 호의를 베풀다
331 sleep over (남의 집에서) 자고 오다[가다]
332 without ~없이
swimming cap 수영 모자
333 recommend 추천하다
1 owl 부엉이, 올빼미 dark 어둠
2 fix 고치다, 수리하다
3 turn on (라디오, TV 등을) 켜다
air conditioner 에어컨

UNIT 34

# may/will

조동사 may는 '허가', '추측' 등을 나타내며, will은 '~할 것이다(미래)'라는 의미 외에 '요청'의 의미도 나타낼 수 있어요.

## Point 071 may: 허가, 추측

• may는 아래 표와 같이 허가, 금지, 추측의 의미를 나타내요.

| | | |
|---|---|---|
| 허가 | ~해도 된다 | may+동사원형 |
| | ~해도 될까요? | May I+동사원형 ~? |
| 금지 | ~해서는 안 된다 | may not+동사원형 |
| 추측 | ~일지도 모른다 | may[might]+동사원형 |
| | ~이 아닐지도 모른다 | may[might] not+동사원형 |

**334** You **may** go / to the restroom / now.
(주어 / 조동사 / 동사원형 / 수식어 / 수식어)
너는 가도 된다 / 화장실에 / 지금. 〈허가〉

**335** According to the forecast, / it **may** snow / today.
(수식어 / 주어 / 조동사 / 동사원형 / 수식어)
(일기) 예보에 따르면, / 눈이 올지도 모른다 / 오늘. 〈추측〉

TIP may는 can보다 더 정중하게 '허락'을 구하거나 해 줄 때 사용해요.

**336** You **may** take a short break now.

337 A: **May I** take your order?

B: Yes. I would like a small mushroom pizza, please.

조동사 〈would['d] like〉는 '~을 원하다'라는 뜻으로 want보다 정중한 표현이에요.

338 You **may not** enter this area without a permit.

TIP may not은 줄여 쓰지 않아요.

339 I heard the rumor, but it **might not** be true.

TIP 좀 더 가능성이 적은 일을 추측할 때는 might를 사용해요.

## Point 072 will: 요청

• will은 미래의 일뿐만이 아니라 요청의 의미도 나타낼 수 있어요.

| 요청 | ~해 주시겠어요? | Will[Would] you+동사원형 ~? |
|---|---|---|

340 **Will you** open the door, please? (= Would)
(Will: 조동사 / you: 주어 / open: 동사원형 / the door: 목적어)
문 좀 열어주시겠어요?

341 Dad, **will you** pick me up around 8:00 p.m.?

342 **Would you** carry this suitcase to our room?

TIP '요청'의 would는 will보다 더 공손한 표현이며, 과거를 나타내는 것은 아니에요.

### Unit Vocabulary

334 restroom 화장실
335 according to A A에 따르면 forecast 예보, 예측
336 take a break 휴식 시간을 갖다
337 take one's order ~의 주문을 받다 mushroom 버섯
338 enter ~에 들어가다[오다] area 구역; 지역 without ~없이 permit 허가증
339 hear(-heard-heard) 듣다 rumor 소문 true 사실인
341 pick up ~를 차로 데리러 가다
342 carry 나르다; 가지고[들고]가다 suitcase 여행가방

### Check up

천일비급 p.65

**다음 밑줄 친 부분에 해당하는 알맞은 의미를 고르세요.**

1 The baby is crying. She may be hungry.
ⓐ ~해도 된다 ⓑ ~일지도 모른다

2 You may not touch these paintings.
ⓐ ~하면 안 된다 ⓑ ~이 아닐지도 모른다

# should/must/have to

should, must, have to는 모두 기본적으로 '~해야 한다'라는 '의무'를 나타내지만, 부정형의 경우 have to는 의미가 다르므로 주의해야 해요.

## Point 073 should: 의무·충고

• should는 must, have to보다 가벼운 정도의 의무나 충고를 나타내요.

| 의무·충고 | ~해야 한다, ~하는 것이 좋다 | should+동사원형 |
|---|---|---|
| 금지 | ~하지 말아야 한다 | should not[shouldn't]+동사원형 |

**343** You **should** be kind / to your friends.
(주어 / 조동사 / 동사원형 보어 / 수식어)
너는 친절하게 대해야 한다 / 네 친구들에게. 〈의무·충고〉

**344** You **should** always wear your bike helmet.

**345** We **should not** judge people by their looks.

## Point 074 must, have to: 의무

- must는 '~해야 한다'는 뜻으로 should보다 강한 의무를 나타내며, have[has] to로 바꿔 쓸 수 있어요. must는 과거형이 없기 때문에 had to로 대신 나타내요.
- must는 '~임이 틀림없다'라는 뜻의 강한 추측도 나타낼 수 있어요.

| | | |
|---|---|---|
| 의무 | ~해야 한다 | must+동사원형 |
| | | have[has] to+동사원형<br>*과거형: had to+동사원형 (~해야 했다) |
| 강한 추측 | ~임이 틀림없다,<br>틀림없이 ~일 것이다 | must+동사원형 |

**346** You **must** (= have to) wear your seat belt / in the car.
주어 / 조동사 / 동사원형 / 목적어 / 수식어
너는 네 안전벨트를 매야 한다 / 차 안에서. 〈의무〉

**347** A: He just returned / from a long trip.
주어 / 수식어 / 동사 / 수식어
그는 막 돌아왔어 / 긴 여행에서.

B: He **must** be very tired.
주어 / 조동사 / 동사원형 / 보어
그는 틀림없이 매우 피곤하겠다. 〈강한 추측〉

**348** Drivers **must** follow the new traffic laws.

**349** She **has to** hand in her report today.

TIP 주어가 3인칭 단수일 때는 has to로 써야 해요.

**350** A: My brother passed the entrance exam.

B: Congratulations! He **must** be very happy.

### Unit Vocabulary

344 wear 입다[신다/쓰다]
345 judge 판단하다
looks ((복수형)) 외모, 미모
346 wear a seat belt 안전벨트를 매다
347 return 돌아오다 trip 여행
348 follow 따르다; 따라가다
traffic law 교통법
349 hand in ~을 제출하다
report 보고서, 보고; 알리다
350 entrance exam 입학시험
1 yawn 하품하다; 하품
3 take medicine 약을 먹다[복용하다]

### Check up

천일비급 p.66

다음 문장의 네모 안에서 어법상 알맞은 것을 고르세요.

1 She must [is / be] tired. She is yawning a lot.

2 I [have to / had to] be home by 8 p.m. yesterday.

3 My dad [have to / has to] take this medicine once a day.

## Point 075 must not(강한 금지), don't have to(불필요)

- 의무(~해야 한다)를 나타내는 must와 have to는 서로 바꿔 쓸 수 있지만, 부정형은 아래 표와 같이 서로 의미가 다르므로 쓰임에 주의해야 해요.

| 강한 금지 | ~해서는 안 된다 | must not+동사원형 |
|---|---|---|
| 불필요 | ~할 필요가 없다 | don't[doesn't] have to+동사원형<br>(= don't[doesn't] need to+동사원형) |

**351** Visitors **must not** walk / on the grass.
주어 / 조동사 / 동사원형 / 수식어
방문객들은 걸어서는 안 된다 / 잔디밭 위를. 〈강한 금지〉

= don't need to
**352** You **don't have to** hurry. Take your time.
주어 / 조동사 / 동사원형 / 동사 / 목적어
너는 서두를 필요 없어. 〈불필요〉 천천히 해도 돼.

〈Take your time.〉은 '서두르지 않고 천천히 해도 된다.'는 뜻으로 쓰이는 표현이에요.

**353** You **must not** make a noise in the library.

**354** You **don't have to** make an excuse for her.

**355** Our life **doesn't have to** be perfect.

TIP 주어가 3인칭 단수일 때는 doesn't have to를 써야 해요.

### Check up

천일비급 p.67

**다음 우리말과 의미가 같도록 빈칸에 알맞은 말을 쓰세요.**

1 저녁은 내가 살게. 너는 돈을 낼 필요 없어.
→ Dinner is on me. You ________ ________ ________ pay.

2 수심이 깊어서 어린이들은 여기서 수영하면 안 된다.
→ The water is deep, so children ________ ________ swim here.

3 그는 아무것도 가져올 필요가 없어. 우리가 모든 것을 준비할 거야.
→ He ________ ________ ________ bring anything. We'll prepare everything.

### Unit Vocabulary

351 visitor 방문객
grass 잔디(밭), 풀
352 hurry 서두르다; 서두름
353 make a noise 시끄럽게 하다, 소음을 내다 *cf.* noise 소음, 소리
354 make an excuse 변명을 하다 *cf.* excuse 변명
355 perfect 완벽한
1 pay (돈을) 내다, 지불하다
2 deep (깊이가) 깊은
3 bring 가져오다 anything (부정·의문문에서) 아무것도, 무엇, 무엇이든
prepare 준비하다; 대비하다
everything 모든 것

# UNIT 36 had better/used to

had better는 '강한 충고·권고'를 나타내며, used to는 '과거의 습관, 상태'를 나타내요.

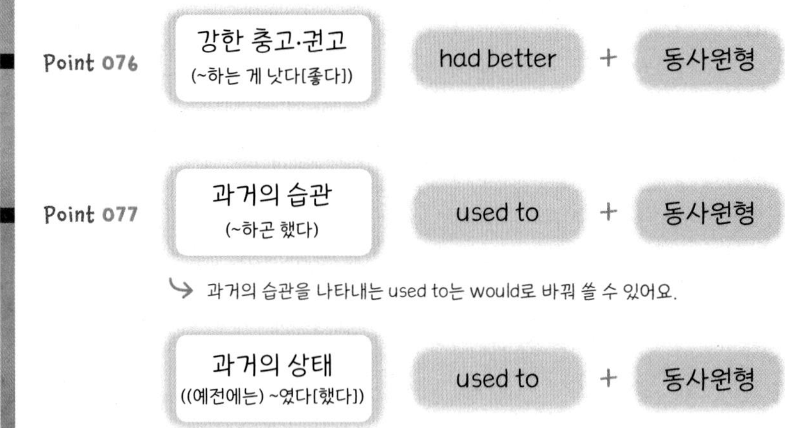


## Point 076 had better: 강한 충고·권고

• had better는 '~하는 게 낫다[좋다]'라는 뜻으로 should보다는 강한 충고나 권고를 나타내요.

| | | |
|---|---|---|
| 강한 충고·권고 | ~하는 게 낫다[좋다] | had better+동사원형<br>(줄임말: 'd better) |
| 금지 | ~하지 않는 게 낫다 | had better not+동사원형<br>(줄임말: 'd better not) |

**356** You **had better** get some rest.
(You: 주어 / had better: 조동사 / get: 동사원형 / some rest: 목적어)
너는 휴식을 좀 취하는 게 좋겠어. 〈강한 충고·권고〉

TIP had better의 had는 조동사일 뿐 과거를 나타내는 것은 아니에요.

**357** You'**d better** discuss this matter with your teacher.

**358** She **had better not** drink too much soda.

## Point 077 used to: 과거의 습관, 상태

- used to는 과거의 습관이나 반복된 행동 또는 과거의 상태를 나타내요.
- 그중 '과거의 습관'이나 '반복된 행동'을 나타내는 used to는 would로 바꿔 쓸 수 있어요.

| 과거의 습관, 반복된 행동 | ~하곤 했다 (지금은 아니다) | used to+동사원형 (= would+동사원형) |
|---|---|---|
| 과거의 상태 | (예전에는) ~였다[했다] (지금은 아니다) | used to+동사원형 |

359 My father **used to** jog / every morning.
(= would; My father: 주어 / used to: 조동사 / jog: 동사원형 / every morning: 수식어)
나의 아빠는 조깅을 하시곤 했다 / 매일 아침. (지금은 하시지 않는다.) 〈습관〉

360 They **used to** be / good friends.
(would (×); They: 주어 / used to: 조동사 / be: 동사원형 / good friends: 보어)
그들은 (예전에는) ~였다 / 좋은 친구. 〈상태〉

But they aren't close / anymore.
(they: 주어 / aren't: 동사 / close: 보어 / anymore: 수식어)
하지만 그들은 친하지 않다 / 더 이상.

361 My brother and I **used to** fight all the time.

362 He **used to** eat meat, but now he is a vegetarian.

363 The river **used to** be very clean 10 years ago.

### Check up

천일비급 p.68

**다음 밑줄 친 부분에 주의하여 해석을 완성하세요.**

1 My family used to go skiing every winter.
→ 나의 가족은 겨울마다 ______________.

2 You had better take an umbrella with you.
→ 너는 우산을 ______________.

### Unit Vocabulary

356 get some rest 휴식을 좀 취하다
357 discuss A with B A를 B와 상의[논의]하다
matter 문제, 일; 중요하다
358 soda 탄산음료
359 jog 조깅하다; 조깅
360 close 친한; 가까운; (문을) 닫다
361 fight 싸우다; 싸움
all the time 자주, 늘
362 vegetarian 채식주의자
1 go skiing 스키 타러 가다
2 take A with you A를 가져[데려]가다

# Chapter Exercises 09

## A

알맞은 어법 고르기 ▶ **다음 문장의 네모 안에서 어법상 알맞은 것을 고르세요.**

1 She's only five years old, but she can [skate / skates].

2 [May I see / May see I] your ticket, please?

3 Danny [have to / has to] clean his room. It's so messy.

4 My father used to [go / went] fishing every week.

5 She [can't / couldn't] go to the meeting yesterday. She was sick.

6 The team [will can / will be able to] do better next time.

## B

알맞은 의미 찾아 해석하기 ▶ **다음 밑줄 친 조동사의 알맞은 의미를 〈보기〉에서 골라 그 기호를 쓰고, 해석을 완성하세요.**

보기
ⓐ 능력: ~할 수 있다　ⓑ 허가: ~해도 된다　ⓒ 의무·충고: ~해야 한다
ⓓ 금지: ~해서는 안 된다　ⓔ 불필요: ~할 필요가 없다

1 May I leave early today? [　　]

→ 제가 오늘 ______________________?

2 Sarah can speak three languages. [　　]

→ 사라는 ______________________.

3 You must not cross the street at the red light. [　　]

→ 너는 빨간불일 때 ______________________.

4 Students don't have to wear school uniforms today. [　　]

→ 학생들은 오늘 ______________________.

5 You should apologize to him. It was your fault. [　　]

→ 너는 그에게 ______________________. 그것은 네 잘못이었어.

**A** 1 skate 스케이트를 타다; 스케이트　3 messy 지저분한, 엉망인 (↔ neat 단정한, 정돈된)　4 go fishing 낚시하러 가다　6 next time 다음 번(에)　**B** 1 leave 떠나다; 그대로 두다　early 일찍, 빨리; 이른, 빠른　2 language 언어　3 cross 건너다　red light (신호등의) 빨간불　4 school uniform 교복　5 apologize 사과하다　fault 잘못, 책임

## C

조건 영작하기 ▶ **다음 우리말과 의미가 같도록 주어진 단어를 사용하여 문장을 완성하세요.**

1 네 코트를 챙기렴. 밤에는 추울지도 몰라. (be)

→ Take your coat. It ________________ cold at night.

2 이 건물은 3년 전에 호텔이었다. (지금은 그렇지 않다.) (be)

→ This building ________________ a hotel three years ago.

3 저에게 내일까지 그 사진들을 보내주시겠어요? (send)

→ ________________ the pictures to me by tomorrow?

4 너는 설거지를 하지 않아도 돼. 그냥 놔둬. (wash)

→ You ________________ the dishes. Just leave them.

5 죄송하지만 당신은 잘못된 전화번호를 갖고 계신 게 틀림없어요. (have)

→ I'm sorry, but you ________________ the wrong number.

## D

서술형 맛보기 ▶ **다음 우리말과 의미가 같도록 조건에 맞게 문장을 완성하세요.**

1 조건 | ① able, the athlete, jump, very high를 사용할 것
② 8 단어로 쓸 것
우리말 | 그 운동선수는 매우 높이 뛸 수 있다.

→ ________________________________.

2 조건 | ① take, cold medicine, some을 사용할 것
② 7 단어로 쓸 것
우리말 | 너는 감기약을 좀 먹는 게 좋겠다.

→ ________________________________.

C 1 take 가져가다, 데려가다 2 building 건물 3 send 보내다, 발송하다 4 wash the dishes 설거지를 하다 5 wrong 잘못된, 틀린 number 전화번호; 숫자 D 1 athlete 운동선수 jump 뛰다, 점프하다; 점프 2 cold medicine 감기약 *cf.* cold 감기; 추운, 차가운

# 의문사 의문문

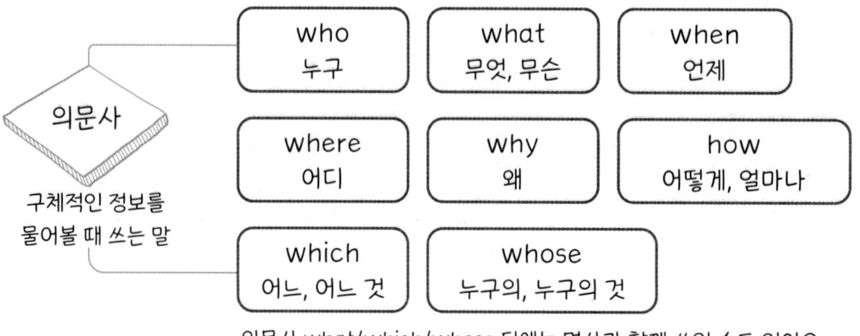


의문사 what/which/whose 뒤에는 명사가 함께 쓰일 수도 있어요.

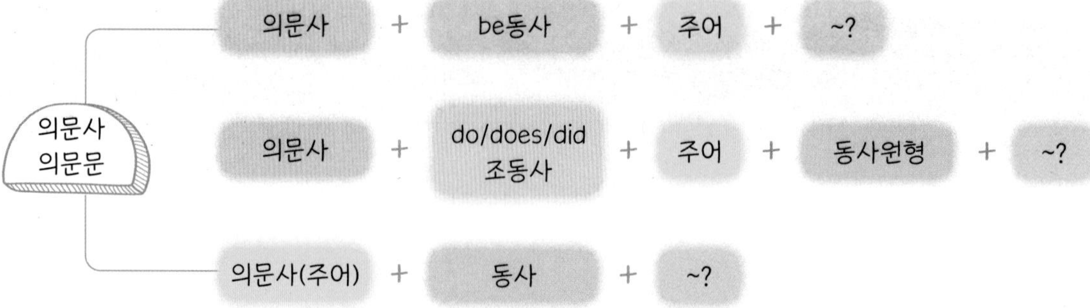

의문문은 의문사가 없는 의문문과 의문사가 있는 의문문으로 나뉘어요.
의문사는 '누구', '언제', '어디서'와 같이 의문을 나타내는 말로, 의문문과 함께 쓰여 자세한 정보를 물을 때 사용해요.

의문사가 없는 의문문에는 앞에서 배운 be동사의 의문문, 일반동사의 의문문, 조동사의 의문문 등이 있으며 Yes나 No로 대답해요.

반면, 의문사가 있는 의문문은 Yes나 No로 대답하지 않고 반드시 구체적으로 대답해야 해요.
의문사 의문문은 일반적인 의문문 맨 앞에 의문사만 붙이면 쉽게 만들 수 있는데, 물어보고 싶은 정보에 따라 알맞은 의문사를 써야 해요.

- 누구인지 궁금할 때 → **Who** is she? 그녀는 **누구**니?
- 무엇인지 궁금할 때 → **What** is it? 그것은 **무엇**이니?
- 언제인지 궁금할 때 → **When** is your birthday? 네 생일은 **언제**니?
- 어디인지 궁금할 때 → **Where** is he now? 그는 지금 **어디**에 있니?
- 이유가 궁금할 때 → **Why** are you late? 너는 **왜** 늦었니?
- 어떻게 일어난 일인지, 방법 등이 궁금할 때 → **How** did you get here? 너는 여기 **어떻게** 왔니?
- 둘 중 어느 것인지 궁금할 때 → **Which** one is your book? **어느** 것이 네 책이니?
- 누구의 것인지 궁금할 때 → **Whose** bag is this? 이것은 **누구의** 가방이니?

대부분 의문사 의문문의 어순은 〈의문사+동사+주어 ~?〉로 의문사 바로 뒤에 동사가 오지만, what, which, whose와 같은 의문사 뒤에는 명사가 함께 쓰이기도 하고, how 뒤에는 형용사나 부사가 자주 함께 쓰이므로 다양한 의문사 의문문의 어순에 대해 잘 알아두는 것이 중요해요.

# UNIT 37 의문사+be동사 의문문

구체적인 정보를 묻는 의문사는 문장 맨 앞에 오고 be동사는 의문사 바로 뒤에 와요.

Point 078 의문사 + be동사 + 주어 + ~?

↳ 의문사를 포함한 의문문은 Yes나 No로 대답하지 않고, 의문사가 묻는 내용으로 대답해요.

Point 079 의문사 + be동사 + 주어 + 동사의 -ing형 + ~?

Point 080 의문사 + be동사 + 주어 + going to + 동사원형 + ~?

↳ be동사는 주어의 인칭/수, 시제에 따라서 형태가 달라져요.

## Point 078 의문사+be동사 의문문

- be동사의 의문사 의문문은 아래 표와 같이 나타내요.

| | | |
|---|---|---|
| 의문사 | +am/are/is+주어 ~? (현재) | ~이니?, (어떠)하니?, ~(에) 있니? |
| | +was/were+주어 ~? (과거) | ~이었니?, (어떠)했니?, ~(에) 있었니? |

364 A: **Who is** / the girl (in the picture)?
의문사 동사 주어
누구니 / 여자아이는 (그 사진에 있는)?

B: She is my sister.
주어 동사 보어
그녀는 내 여동생이야.

TIP 의문사 who에 대한 질문에는 주로 이름, 신분, 관계로 대답해요.

365 A: **How was** the movie?
의문사 동사 주어
그 영화는 어땠니?

B: It was amazing. I really liked it.
주어 동사 보어 주어 수식어 동사 목적어
그것은 굉장했어. 나는 그것이 정말 좋았어.

TIP 의문문에 과거형 동사가 쓰이면 대답도 과거형으로 해요.

366 A: **When is** your final exam?

B: It's this Friday.

**367** A: **Why were** you late for school today?

B: Because I missed the bus.

**TIP** 의문사 why로 물을 때는 주로 because를 사용하여 대답하지만, 생략할 수도 있어요.

## Point 079 의문사 + 진행형 의문문

- 진행형이 쓰인 의문사 의문문에서도 의문사 바로 뒤에 be동사가 와요.
- 현재진행형이면 '~하고 있니, ~하는 중이니?', 과거진행형이면 '~하고 있었니, ~하는 중이었니?'라고 해석해요.

| | | |
|---|---|---|
| 의문사 | +am/are/is+주어+동사의 -ing형 ~? (현재진행) | ~하고 있니?, ~하는 중이니? |
| | +was/were+주어+동사의 -ing형 ~? (과거진행) | ~하고 있었니? ~하는 중이었니? |

**368** A: **What are** you **looking for**?
의문사 / 주어 / 동사
무엇을 찾고 계신가요?

B: I am looking for socks. I can't find them.
주어 / 동사 / 목적어 / 주어 / 동사 / 목적어
저는 양말을 찾고 있어요. 저는 그것을 찾을 수가 없네요.

**369** A: **What were** the men **doing** / there?
의문사 / 주어 / 동사 / 수식어
그 남자들은 무엇을 하고 있었니 / 그곳에서?

B: They were painting the walls.
주어 / 동사 / 목적어
그들은 벽을 페인트칠하고 있었어.

**370** A: **How is** Mike **doing** in school?

B: He is doing great. He is studying hard.

**371** A: **What were** you **watching** on your phone?

B: I was watching some funny videos.

## Point 080 의문사+be going to 의문문

- 의문사가 미래 표현 be going to와 함께 쓰일 때는 〈의문사+be동사+주어+going to+동사원형 ~?〉 형태로 쓰며, 의문사에 따라 '~할 것이니, ~할 예정이니?'라고 해석해요.

372 A: **What are** you **going to do** / this weekend?
의문사 / 주어 / 동사 / 수식어
너는 무엇을 할 예정이니 / 이번 주말에?

B: I am going to go / to the Han River Park.
주어 / 동사 / 수식어
나는 갈 거야 / 한강 공원에.

373 A: **How is** he **going to get** to the airport?

B: He is going to take a bus.

374 A: **When are** you **going to clean** your room?

B: I am going to start right now.

### Check up

천일비급 p.71

**다음 우리말과 의미가 같도록 빈칸에 알맞은 말을 쓰세요.**

1 너의 주말은 어땠니?

→ ________ ________ your weekend?

2 그 열차는 왜 이렇게 늦니?

→ ________ ________ the train so late?

3 너는 무엇을 읽는 중이었니?

→ ________ ________ you reading?

4 엄마는 저녁 식사로 무엇을 요리하시는 중이니?

→ ________ ________ Mom cooking for dinner?

5 그들은 어디로 이사를 갈 예정이니?

→ ________ ________ they going to move?

### Unit Vocabulary

364 picture 사진; 그림
365 amazing 굉장한, 대단한; 놀라운
366 final exam 기말고사
*cf.* exam 시험 (= test)
367 miss 놓치다; 그리워하다
368 look for ~을 찾다
369 paint 페인트칠하다; 그리다 wall 벽
370 great 아주 좋은, 멋진
371 on the phone 전화로
video 동영상, 비디오
373 get 도착하다; 사다; 구하다 take a bus 버스를 타다
374 clean 청소하다; 깨끗한
5 move 이사 가다; 움직이다

# UNIT 38 의문사+일반동사 의문문

<의문사+일반동사 의문문>은 주어와 시제에 따라서 do/does/did를 사용해요.
모든 의문사는 문장 맨 앞에 오며, 대답은 Yes나 No가 아니라 구체적인 정보로 대답해요.

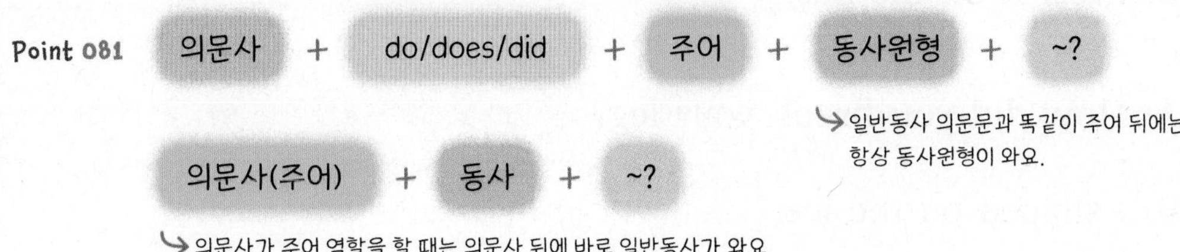

Point 081
의문사 + do/does/did + 주어 + 동사원형 + ~?
일반동사 의문문과 똑같이 주어 뒤에는 항상 동사원형이 와요.
의문사(주어) + 동사 + ~?
의문사가 주어 역할을 할 때는 의문사 뒤에 바로 일반동사가 와요.


## Point 081 의문사+일반동사 의문문

- 일반동사의 의문사 의문문은 <의문사+do/does/did+주어+동사원형 ~?> 형태로 쓰며 주어진 의문사에 따라 '~하니, ~했니?'라는 뜻을 나타내요.
- 이때 주어의 수와 인칭, 그리고 동사의 시제에 따라 do, does, did를 알맞게 쓰는 것이 중요해요.

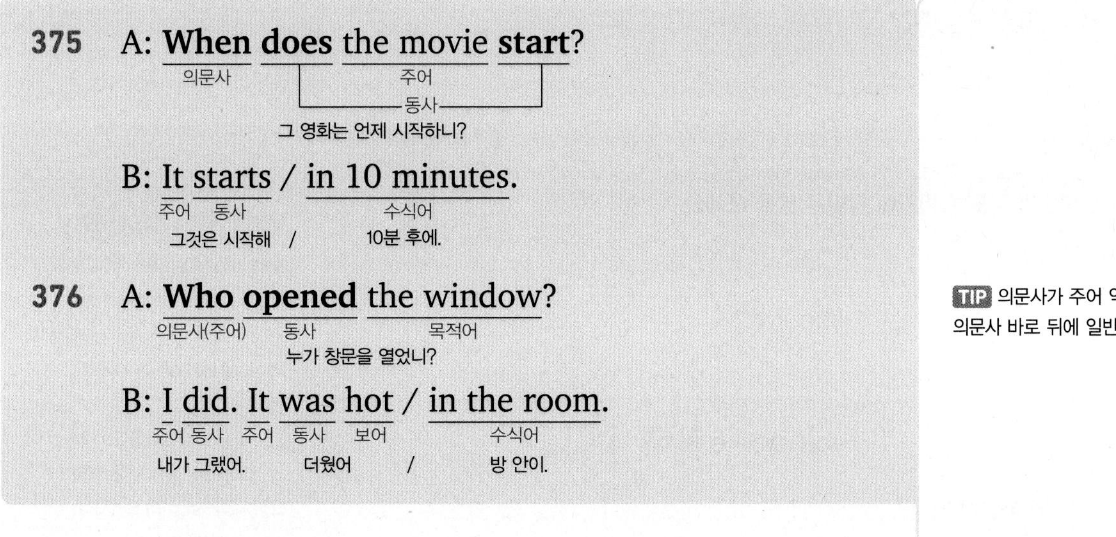

375 A: **When does** the movie **start**?
의문사 / 주어 / 동사
그 영화는 언제 시작하니?

B: It starts / in 10 minutes.
주어 동사 / 수식어
그것은 시작해 / 10분 후에.

376 A: **Who opened** the window?
의문사(주어) / 동사 / 목적어
누가 창문을 열었니?

B: I did. It was hot / in the room.
주어 동사 주어 동사 보어 / 수식어
내가 그랬어. 더웠어 / 방 안이.

TIP 의문사가 주어 역할을 할 때는 의문사 바로 뒤에 일반동사가 와요.

377 A: **What does** your older sister **do**?

B: She is a flight attendant.

378 A: **What do** you **think of** my new shoes?

B: They look great on you.

379 A: **Where did** you **lose** your umbrella?

B: I lost it on the bus.

380 A: **How did** you **break** your leg?

B: I slipped on the ice.

381 A: **Why did** he **turn down** your invitation?

B: He was busy that weekend.

382 A: **What happened** to my order?

B: I will check right away.

**TIP** 의문문에 과거형 did가 쓰이면 대답도 과거형으로 해요.

## Check up

천일비급 p.72

**다음 우리말과 의미가 같도록 빈칸에 알맞은 말을 쓰세요.**

1 그녀는 어디에 사니?

→ ________ ________ she live?

2 너는 왜 그를 싫어하니?

→ ________ ________ you dislike him?

3 너는 오늘 학교에 어떻게 왔니?

→ ________ ________ you come to school today?

4 너는 그를 언제 처음 만났니?

→ ________ ________ you first meet him?

5 앤디는 점심으로 무엇을 먹었니?

→ ________ ________ Andy have for lunch?

### Unit Vocabulary

**377** older sister 누나, 언니
flight attendant 승무원
**378** think of A A에 대해 생각하다
look great on A A에게 잘 어울리다
**379** lose 잃어버리다; 지다
**380** break 부러지다; 깨다; 고장 내다 slip 미끄러지다
ice 빙판(길); 얼음
**381** turn down ~을 거절하다
invitation 초대(장)
**382** order 주문; 주문하다
check 확인하다
**2** dislike 싫어하다
**4** first 처음; 첫 번째의
meet 만나다

# UNIT 39 의문사+조동사 의문문

〈의문사+조동사 의문문〉은 의문사가 조동사 앞으로 오며, 주어 뒤에는 항상 동사원형이 와요.

Point 082 의문사 + 조동사 + 주어 + 동사원형 + ~?

의문사(주어) + 조동사 + 동사원형 + ~?

↳ 의문사가 주어 역할을 할 때는 의문사 뒤에 <조동사+동사원형>이 와요.

## Point 082 의문사+조동사 의문문

- 조동사의 의문사 의문문은 〈의문사+조동사+주어+동사원형 ~?〉 형태로 나타내며, 의문사가 주어 역할을 할 때는 〈의문사+조동사+동사원형 ~?〉 형태로 써요.

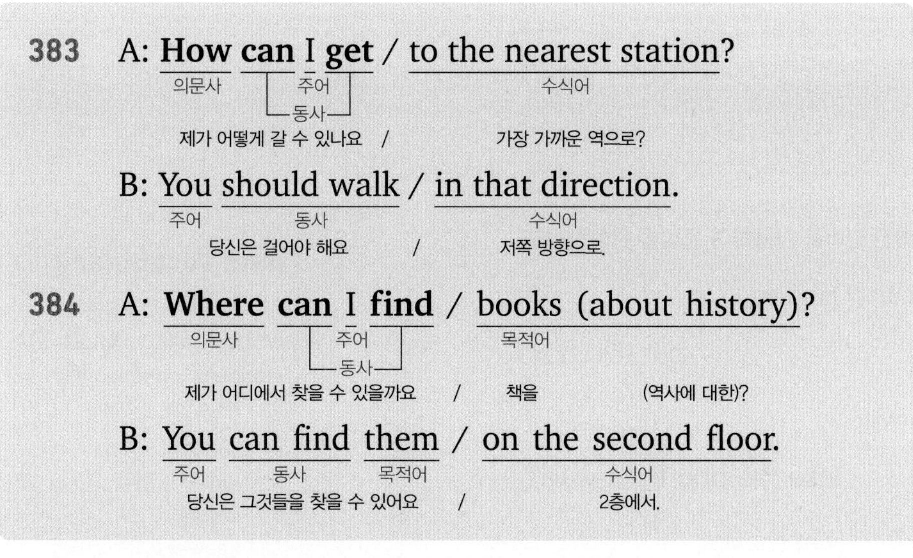

383 A: How can I get / to the nearest station?
의문사 주어 동사 수식어
제가 어떻게 갈 수 있나요 / 가장 가까운 역으로?
B: You should walk / in that direction.
주어 동사 수식어
당신은 걸어야 해요 / 저쪽 방향으로.
384 A: Where can I find / books (about history)?
의문사 주어 동사 목적어
제가 어디에서 찾을 수 있을까요 / 책을 (역사에 대한)?
B: You can find them / on the second floor.
주어 동사 목적어 수식어
당신은 그것들을 찾을 수 있어요 / 2층에서.

385 A: **What should** I **get** for Mom's birthday?

B: You should get her some flowers.

386 A: **When will** you **meet** your friend?

B: I will meet her before dinner.

387 A: **Who can answer** this math question?

B: I can. The answer is five.

388 A: **How should** I **take** this medicine?

B: Take one three times a day.

## Check up

천일비급 p.74

**다음 우리말과 의미가 같도록 주어진 단어를 사용하여 문장을 완성하세요.**

1 내가 이 상자를 어디에 두어야 하니? (should, I)

→ ________ ________ ________ put this box?

2 누가 그 개를 산책시킬 거니? (will)

→ ________ ________ take the dog for a walk?

3 우리는 그곳에서 언제 만나야 할까? (we, should)

→ ________ ________ ________ meet there?

4 제가 어떻게 도와드릴까요? (can, I)

→ ________ ________ ________ help you?

5 그 버스는 터미널에 언제 도착하나요? (will, the bus)

→ ________ ________ ________ ________ arrive at the terminal?

### Unit Vocabulary

383 nearest 가장 가까운
*cf.* near 가까운 (↔ far 먼)
station 역 direction 방향
384 find 찾다, 발견하다
floor 층; 바닥
385 get 사다; 얻다
386 before ~ 전에
387 answer 대답하다; 대답
question 문제; 질문
388 take medicine 약을 복용하다
1 put(-put-put) 두다, 놓다
2 take A for a walk
A를 산책시키다
*cf.* take a walk 산책하다
4 help 돕다; 도움
5 arrive 도착하다
terminal 터미널; 종착점

UNIT 40

# what/which/whose+명사 의문문

의문사 what, which, whose 뒤에 명사가 오면 좀 더 구체적인 내용을 물어보는 의문문을 만들 수 있어요.

Point 083 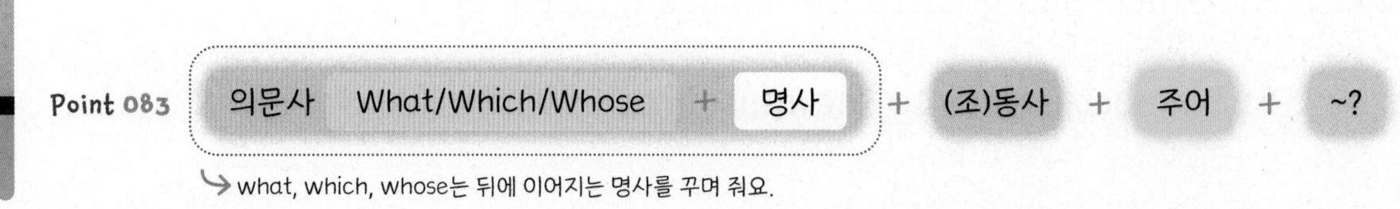
의문사 What/Which/Whose + 명사
+ (조)동사 + 주어 + ~?
what, which, whose는 뒤에 이어지는 명사를 꾸며 줘요.

## Point 083 what/which/whose+명사 의문문

- what, which, whose는 뒤에 명사가 오면 아래 표와 같은 의미를 나타내요.

| | | | |
|---|---|---|---|
| what | 무엇 | what+명사 | 무슨 ~, 몇 ~, 어떤 ~ |
| which | 어느 것, 어느 쪽 | which+명사 | 어느 ~, 어떤 ~ |
| whose | 누구의 것 | whose+명사 | 누구의 ~ |

- which는 두 개 이상의 정해진 것들 중에서 선택할 때 사용하고, whose는 소유를 물을 때 사용하는 의문사예요.

389 A: **What time** does the class end?
(What time: 의문사+명사 / the class: 주어 / does ... end: 동사)
몇 시에 수업이 끝나니?

B: It ends at 3:15.
(It: 주어 / ends: 동사 / at 3:15: 수식어)
그것은 3시 15분에 끝나.

390 A: **What kind of pet** do you have?

B: I have a dog.

391 A: **What size** are you looking for?

B: I am looking for a small one.

392 A: **Which sport** do you enjoy, soccer or tennis?

B: I enjoy tennis.

TIP which로 시작하는 의문문은 'A or B'와 같은 범위를 나타내는 표현과 함께 자주 쓰여요.

393 A: **Which bus** goes to the museum, number 1 or 9?

B: Number 1 goes to the museum.

394 A: **Whose coat** is this?

B: It is Mike's.

TIP whose 의문문에 대답할 때는 소유격이나 소유대명사를 사용해요.

395 A: **Whose boots** are those?

B: They are mine.

TIP whose 뒤에 오는 명사의 수와 주어, 동사의 수는 일치해야 해요. (Whose **boots** *is this*? (×))

**문법Plus ⟨what+명사⟩와 ⟨which+명사⟩의 차이점**

⟨what+명사⟩는 정해지지 않은 범위에서 선택을 묻고, ⟨which+명사⟩는 한정된 범위 안에서 '어느 것'을 물을 때 사용해요.

**What** *color* do you like? 너는 **무슨** 색을 좋아하니?

**Which** *color* do you like better, pink or yellow? 너는 분홍색과 노란색 중에 **어떤** 색을 더 좋아하니?

## Check up

천일비급 p.75

**다음 우리말과 의미가 같도록 문장의 네모 안에서 알맞은 것을 고르세요.**

1 세계 물의 날은 며칠이니?

→ [Whose / What] date is World Water Day?

2 너는 개와 고양이 중 어떤 동물을 더 좋아하니?

→ [Which / Whose] animal do you like better, dogs or cats?

3 이것들은 누구의 장갑이니?

→ [Which / Whose] gloves are these?

4 어떤 손목시계가 네 것이니?

→ [Whose / Which] watch is yours?

**Unit Vocabulary**

389 class 수업; 반
end 끝나다; 끝
390 kind 종류; 친절한
pet 반려동물
391 size 사이즈, 크기, 규모
392 sport 스포츠, 운동
enjoy 즐기다
393 museum 박물관
394 coat 코트
395 boot(s) 부츠
1 date 날짜; 데이트
World Water Day 세계 물의 날 ((매년 3월 22일))
3 glove(s) 장갑
4 watch 손목시계; 보다

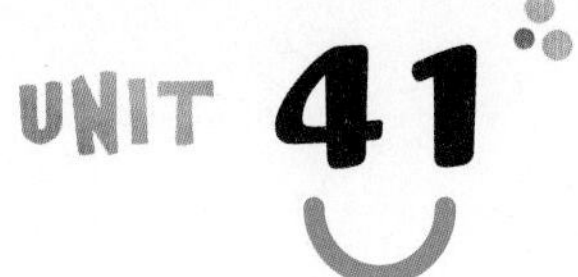
UNIT 41

# how+형용사/부사 의문문

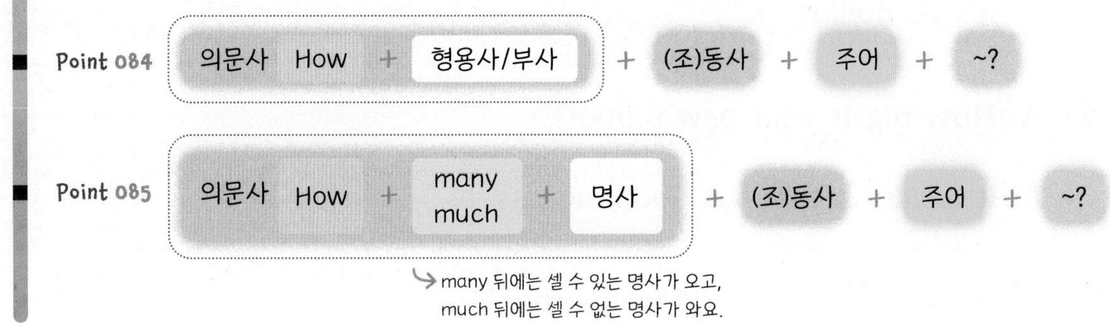
how는 '어떤, 어떻게'라는 의미로 방법이나 수단을 나타내는 의문사예요.
뒤에 형용사나 부사가 함께 쓰여, 정도나 수치를 나타내는 다양한 의문문을 만들 수 있어요.
Point 084
의문사 How + 형용사/부사 + (조)동사 + 주어 + ~?
Point 085
의문사 How + many / much + 명사 + (조)동사 + 주어 + ~?
many 뒤에는 셀 수 있는 명사가 오고,
much 뒤에는 셀 수 없는 명사가 와요.

## Point 084 how+형용사/부사 의문문

• 〈how+형용사/부사〉는 '얼마나 ~한/~하게'라는 의미로 주로 나이, 크기, 거리, 기간, 빈도 등을 물어볼 때 사용해요.

| how old | 얼마나 오래된<br>몇 살 | how much | (가격) 얼마 | how often | 얼마나 자주 |
|---|---|---|---|---|---|
| how long | 얼마나 긴<br>얼마나 오래 | how big | 얼마나 큰 | how far | 얼마나 먼<br>얼마나 멀리 |
| how tall | 얼마나 키가 큰<br>얼마나 높은 | how heavy | 얼마나 무거운 | how good | 얼마나 좋은 |

**396** A: **How old** is that building?
의문사+형용사 / 동사 / 주어
저 건물은 얼마나 오래되었니?

B: It is almost 20 years old.
주어 / 동사 / 보어
그것은 거의 20년 되었어.

**397** A: **How often** does the bus come?
의문사+부사 / 주어 / 동사
그 버스는 얼마나 자주 오니?

B: It comes / every 15 minutes.
주어 / 동사 / 수식어
그것은 와 / 15분마다.

398 A: **How long** is the movie?

B: It's 2 hours long.

399 A: **How much** is that denim jacket?

B: It's 70 dollars.

400 A: **How big** is your new school?

B: It is very big. It has 500 students.

401 A: **How far** does he live from school?

B: Not very far.

**문법Plus 빈도를 나타내는 표현**

• ⟨every ~⟩: 매 ~, ~마다
**every** day 매일 **every** week 매주 **every** 10 minutes 10분마다

• ⟨once/twice/three times a ~⟩: ~에 한 번/두 번/세 번
**once** a week 일주일에 한 번 **twice** a month 한 달에 두 번
**three times** a year 일 년에 세 번

• How often(얼마나 자주)으로 시작하는 의문문은 빈도를 나타내는 표현을 사용해 대답해요.
A: How often do you get a haircut? 너는 얼마나 자주 머리를 자르니?
B: I usually get a haircut **once a month**. 나는 주로 **한 달에 한 번** 머리를 잘라.

## Check up

천일비급 p.76

**다음 밑줄 친 부분을 어법상 알맞은 형태로 고쳐 쓰세요.**

1 A: How big is your sister? → ________
B: She is 150 cm tall.

2 A: How long does he go swimming? → ________
B: He goes swimming every day.

**Unit Vocabulary**

396 building 건물
almost 거의, 대략
397 every ~마다, 매 ~; 모두
398 long 길이[거리]가 ~인; 긴
399 denim jacket 청재킷

## Point 085 how many/much+명사 의문문

• 〈how+many/much+명사〉는 '얼마나 많은 ~'이라는 뜻으로 명사의 수나 양에 대해 물을 때 사용해요.

| | |
|---|---|
| how many+셀 수 있는 명사의 복수형 | 얼마나 많은 ~ (명사의 수) |
| how much+셀 수 없는 명사 | 얼마나 많은 ~ (명사의 양) |

402 A: **How many classes** does he have / on Friday?

How many+명사 / 주어 / 동사 / 수식어

그는 얼마나 많은 수업이 있니 / 금요일에?

B: He has five classes.

주어 / 동사 / 목적어

그는 다섯 개의 수업이 있어.

403 A: **How much time** do you spend / on your phone?

How much+명사 / 주어 / 동사 / 수식어

너는 얼마나 많은 시간을 보내니 / 네 전화에?

B: I usually use it / an hour a day.

주어 / 수식어 / 동사 / 목적어 / 수식어

나는 대개 내 전화를 사용해 / 하루에 한 시간.

404 A: **How many players** does a soccer team need?

B: It needs 11 players.

405 A: **How much homework** did you get yesterday?

B: I got a lot of homework.

### Check up

천일비급 p.77

**다음 밑줄 친 부분을 어법상 알맞은 형태로 고쳐 쓰세요.**

1 A: How much books did you read last year?

B: I read 10 books last year. → ________

2 A: How many water do the runners need?

B: They need five bottles of water. → ________

### Unit Vocabulary

403 spend (시간을) 보내다, (돈을) 쓰다
404 player (운동)선수, 참가자
need 필요로 하다
2 runner 주자, 달리기 선수 bottle 병

# Chapter Exercises 10

## A

어법 판단하기 ▶ **다음 밑줄 친 부분을 어법상 알맞은 형태로 고쳐 쓰세요.**

1 What you were wearing at the party? → ________

2 What do Jina's sister study in college? → ________

3 When Tom will start his homework? → ________

4 How many time does she need? → ________

5 What long is the Han river? → ________

6 Whose kind of flower do you like? → ________

7 Where is your father work? → ________

8 Who want ice cream for dessert? → ________

## B

알맞은 표현 찾아 쓰기 ▶ **다음 대답을 보고 〈보기〉에서 알맞은 표현을 골라 빈칸에 쓰세요. (단, 한 번씩만 쓸 것)**

| 보기 | when | who | whose shoes | how many | how old |
|---|---|---|---|---|---|

1 A: ________ are these? B: They are Tim's.

2 A: ________ is your brother? B: He is five years old.

3 A: ________ told you about the test? B: Sally did.

4 A: ________ does the concert begin? B: It begins at 8:00.

5 A: ________ books can I borrow? B: You can borrow five books at a time.

A 2 college 대학교 5 Han river 한강 7 work 일하다; 일, 직장 8 dessert 디저트 B 4 begin 시작하다 5 borrow 빌리다 at a time 한 번에

천일비급 p.78

## C

조건 영작하기 ▶ **다음 우리말과 의미가 같도록 주어진 단어를 사용하여 문장을 완성하세요.**

1 왜 제인은 그녀의 방에서 울고 있니? (crying, Jane, be)

→ ______________________________ in her room?

2 네 밴드는 언제 공연할 예정이니? (your band, perform, be going to)

→ ______________________________?

3 이 가게에서 밀가루는 어디서 찾을 수 있나요? (can, find, I)

→ ______________________________ the flour in this store?

4 우리는 내일 몇 시에 만나는 것이 좋을까? (should, meet, we, time)

→ ______________________________ tomorrow?

5 너는 얼마나 자주 네 조부모님을 방문하니? (often, visit, you)

→ ______________________________ your grandparents?

## D

서술형 맛보기 ▶ **주어진 단어를 사용해서 대화를 완성하세요.**

1

A: ________ ________ ________ ________ ________?
(I, should, vegetables, eat)
B: Because they are good for your health.

2

A: ________ ________ ________ ________ ________ for me?
(be, waiting, you)
B: Not that long. I waited about 15 minutes.

**C** 2 band 밴드, 그룹 perform 공연하다 3 flour 밀가루 store 가게, 상점 (= shop) 5 grandparent 조부모 **D** 1 vegetable 야채 be good for ~에 좋다 health 건강 *cf.* healthy 건강한; 건강에 좋은 2 wait for ~를 기다리다

# 여러 가지 문장

| | |
|---|---|
| 존재: ~이 있다 | There + is/are + 주어 . |
| 명령: ~해라 | 동사원형 . |
| 제안: ~하자 | Let's + 동사원형 . |
| 감탄: 정말 ~하구나! | What/How ~ + 주어 + 동사 + ~!<br>What 뒤에는 명사, How 뒤에는 형용사/부사가 와요. |
| 동의/확인: 그렇지?, 그렇지 않니? | 긍정문/부정문 , 동사 + 주어 + ~?<br>이렇게 덧붙이는 의문문은 '부가의문문'이라고 해요. |
| 기대/설득: ~하지 않니? | 동사 + not + 주어 + ~?<br>동사의 부정형으로 묻는 의문문은 '부정의문문'이라고 해요. |

영어 문장에는 지금까지 주로 배운 평서문(긍정문, 부정문), 의문문 외에도 다양한 종류가 있어요.

〈There is/are ~〉는 사람이나 사물 등이 어딘가에 '있다 (또는 없다)'라고 표현할 때 사용해요. be동사 자체에 '~이 있다'라는 의미가 있지만, There를 사용하면 더 자연스러운 문장이 돼요. 이때 진짜 주어는 There가 아니라 be동사 뒤에 오는 명사예요.

**There** is a mark on your T-shirt. 네 티셔츠에 얼룩이 있어. 〈주어: a mark, 동사: is〉
(A mark **is** on your T-shirt.보다 더 자연스러운 표현)

명령문은 주어 없이 동사원형으로 바로 시작하는데, '너[당신]'에게 말하는 것이 명확하기 때문에 주어(You)가 생략된 문장이에요.

명령문과 같이 '~해라'라고 상대방에게 시키는 것보다 '같이 ~하자'와 같이 제안하는 표현을 사용하면 더 부드럽게 의미를 전달할 수 있겠지요? 이러한 제안은 〈Let's+동사원형 ~〉 등으로 표현할 수 있어요.

'우와!', '멋지다!'와 같이 감탄하거나 놀라는 내용을 표현하는 감탄문은 평서문 뒤에 느낌표만 붙이는 방법도 있고, What, How 등으로 시작하기도 해요. 이 챕터에서는 What 또는 How로 시작하는 감탄문에 대해 배울 거예요.

그리고 영어의 의문문은 크게 다음과 같이 나눌 수 있어요. 이 챕터에서는 부정의문문, 그리고 평서문 뒤에 덧붙이는 (부가)의문문에 대해서도 배워볼 거예요.

| | | |
|---|---|---|
| Yes/No 의문문 | 긍정의문문 | **Are** you happy? 너는 행복하니? (☞ Ch 01, 03)<br>**Did** you buy a shirt? 너는 셔츠를 샀니? (☞ Ch 02, 03) |
| | 부정의문문 | **Aren't** you happy? 너는 행복하지 않니?<br>**Didn't** you buy a shirt? 너는 셔츠를 사지 않았니? |
| 의문사 의문문 | **Where did** you buy the shirt? 너는 어디서 그 셔츠를 샀니? (☞ Ch 10) | |

# UNIT 42 There is/are

〈There is/are ~〉는 '~가[이] 있다'라는 의미로 is나 are 뒤에는 문장의 주어인 명사가 와요.
사람, 사물 등의 '존재'를 나타내는 표현으로, 이때 There를 '거기에'라고 해석하지 않아요.

Point 086 There + is/are + 주어 명사 .

↳ be동사 뒤에 오는 명사가 문장의 주어예요.
주어의 수에 따라 is나 are를 사용해요.

Point 087 There + is/are + not + 주어 명사 .

Is/Are + there + 주어 명사 + ~?

## Point 086 There is/are ~.

• 〈There be동사+명사〉는 '~가[이] 있다/있었다'라는 의미로, 뒤에 오는 명사의 수에 따라 be동사가 결정돼요.

| | |
|---|---|
| There is/was+단수명사, 셀 수 없는 명사 | ~가[이] 있다/있었다 |
| There are/were+복수명사 | |

406 **There is** a problem / with my computer.
동사 주어 / 수식어
문제가 있다 / 나의 컴퓨터에.

407 **There were** many people / on the bus.
동사 주어 / 수식어
많은 사람들이 있었다 / 그 버스에.

408 **There are** five people in my family.

409 **There are** a lot of stars tonight.

410 **There was** heavy rain this morning.

TIP There is는 There's로 줄여 쓸 수 있어요.

TIP 〈There be동사+명사(주어)〉뒤에는 주어가 있는 장소나 위치를 나타내는 말이 함께 자주 쓰여요.

TIP 〈There be동사+명사(주어)〉에서 명사는 수나 양을 나타내는 many, a lot of, some 등과 함께 자주 쓰여요.

**문법Plus 〈There be동사+명사(주어)〉+장소나 위치를 나타내는 말**

주어 뒤에는 다음과 같이 주어가 있는 장소나 위치를 나타내는 말이 자주 쓰여요.

- in the living room 거실에
- on the desk 책상 위에
- at the park 공원에
- under the chair 의자 아래에
- next to the bench 벤치 바로 옆에

## Point 087 There is/are의 부정문과 의문문

- 〈There be동사+명사〉의 부정문과 의문문은 아래와 같이 나타내요.

| | |
|---|---|
| 부정문 | There is/are+not+명사 |
| | There was/were+not+명사 |
| 의문문 | Is/Are there+명사 ~?<br>Yes, there is/are. No, there isn't/aren't. |
| | Was/Were there+명사 ~?<br>Yes, there was/were. No, there wasn't/weren't. |

411 **There wasn't** time (for breakfast).
동사 / 주어
시간이 없었다 (아침 식사 할).

412 A: **Is there** a bus stop / near here?
동사 / 주어 / 수식어
버스 정류장이 있니 / 여기 근처에?

B: Yes, there **is**. It's right across the street.
동사
응, 있어. 바로 길 건너편에 있어.

413 **There aren't** any parks in this town.

부정문의 any는 '전혀[하나도] ~없는'의 의미를 나타내요.

414 **Are there** any good restaurants nearby?

의문문의 any는 '몇몇의, 조금의'라는 의미를 나타내요.

### Check up

천일비급 p.80

**A 다음 문장의 네모 안에서 어법상 알맞은 것을 고르세요.**

1 There [is / are] a change in the plans.

2 There [was / were] a lot of people in the mall.

**B 다음 우리말과 의미가 같도록 문장을 완성하세요.**

1 놀이터에 많은 아이들이 없다.

→ ________ ________ many children in the playground.

2 각 층에 비상구가 있니?

→ ________ ________ a fire exit on each floor?

### Unit Vocabulary

406 problem 문제
410 heavy (양이) 많은, 심한; 무거운
412 bus stop 버스 정류장
near 근처에, 가까이
right across ~의 바로 건너편에
413 town 소도시, 마을
414 restaurant 식당, 레스토랑
nearby 근처에
A 1 change 변경; 변화; 바꾸다
plan 계획; 계획하다
2 mall 쇼핑몰, 쇼핑센터
B 1 playground 놀이터, 운동장
2 fire exit 비상구 each 각각[각자]의
floor 층; 바닥

# UNIT 43 명령문/제안문

명령문은 상대방에게 어떤 행동을 하도록 지시하거나 명령, 요구, 충고 등을 할 때 사용하며,
제안문은 상대방에게 무언가를 권유하거나 제안할 때 사용해요.

Point 088 동사원형 . / Don't[Do not] + 동사원형 .

Point 089 Let's + 동사원형 . / Why don't you[we] + 동사원형 + ~? / How about + 동사의 -ing형 + ~?

## Point 088 명령문

• 명령문은 주어 없이 동사원형으로 시작하며, 상대방에게 직접 말하기 때문에 주어(You)가 없어도 누구에게 말하는지 알 수 있어요. Don't[Do not]으로 시작하는 부정 명령문은 조언, 경고, 금지 등을 나타내요.

| 동사원형 ~ | ~해라 |
|---|---|
| Don't[Do not]+동사원형 ~ | ~하지 마라 |

**415** **Stand** in line // and **wait** your turn.
(Stand: 동사1 / in line: 수식어1 / wait: 동사2 / your turn: 목적어2)
줄을 서라 // 그리고 네 차례를 기다려라.

**416** **Don't get** too upset / about the result.
(Don't get: 동사 / too upset: 보어 / about the result: 수식어)
너무 속상해 하지 마라 / 그 결과에 대해.

**417** Please **hold** the door for me.

문장의 앞이나 뒤에 please가 오면 좀 더 공손한 표현이 돼요.

**418** **Be** careful with the box. There are glasses in it.

TIP be동사의 명령문은 be동사의 동사원형인 Be로 시작해요.

**419** Please **don't be** mad at me. It wasn't my fault.

TIP be동사의 부정 명령문은 be동사 앞에 Don't[Do not]가 와요.

**420** **Do not eat** or **drink** in the library.

TIP Do not은 주로 공공 안내문에 쓰여요.

## Point 089 제안문

• 상대방에게 무언가를 제안하는 표현들은 다음과 같아요.

| | |
|---|---|
| Let's+동사원형 ~ / Let's+not+동사원형 ~ | (우리) ~하자 / (우리) ~하지 말자 |
| Why don't you[we]+동사원형 ~? | 너는[우리가] ~하는 게 어때? |
| How about+동사의 -ing형 ~? | ~하는 게 어때? |

421 **Let's order** pizza / for dinner.
동사 목적어 수식어
피자를 주문하자 / 저녁 식사로.

422 **Let's not talk** about the test right now.

423 **Why don't you ask** your parents for advice?

424 A: **Why don't we meet** at the school gate?

B: Okay.

425 A: **How about having** lunch together?

B: Sounds good.

### Check up

천일비급 p.81

**다음 우리말과 의미가 같도록 주어진 단어를 사용하여 문장을 완성하세요.**

1 네 친구들에게 상냥해라. (nice)

→ ________ ________ to your friends.

2 우리 11시에 만나는 게 어때? (why, meet)

→ ________ ________ ________ ________ at 11?

3 우리 숙제를 먼저 끝내자. (finish)

→ ________ ________ our homework first.

4 박물관에서 사진을 찍지 마세요. (take)

→ ________ ________ pictures in the museum.

### Unit Vocabulary

415 stand in line 줄을 서다
wait one's turn 차례[순서]를 기다리다
416 upset 속상한, 마음이 상한
result 결과
417 hold 잡고 있다
418 careful with ~에 조심하는
419 mad 화난 fault 잘못, 책임
421 order 주문하다; 주문
423 ask A for B A에게 B를 요청하다[구하다] advice 조언, 충고
424 gate 정문, 대문
4 take a picture 사진을 찍다
museum 박물관

# 감탄문

감탄문은 기쁨, 놀라움, 슬픔 등의 감정이나 느낌을 강하게 표현할 때 사용해요.
What으로 시작하는 감탄문과 How로 시작하는 감탄문이 있는데 어순을 잘 구분해서 써야 해요.

Point 090

What + (a/an) + 형용사 + 명사 (+ 주어 + 동사 )+ ~!

How + 형용사/부사 (+ 주어 + 동사 )+ ~!

↳ 이때 <주어+동사>는 생략할 수 있어요.

## Point 090 감탄문

- 감탄문은 What 또는 How로 시작하여 느낌표(!)로 끝나며, '정말 ~이구나!, 정말 ~하구나!'로 해석해요.

| | |
|---|---|
| What(+a/an)+형용사+명사(+주어+동사)! | This is a very pretty flower.<br>→ **What** a pretty flower this is!<br>(*What 뒤에 명사가 포함된 어구 강조) |
| How+형용사/부사(+주어+동사)! | The sunset looks really beautiful.<br>→ **How** beautiful the sunset looks!<br>(*How 뒤에 형용사/부사 강조) |

- 감정을 나타내는 부분에 명사가 있으면 What, 없으면 How를 사용해요.

*e.g.* ___?___ lovely **glasses** (they are)!

→ 뒤에 명사(glasses)가 이어지므로 What으로 시작하는 감탄문이 돼요.

426 **What an interesting story it is!**
보어 / 주어 동사
그것은 정말 흥미로운 이야기구나!

427 A: I got a perfect score / on the test.
주어 동사 / 목적어 / 수식어
나는 만점을 받았어 / 시험에서.

B: **How wonderful that is!**
보어 / 주어 / 동사
그것은 정말 대단하구나!

TIP What 감탄문에 있는 형용사(interesting)는 명사(story)를 꾸며 주는 역할이에요.

TIP 동사가 be동사일 때 보통 〈주어+동사〉는 생략돼요.

428 **What big eyes you have!**

429 A: How about watching a movie tonight?

B: **What a great idea!**

430 **How easily you explain everything!**

431 A: Look at the penguins! They're wearing sweaters.

B: **How cute!**

TIP What 뒤에 복수명사나 셀 수 없는 명사가 오면 a/an을 쓸 수 없어요.

**문법Plus** **감탄문은 〈주어+동사〉의 어순으로, 의문사 의문문과는 어순이 반대이므로 주의해야 해요.**

- 감탄문: How tall **the man** **is**! 그 남자는 정말 키가 크구나!
  (the man: 주어, is: 동사)
- 의문사 의문문: How tall **is** **the man**? 그 남자는 키가 얼마나 크니?
  (is: 동사, the man: 주어)

## Check up

천일비급 p.83

**A 다음 문장의 네모 안에서 어법상 알맞은 것을 고르세요.**

1 What [a rude / rude] man he is!

2 How [love / lovely] the girl is!

3 [What / How] colorful flowers they are!

4 [What / How] beautiful the dress looks!

**B 다음 밑줄 친 부분을 강조하는 감탄문으로 바꿔 쓸 때, 빈칸에 알맞은 말을 쓰세요.**

1 She drives very well.

→ ________ ________ she drives!

2 It was a really wonderful gift.

→ ________ ________ ________ ________ it was!

### Unit Vocabulary

426 interesting 흥미로운, 재미있는
427 score 점수; 득점하다
wonderful 아주 멋진, 훌륭한
429 great 아주 좋은, 훌륭한
idea 생각, 아이디어
430 easily 쉽게
explain 설명하다
everything 모든 것
431 look at ~를 보다
sweater 스웨터
A 1 rude 무례한, 버릇없는
2 love 사랑 lovely 사랑스러운
3 colorful 형형색색의, 다채로운
4 beautiful 아름다운

# 부가의문문/부정의문문

부가의문문은 문장 끝에 콤마(,)를 쓰고 덧붙이는 의문문으로 '그렇지?', '그렇지 않니?'를 의미해요.
부정의문문은 동사의 부정형으로 시작하는 의문문으로 '~하지 않니?'라고 해석해요.

이때는 동사와 not의 줄임말이 와요.

Point 091 주어 + 동사 , 부가의문문 동사+not+주어?

주어 + 동사 + not , 부가의문문 동사+주어?

Point 092 동사 + not + 주어 + ~?

부정의문문은 동사와 not의 줄임말로 시작하는 의문문이에요.

## Point 091 부가의문문

- 부가의문문은 주로 상대방에게 어떤 사실을 확인하거나 동의를 구할 때 사용해요.
- 부가의문문의 형태와 만드는 법은 다음과 같아요.

| | |
|---|---|
| 긍정문 뒤 | ~, 동사+not+주어? (동사와 not의 줄임말을 써요.) |
| 부정문 뒤 | ~, 동사+주어? |
| 동사가 be동사 또는 조동사일 때 | be동사와 조동사를 그대로 써요. |
| 동사가 일반동사일 때 | 주어의 수와 동사의 시제에 따라 do, does, did를 사용해요. |
| 주어가 명사일 때 | 알맞은 인칭대명사로 바꿔 써요. |

- 부가의문문에 대한 대답은 물어보는 내용과 상관없이 긍정이면 Yes, 부정이면 No로 답해요.

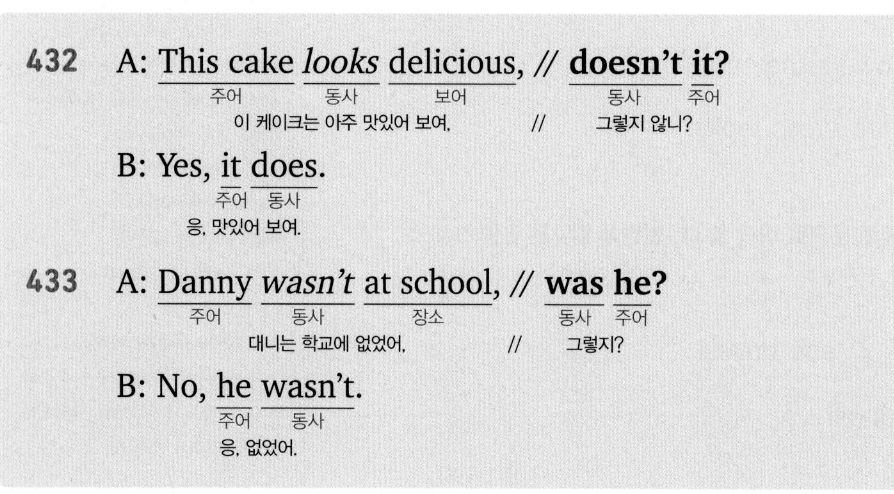

432 A: This cake *looks* delicious, // **doesn't it?**
주어 동사 보어 동사 주어
이 케이크는 아주 맛있어 보여. // 그렇지 않니?

B: Yes, it does.
주어 동사
응, 맛있어 보여.

433 A: Danny *wasn't* at school, // **was he?**
주어 동사 장소 동사 주어
대니는 학교에 없었어. // 그렇지?

B: No, he wasn't.
주어 동사
응, 없었어.

TIP 문장의 동사가 일반동사일 때, 주어의 수와 시제에 맞춰 do/does/did로 바꿔 쓰는 것에 주의하세요.

TIP 문장이 부정문일 때, 부가의문문의 대답은 반대로 해석해요. (Yes(아니), No(응))

434 That *is* your friend's house, **isn't it?**

435 You *will join* the drama club, **won't you?**

436 Kate and Tim *don't know* each other, **do they?**

TIP 문장의 주어가 this 또는 that이면, 부가의문문의 주어는 대명사 it으로 바꿔 써요.

**문법Plus 명령문/제안문의 부가의문문**

긍정, 부정에 상관없이 명령문의 부가의문문은 will you?를 쓰고,
제안문의 부가의문문은 shall we?를 써요.
**Open the door, will you?** 문을 열어줄래? 〈명령문, will you? (~해주실래요?)〉
**Let's eat out tonight, shall we?** 오늘밤 외식할까요? 〈제안문, shall we? (~할까요?)〉

## Point 092 부정의문문

- 부정의문문은 상대방으로부터 긍정의 답을 기대하거나 설득할 때 사용해요.
- 〈be동사/do[does, did]/조동사+not+주어~?〉의 형태로 '~하지 않니?'라고 해석하며, 반드시 동사와 not의 줄임말을 사용해야 해요.

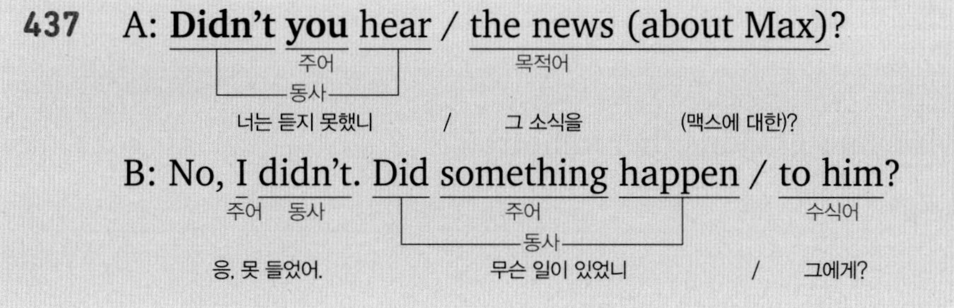
437 A: **Didn't you** hear / the news (about Max)?
주어
동사
목적어
너는 듣지 못했니 / 그 소식을 (맥스에 대한)?
B: No, I didn't. Did something happen / to him?
주어 동사
주어
동사
수식어
응, 못 들었어. 무슨 일이 있었니 / 그에게?

TIP 부정의문문의 대답이 긍정이면 Yes, 부정이면 No로 대답해요.

438 A: **Won't you** play badminton with me?

B: Yes, I will.

### Check up

천일비급 p.84

**다음 문장의 네모 안에서 어법상 알맞은 것을 고르세요.**

1 You and Mary are sisters, [are / aren't] you?

2 Mike can't speak Chinese well, [can / does] he?

3 We met once before, [don't / didn't] we?

4 [Are not / Aren't] you in the same class with Jake?

**Unit Vocabulary**

432 delicious 아주 맛있는
435 join 가입하다, 참여하다
drama club 연극 동아리
436 each other 서로
437 hear 듣다 news 소식; 뉴스
happen (일이) 일어나다
438 badminton 배드민턴
2 Chinese 중국어; 중국(인)의
3 once 한 번

# Chapter Exercises 11

## A

어법 판단하기 ▶ **다음 밑줄 친 부분을 어법상 알맞은 형태로 고쳐 쓰세요.**

1 There were enough food in the kitchen. → ______

2 What an interesting novel is that! → ______

3 Brushes your teeth after meals. → ______

4 What difficult the science test was! → ______

5 Doesn't Tom and Chris often go fishing? → ______

6 How about order a hamburger for lunch? → ______

7 Judy practices the guitar every day, don't she? → ______

## B

문장 해석하기 ▶ **다음 밑줄 친 부분에 주의하여 해석을 완성하세요.**

1 There were many children at the park.

→ 공원에는 ______.

2 Why don't you visit your grandmother tomorrow?

→ 너는 내일 네 할머니를 ______?

3 Don't enter the room with your shoes on.

→ 신발을 신은 채로 방에 ______.

4 What beautiful music this is!

→ 이것은 ______!

5 Doesn't Judy's family live in New York?

→ 주디의 가족은 ______?

**A** **1** enough 충분한 kitchen 부엌 **2** novel (장편) 소설 **3** meal 식사 **4** difficult 어려운, 힘든 science 과학 **5** often 자주, 종종 go fishing 낚시하러 가다 **6** order 주문하다; 주문 **7** practice 연습하다; 연습 **B** **2** visit 방문하다 **3** enter 들어가다[오다] with A on A를 신은[입은, 쓴] 채로

# C

조건 영작하기 ▶ **다음 우리말과 의미가 같도록 주어진 단어를 사용하여 문장을 완성하세요.**

1 밤에 악기를 연주하지 마라. (play)

→ ______________________ any instruments at night.

2 네 강아지는 정말 작구나! (small)

→ ______________________ your puppy is!

3 베로니카를 위해 선물을 사는 게 어때? (buy, how)

→ ______________________ a present for Veronica?

4 짐과 릴리는 도서관에 있지 않지, 그렇지? (be)

→ Jim and Lily ____________ at the library, ____________?

5 데이비드가 어젯밤 너에게 전화하지 않았니? (call, David)

→ ______________________ you last night?

# D

서술형 맛보기 ▶ **다음 우리말과 의미가 같도록 조건에 맞게 문장을 완성하세요.**

1
조건 | ① there, many dancers, at the festival을 사용할 것
② 모두 7 단어로 쓸 것
우리말 | 그 축제에는 많은 무용수들이 있었나요?

→ ______________________?

2
조건 | ① nervous, about the final exam을 사용할 것
② 모두 7 단어로 쓸 것
우리말 | 기말고사에 대해 긴장하지 마라.

→ ______________________.

C 1 instrument 악기 2 puppy 강아지 3 present 선물; 현재; 참석한 5 call 전화하다; 전화 (통화); 부르다 D 1 dancer 무용수, 댄서 festival 축제 2 nervous 긴장한 final exam 기말고사

# 전치사

전치사 + 명사/대명사

전치사

장소/위치

| | |
|---|---|
| **at** the bus stop | 버스 정류장**에** |
| **on** the desk | 책상 **위에** |
| **in** the box | 상자 **안에** |
| **in front of** the house | 집 **앞에** |
| **behind** the door | 문 **뒤에** |

방향

| | |
|---|---|
| **from** Seoul **to** Busan | 서울**에서** 부산**까지** |
| **along** the river | 강**을 따라서** |
| **across** the street | 길 **건너편에** |

시간

| | |
|---|---|
| **at** 8 a.m. | 오전 8시**에** |
| **on** Monday | 월요일**에** |
| **in** January | 1월**에** |
| **for** 3 years | 3년 **동안** |
| **during** the trip | 여행하는 **동안** |
| finish **by** 2 o'clock | 2시**까지** 끝내다 (2시에 끝나는 동작) |
| wait **until** 2 o'clock | 2시**까지** 기다리다 (2시까지도 계속되는 동작) |

전치사(前置詞)란 '앞에 두는 말'이라는 뜻으로, **명사나 대명사 앞**에 놓여 명사, 대명사와의 관계(위치, 시간, 방향 등)를 나타내는 단어예요.

간단히 말해서, 전치사는 항상 〈전치사+명사/대명사〉의 형태로 쓰여
전치사 앞에 있는 말과 전치사 뒤에 오는 명사나 대명사를 연결해 주는 '연결어'의 역할을 해요.
I went **to the store**. 나는 그 가게에 갔다. (→ I went the store. (×))

〈전치사+명사/대명사〉로 이루어진 어구를 줄여서 '전명구' 또는 '전치사구'라고 해요. 전치사 뒤에 오는 명사/대명사는 '전치사의 목적어'로 볼 수 있어서, 대명사가 올 때는 꼭 목적격 형태로 써야 해요.
Will you have dinner **with us**? 우리랑 같이 저녁 먹을래요?
→ with we? (×)

영어의 전치사는 간단해 보일 수도 있지만, 문장에서 아주 중요한 역할을 해요.
어떤 전치사를 쓰는지에 따라 전혀 다른 의미를 나타내기도 하고,
우리말 뜻에만 맞춰 전치사를 쓰면 쓰임에 맞지 않을 수도 있기 때문이에요.
그래서 실제로 전치사는 말을 하거나 글을 쓸 때 가장 많이 틀리는 부분 중 하나이기도 해요.

The school is **next to** the library. 학교는 도서관 **바로 옆에** 있다.
The school is **behind** the library. 학교는 도서관 **뒤에** 있다.

We'll meet **on** ***Saturday***. 우리는 토요일**에** 만날 것이다.
→ at, on, in 모두 '~에'로 해석하지만 '요일' 앞에는 on을 써야 해요.

영어 전치사의 종류는 약 150개로, 종류가 너무 많고 한 개의 전치사가 여러 의미를 나타낼 수 있기 때문에 장소, 위치, 방향, 시간 등의 의미별로 구분하면 언제 어떻게 적절하게 사용하는지 이해하는 데 많은 도움이 돼요.

# UNIT 46 장소/위치/방향을 나타내는 전치사

전치사는 사람이나 사물의 구체적인 장소, 위치나 방향을 나타낼 수 있어요.

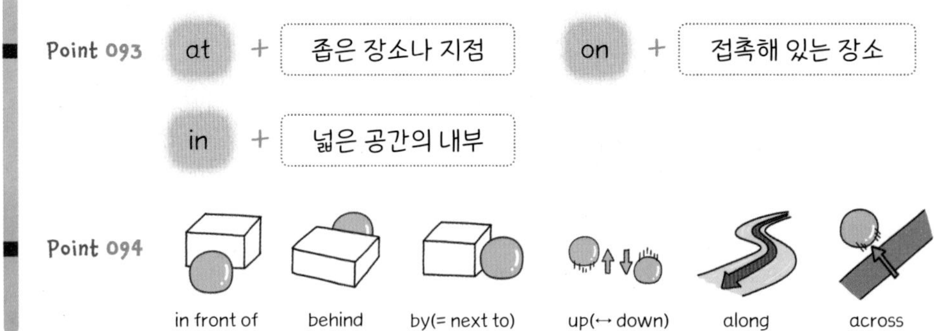


## Point 093 장소/위치를 나타내는 at, on, in

- 전치사 at, on, in은 우리말로 모두 '~에'라고 해석할 수 있지만, 뒤에 오는 말이 다르므로 주의해서 알아 두어야 해요.

| | | |
|---|---|---|
| at+위치, 지점, (비교적 좁은) 장소 | ~에 | **at** home, **at** the bus stop, **at** the corner |
| on+접촉해 있는 장소 | ~ 위에, ~에 | **on** the desk, **on** the floor, **on** the wall |
| in+(비교적 넓은) 장소, 도시, 나라 | ~ 안에, ~에 | **in** the room, **in** London, **in** Korea |

**439** We met / **at** the school gate // and went home.
주어 동사1 수식어1 동사2 수식어2
우리는 만났다 / 교문에서 // 그리고 집으로 갔다.

**440** I'll leave your notebook / **on** your desk.
주어 동사 목적어 수식어
내가 너의 공책을 둘게 / 네 책상 위에.

**441** I wasn't feeling well. I stayed **at** home all day.

**442** The bookstore is **on** the third floor.

**443** People **in** Italy enjoy coffee a lot.

**문법 Plus** 같은 명사 앞이라도 문맥에 따라 다른 전치사를 사용해요.

- 위치: There is someone ***at* the door**. 문에 누군가가 있다.
- 접촉한 장소: She knocked ***on* the door**. 그녀는 문을 두드렸다.

## Point 094 위치/방향을 나타내는 기타 전치사

• 전치사로 위치나 방향을 다양하게 나타낼 수 있어요.

| in front of | ~ 앞에 | by(= next to) | ~ 옆에 | along | ~을 따라서 |
|---|---|---|---|---|---|
| behind | ~ 뒤에 | up(↔ down) | ~ 위로(↔ ~ 아래로) | across | ~을 가로질러; ~의 건너편에 |

444 Walk / **along** the street. You will see the bank.
동사 / 수식어 / 주어 / 동사 / 목적어
걸어가세요 / 그 길을 따라서. 당신은 그 은행이 보일 거예요.

445 She stood **in front of** a mirror and checked her hair.

446 Horses can almost see **behind** their heads.

447 We'd like a table **by** the window.

조동사 〈would['d] like〉는 '~을 원하다'라는 뜻으로 원하는 것을 정중하게 요청할 때 사용해요.

448 Let's climb **up** the mountain tomorrow.

449 The children ran **across** the field.

### Check up

천일비급 p.86

**다음 우리말과 의미가 같도록 빈칸에 알맞은 전치사를 쓰세요.**

1 우리 버스 정류장에서 만나자.
→ Let's meet ________ the bus stop.

2 그 바닥 위에 많은 유리 조각들이 있었다.
→ There were many pieces of glass ________ the floor.

3 마이크는 메리 앞에 서 있다.
→ Mike is standing ________ ________ ________ Mary.

### Unit Vocabulary

439 gate 문, 정문
441 feel well 몸 상태가 좋다
443 a lot 아주, 많이
445 stand(-stood-stood) 서다
mirror 거울
check 확인하다
446 almost 거의
448 climb 오르다, 등반하다
449 field 들판
1 bus stop 버스 정류장
2 piece 조각

# UNIT 47 시간을 나타내는 전치사

시간, 요일, 연도와 같이 구체적인 시간을 나타내는 다양한 전치사가 있어요.

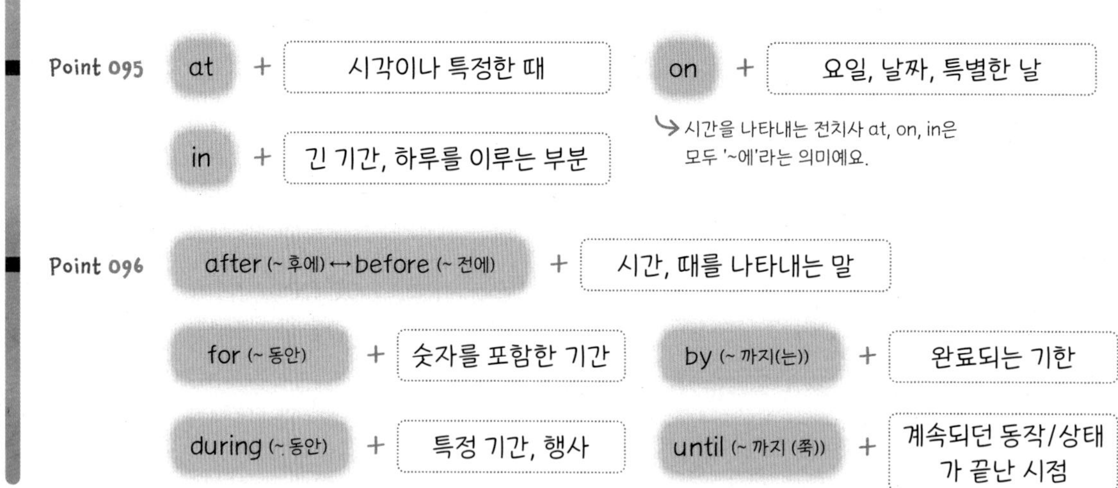

Point 095
at + 시각이나 특정한 때
on + 요일, 날짜, 특별한 날
in + 긴 기간, 하루를 이루는 부분
시간을 나타내는 전치사 at, on, in은 모두 '~에'라는 의미예요.
Point 096
after (~ 후에) ↔ before (~ 전에) + 시간, 때를 나타내는 말
for (~ 동안) + 숫자를 포함한 기간
by (~ 까지(는)) + 완료되는 기한
during (~ 동안) + 특정 기간, 행사
until (~ 까지 (쭉)) + 계속되던 동작/상태가 끝난 시점


## Point 095 시간을 나타내는 at, on, in

- 시간을 나타내는 전치사 at, on, in은 아래 표와 쓰여요.

| | |
|---|---|
| at+시각, 시점 | **at** 10 o'clock, **at** noon, **at** night, **at** lunchtime |
| on+요일, 날짜, 기념일 | **on** Monday, **on** March 10th, **on** my birthday |
| in+월, 계절, 연도, 하루의 일부분 | **in** May, **in** winter, **in** 2020, **in** the morning |

**450** The last bus leaves here / **at** midnight.
주어 / 동사 / 수식어 / 수식어
막차는 이곳에서 출발한다 / 밤 12시에.

**451** **On** Christmas, / many families celebrate / together.
수식어 / 주어 / 동사 / 수식어
크리스마스에는, / 많은 가족이 기념한다 / 함께.

**452** Some desert animals only hunt **at** night.

**453** You should be careful with food **in** summer.

**454** It's sunny now. But it will rain **in** the afternoon.

## Point 096 시간을 나타내는 기타 전치사

- 시간을 나타내는 다양한 전치사들이 있어요. for/during, by/until은 우리말 뜻이 비슷하더라도 쓰임이 다르므로 주의해서 알아 두어야 해요.

| after | ~ 후에 | for | ~ (숫자를 포함한 기간) 동안 | by | ~까지(는) (완료) |
|---|---|---|---|---|---|
| before | ~ 전에 | during | ~ (특정한 기간, 때) 동안 | until | ~까지 (쭉) (계속) |

455 My family stayed / on Jeju island / **for** a week.
주어 동사 / 장소 / 수식어
나의 가족은 머물렀다 / 제주도에서 / 일주일 동안.

456 Many people visit their families / **during** the holidays.
주어 동사 목적어 / 수식어
많은 사람들이 가족을 방문한다 / 연휴 동안.

457 Can you call me again **after** 5 p.m.?

458 Please return these books **by** Friday.

459 We usually study in the library **until** 9 o'clock.

**문법Plus** 의미가 비슷하지만 쓰임이 다른 전치사

- **for vs. during**

for는 숫자를 포함한 구체적인 기간과 함께 쓰이며, during은 특정 기간, 행사 앞에 사용해요.
**for** three days 3일 동안 **during** the vacation 방학 동안

- **by vs. until**

by는 동작이나 상태가 완료되는 '기한'을 나타내며, until은 '계속'되던 동작이나 상태가 끝난 시점을 나타내요.
We have to be back **by** 9 o'clock. 우리는 9시까지 돌아가야 한다.
〈'기한'인 9시까지 돌아가면 된다는 의미〉
We stayed at the party **until** midnight. 우리는 자정까지 파티에 있었다.
〈자정까지 '계속' 파티에 있었다는 의미〉

### Check up

천일비급 p.87

**다음 우리말과 의미가 같도록 빈칸에 알맞은 전치사를 쓰세요.**

1 추운 날씨는 2주 동안 계속되었다.
→ The cold weather continued ________ two weeks.

2 샐리는 저녁에 산책한다.
→ Sally takes a walk ________ the evening.

### Unit Vocabulary

450 midnight 밤 12시, 자정
451 celebrate 기념하다, 축하하다
together 함께, 같이
452 desert 사막 hunt 사냥하다
453 careful with ~에 조심하는
456 holidays ((복수형)) 연휴
*cf.* holiday 휴일; 휴가, 방학
458 return 반납하다; 돌아오다
459 usually 보통, 주로
1 continue 계속되다; 계속하다
2 take a walk 산책하다
evening 저녁

# 다양한 의미의 전치사

장소와 시간 외에도 목적, 수단 등 다양한 의미를 가진 전치사들이 있어요.

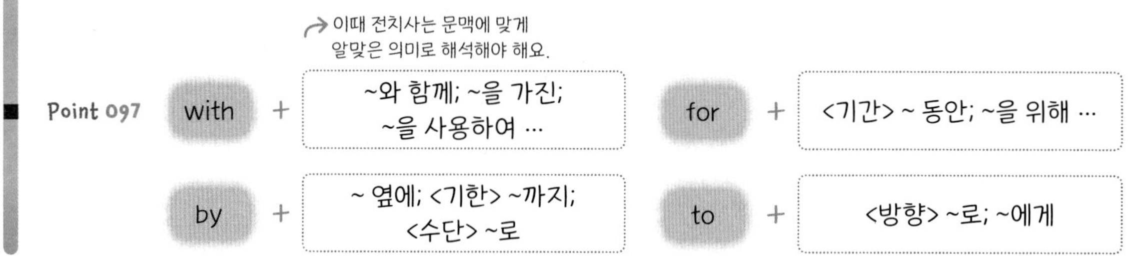

이때 전치사는 문맥에 맞게 알맞은 의미로 해석해야 해요.
Point 097
with + ~와 함께; ~을 가진; ~을 사용하여 …
for + <기간> ~ 동안; ~을 위해 …
by + ~ 옆에; <기한> ~까지; <수단> ~로
to + <방향> ~로; ~에게


## Point 097 여러 의미를 가진 전치사

- 하나의 전치사가 여러 의미를 가지기도 해요. 문맥에 따라 이유, 목적, 수단 등을 나타내기 때문에 알맞게 해석해야 해요.

| | | | | | |
|---|---|---|---|---|---|
| with | ~와 함께<br>~을 가진, ~이 있는<br>~로, ~을 사용하여<br>~에 대해 | play **with** my dog<br>a girl **with** long hair<br>cut **with** a knife<br>happy **with** the result | for | 〈기간〉 ~ 동안<br>~을 위해<br>~에 대한 | wait **for** an hour<br>bake a cake **for** her<br>a reason **for** action |
| by | ~ 옆에<br>〈기한〉 ~까지(는)<br>〈수단〉 ~로, ~에 의해 | sit **by** the window<br>finish **by** tomorrow<br>travel **by** bus | to | 〈방향〉 ~로<br>~에게 | walk **to** the school<br>send a gift **to** Sam |

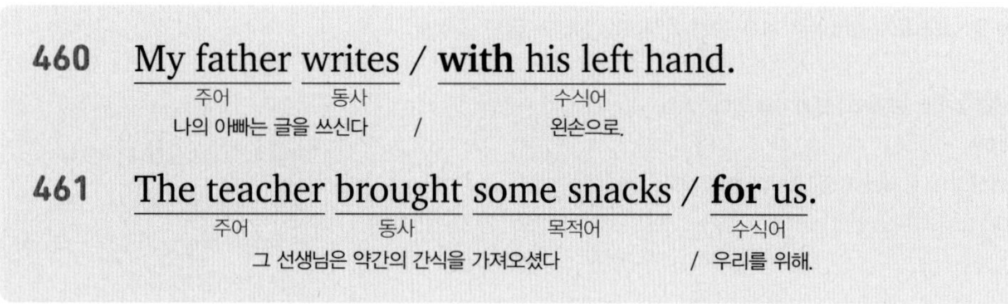

**460** My father writes / **with** his left hand.
주어 동사 수식어
나의 아빠는 글을 쓰신다 / 왼손으로.

**461** The teacher brought some snacks / **for** us.
주어 동사 목적어 수식어
그 선생님은 약간의 간식을 가져오셨다 / 우리를 위해.

**462** I had a fight **with** my friend yesterday.

**463** There are many families **with** pets in Korea.

**464** The family traveled all over the country **by** car.

465 The reason **for** his success is his diligence.

466 You can walk **to** the station from here.

467 She cut a piece of cake and gave it **to** me.

## Check up

천일비급 p.89

**A 다음 우리말과 의미가 같도록 〈보기〉에서 알맞은 전치사를 골라 빈칸에 쓰세요.**

| 보기 | with | by | for | to |
|---|---|---|---|---|

1 은행 옆에 새로운 식당이 있다.

→ There is a new restaurant ________ the bank.

2 그는 그의 친구들을 위해 케이크를 구웠다.

→ He baked a cake ________ his friends.

3 곱슬머리를 가진 저 남자아이가 내 남동생이야.

→ That boy ________ curly hair is my brother.

4 그 나뭇잎들은 땅으로 떨어졌다.

→ The leaves fell ________ the ground.

5 나는 천으로 안경을 닦았다.

→ I wiped my glasses ________ a cloth.

**B 다음 밑줄 친 부분에 주의하여 해석을 완성하세요.**

1 She made this sweater <u>for me</u>.

→ 그녀는 ____________________ 이 스웨터를 만들었다.

2 Let's go to the movie theater <u>by bus</u>.

→ 우리 ____________________ 영화관에 가자.

### Unit Vocabulary

461 bring(-brought-brought) 가져오다
462 have a fight 싸우다
464 travel 여행하다; 여행
all over A A 전역에
country 나라, 국가
465 reason 이유
success 성공
diligence 근면함, 성실함
466 station 역, 정거장
A 1 restaurant 식당, 레스토랑
3 curly 곱슬곱슬한
4 ground 땅, 지면
5 wipe 닦다 cloth 천
B 1 sweater 스웨터

UNIT 49

# <전치사+명사>의 역할

〈전치사+명사〉는 문장에서 형용사 또는 부사 역할을 해요.

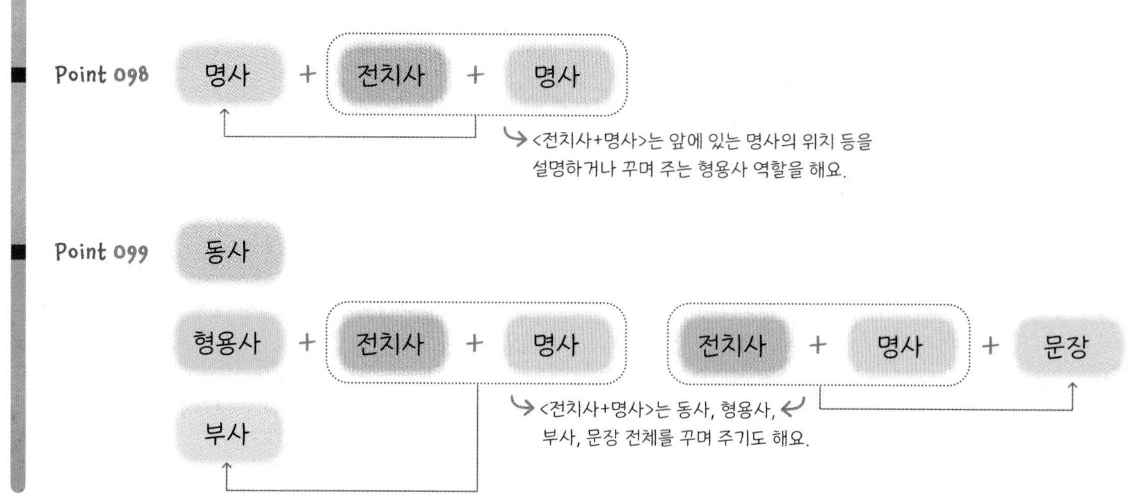
Point 098
명사
+
전치사
+
명사
<전치사+명사>는 앞에 있는 명사의 위치 등을 설명하거나 꾸며 주는 형용사 역할을 해요.
Point 099
동사
형용사
+
전치사
+
명사
전치사
+
명사
+
문장
부사
<전치사+명사>는 동사, 형용사, 부사, 문장 전체를 꾸며 주기도 해요.

## Point 098 형용사 역할

- 〈전치사+명사〉는 명사 뒤에 쓰여 형용사처럼 앞의 명사를 꾸며 주는 역할을 할 수 있어요.
- 〈전치사+명사〉가 문장의 주어인 명사를 꾸며 줄 때는 주어와 동사의 사이가 멀어지므로, 문장의 구조를 잘 파악해야 해요.

**468** *The flight* **(from New York)** / will arrive / on time.
주어 / 동사 / 수식어
그 항공편은 (뉴욕에서 오는) / 도착할 것이다 / 정시에.

> 전치사 from은 '(출발지) ~에서; ~부터; ~에게서; ~ 출신의' 등의 뜻으로 쓰여요.

**469** *Police officers* **in Britain** do not usually carry guns.

**470** Are there *any differences* **between the two smartphones**?

> 전치사 between은 '~ 사이에'라는 뜻으로 위치, 시간, 관계 등을 나타내요.

**471** This is *one* **of my favorite songs.**

> 〈one of+복수명사〉는 '~ 중 하나'라는 의미예요.

472 I am writing *a book* **about my travels.**

> 전치사 about은 '~에 대하여, ~에 관하여' 등의 의미로 쓰여요.

473 Plants need *light and heat* **from the sun.**

474 We recycle *things* **like glass, paper, and plastic.**

> like가 전치사로 쓰일 때는 '~같은, ~처럼; ~와 비슷한'이라는 의미로 쓰여요.

**문법Plus** **〈전치사+명사〉가 포함된 주어의 주의할 점**

〈전치사+명사〉가 주어를 꾸며 줄 때, 동사 바로 앞의 명사를 주어로 착각하지 않도록 주의해야 해요.
주어 뒤에 오는 〈전치사+명사〉 부분을 괄호( )로 묶어 보는 연습을 하면 쉽게 파악할 수 있어요.
**The leaves** *(on the tree)* **are** turning red. 그 나무의 나뭇잎들은 빨갛게 변해가고 있다.
주어 동사

## Point 099 부사 역할

- 〈전치사+명사〉는 문장 앞 또는 뒤에 와서 동사, 형용사, 부사, 문장 전체를 꾸며 주는 부사 역할을 할 수 있어요.

475 I *couldn't sleep* / last night / **because of the noise.**
주어 동사 수식어 수식어
나는 잠을 잘 수 없었다 / 지난밤에 / 그 소음 때문에. 〈동사 수식〉

> 〈because of+명사〉는 '~ 때문에'라는 의미로 이유를 설명하는 전치사구예요.

476 Too much coffee is not *good* / **for you.**
주어 동사 보어 수식어
너무 많은 커피는 좋지 않다 / 당신에게. 〈형용사 수식〉

477 Jason *told* his classmates **about his trip to Korea.**

478 I *don't have* an umbrella **with me.**

> **TIP** 전치사 뒤에 대명사가 올 때는 목적격(me) 형태로 사용해요. (with I (×))

479 A good night's sleep is *important* **for healthy skin.**

**480** We sat *close* **to each other.**

**481** **With the help of his coach,** *he became the world's best player.*

TIP 문장 전체를 꾸며 줄 때, 〈전치사+명사〉는 문장 맨 앞으로 올 수 있어요.

**문법Plus** **부사 역할을 하는 〈전치사+명사〉가 여러 개 올 때**

부사 역할의 〈전치사+명사〉가 여러 개일 때 일반적으로 다음과 같은 순서로 써요.

• 두 개 이상의 〈전치사+명사〉가 쓰일 때: 〈장소+방법+시간〉
We stayed **in Seoul** **for a week**. 우리는 일주일 동안 서울에 머물렀다.
I go **to school** **with my brother** **every day**. 나는 매일 남동생과 함께 학교에 간다.

• 장소를 나타내는 〈전치사+명사〉가 두 개일 때: 〈좁은 장소+넓은 장소〉
보통 뒤에 오는 넓은 장소가 앞의 좁은 장소를 꾸며 줘요.
They went **to *the amusement park*** (**in Seoul**). 그들은 서울에 있는 놀이공원에 갔다.

• 시간을 나타내는 〈전치사+명사〉가 두 개일 때: 〈짧은 시간+긴 시간〉
I got up **at six** **in the morning**. 나는 아침 6시에 일어났다.

## Check up

천일비급 p.90

**〈보기〉와 같이 〈전치사+명사〉를 찾아 (　　)로 표시한 후, 꾸며 주는 것에 동그라미 하세요.**

보기 This bike is (perfect) (for my brother).

1 Fishing is one of his hobbies.

2 I baked cookies with my mom.

3 This data is important for my report.

4 The story about the girl is very interesting.

5 The school canceled the trip because of the storm.

### Unit Vocabulary

468 flight 항공편
on time 정시에, 정각에
469 Britain 영국
(= United Kingdom)
carry 가지고[들고] 가다; 나르다
gun 총
470 difference 차이(점)
472 travel 여행; 여행하다
473 plant 식물; 심다
light 빛; 전등 heat 열
474 recycle 재활용하다
475 noise 소음; 소리
477 trip 여행
479 a good night's sleep
하룻밤 푹 자는 것(숙면)
important 중요한
healthy 건강한
480 close 가깝게; 가까운
481 help 도움; 돕다
coach 감독
become(-became-become)
~이 되다
1 fishing 낚시 hobby 취미
2 bake 굽다
3 data 데이터, 자료
report 보고서, 보고
5 cancel 취소하다 storm 폭풍

**문법 Plus** 그 외 다양한 전치사

| into | ~ 안으로 | out of | ~ 밖으로 |
|---|---|---|---|
| above | ~보다 위에 | off | ~에서 떼어내어[떨어져] |
| below | ~보다 아래에 | near | ~ 가까이에 |
| under | ~ (바로) 아래에 | over | ~ 위에; ~ 위로; ~ 너머로 |
| between (A and B) | (A와 B) 사이에 | through | ~을 통해서 (수단, 방향) |
| around | ~ 주위에; ~쯤 〈시간〉 | from A to B | A에서 B까지 |
| like | ~처럼, ~같은 | about | ~에 대한 |

**문법 Plus** 전치사를 포함한 다양한 표현

• 명사+전치사

| idea of | ~에 대한 생각 | an **idea of** fun 재미에 대한 생각 |
|---|---|---|
| reason[need] for | ~에 대한 이유[필요] | the **reason for** the action 그 행동에 대한 이유 |
| answer to | ~에 대한 대답 | the **answer to** this question 이 질문에 대한 대답 |

• be동사+형용사+전치사

| be good at | ~을 잘하다 | She **is good at** science. 그녀는 과학을 잘한다. |
|---|---|---|
| be proud of | ~을 자랑스러워하다 | My parents **are proud of** me.<br>나의 부모님은 나를 자랑스러워하신다. |
| be full of | ~로 가득 차다 | The garden **was full of** colorful flowers.<br>그 정원은 다채로운 꽃들로 가득 찼다. |
| be late for | ~에 지각하다 | I **was late for** class this morning.<br>나는 오늘 아침 수업에 지각했다. |
| be ready for | ~에 준비하다 | He **wasn't ready for** the presentation.<br>그는 발표할 준비가 되지 않았다. |
| be famous for | ~로 유명하다 | The place **is famous for** its beautiful scenery.<br>이 장소는 아름다운 풍경으로 유명하다. |
| be happy with | ~에 기뻐하다 | I **am not happy with** the test result.<br>나는 시험 결과에 기쁘지 않다. |
| be different from | ~와 다르다 | My opinion **is different from** yours.<br>내 의견은 너의 것(너의 의견)과 다르다. |

• 동사+전치사

| look at | ~을 보다 | **Look at** that painting. 저 그림을 봐. |
|---|---|---|
| look like | ~처럼 보이다 | It **looks like** a rabbit. 그것은 토끼처럼 보인다. |
| listen to | ~을 듣다 | He **listens to** music. 그는 음악을 듣는다. |
| wait for | ~을 기다리다 | She is **waiting for** her mom. 그녀는 엄마를 기다리고 있다. |
| spend 시간/돈 on A | A에 시간/돈을 보내다[쓰다] | I **spent** a lot of money **on** clothes. 나는 옷에 많은 돈을 썼다. |
| thank A for B | B에 대해 A에게 감사하다 | **Thank** you **for** the cake. 케이크 주셔서 감사합니다. |
| turn A into B | A를 B로 바꾸다 | Heat **turns** ice **into** water. 열은 얼음을 물로 바꾼다. |

# Chapter Exercises 12

## A

알맞은 어법 고르기 ▶ **다음 문장의 네모 안에서 어법상 알맞은 것을 고르세요.**

1 Kate visited many places [in / on] Seoul.

2 You must hand in your homework [by / until] tomorrow morning.

3 The first class starts [on / at] 9 o'clock.

4 He knocked [in / on] the door and entered the room.

5 Do you have any plans [on / at] Friday evening?

6 The bakery [like / across] the street sells sandwiches.

7 Tim's parents were not happy [from / with] his grades.

## B

문장 해석하기 ▶ **다음 밑줄 친 〈전치사+명사〉에 주의하여 해석을 완성하세요.**

1 The seat <u>next to Kevin</u> is empty at the moment.

→ ______________________ 자리는 지금 비어 있다.

2 Sarah learned French <u>during summer vacation</u>.

→ 사라는 ______________________ 프랑스어를 배웠다.

3 They stayed <u>at a hotel</u> <u>for a week</u>.

→ 그들은 ______________________ 머물렀다.

4 He went <u>to the museum</u> <u>by bus</u>.

→ 그는 ______________________ 갔다.

5 We picked a birthday present <u>for Dad</u>.

→ 우리는 ______________________ 골랐다.

A 1 place 장소 2 hand in 제출하다 3 class 수업; 학급[반] (학생들) 4 knock 두드리다, 노크하다 enter 들어가다 5 plan 계획; 계획하다 6 bakery 빵집, 제과점 7 grade 성적; 학년 B 1 seat 자리, 좌석 empty 비어 있는, 빈 at the moment 지금 2 learn 배우다, 학습하다 French 프랑스어; 프랑스(인)의 vacation 방학, 휴가 4 museum 박물관 5 pick 고르다; (꽃 등을) 꺾다 present 선물; 현재

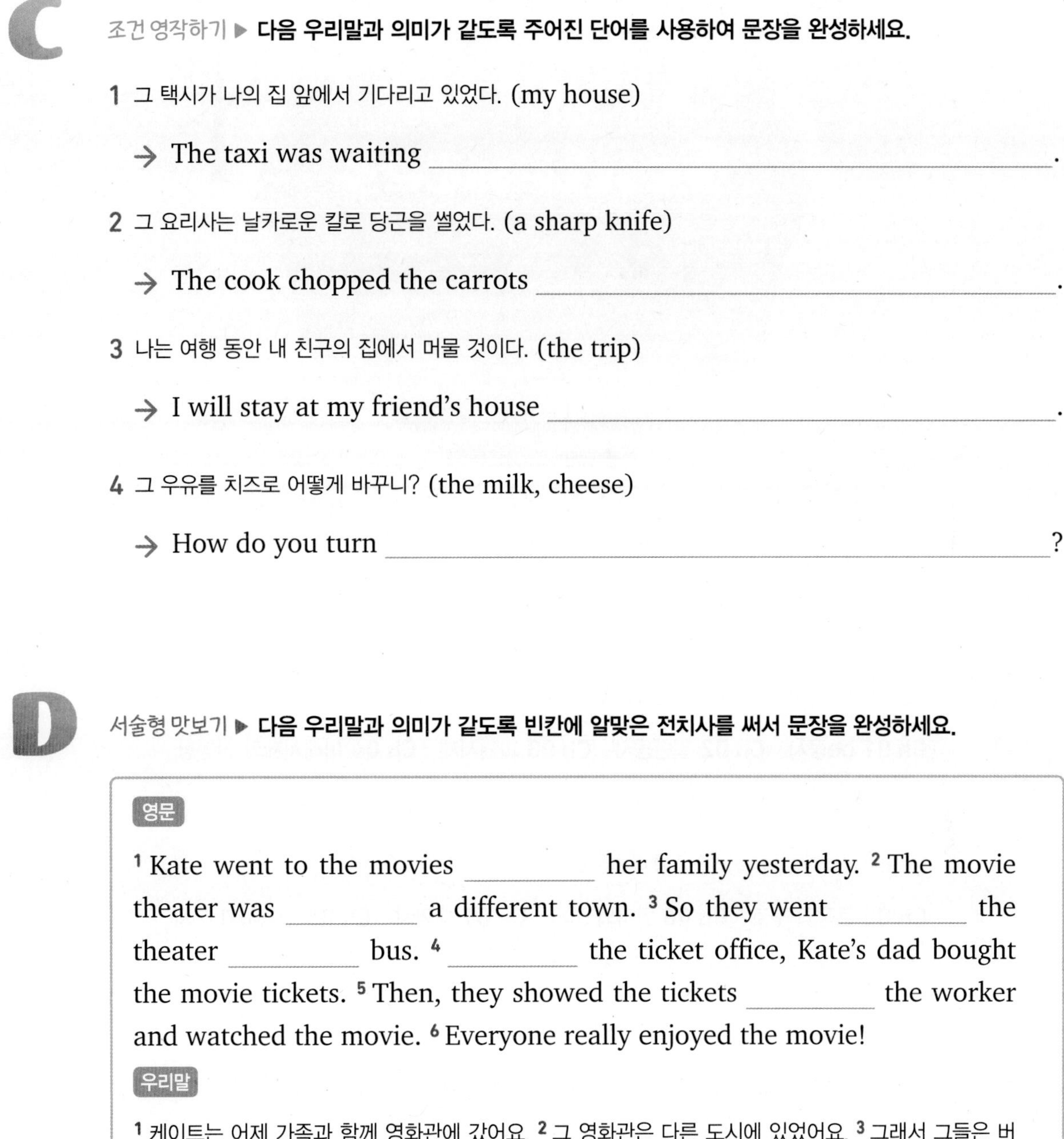

## C

조건 영작하기 ▶ **다음 우리말과 의미가 같도록 주어진 단어를 사용하여 문장을 완성하세요.**

1 그 택시가 나의 집 앞에서 기다리고 있었다. (my house)

→ The taxi was waiting ______________________.

2 그 요리사는 날카로운 칼로 당근을 썰었다. (a sharp knife)

→ The cook chopped the carrots ______________________.

3 나는 여행 동안 내 친구의 집에서 머물 것이다. (the trip)

→ I will stay at my friend's house ______________________.

4 그 우유를 치즈로 어떻게 바꾸니? (the milk, cheese)

→ How do you turn ______________________?

## D

서술형 맛보기 ▶ **다음 우리말과 의미가 같도록 빈칸에 알맞은 전치사를 써서 문장을 완성하세요.**

영문

1 Kate went to the movies ________ her family yesterday. 2 The movie theater was ________ a different town. 3 So they went ________ the theater ________ bus. 4 ________ the ticket office, Kate's dad bought the movie tickets. 5 Then, they showed the tickets ________ the worker and watched the movie. 6 Everyone really enjoyed the movie!

우리말

1 케이트는 어제 가족과 함께 영화관에 갔어요. 2 그 영화관은 다른 도시에 있었어요. 3 그래서 그들은 버스를 타고 영화관에 갔어요. 4 매표소에서 케이트의 아빠는 영화표를 사셨어요. 5 그러고 나서, 그들은 직원에게 표를 보여주고 영화를 봤어요. 6 모두 정말 재미있게 영화를 봤어요!

C 2 sharp 날카로운 chop 썰다, 다지다 4 turn 바꾸다, 변하다; 돌다 D 1 go to the movies 영화관에 가다 2 movie theater 영화관 town (소)도시 4 ticket office 매표소 buy(-bought-bought) 사다, 구매하다 5 worker 직원, 노동자 6 enjoy 즐기다

Level Up
Sentences
482~560

# Level Up Sentences 01

천일비급 p.92

CHAPTER 01~04

● 다음 각 문장의 STEP을 순서대로 풀어보세요. ●

Ch 01 be동사 | Ch 02 일반동사

**482** Clara and I [am / are] very different. I like music, but she [like / likes] sports.

STEP 1 주어에 모두 밑줄 긋기

STEP 2 네모 안에서 어법상 알맞은 것 고르기

Ch 03 과거시제

**483** I traveled to Japan in 2022. It (be) __________ my first trip abroad. I (have) __________ a great time there.

STEP 1 시간 표현에 동그라미 하기

STEP 2 첫 번째 빈칸 채우기

STEP 3 두 번째 빈칸 채우기

Ch 01 be동사 | Ch 02 일반동사

**484** April 22nd (be) __________ Earth Day. On this day, people [turn off / turned off] all their lights for 30 minutes. It helps the Earth!

STEP 1 첫 번째 빈칸 채우기 (단, 현재형으로 쓸 것)

STEP 2 네모 안에서 어법상 알맞은 것 고르기

Ch 04 미래시제와 진행형

**485** My father makes furniture as a hobby. He (make) __________ a chair now. It [is looking / looks] comfortable.

STEP 1 빈칸 채우기 (단, 현재진행형으로 쓸 것)

STEP 2 네모 안에서 어법상 알맞은 것 고르기

Ch 03 과거시제 | Ch 04 미래시제와 진행형

**486** Last night, my brother and I [are watching / were watching] TV. Then suddenly, we (hear) __________ a loud noise.

STEP 1 네모 안에서 어법상 알맞은 것 고르기

STEP 2 빈칸 채우기 (단, 과거형으로 쓸 것)

**482** different 다른 **483** travel 여행하다 trip abroad 해외여행 **484** Earth Day 지구의 날 turn off ~을 끄다 light (전깃)불; 빛 help 돕다; 도움 **485** furniture 가구 as ~로(서); ~처럼 hobby 취미 comfortable 편안한 **486** last 지난; 마지막의 suddenly 갑자기 loud (소리가) 큰 noise 소리, 소음

## Level Up Sentences 01

Ch 01 be동사 | Ch 02 일반동사

**487** A: [Is / Are] your uncle a teacher?

B: No, he is a librarian. He (work) ____________ at the public library.

**STEP 1** 의문문의 주어를 찾아 밑줄 긋기

**STEP 2** 네모 안에서 어법상 알맞은 것 고르기

**STEP 3** 빈칸 채우기

Ch 01 be동사 | Ch 04 미래시제와 진행형

**488** Next Tuesday (be) ____________ my mom's birthday. My sister and I (buy) ____________ some flowers.

**STEP 1** 첫 번째 빈칸 채우기 (단, 현재형으로 쓸 것)

**STEP 2** 두 번째 빈칸 채우기 (단, 미래 표현을 사용할 것 / 2 단어)

Ch 03 과거시제

**489** I (watch) ____________ the ballet performance yesterday.

It (be, not) ____________ interesting.

**STEP 1** 시간 표현에 동그라미 하기

**STEP 2** 첫 번째 빈칸 채우기

**STEP 3** 두 번째 빈칸 채우기 (단, 줄임말로 쓸 것)

Ch 02 일반동사 | Ch 03 과거시제

**490** I (be) ____________ nervous, but I (do) ____________ my best in the contest. I (have, not) ____________ any regrets now.

**STEP 1** 첫 번째 문장의 빈칸 채우기 (단, 과거형으로 쓸 것)

**STEP 2** 두 번째 문장의 시간 표현에 동그라미 하기

**STEP 3** 두 번째 문장의 빈칸 채우기 (단, 줄임말로 쓸 것)

**487** librarian 사서 public 공공의, 대중을 위한 **489** ballet 발레 performance 공연 **490** nervous 긴장한, 초조한 do one's best 최선을 다하다 contest 대회, 시합 regret 후회; 후회하다

# Level up Sentences 02

천일비급 p.94

CHAPTER 01~04

● 다음 각 문장의 STEP을 순서대로 풀어보세요. ●

Ch 01 be동사 | Ch 02 일반동사

**491** Seahorses [is / are] unique sea animals. They (have, not) ________ teeth or a stomach.

STEP 1 네모 안에서 어법상 알맞은 것 고르기

STEP 2 빈칸 채우기 (단, 줄임말로 쓸 것)

Ch 03 과거시제

**492** The yellow dust [is / was] really bad yesterday. Many people weared their masks.

STEP 1 시간 표현에 동그라미 하기

STEP 2 네모 안에서 어법상 알맞은 것 고르기

STEP 3 밑줄 친 부분 바르게 고치기 → ________

Ch 01 be동사 | Ch 03 과거시제

**493** A: My cat Coco [is / are] missing. [Do / Did] you see it today?

B: Yes, I ________. I (see) ________ it in my backyard.

STEP 1 네모 안에서 어법상 알맞은 것 고르기

STEP 2 빈칸 채우기

Ch 04 미래시제와 진행형

**494** Ice in the North Pole is [melt / melting] very fast, and many animals (die) ________.

STEP 1 네모 안에서 어법상 알맞은 것 고르기

STEP 2 빈칸 채우기 (단, 현재진행형으로 쓸 것)

Ch 04 미래시제와 진행형

**495** I (be, take) ________ an important exam tomorrow.

I [didn't / won't] stay up too late.

STEP 1 시간 표현에 동그라미 하기

STEP 2 빈칸 채우기 (4 단어)

STEP 3 네모 안에서 어법상 알맞은 것 고르기

**491** seahorse 해마 unique 독특한, 특이한 stomach 위, 배 **492** yellow dust 황사 bad 심한; 나쁜 **493** missing 없어진, 실종된 backyard 뒷마당, 뒤뜰 **494** North Pole 북극 melt 녹다 die 죽다 **495** take an exam 시험을 치다 important 중요한 stay up 깨어 있다 late 늦게; 늦은

Ch 01 be동사 | Ch 03 과거시제

**496** Long ago, the Sahara Desert [is / was] a sea with waves. But now it [is / was] a desert.

STEP 1 시간 표현에 모두 동그라미 하기

STEP 2 네모 안에서 어법상 알맞은 것 고르기

Ch 02 일반동사 | Ch 03 과거시제

**497** A: (clean, your brother) ________________ his room every day?

B: No, he [isn't / doesn't]. He clean his room every Saturday.

STEP 1 빈칸 채우기

STEP 2 네모 안에서 어법상 알맞은 것 고르기

STEP 3 밑줄 친 부분 바르게 고치기 → ________

Ch 04 미래시제와 진행형

**498** Elena is learning hip-hop moves these days. She will performing at the school festival next month.

STEP 1 시간 표현에 모두 동그라미 하기

STEP 2 밑줄 친 부분 바르게 고치기 → ________

Ch 03 과거시제 | Ch 04 미래시제와 진행형

**499** I [am walking / was walking] home last night. Then suddenly, a bike (pass by) ________________, and it nearly (hit) ________________ me.

STEP 1 첫 번째 문장에서 시간 표현에 동그라미 하기

STEP 2 네모 안에서 어법상 알맞은 것 고르기

STEP 3 빈칸 채우기 (단, 과거형으로 쓸 것)

Ch 01 be동사 | Ch 03 과거시제

**500** We [travel / traveled] to Hanoi last week. Hanoi (be) ________________ the capital city of Vietnam.

STEP 1 네모 안에서 어법상 알맞은 것 고르기

STEP 2 빈칸 채우기

**496** the Sahara Desert 사하라 사막 wave 파도 **497** clean 청소하다; 깨끗한 **498** move (자세의) 움직임; 움직이다 these days 요즘에 perform 공연하다 festival 축제 **499** pass by 지나가다 nearly 하마터면 (~할 뻔하여); 거의 hit 치다 **500** Hanoi 하노이 ((베트남의 수도)) capital city 수도

# Level up Sentences 03

천일비급 p.96

CHAPTER 01~04

● 다음 각 문장의 STEP을 순서대로 풀어보세요. ●

Ch 01 be동사 | Ch 04 미래시제와 진행형

**501** My friend Tom is a great soccer player. He [is / will be] captain of the team next year.

STEP 1 시간 표현에 동그라미 하기

STEP 2 네모 안에서 어법상 알맞은 것 고르기

Ch 01 be동사 | Ch 02 일반동사 | Ch 03 과거시제

**502** Garbage [is / does] a big problem all over the world. People <u>buy</u> and <u>throw away</u> too many things easily.

STEP 1 네모 안에서 어법상 알맞은 것 고르기

STEP 2 밑줄 친 부분을 과거형으로 바꿔 쓰기 → ______________________

Ch 03 과거시제

**503** We ① <u>felt</u> hungry and tired, so we ② <u>headed</u> back to the camping area. After dinner, we ③ <u>sit</u> around the fire.

STEP 1 밑줄 친 ①~③ 중 어법상 틀린 것 고르기

STEP 2 틀린 것 바르게 고치기 → __________

Ch 03 과거시제 | Ch 04 미래시제와 진행형

**504** The principal (introduce) ______________ a new teacher this morning. He (be / to / be / going) ______________ our homeroom teacher.

STEP 1 첫 번째 빈칸 채우기 (단, 과거형으로 쓸 것)

STEP 2 괄호 안 단어를 올바르게 배열하기 (단, 필요시 형태를 바꿀 것)

Ch 03 과거시제

**505** On the day of the school trip, Amy and Jenny [was / were] very excited. They (get) __________ on the bus and [chated / chatted] all the way.

STEP 1 첫 번째 문장의 네모 안에서 어법상 알맞은 것 고르기

STEP 2 빈칸 채우기

STEP 3 두 번째 문장의 네모 안에서 어법상 알맞은 것 고르기

**501** captain 주장, 캡틴 **502** garbage 쓰레기 problem 문제 all over the world 전 세계에 throw away 버리다 thing 물건; 것 easily 쉽게 **503** head back to ~으로 되돌아가다 *cf.* head (특정 방향으로) 가다, 향하다; 머리 area 지역 **504** principal 교장 introduce 소개하다 homeroom teacher 담임 선생님 **505** get on 올라타다 chat 이야기를 나누다 all the way 내내

Ch 01 be동사 | Ch 02 일반동사

**506** Polar bears [has / have] white fur. But surprisingly, their skin (be) ________ actually black.

STEP 1 네모 안에서 어법상 알맞은 것 고르기

STEP 2 빈칸 채우기

Ch 03 과거시제 | Ch 04 미래시제와 진행형

**507** We (be, see) ________ the famous musical *Cats* next Saturday. Henry [will recommend / recommended] it many times before.

STEP 1 첫 번째 문장에서 시간 표현에 동그라미 하기

STEP 2 빈칸 채우기 (4 단어)

STEP 3 네모 안에서 어법상 알맞은 것 고르기

Ch 02 일반동사 | Ch 04 미래시제와 진행형

**508** A: Look! Those birds (fly) ________ somewhere.

B: Yes. In winter, birds [travel / traveled] to warmer places.

STEP 1 빈칸 채우기 (단, 현재진행형으로 쓸 것)

STEP 2 네모 안에서 어법상 알맞은 것 고르기

Ch 04 미래시제와 진행형

**509** I [am preparing / prepared] a birthday party for my grandfather now. He [will be / going to be] 80 years old next week.

STEP 1 첫 번째 문장의 시간 표현에 동그라미 하기

STEP 2 첫 번째 문장의 네모 안에서 어법상 알맞은 것 고르기

STEP 3 두 번째 문장의 네모 안에서 어법상 알맞은 것 고르기

Ch 02 일반동사 | Ch 03 과거시제

**510** A: Did you had fun during summer vacation?

B: Yes, I did. My dad and I went to Gangwon-do. We (ride) ________ our bicycles all day and (sleep) ________ in a tent at night.

STEP 1 A: 틀린 부분 찾아 고치기 ________ → ________

STEP 2 B: 빈칸 채우기

**506** polar bear 북극곰 fur 털 surprisingly 놀랍게도 skin 피부 actually 실제로는, 사실은 **507** famous 유명한 musical 뮤지컬 recommend 추천하다 **508** somewhere 어딘가로, 어딘가에 travel 이동하다; 여행하다 place 곳, 장소 **509** prepare 준비하다 **510** during ~ 동안 all day 종일 tent 텐트

# Level Up Sentences 04

● 다음 각 문장의 STEP을 순서대로 풀어보세요. ●

Ch 05 문장의 구조 | Ch 08 형용사와 부사

**511** Every Christmas, my dad cooks a turkey [for / to] us.
We ① get ② excited ③ about it.

STEP 1 네모 안에서 어법상 알맞은 것 고르기

STEP 2 ①~③ 중에 always가 들어갈 알맞은 위치 고르기

Ch 06 명사와 관사 | Ch 07 대명사

**512** Our team plays [soccer / the soccer] at the park every weekend.
It has a large soccer field.

STEP 1 네모 안에서 어법상 알맞은 것 고르기

STEP 2 밑줄 친 It이 가리키는 것 찾아 쓰기 It = ______________

Ch 07 대명사

**513** Everyone [love / loves] the river in our town. People have picnics and enjoy ourselves by the river.

STEP 1 네모 안에서 어법상 알맞은 것 고르기

STEP 2 밑줄 친 부분 바르게 고치기 → ______________

Ch 07 대명사 | Ch 08 형용사와 부사

**514** In (we) ______________ neighborhood, some children ride their bikes too [fast / fastly]. It is very dangerous.

STEP 1 빈칸에 알맞은 대명사로 바꿔 쓰기

STEP 2 네모 안에서 어법상 알맞은 것 고르기

Ch 05 문장의 구조 | Ch 07 대명사 | Ch 08 형용사와 부사

**515** Jimin sometimes tells me [her / hers] problems. (always / keep / I / secret / them).

STEP 1 네모 안에서 어법상 알맞은 것 고르기

STEP 2 괄호 안 단어를 올바르게 배열하기 → ______________________

**511** turkey 칠면조 excited 신난, 흥분한 **512** weekend 주말 soccer field 축구장 **513** have a picnic 소풍을 가다 enjoy 즐기다
**514** neighborhood 동네, 이웃 ride (탈 것을) 타다 dangerous 위험한 **515** problem 문제 secret 비밀의; 비밀

Ch 05 문장의 구조 | Ch 07 대명사

**516** My cat's eyes are different colors. One is blue, and [another / the other] is green.

STEP 1 밑줄 친 부분의 알맞은 역할 고르기 ☐ 보어 ☐ 목적어

STEP 2 네모 안에서 어법상 알맞은 것 고르기

Ch 06 명사와 관사 | Ch 08 형용사와 부사

**517** Liz and I ① go ② to ③ a flea market. We go there by [subway / a subway].

STEP 1 ①~③ 중에 often이 들어갈 알맞은 위치 고르기

STEP 2 네모 안에서 어법상 알맞은 것 고르기

Ch 05 문장의 구조 | Ch 07 대명사 | Ch 08 형용사와 부사

**518** Ducks and chickens are [both / each] birds. But ducks' feet look [different / differently] from chickens' feet.

STEP 1 첫 번째 문장의 네모 안에서 어법상 알맞은 것 고르기

STEP 2 두 번째 문장의 네모 안에서 어법상 알맞은 것 고르기

Ch 05 문장의 구조 | Ch 06 명사와 관사 | Ch 08 형용사와 부사

**519** A: This knife ① looks like very sharp. So be ② careful with it.

B: Yes, Mom. I will cut the [potatos / potatoes] ③ carefully.

STEP 1 밑줄 친 ①~③ 중 어법상 틀린 것 고르기

STEP 2 틀린 것 바르게 고치기 → ______________

STEP 3 네모 안에서 어법상 알맞은 것 고르기

Ch 05 문장의 구조 | Ch 07 대명사 | Ch 08 형용사와 부사

**520** A: It is very cold outside. I want to drink [hot something / something hot].

B: I will make you a cup of hot chocolate.

STEP 1 밑줄 친 It과 쓰임이 같은 것 고르기

① It is very important. ② It is so popular. ③ It is dark in here.

STEP 2 네모 안에서 어법상 알맞은 것 고르기

STEP 3 밑줄 친 문장과 같은 의미의 문장으로 바꿔 쓰기

→ I will ______________________________ you.

**516** different 다른 *cf.* differently 다르게 **517** flea market 벼룩시장 subway 지하철 **519** sharp 날카로운 careful 조심하는, 주의하는 carefully 주의하여 **520** outside 밖에 hot chocolate 핫 초콜릿, 코코아

# Level up Sentences 05

● 다음 각 문장의 STEP을 순서대로 풀어보세요. ●

Ch 05 문장의 구조 | Ch 07 대명사 | Ch 08 형용사와 부사

**521** The lake was very [clear / clearly]. I could see [me / myself] in the water.

STEP 1 첫 번째 문장의 네모 안에서 어법상 알맞은 것 고르기

STEP 2 두 번째 문장의 네모 안에서 어법상 알맞은 것 고르기

Ch 05 문장의 구조 | Ch 07 대명사

**522** It is really hot in California. So my dad installed **a fan** on the ceiling. It turns and pushes **cold air** down.

STEP 1 밑줄 친 It과 쓰임이 다른 것 고르기

① It is getting dark. ② It is my favorite color. ③ It is 5 o'clock already.

STEP 2 굵게 표시된 a fan과 cold air의 공통된 역할 고르기 ☐ 보어 ☐ 목적어

Ch 06 명사와 관사 | Ch 08 형용사와 부사

**523** You don't have enough time for breakfast. Just have **a glass of juice**.

STEP 1 밑줄 친 부분이 꾸며 주는 것에 동그라미 하기

STEP 2 다음 우리말과 의미가 같도록 굵게 표시된 부분을 바꿔 쓰기

주스 세 잔 → ________________

Ch 05 문장의 구조 | Ch 08 형용사와 부사

**524** You should (warm / keep / body / your), and drink a lot of hot water.

STEP 1 괄호 안 단어를 올바르게 배열하기 → ________________

STEP 2 밑줄 친 a lot of와 바꿔 쓸 수 있는 것 고르기 ☐ many ☐ lots of

Ch 06 명사와 관사 | Ch 08 형용사와 부사

**525** A: A [new / newly] shoe store will open this Friday.

B: I know. I am going to buy 신발 두 켤레 at [a / the] store.

STEP 1 A: 네모 안에서 어법상 알맞은 것 고르기

STEP 2 밑줄 친 우리말 영어로 옮기기 → ________________

STEP 3 B: 네모 안에서 어법상 알맞은 것 고르기

**521** lake 호수 clear 맑은, 투명한 clearly 또렷하게; 분명히 **522** California 캘리포니아 ((미국의 주(州))) install 설치하다 fan 선풍기; 팬 ceiling 천장 turn 돌다, 회전하다 push 밀다; 누르다

## Level up Sentences 05

Ch 05 문장의 구조 | Ch 08 형용사와 부사

**526** Mary's grandmother made some pasta for us. She put [a few / a little] cheese in it.

STEP 1 밑줄 친 문장과 같은 의미의 문장으로 바꿔 쓰기

→ Mary's grandmother ______________________.

STEP 2 네모 안에서 어법상 알맞은 것 고르기

Ch 05 문장의 구조 | Ch 06 명사와 관사 | Ch 08 형용사와 부사

**527** Julia had [a bar of / a bowl of] vegetable soup yesterday. She thought it [health / healthy].

STEP 1 첫 번째 문장의 네모 안에서 어법상 알맞은 것 고르기

STEP 2 두 번째 문장의 네모 안에서 어법상 알맞은 것 고르기

Ch 05 문장의 구조

**528** The volunteers cook food and give it homeless people every day. I [appreciate / appreciate about] their work.

STEP 1 밑줄 친 부분 바르게 고치기 → ______________________

STEP 2 네모 안에서 어법상 알맞은 것 고르기

Ch 08 형용사와 부사

**529** The young love the band's music, so their concerts are [always / never] full of teenagers.

STEP 1 The young을 같은 의미의 두 단어로 바꿔 쓰기 The young = __________ __________

STEP 2 네모 안에서 어법상 알맞은 것 고르기

Ch 05 문장의 구조 | Ch 07 대명사

**530** **Your friends have different interests and likes**, but you can get along with them. The differences will __________ your friendship stronger.

STEP 1 굵게 표시된 부분에 각각 주어, 동사, 목적어 밑줄 긋고 표시하기

STEP 2 밑줄 친 them이 가리키는 것 찾아 쓰기 them = ______________

STEP 3 빈칸에 알맞은 동사 고르기 ☐ give ☐ make ☐ become

**527** vegetable 채소, 야채 health 건강 healthy 건강한 **528** volunteer 자원봉사자; 자원 봉사로 하다 homeless people 노숙자들 appreciate 고마워하다 **529** be full of ~로 가득 차다 teenager 십 대 **530** different 다른 *cf.* difference 차이, 다름 interest 관심사 likes 좋아하는 것들 get along with ~와 잘 지내다 friendship 우정

# Level up Sentences 06

천일비급 p.102

CHAPTER 09~12

● 다음 각 문장의 STEP을 순서대로 풀어보세요. ●

Ch 09 조동사 | Ch 12 전치사

**531** Horses are important ________ Mongolian culture. Almost everyone can rides a horse ________ Mongolia.

STEP 1 빈칸에 공통으로 들어갈 알맞은 전치사 고르기 ☐ at ☐ on ☐ in

STEP 2 틀린 부분 찾아 고치기 ________ → ________

Ch 09 조동사 | Ch 11 여러 가지 문장

**532** A: [What / How] a beautiful day! How about (take) ________ a walk?

B: That sounds great, but I can't. I have to finish my work now.

STEP 1 네모 안에서 어법상 알맞은 것 고르기

STEP 2 빈칸 채우기

STEP 3 밑줄 친 have to와 바꿔 쓸 수 있는 것 모두 고르기 ☐ must ☐ can ☐ should

Ch 09 조동사 | Ch 10 의문사 의문문

**533** A: Gary [used to / would] be a dancer, but now he is an actor.

B: I didn't know that. (did / an actor / how / become / he / ?)

STEP 1 네모 안에서 어법상 알맞은 것 고르기

STEP 2 괄호 안의 단어를 올바르게 배열하기 → ________

Ch 11 여러 가지 문장

**534** A: (go) ________ to Disneyland last year?

B: Yes, I did. There [was / were] so many people, but I had a great time.

STEP 1 다음 우리말과 의미가 같도록 빈칸 채우기

→ 너는 작년에 디즈니랜드에 가지 않았니?

STEP 2 네모 안에서 어법상 알맞은 것 고르기

Ch 10 의문사 의문문 | Ch 11 여러 가지 문장

**535** You have two baseball tickets, [do / don't] you? Who you will take to the ballpark?

STEP 1 네모 안에서 어법상 알맞은 것 고르기

STEP 2 밑줄 친 부분 바르게 고치기 → ________

**531** important 중요한 Mongolian 몽골(인)의; 몽골 사람 *cf.* Mongolia 몽골 culture 문화 almost 거의 **532** beautiful 아름다운 take a walk 산책하다 work 일; 직장; 일하다 **533** dancer 무용수 actor 배우 **534** Disneyland 디즈니랜드 **535** take 데리고 가다; 가져가다 ballpark 야구장

Ch 11 여러 가지 문장 | Ch 12 전치사

**536** A century ago, there (be) ______________ about 100,000 tigers [to / on] the planet.

STEP 1 빈칸 채우기 (단, 과거형으로 쓸 것)

STEP 2 네모 안에서 어법상 알맞은 것 고르기

Ch 10 의문사 의문문 | Ch 12 전치사

**537** A: My cousin's 7th birthday is this Saturday. ______________ should I buy for him?

B: How about a board game? Board games are good [at / for] brain development.

STEP 1 빈칸에 알맞은 의문사 쓰기 (1 단어)

STEP 2 네모 안에서 어법상 알맞은 것 고르기

Ch 09 조동사 | Ch 10 의문사 의문문

**538** A: [What / Which] drink do you prefer, soda or green tea?

B: I prefer green tea. I [should not / don't have to] have too much sugar.

STEP 1 A: 네모 안에서 어법상 알맞은 것 고르기

STEP 2 B: 네모 안에서 어법상 알맞은 것 고르기

Ch 09 조동사 | Ch 11 여러 가지 문장

**539** A: <u>Let's take our photo in front of this statue.</u>

B: No, we (can, take) ______________ pictures in the museum.

STEP 1 밑줄 친 문장과 같은 의미의 문장으로 바꿔 쓰기

→ Why ______________ in front of this statue?

STEP 2 빈칸 채우기

Ch 09 조동사 | Ch 12 전치사

**540** [In / At] Korea, people consider pigs a symbol of wealth and good fortune. A dream about pigs <u>may</u> bring you luck.

STEP 1 네모 안에서 어법상 알맞은 것 고르기

STEP 2 밑줄 친 <u>may</u>와 쓰임이 <u>다른</u> 것 고르기

① It <u>may</u> be cold outside. ② She <u>may</u> know the answer. ③ You <u>may</u> go home now.

**536** century 세기; 100년 about 대략, ~쯤; ~에 대한 planet 지구; 행성 **537** cousin 사촌, 친척 brain 두뇌; 뇌 development 발달, 성장 **538** drink 음료; 마시다 prefer 선호하다 soda 탄산음료 green tea 녹차 **539** take a photo[picture] 사진을 찍다 statue 조각상 **540** consider ~으로 여기다; ~라고 생각하다 symbol 상징 wealth 부; 재산 fortune 운, 행운; 재산 luck 운, 행운

# Level Up Sentences 07

천일비급 p.104

CHAPTER 09~12

● 다음 각 문장의 STEP을 순서대로 풀어보세요. ●

Ch 09 조동사 | Ch 12 전치사

**541** I'm sorry, but I won't can meet you ________ Friday. Can we meet next week?

STEP 1 밑줄 친 부분 바르게 고치기 → won't ________ ________ ________

STEP 2 빈칸에 알맞은 전치사 쓰기

Ch 09 조동사 | Ch 11 여러 가지 문장

**542** Look at that smoke! That building [must / must not] be on fire. You had not better go near there.

STEP 1 네모 안에서 어법상 알맞은 것 고르기

STEP 2 밑줄 친 부분 바르게 고치기 → ________________

Ch 10 의문사 의문문

**543** A: (does / how / eat out / your family / often / ?)

B: We usually eat out ____________________.

STEP 1 괄호 안 단어를 올바르게 배열하기 → ________________________________

STEP 2 빈칸에 들어갈 알맞은 말 고르기 ☐ at restaurants ☐ twice a week

Ch 09 조동사 | Ch 12 전치사

**544** A: I must go now. I [have to / don't have to] be home ________ 8 o'clock.

B: Okay. Are you going to go ________ subway?

STEP 1 네모 안에서 어법상 알맞은 것 고르기

STEP 2 빈칸에 공통으로 들어갈 알맞은 전치사 쓰기

Ch 09 조동사 | Ch 10 의문사 의문문 | Ch 12 전치사

**545** A: (the movie / what / does / start / time / ?)

B: It starts [on / at] 2:30. We should hurry.

STEP 1 괄호 안 단어를 올바르게 배열하기 → ________________________________

STEP 2 네모 안에서 어법상 알맞은 것 고르기

**542** smoke 연기; 흡연하다 be on fire 불타고 있다 near 근처에, 가까이 **543** eat out 외식하다 usually 주로, 보통 **544** subway 지하철 **545** hurry 서두르다

## Level Up Sentences 07

Ch 10 의문사 의문문 | Ch 12 전치사

**546** A: (be) ______________________ on Thursday evening?

B: I was [on / at] a friend's house.

STEP 1 다음 우리말과 의미가 같도록 빈칸 채우기

→ 너는 목요일 저녁에 어디에 있었니?

STEP 2 네모 안에서 어법상 알맞은 것 고르기

Ch 09 조동사 | Ch 11 여러 가지 문장 | Ch 12 전치사

**547** There [was / were] a lot of noise ______________ the night. I couldn't sleep at all.

STEP 1 네모 안에서 어법상 알맞은 것 고르기

STEP 2 빈칸에 알맞은 전치사 고르기 ☐ before ☐ during

Ch 11 여러 가지 문장 | Ch 12 전치사

**548** The man on the motorcycle [isn't / aren't] wearing a helmet. How dangerous it is!

STEP 1 〈전치사+명사〉를 찾아 (　　)로 표시하기

STEP 2 〈전치사+명사〉가 꾸며 주는 것에 밑줄 긋기

STEP 3 네모 안에서 어법상 알맞은 것 고르기

Ch 09 조동사 | Ch 10 의문사 의문문

**549** You [used to bite / used to biting] your nails, but you stopped. (break) ______________________________ the habit?

STEP 1 네모 안에서 어법상 알맞은 것 고르기

STEP 2 다음 우리말과 의미가 같도록 빈칸 채우기

→ 너는 어떻게 그 습관을 고쳤니?

Ch 09 조동사 | Ch 10 의문사 의문문 | Ch 11 여러 가지 문장 | Ch 12 전치사

**550** A: [How / What] a mess! (the carpet / spilled / who / on / milk / ?)

B: I did. Can you help me with it?

STEP 1 네모 안에서 어법상 알맞은 것 고르기

STEP 2 괄호 안 단어를 올바르게 배열하기 → ______________________________

STEP 3 밑줄 친 Can의 쓰임과 같은 것 고르기

① Can you play the piano? ② Can I go home now? ③ Can you hold the door for me?

**546** evening 저녁 **547** at all (부정문에서) 조금도 (~않은) **548** motorcycle 오토바이 helmet 헬멧 **549** bite one's nails 손톱을 물어뜯다 break the habit 습관을 버리다[고치다] **550** mess 엉망인 상태, 어질러 놓은 것 carpet 카펫 spill 엎지르다, 쏟다 help A with B B에 대해 A를 도와주다

천일비급 p.106

# Level up Sentences 08

CHAPTER 09~12

● 다음 각 문장의 STEP을 순서대로 풀어보세요. ●

Ch 09 조동사 | Ch 11 여러 가지 문장 | Ch 12 전치사

**551** There must be somebody in the house. The lights are on.

STEP 1 첫 번째 문장 해석하기 → ______________________

STEP 2 밑줄 친 must의 쓰임과 같은 것 고르기

① You must be home by 10. ② He must get up early. ③ She must be over twenty.

Ch 09 조동사

**552** Can you give me the restaurant's phone number?

I (have, make) ______________ a reservation.

STEP 1 밑줄 친 Can을 대신할 수 없는 것 고르기 ☐ Will ☐ Could ☐ May

STEP 2 알맞은 조동사를 사용하여 빈칸 채우기

Ch 09 조동사 | Ch 11 여러 가지 문장

**553** A: [Didn't / Weren't] we order three hamburgers? There are only two.

B: You're right. (should / the restaurant / call / I) now.

STEP 1 네모 안에서 어법상 알맞은 것 고르기

STEP 2 괄호 안 단어를 바르게 배열하기 → ______________________

Ch 09 조동사 | Ch 11 여러 가지 문장 | Ch 12 전치사

**554** There's something wrong [by / with] the car. We had (stop) ______________ at the next gas station.

STEP 1 네모 안에서 어법상 알맞은 것 고르기

STEP 2 다음 우리말과 의미가 같도록 빈칸 채우기

→ 우리는 다음 주유소에서 멈추는 게 좋겠어.

Ch 11 여러 가지 문장 | Ch 12 전치사

**555** Mr. Brown lives ______________ the street. His garden is full ______________ beautiful roses. (garden / what / is / wonderful / it / a / !)

STEP 1 전치사 of, across 각각 알맞은 빈칸에 써넣기

STEP 2 괄호 안 단어를 바르게 배열하기 → ______________________

**551** light 전등, (전깃)불; 빛 on (수도, 전기 등이) 나오는, 들어오고 있는 **552** restaurant 식당, 레스토랑 make a reservation 예약하다 **553** order 주문하다; 주문 hamburger 햄버거 only 단지, 오직 call 전화하다; 부르다 **554** gas station 주유소 **555** street 거리, 도로 garden 정원 wonderful 멋진, 훌륭한

Ch 09 조동사 | Ch 11 여러 가지 문장 | Ch 12 전치사

**556** A: Should we take a taxi or a bus [to / for] the mall?

B: ________ ________ a bus. It's rush hour now.

STEP 1 네모 안에서 어법상 알맞은 것 고르기

STEP 2 다음 우리말과 의미가 같도록 빈칸 채우기

→ 버스를 타자.

Ch 10 의문사 의문문 | Ch 11 여러 가지 문장 | Ch 12 전치사

**557** A: ____________________ at lunchtime?

B: I was reading a fantasy novel. There [is / are] many interesting characters in it.

STEP 1 다음 우리말과 의미가 같도록 빈칸 채우기

→ 너는 점심시간에 무엇을 읽고 있었니?

STEP 2 네모 안에서 어법상 알맞은 것 고르기

Ch 12 전치사

**558** ________ May, the weather ________ Spain is usually warm, but the temperature varies [from / between] city to city.

STEP 1 빈칸에 공통으로 들어갈 알맞은 전치사 쓰기

STEP 2 네모 안에서 어법상 알맞은 것 고르기

Ch 09 조동사 | Ch 11 여러 가지 문장

**559** A: It's a little cold in here. <u>Can</u> I turn on the heater?

B: It's not working now. (you / why / put on / don't) another sweater?

STEP 1 밑줄 친 <u>Can</u>의 쓰임과 같은 것 고르기

① She <u>can</u> cook well. ② You <u>can</u> borrow my book. ③ <u>Can</u> you turn on the TV?

STEP 2 괄호 안 단어를 올바르게 배열하기 → ____________________

Ch 09 조동사 | Ch 11 여러 가지 문장

**560** [Not / Don't] walk with your eyes on your smartphone. You <u>may not see</u> dangerous things in the street.

STEP 1 네모 안에서 어법상 알맞은 것 고르기

STEP 2 밑줄 친 부분 해석하기 → ____________________

**556** mall 쇼핑몰 rush hour (출퇴근) 혼잡 시간대, 러시아워 **557** lunchtime 점심시간 fantasy novel 판타지 소설, 공상 소설 character (책, 영화 등의) 등장인물; 성격 **558** temperature 기온, 온도 vary 달라지다, 다르다 **559** turn on (TV, 전기 등을) 켜다 heater 난방기, 히터 work (기계·장치 등이) 작동하다 put on ~을 입다[쓰다] another 또 하나(의); 더 borrow 빌리다 **560** dangerous 위험한

STARTER 1
|권말부록|
동사 변화형
찾아보기

# 동사 변화형

| A-B-B | | | |
|---|---|---|---|
| **bring** 가져오다 | brought | brought | bringing |
| **build** 짓다 | built | built | building |
| **buy** 사다 | bought | bought | buying |
| **catch** 잡다 | caught | caught | catching |
| **feel** 느끼다 | felt | felt | feeling |
| **fight** 싸우다 | fought | fought | fighting |
| **get** 얻다 | got | got/gotten | getting |
| **have** 가지다 | had | had | having |
| **hang** 걸다 | hung | hung | hanging |
| **hear** 듣다 | heard | heard | hearing |
| **hold** 잡다 | held | held | holding |
| **keep** 유지하다 | kept | kept | keeping |
| **lay** 눕히다, 놓다 | laid | laid | laying |
| **lead** 인도하다 | led | led | leading |
| **learn** 배우다 | learned /learnt | learned /learnt | learning |
| **leave** 떠나다 | left | left | leaving |
| **lend** 빌려주다 | lent | lent | lending |
| **lose** 잃다 | lost | lost | losing |
| **make** 만들다 | made | made | making |
| **mean** 의미하다 | meant | meant | meaning |
| **meet** 만나다 | met | met | meeting |
| **pay** 지불하다 | paid | paid | paying |
| **say** 말하다 | said | said | saying |
| **seek** 찾다 | sought | sought | seeking |
| **sell** 팔다 | sold | sold | selling |
| **send** 보내다 | sent | sent | sending |
| **shine** 빛나다 | shone /shined | shone /shined | shining |
| **shoot** 쏘다 | shot | shot | shooting |
| **sit** 앉다 | sat | sat | sitting |
| **sleep** 잠자다 | slept | slept | sleeping |
| **smell** 냄새 맡다 | smelled /smelt | smelled /smelt | smelling |
| **spend** 소비하다 | spent | spent | spending |
| **spill** 엎지르다 | spilled/spilt | spilled/spilt | spilling |
| **stand** 서다, 서 있다 | stood | stood | standing |
| **sweep** 청소하다 | swept | swept | sweeping |
| **teach** 가르치다 | taught | taught | teaching |
| **tell** 말하다 | told | told | telling |
| **think** 생각하다 | thought | thought | thinking |
| **win** 이기다 | won | won | winning |

| A-B-A | | | |
|---|---|---|---|
| **become** 되다 | became | become | becoming |
| **come** 오다 | came | come | coming |
| **run** 달리다 | ran | run | running |

| A-B-C | | | |
|---|---|---|---|
| **be** ~이다, 있다 | was/were | been | being |
| **begin** 시작하다 | began | begun | beginning |
| **bite** 물다 | bit | bitten | biting |
| **blow** 불다 | blew | blown | blowing |
| **break** 깨뜨리다 | broke | broken | breaking |
| **choose** 고르다 | chose | chosen | choosing |
| **do** 하다 | did | done | doing |
| **draw** 그리다 | drew | drawn | drawing |
| **drink** 마시다 | drank | drunk | drinking |
| **drive** 운전하다 | drove | driven | driving |
| **eat** 먹다 | ate | eaten | eating |
| **fall** 떨어지다 | fell | fallen | falling |
| **fly** 날다 | flew | flown | flying |
| **forget** 잊다 | forgot | forgotten | forgetting |
| **forgive** 용서하다 | forgave | forgiven | forgiving |
| **get** 얻다 | got | gotten/got | getting |
| **give** 주다 | gave | given | giving |
| **go** 가다 | went | gone | going |
| **grow** 자라다 | grew | grown | growing |
| **hide** 숨다 | hid | hidden | hiding |
| **know** 알다 | knew | known | knowing |
| **lie** 눕다 | lay | lain | lying |
| **ring** 울리다 | rang | rung | ringing |
| **ride** 타다 | rode | ridden | riding |
| **rise** 오르다 | rose | risen | rising |
| **see** 보다 | saw | seen | seeing |
| **shake** 흔들다 | shook | shaken | shaking |
| **show** 보여주다 | showed | shown /showed | showing |
| **sing** 노래하다 | sang | sung | singing |
| **speak** 말하다 | spoke | spoken | speaking |
| **steal** 훔치다 | stole | stolen | stealing |
| **swim** 수영하다 | swam | swum | swimming |
| **take** 잡다 | took | taken | taking |
| **throw** 던지다 | threw | thrown | throwing |
| **wake** 잠이 깨다 | woke | woken | waking |
| **wear** 입다 | wore | worn | wearing |
| **write** 쓰다 | wrote | written | writing |

| A-A-A | | | |
|---|---|---|---|
| **cut** 베다 | cut | cut | cutting |
| **hit** 치다, 때리다 | hit | hit | hitting |
| **hurt** 다치다 | hurt | hurt | hurting |
| **let** ~하게 하다 | let | let | letting |
| **put** 놓다 | put | put | putting |
| **set** 놓다 | set | set | setting |
| **shut** 닫다 | shut | shut | shutting |
| **read[ri:d]** 읽다 | read[red] | read[red] | reading |

# 찾아보기

Memo

Memo

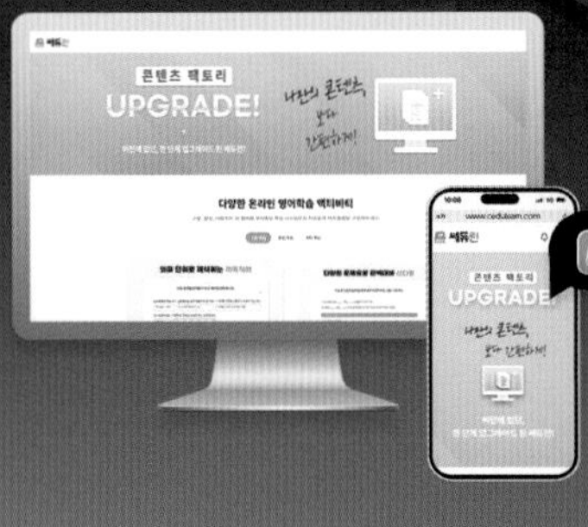

어법의 시작과 끝은 쎄듀다!

어법끝 START 2.0의
**최신 개정판**

# 어법끝 START

## 수능 · 고등 내신 어법의 기본 개념 익히기

1 대수능, 모의고사 27개년 기출문제 반영한 빈출 어법 포인트
2 단계적 학습으로 부담 없는 어법학습 가능
3 반복 학습을 도와주는 미니 암기북 추가 제공
4 고등 어법 입문자 추천

**출제량 40% 증가**

**내신 서술형 문항 추가**

**미니 암기북 추가 제공**

고등 어법 입문 (예비고1~고1)

### 어법끝 START · 실력다지기

| 수능 · 내신 어법 기본기 |

· 수능, 모의고사 최신 경향 반영
· 부담 없는 단계적 어법 학습
· 적용, 복습용 다양한 문제 유형 수록
· 실전 모의 15회분 제공

고등 내신 서술형 입문 (고1~고2)

### 어법끝 서술형

| 서술형 빈출 유형 · 기준 학습 |

· 출제 포인트별 서술형 빈출 유형 수록
· 단계별 영작 문항 작성 가이드 제공
· 출제자 시각에서 출제 문장 예상하기 훈련
· 현직 교사 공동 저술로 내신 채점 기준 수록

고등 어법 실전 적용 (고2)

### 어법끝 ESSENTIAL

| 고등 실전 어법의 완성 |

· 역대 기출의 출제 의도와 해결전략 제시
· 출제진의 함정 및 해결책 정리
· 누적 테스트, 실전모의고사로 실전 적용력 강화

수능 어법 실전 마무리 (고3~고등 심화)

### 어법끝 실전 모의고사

| 수능 어법의 실전 감각 향상 |

· 완벽한 기출 분석 및 대처법 소개
· TOP 5 빈출 어법 및 24개 기출 어법 정리
· 최신 경향에 꼭 맞춘 총 288문항

쎄듀북닷컴(www.cedubook.com)에서 부가 자료를 무료로 다운로드할 수 있습니다.

쎄듀

# 쎄듀 초·중등 커리큘럼

예비초 | 초1 | 초2 | 초3 | 초4 | 초5 | 초6

| | | |
|---|---|---|
| 구문 | 천일문 365 일력 \| 초1-3 \| | 교육부 지정 초등 필수 영어 문장 |
| 구문 | 초등코치 천일문 SENTENCE | 1001개 통문장 암기로 완성하는 초등 영어의 기초 |
| 문법 | 초등코치 천일문 GRAMMAR | 1001개 예문으로 배우는 초등 영문법 |
| 문법 | 왓츠 Grammar | Start (초등 기초 영문법) / Plus (초등 영문법 마무리) |
| 독해 | 왓츠 리딩 70 / 80 / 90 / 100 A / B | 쉽고 재미있게 완성되는 영어 독해력 |
| 어휘 | 초등코치 천일문 VOCA&STORY | 1001개의 초등 필수 어휘와 짧은 스토리 |
| 어휘 | 패턴으로 말하는 초등 필수 영단어 1 / 2 | 문장 패턴으로 완성하는 초등 필수 영단어 |
| ELT | Oh! My PHONICS 1 / 2 / 3 / 4 | 유·초등학생을 위한 첫 영어 파닉스 |
| ELT | Oh! My SPEAKING 1 / 2 / 3 / 4 / 5 / 6 | 핵심 문장 패턴으로 더욱 쉬운 영어 말하기 |
| ELT | Oh! My GRAMMAR 1 / 2 / 3 | 쓰기로 완성하는 첫 초등 영문법 |

예비중 | 중1 | 중2 | 중3

| | | |
|---|---|---|
| 구문 | 천일문 STARTER 1 / 2 | 중등 필수 구문 & 문법 총정리 |
| 문법 | 개정 천일문 중등 GRAMMAR LEVEL 1 / 2 / 3 | 예문 중심 문법 기본서 |
| 문법 | GRAMMAR Q Starter 1, 2 / Intermediate 1, 2 / Advanced 1, 2 | 학기별 문법 기본서 |
| 문법 | 잘 풀리는 영문법 1 / 2 / 3 | 문제 중심 문법 적용서 |
| 문법 | GRAMMAR PIC 1 / 2 / 3 / 4 | 이해가 쉬운 도식화된 문법서 |
| 문법 | 1센치 영문법 | 1권으로 핵심 문법 정리 |
| 문법+어법 | 첫단추 BASIC 문법·어법편 1 / 2 | 문법·어법의 기초 |
| 문법+쓰기 | EGU 영단어&품사 / 문장 형식 / 동사 써먹기 / 문법 써먹기 / 구문 써먹기 | 서술형 기초 세우기와 문법 다지기 |
| 문법+쓰기 | 올씀 1 기본 문장 PATTERN | 내신 서술형 기본 문장 학습 |
| 쓰기 | 개정 천일문 중등 WRITING LEVEL 1 / 2 / 3 *거침없이 Writing 개정 | 중등 교과서 내신 기출 서술형 |
| 쓰기 | 중학 영어 쓰작 1 / 2 / 3 | 중등 교과서 패턴 드릴 서술형 |
| 어휘 | 천일문 VOCA 중등 스타트 / 필수 / 마스터 | 2800개 중등 3개년 필수 어휘 |
| 어휘 | 어휘끝 중학 필수편 | 중학 필수어휘 1000개 |
| 어휘 | 어휘끝 중학 마스터편 | 고난도 중학어휘 +고등기초 어휘 1000개 |
| 독해 | ReadingGraphy LEVEL 1 / 2 / 3 / 4 | 중등 필수 구문까지 잡는 흥미로운 소재 독해 |
| 독해 | Reading Relay Starter 1, 2 / Challenger 1, 2 / Master 1, 2 | 타교과 연계 배경 지식 독해 |
| 독해 | READING Q Starter 1, 2 / Intermediate 1, 2 / Advanced 1, 2 | 예측/추론/요약 사고력 독해 |
| 독해전략 | 리딩 플랫폼 1 / 2 / 3 | 논픽션 지문 독해 |
| 독해유형 | Reading 16 LEVEL 1 / 2 / 3 | 수능 유형 맛보기 + 내신 대비 |
| 독해유형 | 첫단추 BASIC 독해편 1 / 2 | 수능 유형 독해 입문 |
| 듣기 | Listening Q 유형편 / 1 / 2 / 3 | 유형별 듣기 전략 및 실전 대비 |
| 듣기 | 쎄듀 빠르게 중학영어듣기 모의고사 1 / 2 / 3 | 교육청 듣기평가 대비 |

# 쎄듀 고등 커리큘럼

예비고 | 고1 | 고2 | 고3 | 고등심화

| 구분 | 교재 | 설명 |
|---|---|---|
| 구문 | 천일문 입문 / 문제집 | 우선순위 빈출 구문 |
| | 천일문 기본 / 문제집 | 기본·빈출·중요 구문 총망라 |
| | 천일문 핵심 / 문제집 | 혼동 구문까지 해결 |
| | 천일문 완성 / 문제집 | 실전 고난도 뛰어넘기 |
| 구문+어법/ 구문+독해 | 문법을 알아야 독해가 된다 | 기초 문법·구문의 독해 적용 |
| | 구문을 알아야 독해가 된다 | 필수 구문과 독해 적용 |
| | PLAN A 〈구문·어법〉 | 기초 구문·어법 |
| | ONE SHOT 구문독해 | 수능 구문독해 기본 |
| 문법 | 천일문 고등 GRAMMAR | 고등 내신 및 수능 필수 영문법 정리 |
| | 쎄듀 본영어 문법편 / 문법적용편 / 독해적용편 | 체계적인 고등 기본 문법 |
| | 문법의 골든룰 101 | 고등 문법의 101가지 적용법 |
| 문법+어법 | 첫단추 문법·어법편 | 고등 기본 문법 요약·어법 |
| | ONE SHOT 문법·어법 | 수능 문법·어법 기본 |
| 어법 | 어법끝 START / 실력다지기 | 수능·내신 기본 어법 |
| | 어법끝 ESSENTIAL | 수능·내신 기출 어법 |
| | 어법끝 실전모의고사 | 수능 어법 실전 모의고사 |
| 고등 서술형 | 올씀 2 그래머 KNOWHOW | 내신 서술형 대비 문법 노하우 |
| | 어법끝 서술형 | 어법과 영작 서술형 동시 대비 |
| | 개정 RANK 77 고등 영어 서술형 | 내신 서술형 77개 기출 포인트 |
| | 신간 RANK 77 고등 영어 서술형 실전문제 700제 | 서술형 집중 훈련 문제 |
| 어휘 | 어휘끝 고교기본 | 2400개 수능 · 내신 기본 어휘 |
| | 어휘끝 수능 | 3400개 수능 필수 어휘 |
| | 어휘끝 블랙 | 수능 실전·고난도 어휘 |
| | PLAN A 〈어휘〉 | 최중요 기본어휘 단기학습 |
| | ASAP VOCA | 3000개 고교 3개년 핵심 어휘 |
| 독해 | 신간 천일문 독해 BASIC A / E | 주장글 / 설명글 집중훈련 |
| | 신간 천일문 독해 ESSENTIAL A / E | 주장글 / 설명글 집중훈련 |
| 독해전략 | 독해비 | 수능 영어 독해 입문서 |
| | 리딩 플레이어 개념편 / 적용편 | 수능 독해 전략과 적용 |
| 독해유형 | 첫단추 독해유형편 | 고등 기본 독해 유형별 학습 |
| | 파워업 독해유형편 | 고등 독해 유형별 전략 학습 |
| | PLAN A 〈독해〉 | 12가지 독해유형 단기 특강 |
| | ONE SHOT 유형독해 / 고난도 유형독해 | 수능 유형독해 기본 및 심화 |
| 독해 고난도 유형 | 신간 쎄듀 빈순삽함 전략편 / 실전편 | 고난도 유형 집중 대비 |
| | 수능영어 절대유형 2024 / 3142 | 대의 파악·3점 문항 집중 대비 |
| 독해 모의고사 | 첫단추 독해실전편 | 고등 기본 독해 모의고사 12회 |
| | 파워업 독해실전편 | 고등 실전 독해 모의고사 15회 |
| | 수능실감 실감하다 300제 | 하루 다섯 문항 영어 독해 실전 문제 풀이 |
| | 수능실감 독해 최우수 문항 500제 | 간접연계·비연계 대비 수능실감 우수 문항 선집 |
| | 기출 프리미엄 | 수능 완벽 대비를 위한 기출 프리미엄 분석 |
| 듣기 | 첫단추 듣기유형편 | 고등 듣기의 유형별 전략 |
| | 첫단추 듣기실전편 | 고등 기본 듣기 20회 |
| | 파워업 듣기 모의고사 | 수능 실전 듣기 40회 |
| | 수능실감 듣기 모의고사 | 수능 실전 듣기 24회 |
| | 쎈쓰업 듣기 모의고사 | 고등 중급 듣기 30회 |
| EBS | 영어 내신 1등급 직진 [EBS 올림포스] | 'EBS 올림포스1'의 내신 대비서 |

중등 영어 구문·문법 학습의 시작 **천일문 STARTER 시리즈**

〈1권〉 동사/명사/대명사/형용사/부사/전치사 등

친절하고 자세한 해설이 담긴 〈천일비급〉+구문·문법 완벽 복습을 위한 〈워크북〉 포함

〈2권〉 현재완료/준동사/접속사/관계사/비교 등

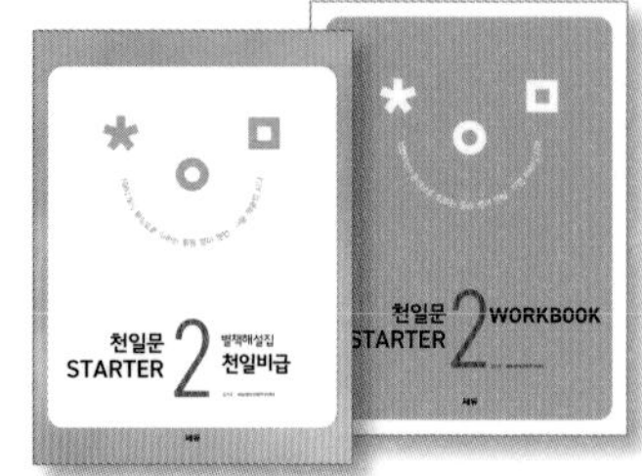

친절하고 자세한 해설이 담긴 〈천일비급〉+구문·문법 완벽 복습을 위한 〈워크북〉 포함

AI 영어 온라인 클래스 쎄듀런 www.cedulearn.com

무료 부가 서비스 www.cedubook.com

어휘리스트·어휘테스트·해석연습지·영작연습지·MP3·딕테이션 Sheet

온라인 강의 안내

Mbest (저자 유료 직강)

강남구청 인터넷수능방송

EBS 중학프리미엄

시리즈별 특화된 학습목표의 고등 천일문 시리즈

**천일문 입문·기본·핵심·완성**

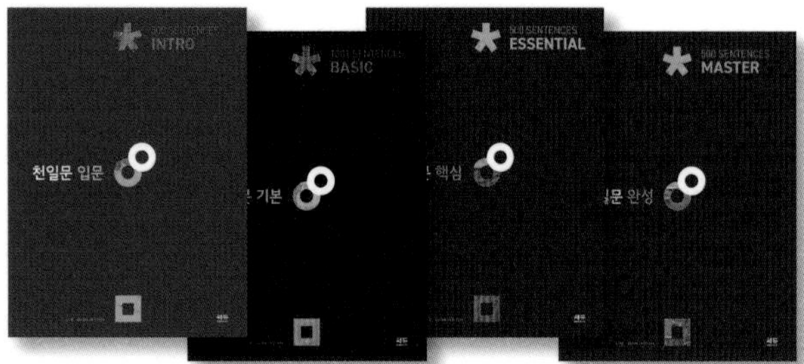

**〈입문〉** 우선순위 빈출 구문

**〈기본〉** 기본·빈출·중요구문 총망라

**〈핵심〉** 혼동 구문까지 완벽 해결

**〈완성〉** 실전 고난도 뛰어넘기

구문 적용 문제집

**천일문 Training Book** (별도 판매)

문장 구조 분석, 어법, 영작, 해석, 문장전환 등의 다양한 유형으로 개념 이해 확인 및 구문 적용 집중 훈련

문의사항은 지역총판
또는 book@ceduenglish.com

|정가| 21,000원

ISBN 978-89-6806-270-4
978-89-6806-272-8(세트)

초판 8쇄

ISBN 978-89-6806-270-4
ISBN 978-89-6806-272-8 (세트)

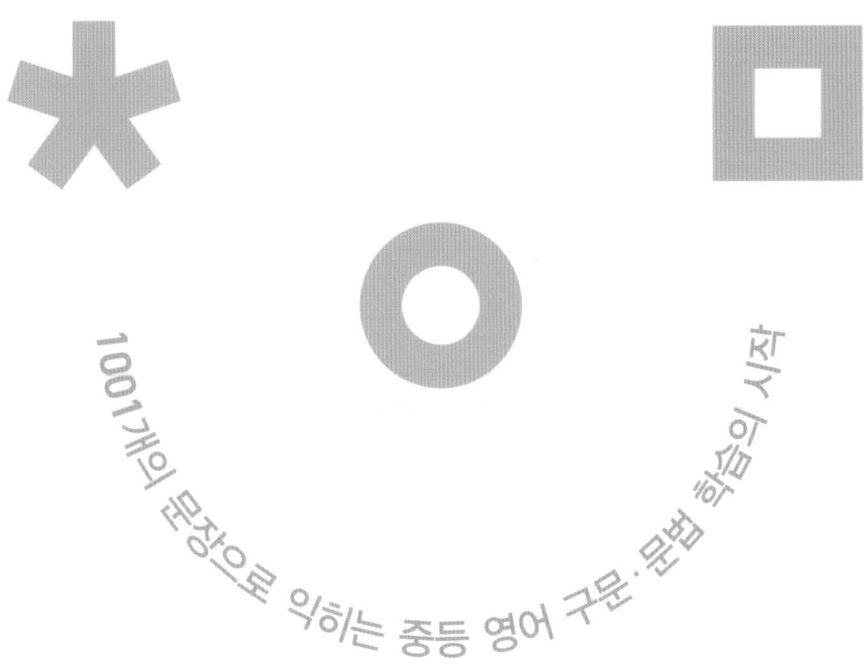


# 천일문 STARTER 1

## 별책해설집
## 천일비급

김기훈 쎄듀영어교육연구센터

쎄듀 | 쎄듀런

1001 SENTENCES
**STARTER**

# 천일문 STARTER 1

## 천일비급

별책해설집

1

# How to study 〈천일비급〉 이렇게 학습하세요~

## Point 1 천일비급 학습법

### ❶ 학습 계획을 세워요. (비급 p. 4~5)

하루에 공부할 양을 정해서 천일문 학습을 끝까지 해낼 수 있도록 해보세요.

| CHAPTER | UNIT | PAGE | 학습 예정일 | 완료 여부 |
|---|---|---|---|---|
| 01 be동사 | 01 be동사의 현재형 | 6 | 12/5 | V |
| | 02 be동사의 쓰임과 의미 | 7 | 12/6 | V |
| | 03 be동사의 부정문과 의문문 | 9 | 12/7 | V |

### ❷ 본책 학습과 병행하여 확인하고 보충해요.

❶ **직독직해 연습**
본책을 학습하면서 **끊어 읽은 부분(/)**과 **해석**해 본 것을 비급 내용과 대조해 보세요.

❷ **구문 확인**
학습한 구문이 **굵은 글씨** 또는 *기울여서* 표시되어 있으므로 이를 확인해 주세요.

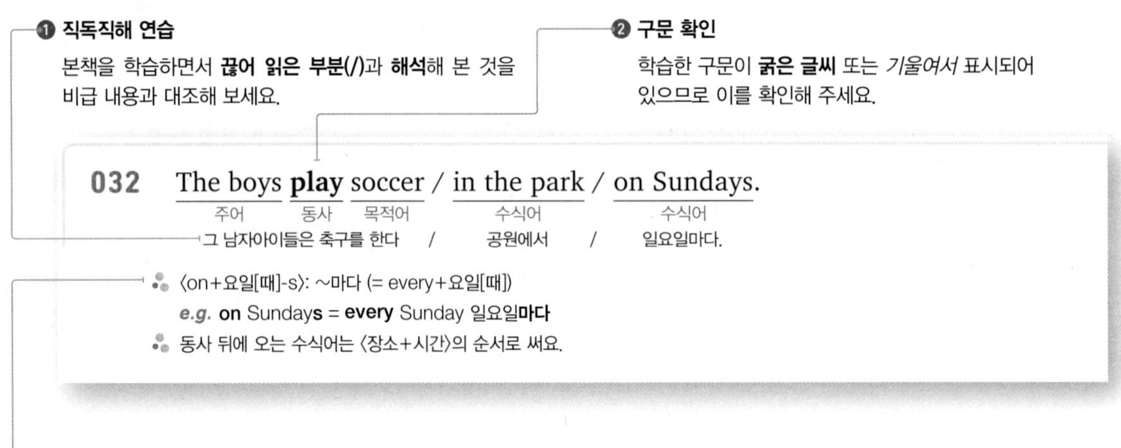

032 The boys **play** soccer / in the park / on Sundays.
주어 동사 목적어 수식어 수식어
그 남자아이들은 축구를 한다 / 공원에서 / 일요일마다.

〈on+요일[때]-s〉: ~마다 (= every+요일[때])
*e.g.* on Sunday**s** = **every** Sunday 일요일**마다**
동사 뒤에 오는 수식어는 〈장소+시간〉의 순서로 써요.

❸ **보충 해설 학습**
표시 뒤에는 학습 포인트가 되는 구문 및 문장에 실린 다른 주요한 내용을 간단하고 쉽게 풀어 설명했어요.

### ❸ MP3 파일을 들으며 리스닝 훈련을 해요.

원어민의 발음을 익히고 리스닝 실력까지 키워 보세요. (본책 유닛명 오른쪽의 QR코드를 스캔하면 MP3 파일을 들을 수 있어요.)

## Point 2 천일비급에 쓰이는 기호

### 기본 사항 |

| | |
|---|---|
| 000 | 기본 예문 |
| = | 동의어, 유의어 |
| ↔ | 반의어 |
| ( ) | 생략 가능 어구 |
| [ ] | 대체 가능 어구 |
| -ing | 현재분사 또는 동명사 |
| p.p. | 과거분사 |
| 조동사 | |
| 동사원형 | |

| | |
|---|---|
| 주어 | |
| 동사 | |
| 목적어 | |
| 간목 | 간접목적어 |
| 직목 | 직접목적어 |
| 보어 | |
| 수식어 | |
| 장소 | (*be, stay, live 등 동사 뒤의 장소를 나타내는 말은 '장소'로 표기) |
| /, // | 끊어 읽기 표시 |

### 글의 구조 이해를 돕는 기호들 |

| | |
|---|---|
| ( ) | 앞의 명사를 꾸며 주는 형용사구/생략어구 |
| [ ] | 선행사를 꾸며 주는 관계사절 |
| ● | 관계사절에서 원래 명사가 위치했던 자리 |
| □ | 어구나 절을 연결하는 접속사 등 |
| 주어1 주어2 동사1 동사2 | 중복되는 문장 성분 구분 |
| 주어' 동사' 목적어' 보어' 수식어' | 종속접속사가 이끄는 절의 문장 구조 분석 기호 |
| 주 동 목 보 수(윗첨자) | to부정사/동명사/분사구의 문장 구조 분석 기호 |

### 기호 사용의 예 |

Learning[동] something[목] is useless // if you don't keep practicing[동] it[목].

주어 / 동사 / 보어 / 주어' / 동사' / 목적어'

무언가를 배우는 것은 소용없다 // 여러분이 계속해서 그것을 연습하지 않는다면.

(practicing it의 동명사구는 if가 이끄는 부사절 안에서는 목적어 역할이고,
동명사구에서 practicing은 동사 역할, it는 목적어 역할을 한다는 뜻이에요.)

### 일러두기 |

- 해석은 직역을 원칙으로 하였고, 직역으로 이해가 어려운 문장은 별도로 의역을 추가했어요.
- 본 책에서의 끊어 읽기 표시는 문장의 구조 분석을 위한 의미 단위를 기준으로 하고 있어요.
  (원어민이 문장을 말할 때 끊는 부분(pause)과는 일치하지 않을 수 있어요.)
  어구의 끊어 읽기는 / 로 표시하고, 구조상 보다 큰 절과 절의 구분은 // 로 표시했어요.
- 수식을 받는 명사(또는 선행사), 형용사, 동사는 글씨를 굵게 하거나 기울여 눈에 잘 띄게 표시했어요.

# Contents & Schedule

〈천일문 STARTER 1〉 목차 & 학습계획표

# UNIT 01 be동사의 현재형

## Point 001 인칭대명사 주어+be동사

001 I **am** a middle school student.
주어 동사 보어
나는 중학생이다.

- 보어 a middle school student는 주어가 누구(I = a middle school student)인지 설명해주고 있어요.

002 You **are** / so kind.
주어 동사 보어
당신은 ~하다 / 정말 친절한.

- 보어 so kind는 주어의 성질(You → so kind)을 설명해주고 있어요.

003 She **is** an actress. She'**s** / very famous.
주어 동사 보어 주어 동사 보어
그녀는 여배우이다. 그녀는 ~하다 / 매우 유명한.

- She is = She's
- 문맥상 분명하지 않을 때 an actor(배우)는 보통 남성을 가리키는 것으로 이해되지만, 여성을 가리킬 수도 있어요. 특히 요즘에는 많은 여성들이 an actress(여배우)보다는 an actor로 불리기를 선호해요.

004 They **are** puppies. They'**re** / really small.
주어 동사 보어 주어 동사 보어
그것들은 강아지이다. 그것들은 ~하다 / 정말 작은.

- They are = They're

## Point 002 명사 주어+be동사

005 My classmates **are** friendly.
주어(복수명사) 동사 보어
나의 반 친구들은 친절하다.

006 Jane **is** a baseball fan.
주어 동사 보어
(셀 수 없는 명사)
제인은 야구팬이다.

007 My mother **is** a hairdresser.
주어 동사 보어
나의 엄마는 미용사이시다.

**008** Nate and Aaron **are** / my best friends.
주어 동사 보어
네이트와 애런은 ~이다 / 나의 가장 친한 친구들.

주어가 'A and B'인 복수명사이므로 보어도 복수명사 my best friends로 써야 해요.

**009** San Francisco **is** beautiful / all year.
주어 동사 보어 수식어
샌프란시스코는 아름답다 / 일 년 내내.

수식어란 꾸며 주는 말로 문장의 의미를 더 자세히 설명하거나 풍부하게 만들어줘요.

**Check up Answer** 본문 p.19

1 **am** | 나는 학교에 늦었다.
2 **is** | 그는 중국어를 잘한다.
3 **are** | 돌고래는 매우 영리한 동물이다.
4 **is** | 영어는 내가 가장 좋아하는 과목이다.
5 **are** | 한나와 나는 이웃이다. 우리는 매우 친하다. **해설** 주어가 'A and B'인 복수명사이므로 are로 써야 해요.

# UNIT 02 be동사의 쓰임과 의미

## Point 003 be동사+명사/형용사

**010** This is **Mr. Brown**. He is **a pilot.**
주어 동사 보어(명사) 주어 동사 보어(명사)
이분은 브라운 씨입니다. 그는 조종사입니다.

여기서 This는 '이 사람, 이분'이라는 뜻으로 누군가를 소개할 때 This is ~. 라고 자주 써여요. (지시대명사 this ☞ Ch 07)
명사 보어 Mr. Brown은 주어(This)의 이름, a pilot은 주어(He)의 직업을 나타내요.

**011** The stars are **bright** / tonight.
주어 동사 보어(형용사) 수식어
별들이 밝다 / 오늘 밤에.

형용사 보어 bright는 주어(The stars)의 상태를 나타내요.

**012** My parents are **lawyers**. They are / always **busy**.
주어 동사 보어(명사) 주어 동사 수식어 보어(형용사)
나의 부모님은 변호사이다. 그들은 ~하다 / 항상 바쁜.

They는 앞 문장의 My parents를 가리켜요.

**013** The new smartphone / is **expensive**.
주어 동사 보어(형용사)
그 새 스마트폰은 / 비싸다.

**014** The girl is / **the contest winner.**
주어 동사 보어(명사)
그 소녀는 ~이다 / 대회 우승자.

**015** K-pop songs are **popular** / in Asia.

주어 동사 보어(형용사) 수식어

케이팝 노래들은 인기가 있다 / 아시아에서.

K-pop은 Korean-pop의 줄임말이에요. 주로 영미권 외 국가의 팝 음악 또는 대중음악을 '국가의 이니셜-pop'으로 나타내요.

*e.g.* J-pop 일본(Japanese) 팝

## Point 004 be동사+장소를 나타내는 말

**016** The textbooks are / **in my locker.**

주어 동사 장소

그 교과서들은 있다 / 나의 사물함에.

**017** Your glasses are / **on the table.**

주어 동사 장소

너의 안경은 있다 / 탁자 위에.

'안경'을 의미하는 glasses는 두 개가 짝을 이루어서 항상 복수형으로 써요. (☞ Ch 06)

**018** The socks are / **in the top drawer.**

주어 동사 장소

양말은 있다 / 맨 위 서랍 안에.

socks(양말)도 두 개가 짝을 이루어서 주로 복수형으로 써요. 그 중 하나만 가리킬 때는 단수형 a sock으로 쓰기도 해요.

**019** Our classroom is / **on the third floor.**

주어 동사 장소

우리 교실은 있다 / 3층에.

건물의 층을 나타낼 때는 〈the+서수(순서를 나타내는 수)+floor〉로 써요.

*e.g.* the **first** floor 1층, the **second** floor 2층, the **third** floor 3층, the **fourth** floor 4층

**020** Somebody is / **at the front door.**

주어 동사 장소

누군가 있다 / 현관에.

somebody는 '누군가'라는 뜻으로 불특정한 사람을 가리키는 말이에요. somebody는 단수 취급하므로 그 뒤에 be동사는 is가 와야 해요. (☞ Ch 07)

**Check up Answer** 본문 p.21

1 **맑다** 2 **시장에 있다** 3 **대학생이다**

UNIT 03

# be동사의 부정문과 의문문

## Point 005 be동사의 부정문

021 I **am not** free / this afternoon.
주어 동사 보어 수식어
나는 한가하지 않다 / 오늘 오후에.

I am not = I'm not

022 Julia **is not** my sister. She's my cousin.
주어 동사 보어 주어 동사 보어
줄리아는 내 언니가 아니다. 그녀는 내 사촌이다.

is not = isn't
She = Julia

023 The chicken **isn't** spicy / for me.
주어 동사 보어 수식어
그 치킨은 맵지 않다 / 나에게.

맛을 나타내는 표현
• spicy[hot] 매운, 매콤한 • salty 짠, 짭짤한 • sweet 단, 달콤한 • sour 신, 신맛이 나는 • bitter 쓴

024 The eggs **aren't** / in the refrigerator. They're / in the basket.
주어 동사 장소 주어 동사 장소
달걀은 없다 / 냉장고에. 그것들은 있다 / 바구니에.

are not = aren't
They = The eggs

## Point 006 be동사의 의문문

025 A: **Are** you ready / now?
동사 주어 보어 수식어
너는 준비가 됐니 / 이제?
B: Yes, I **am**.
주어 동사
응, 그래.

의문문의 주어가 you(너)일 때, 긍정의 대답은 you are가 아닌 I am으로 해야 돼요.

026 A: **Are** they 13 years old?
동사 주어 보어
그들은 열세 살이니?
B: No, they **aren't**. They're 12 years old.
주어 동사 주어 동사 보어
아니, 그렇지 않아. 그들은 열두 살이야.

No, they aren't. = No, they're not.

**027** A: **Is** your mom / at work / today?
동사 주어 장소 수식어
너희 엄마는 계시니 / 직장에 / 오늘?

B: No, she **isn't.**
주어 동사
아니, 그렇지 않으셔.

No, she isn't. = No, she's not.

**028** A: **Are** you and Jake twins?
동사 주어 보어
너와 제이크는 쌍둥이니?

B: Yes, we **are.**
주어 동사
응, 그래.

의문문의 주어가 'you and A'일 때 대답의 주어는 we(우리)가 되어야 해요.

**Check up Answer** 본문 p.23

**A** 1 **aren't** | 우리는 배고프다. → 우리는 배고프지 않다.
2 **isn't** | 그 수학 시험은 쉽다. → 그 수학 시험은 쉽지 않다.
3 **I'm not** | 나는 운동장에 있다. → 나는 운동장에 있지 않다.

**B** 1 **Are you** | A: 너는 나에게 화가 났니? B: 아니, 그렇지 않아.
2 **it is** | A: 그 책은 재미있니? B: 응, 그래. 해설 의문문의 주어가 단수명사 the book이므로 대답할 때 주어는 it을 써야 돼요.

## Chapter Exercises 01

본문 p.24

**A** 1 **Is** | 그녀는 숙제 하느라 바쁘니?
2 **aren't** | 그들은 지금 구내 식당에 없다.
3 **isn't** | 그 남자아이는 스포츠를 잘 못한다. 해설 주어(The boy)가 단수명사이므로 isn't로 써야 해요.
4 **are** | 그 아이들은 소풍 갈 생각에 신났다. 해설 주어(The children)가 복수명사이므로 be동사는 are로 써야 해요.
5 **Are** | 그 축구 선수들은 이탈리아 출신이니[이탈리아에서 왔니]?
6 **is** | 홍콩은 유명한 관광 도시이다. 해설 주어가 셀 수 없는 명사인 Hong Kong이므로 be동사는 is로 써야 해요.
7 **are** | 에디와 나는 북클럽의 회원이다. 해설 주어(Eddie and I)가 복수명사이므로 be동사는 are로 써야 해요.

**B** 1 **과학 선생님이시니**
2 **편하지 않다**
3 **뉴욕 출신이다[뉴욕에서 왔다]**
4 **화창하지 않다**
5 **부엌에 있다**

**C** 1 **is the principal**
2 **isn't[is not] hot**
3 **aren't[are not] at the shopping mall**
4 **am an only child**
5 **Is your house far**

**D** 1 **are worried, is, sick** | 내 부모님은 내 여동생[누나, 언니]에 대해 걱정하신다. 그녀는 매우 아프다.
해설 첫 번째 문장의 주어(My parents)는 복수명사이므로 are을 쓰고, 두 번째 문장은 주어(She)가 3인칭 단수이므로 is를 써야 해요.
2 **No, they aren't[they're not]** | A: 앨리스와 브라이언은 같은 반이니? B: 아니, 그렇지 않아. 그들은 다른 반이야.
해설 대답할 때 주어는 Alice and Brian을 대신하는 they를 사용하고, No로 답해야 하므로 No, they aren't 또는 No, they're not으로 써야 해요.

# UNIT 04 일반동사의 현재형

## Point 007 대부분 주어+동사원형

**029** I **wash** my hair / every morning.
주어 동사 목적어(~을/를) 수식어
나는 머리를 감는다 / 매일 아침.

- 〈every+요일[때]〉은 '매 ~, ~마다'란 뜻으로 쓰여요.
  *e.g.* every day 매일, every week 매주, every month 매달, every Monday 월요일마다

**030** We **have** an English class / today.
주어 동사 목적어 수식어
우리는 영어 수업이 있다 / 오늘.

**031** My friend and I / usually **walk** / to school.
주어 수식어 동사 수식어
나와 내 친구는 / 보통 걸어 간다 / 학교에.

- 주어(My friend and I)는 I(나)를 포함하므로 We로 바꿔 쓸 수 있어요.
- 어떤 장소에 갈 때 이용하는 교통수단에 따라 쓸 수 있는 다양한 표현들이 있어요.
  *e.g.* **walk** to school 걸어서 등교하다, **take a bus** to school 버스를 타고 등교하다,
  **ride a bike** to school 자전거를 타고 등교하다

**032** The boys **play** soccer / in the park / on Sundays.
주어 동사 목적어 수식어 수식어
그 남자아이들은 축구를 한다 / 공원에서 / 일요일마다.

- 〈on+요일[때]-s〉: ~마다 (= every+요일[때])
  *e.g.* **on** Sunday**s** = **every** Sunday 일요일**마다**
- 동사 뒤에 오는 수식어는 〈장소+시간〉의 순서로 써요.

## Point 008 3인칭 단수 주어+동사원형+-(e)s

**033** He **likes** / chocolate ice cream.
주어 동사 목적어(~을/를)
그는 좋아한다 / 초콜릿 아이스크림을.

**034** My mom **goes** / to work / by subway.
주어 동사 수식어 수식어
나의 엄마는 가신다 / 직장에 / 지하철로.

- **〈by+교통수단〉**: (방법·수단을 나타냄) ~로
  *e.g.* by car 자동차로, by train 기차로, by bus 버스로, by plane 비행기로

**035** The baby **cries** / all day.
주어 동사 수식어
그 아기는 운다 / 하루 종일.

**036** She **plays** the violin / very well.
주어 동사 목적어 수식어
그녀는 바이올린을 연주한다 / 매우 잘.

**037** Jack **has** breakfast / at 8 a.m. / every day.
주어 동사 목적어 수식어 수식어
잭은 아침을 먹는다 / 오전 8시에 / 매일.

- 동사 뒤에 오는 시간을 나타내는 수식어는 〈작은 단위+큰 단위〉의 순서로 써요.
*e.g.* at 9:30 in the evening 저녁 9시 30분에

**Check up Answer** 본문 p.29

1 **brushes** | 그는 자기 전에 양치를 한다.
2 **studies** | 제시카는 월요일마다 한국어를 공부한다.
3 **have** | 마이크와 나는 이번 주말에 계획이 있다.
4 **rings** | 내 자명종 시계는 오전 7시에 울린다. 해설 주어(My alarm clock)가 3인칭 단수이므로 rings로 써야 해요.

## UNIT 05 일반동사의 부정문

### Point 009 do not[don't] + 동사원형

**038** I **do not like** / loud music.
주어 동사 목적어
나는 좋아하지 않는다 / 시끄러운 음악을.

- do not = don't

**039** Penguins **don't live** / in the North Pole.
주어 동사 장소
펭귄들은 살지 않는다 / 북극에.

- '(장소에) 살다, 거주하다'라는 의미로 쓰이는 live 뒤에는 장소를 나타내는 말이 꼭 필요해요.
- 펭귄은 북극이 아닌 남극 주변에서만 발견되는데요. 펭귄의 오랜 조상들이 남반구에서 태어나 그 지역에 적응을 했기 때문이에요. 또한 펭귄은 낮은 수온의 남반구에 익숙해 따뜻한 적도 근처의 바닷물을 지나 북극으로 헤엄쳐 갈 수 없었다고 해요.

**040** Hurry up! We **don't have** time.
주어 동사 목적어
서둘러! 우리는 시간이 없어.

- Hurry up!은 '서둘러!'란 뜻으로, 상대방을 재촉할 때 쓰는 표현이에요.

**041** The children **don't eat** vegetables / at all.
주어 동사 목적어 수식어
그 아이들은 채소를 먹지 않는다 / 조금도.

**042** Many stores **don't open** / on Sundays.
주어 동사 수식어
많은 가게들은 열지 않는다 / 일요일마다.

many는 '많은'이란 뜻으로 복수명사(stores)와 함께 쓰여요. (형용사와 부사 ☞ Ch 08)

## Point 010 does not[doesn't]+동사원형

**043** She **does not drink** coffee / at night.
주어 동사 목적어 수식어
그녀는 커피를 마시지 않는다 / 밤에.

does not = doesn't

**044** My computer **doesn't work** / well.
주어 동사 수식어
내 컴퓨터는 작동하지 않는다 / 잘.

동사 work는 '일하다'라는 뜻 외에도 '(기계 · 장치 등이) 작동하다'라는 뜻으로도 잘 쓰여요.

**045** He **doesn't go** to bed / early / on weekends.
주어 동사 수식어 수식어 수식어
그는 잠자리에 들지 않는다 / 일찍 / 주말마다.

go to bed는 직역하면 '침대에 가다'이지만 '잠자리에 들다, 자러 가다'라는 뜻을 나타내요. 〈동사(go)+수식어(to bed)〉의 구조를 갖고 있지만 하나의 표현처럼 잘 쓰여요.

**046** Our school / **doesn't have** a swimming pool.
주어 동사 목적어
우리 학교는 / 수영장을 갖고 있지 않다.

**047** The train **doesn't stop** / at this station.
주어 동사 수식어
그 열차는 정차하지 않는다 / 이 역에.

**Check up Answer** 본문 p.31

1 **doesn't read** | 그는 만화책을 읽지 않는다.
2 **don't watch** | 우리는 공포영화를 보지 않는다.
3 **doesn't eat** | 소피아는 당근을 먹지 않는다.
4 **doesn't start** | 우리의 첫 수업은 10시에 시작하지 않는다.
해설 주어(Our first class)가 3인칭 단수이므로 〈doesn't+동사원형〉으로 부정문을 나타내요.
5 **don't fight** | 내 언니[누나, 여동생]와 나는 더 이상 싸우지 않는다.

UNIT

# 06 일반동사의 의문문

## Point 011 Do+주어+동사원형 ~?

**048** A: **Do** you **have** an older brother?

주어 / 동사 / 목적어

너는 형이 있니?

B: No, I **don't**.

주어 동사

아니, 없어.

brother는 남자 형제인 '형, 오빠, 남동생'을 모두 나타낼 수 있으며, 나보다 나이 많은 남자 형제인 '형, 오빠'는 older[elder] brother로, '남동생'은 younger brother로 나타내요.
*cf.* older sister 누나, 언니 younger sister 여동생

**049** A: **Do** you **go** / to the same school?

주어 / 동사 / 수식어

너희는 가니 / 같은 학교에?

↳ 너희는 같은 학교에 다니니?

B: Yes, we **do**.

주어 동사

응, 맞아.

의문문의 주어가 복수인 you(너희)일 때 대답의 주어는 we를 사용해요.

**050** A: **Do** students **wear** uniforms / in England?

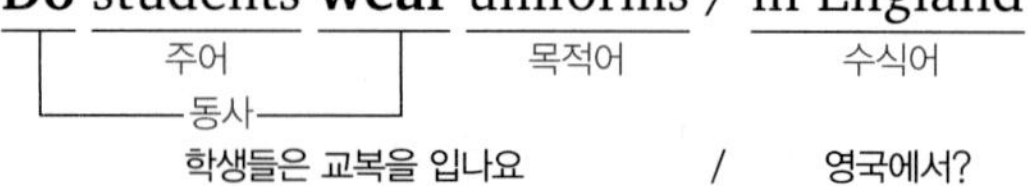


목적어 / 수식어

학생들은 교복을 입나요 / 영국에서?

B: Yes, they **do**.

주어 동사

네, 맞아요.

England는 좁은 의미로는 '잉글랜드', 즉 London이 수도인 나라 '영국'을 나타내요. 그러나 잉글랜드, 스코틀랜드, 웨일스, 아일랜드를 모두 포함한 넓은 의미로의 '영국(= United Kingdom)'을 뜻하기도 해요.

**051** A: **Do** Andy and Clara **like** action movies?

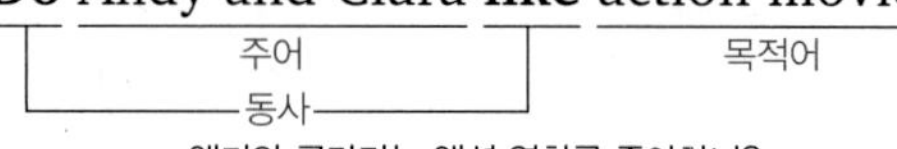


목적어

앤디와 클라라는 액션 영화를 좋아하니?

B: No, they **don't**.

주어 동사

아니, 그렇지 않아.

## Point 012 Does+주어+동사원형 ~?

**052** A: **Does** she **exercise** / regularly?

주어 / 동사 / 수식어

그녀는 운동하니 / 규칙적으로?

B: Yes, she **does**.

주어 동사

응, 맞아.

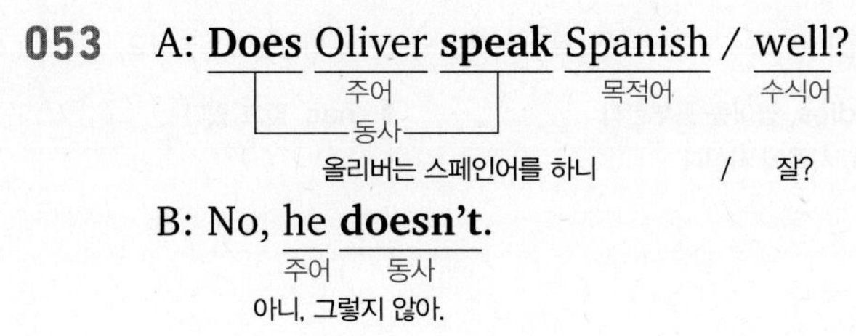

**053** A: **Does** Oliver **speak** Spanish / well?

주어 / 동사 / 목적어 / 수식어

올리버는 스페인어를 하니 / 잘?

B: No, he **doesn't**.

주어 동사

아니, 그렇지 않아.

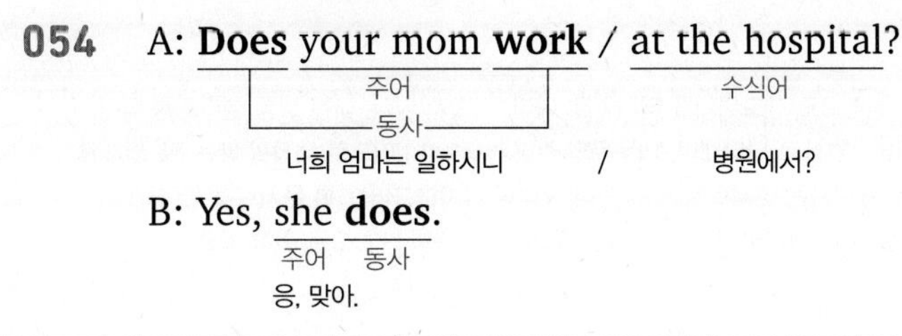

**054** A: **Does** your mom **work** / at the hospital?

주어 / 동사 / 수식어

너희 엄마는 일하시니 / 병원에서?

B: Yes, she **does**.

주어 동사

응, 맞아.

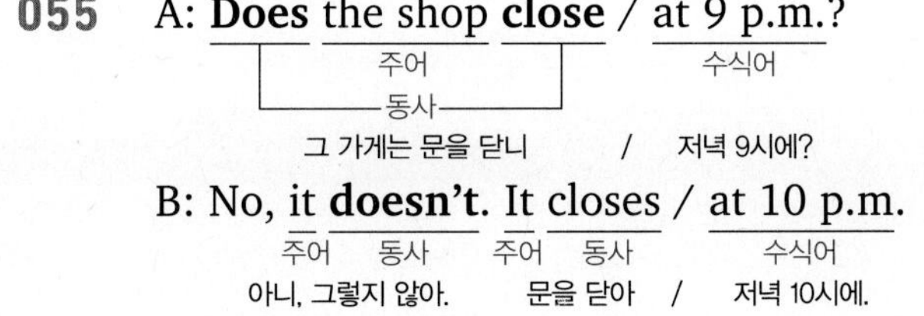

**055** A: **Does** the shop **close** / at 9 p.m.?

주어 / 동사 / 수식어

그 가게는 문을 닫니 / 저녁 9시에?

B: No, it **doesn't**. It closes / at 10 p.m.

주어 동사 주어 동사 수식어

아니, 그렇지 않아. 문을 닫아 / 저녁 10시에.

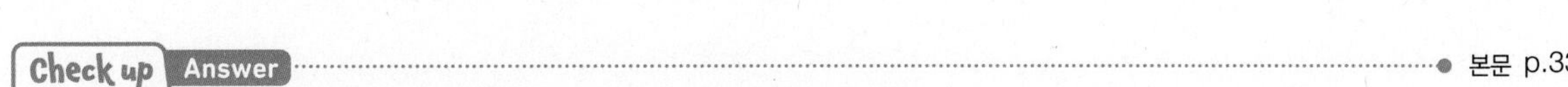

**Check up** Answer 본문 p.33

1 **Do they go** | 그들은 여름마다 해변에 간다. → 그들은 여름마다 해변에 가니?
2 **Does Erin live** | 에린은 뉴욕에 산다. → 에린은 뉴욕에 사니?
3 **Does the farmer grow** | 그 농부는 토마토를 키운다. → 그 농부는 토마토를 키우니?

# Chapter Exercises 02

본문 p.34

**A** 1 **take** | 우리는 버스를 타고 등교한다.
2 **buys** | 그녀는 주로 온라인으로 옷을 산다.
3 **do** | 그는 저녁 식사 후에 숙제를 하니? **해설** 〈Does+주어〉 뒤에는 항상 동사원형이 와요.
4 **Does** | 네 언니[누나, 여동생]는 긴 머리를 가지고 있니? **해설** 주어(your sister)가 3인칭 단수이므로 의문문은 Does로 시작해야 해요.
5 **flies** | 그 비행기는 매주 파리로 비행한다.
6 **need** | 이 식물은 매일 물을 필요로 하지 않는다.
**해설** 주어(This plant)가 3인칭 단수라도 doesn't[does not] 뒤에는 동사원형이 와야 해요.
7 **doesn't** | 에단은 오늘 피아노 수업이 없다. **해설** 3인칭 단수 주어(Ethan) 뒤에는 doesn't가 와야 해요.
8 **Do** | 너[너희]는 그의 전화번호를 아니?
**해설** 주어(you) 뒤에 명사나 형용사가 아닌 일반동사(know)가 오므로 Do로 시작하는 일반동사 의문문이 알맞아요.

**B** 1 **watches, TV를 본다** 2 **studies, 영어를 공부한다** 3 **has, 갖고 있다**
4 **reads, 신문을 읽는다** 5 **live, 시골에 사신다**

**C** 1 **teaches science**
2 **don't[do not] like spicy food**
3 **Do your parents give**
4 **doesn't[does not] get up**
5 **Does he know anything**

**D** 1 **I don't, have a salad** | A: 너는 보통 점심으로 샌드위치를 먹니? B: 아니, 그렇지 않아. 나는 보통 샐러드를 먹어.
**해설** 부정의 응답은 〈No, 주어+don't[doesn't].〉로 나타내며, 의문문의 주어가 you(너)이므로 대답할 때는 I로 답해요.
2 **Does Jessica, go to concerts** | A: 제시카는 콘서트에 자주 가니? B: 응, 맞아. 그녀는 록 콘서트를 좋아해.
**해설** 주어(Jessica)가 3인칭 단수이므로 일반동사의 의문문은 〈Does+주어+동사원형 ~?〉으로 써야 해요.

# UNIT 07 be동사의 과거형

## Point 013 be동사 과거형의 긍정문

056 I **was** very sick / *yesterday*.
주어 동사 보어 수식어
나는 매우 아팠다 / 어제.

057 We **were** at the gym / *an hour ago*.
주어 동사 장소 수식어
우리는 체육관에 있었다 / 한 시간 전에.

058 She **was** my homeroom teacher / *last year*.
주어 동사 보어 수식어
그녀는 내 담임 선생님이셨다 / 작년에.

059 They **were** hungry / after the hike.
주어 동사 보어 수식어
그들은 배고팠다 / 하이킹 후에.

- after는 '~ 후에'란 뜻으로 시간을 나타내는 말이에요. 이렇게 시간이나 위치를 나타내는 말을 '전치사'라고 해요. (☞ Ch 12)

060 The traffic **was** terrible / *yesterday morning*.
주어 동사 보어 수식어
교통(량)이 끔찍했다 / 어제 아침에.
→ 어제 아침에 교통이 아주 혼잡했다[차가 많이 막혔다].

- heavy traffic(많은 교통량), traffic jam(교통 체증)이란 표현도 자주 쓰여서 알아두면 좋아요.
  ***e.g.*** There was **heavy traffic** on the road. 그 도로에는 교통량이 많았다.

061 Max and I **were** at the concert / *last night*. We **were** so excited.
주어 동사 장소 수식어 주어 동사 보어
맥스와 나는 콘서트장에 있었다 / 어젯밤에. 우리는 무척 신났었다.

- 첫 번째 문장의 were는 '~(에) 있었다', 두 번째 문장의 were는 '(어떠)했다'는 의미예요. 뒤에 오는 말에 따라 be동사를 알맞게 해석해야 해요.

## Point 014 be동사 과거형의 부정문

062 It **was not** your fault. It is okay.
주어 동사 보어 주어 동사 보어
그것은 네 잘못이 아니었어. 괜찮아.

- was not = wasn't
- 첫 번째 문장의 It은 '그것'이라는 뜻으로 특정한 무언가를 가리키는 말이며, 두 번째 문장의 It은 현재의 상황에 대해 이야기할 때 쓰이는 뜻이 없는 It이에요. (인칭대명사 ☞ Unit 24)

**063** We **weren't** in the same class / *last year*.
주어 동사 장소 수식어
우리는 같은 반에 있지 않았다 / 작년에.

were not = weren't

**064** The novel **wasn't** interesting. It was boring.
주어 동사 보어 주어 동사 보어
그 소설은 재미없었다. 그것은 지루했다.

It = The novel

**065** My test results **weren't** good / this time.
주어 동사 보어 수식어
내 시험 결과가 좋지 않았다 / 이번에는.

**Check up Answer** 본문 p.39

1 **was** | 나는 학교 공부로 바빴다.
2 **was** | 그 여자는 오래 전에 유명한 가수였다. **해설** 주어(The woman)가 단수명사이므로 was를 써야 해요.
3 **weren't** | 그들은 오늘 아침에 교실에 없었다.
4 **wasn't** | 나의 가족은 지난주에 서울에 있지 않았다. **해설** last week가 과거의 일을 나타내므로 be동사는 과거형인 wasn't로 써야 해요.

## Point 015 be동사 과거형의 의문문

**066** A: **Were** you at the fireworks festival / *yesterday*?
동사 주어 장소 수식어
너희들은 불꽃 축제에 있었니 / 어제?
B: Yes, we **were**.
주어 동사
응, 그랬어.

**067** A: **Were** you nervous / about the test?
동사 주어 보어 수식어
너는 긴장했었니 / 시험에 대해?
B: No, I **wasn't**.
주어 동사
아니, 그렇지 않았어.

**068** A: **Were** Ann and Ted at the movie theater?
동사 주어 장소
앤과 테드는 영화관에 있었니?
B: No, they **weren't**.
주어 동사
아니, 그렇지 않았어.

**영화관, 극장을 나타내는 말**
theater, movie theater, the movies ((복수형으로)), cinema 등이 있어요. 이 중 cinema는 주로 영국 영어에서 잘 쓰여요.

**069** A: **Was** your school trip fun / *last week*?
동사 주어 보어 수식어
네 수학여행은 재밌었니 / 지난주에?

B: Yes, it **was**.
주어 동사
응, 그랬어.

의문문의 주어(your school trip)는 3인칭 단수이므로, 대답할 때 주어는 it으로 답해야 해요.

**Check up Answer** 본문 p.40

1 **Were, was** | A: 너는 한 시간 전에 공원에 있었니? B: 응, 그랬어.
2 **Was, wasn't** | A: 그 버스는 오늘 아침에 사람들로 꽉 찼었니? B: 아니, 그렇지 않았어.
3 **Was, was** | A: 네이트는 작년에 반장이었니? B: 응, 그랬어.

# UNIT 08 일반동사의 과거형

## Point 016 일반동사의 과거형: 규칙 변화

**070** I **watched** a fun movie / *yesterday*.
주어 동사 목적어 수식어
나는 재미있는 영화를 보았다 / 어제.

**071** Chloe **studied** / for the test / *last night*.
주어 동사 수식어 수식어
클로이는 공부했다 / 시험을 위해 / 어젯밤에.

**072** My last summer vacation **passed** / quickly.
주어 동사 수식어
내 지난 여름 방학은 지나갔다 / 빨리.

**073** Minho **moved** / to Busan / *three years ago*.
주어 동사 수식어 수식어
민호는 이사했다 / 부산으로 / 3년 전에.

**074** I **tried** bungee jumping / once. I **enjoyed** it.
주어 동사 목적어 수식어 주어 동사 목적어
나는 번지점프를 해봤다 / 한 번. 나는 그것을 즐겼다.

it = bungee jumping

**075** The kids **played** / on the playground / for hours.
주어 동사 수식어 수식어
아이들은 놀았다 / 놀이터에서 / 한참 동안.

**076** My friends and I / **planned** Ian's birthday party.
주어 동사 목적어
내 친구들과 나는 / 이안의 생일 파티를 계획했다.

〈명사+'s〉는 '~의'라는 뜻으로 소유를 나타내는 말이에요. (☞ Point 49)
*e.g.* **Tony's** textbook **토니의** 교과서, **Wendy's** brother **웬디의** 오빠

## Point 017 일반동사의 과거형: 불규칙 변화

**077** We **saw** the paintings / at the museum.
주어 동사 목적어 수식어
우리는 그림들을 보았다 / 그 박물관에서.

**078** The Egyptians **built** the pyramids / *long ago*.
주어 동사 목적어 수식어
이집트인들은 피라미드를 지었다 / 오래전에.

**079** My dad **sold** his old car / *yesterday*.
주어 동사 목적어 수식어
나의 아빠는 그의 오래된 차를 파셨다 / 어제.

**080** I only **slept** / for three hours / *last night*.
주어 수식어 동사 수식어 수식어
나는 겨우 잤다 / 세 시간 동안 / 어젯밤에.

**081** I **got** a cold. I **went** to the doctor / *two days ago*.
주어 동사 목적어 주어 동사 수식어 수식어
나는 감기에 걸렸다. 나는 병원에 갔다 / 이틀 전에.

- go to the doctor는 '병원에 가다, 진찰받다'라는 뜻으로 〈동사+수식어〉의 구조를 갖고 있지만 하나의 표현처럼 잘 쓰여요.

**082** Emily loved the book. She **read** it / three times.
주어 동사 목적어 주어 동사 목적어 수식어
에밀리는 그 책을 무척 좋아했다. 그녀는 그것을 읽었다 / 세 번.

- read의 현재형과 과거형은 철자가 같지만, 과거형은 [red(레드)]로 발음하므로 주의하세요. 동사의 현재형과 과거형이 같은 경우 문맥으로 구별해야 해요. 주어가 3인칭 단수인데 동사 뒤에 -(e)s가 없으면 과거형이에요.
- it = the book

**Check up Answer** 본문 p.43

A 1 gave 2 invited 3 put
4 studied 5 spent 6 visited

B 1 **carried** | 나는 큰 여행 가방을 가지고 갔다.
2 **cut** | 제빵사는 그 파이를 반으로 잘랐다. 해설 cut의 과거형은 현재형과 형태가 같으므로 주의해야 해요.
3 **dropped** | 그는 그의 전화기를 바닥에 떨어뜨렸다.
4 **had** | 그들은 지난 월요일에 중국어 수업이 있었다.
5 **left** | 앨리스는 학교에 그녀의 재킷을 두고 왔다.
6 **played** | 나의 형[오빠, 남동생]과 나는 컴퓨터 게임을 했다.

# UNIT 09 일반동사 과거형의 부정문과 의문문

## Point 018 일반동사 과거형의 부정문

**083** I **did not hear** my alarm / *this morning*.
주어 동사 목적어 수식어
나는 내 알람을 듣지 못했다 / 오늘 아침에.

- did not = didn't

**084** I am sorry. I **didn't get** your message.
주어 동사 보어 주어 동사 목적어
미안해. 나는 네 메시지를 받지 못했어.

**085** We **didn't know** each other / *then*.
주어 동사 목적어 수식어
우리는 서로를 몰랐다 / 그때.

**086** Julie **didn't eat** anything / all day.
주어 동사 목적어 수식어
줄리는 아무것도 먹지 않았다 / 하루 종일.

**087** Luckily, / the storm **didn't hit** this area.
수식어 주어 동사 목적어
다행히, / 폭풍이 이 지역을 강타하지 않았다.

## Point 019 일반동사 과거형의 의문문

**088** A: **Did** you **sleep** / well?
주어 동사 수식어
너는 잤니 / 잘?
B: No, I **didn't**.
주어 동사
아니, 그렇지 않았어.

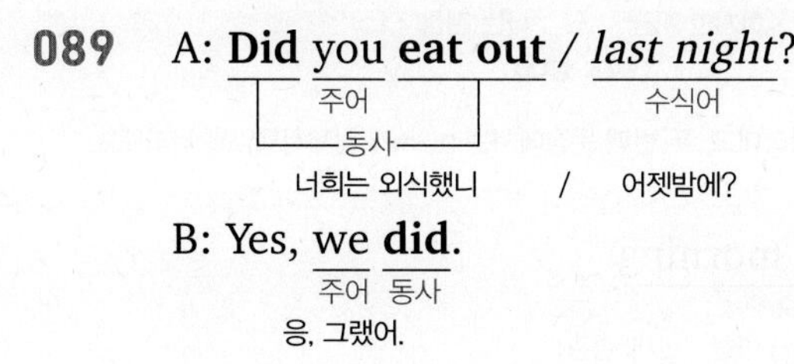

**089** A: **Did** you **eat out** / *last night*?
주어 동사 수식어
너희는 외식했니 / 어젯밤에?
B: Yes, we **did**.
주어 동사
응, 그랬어.

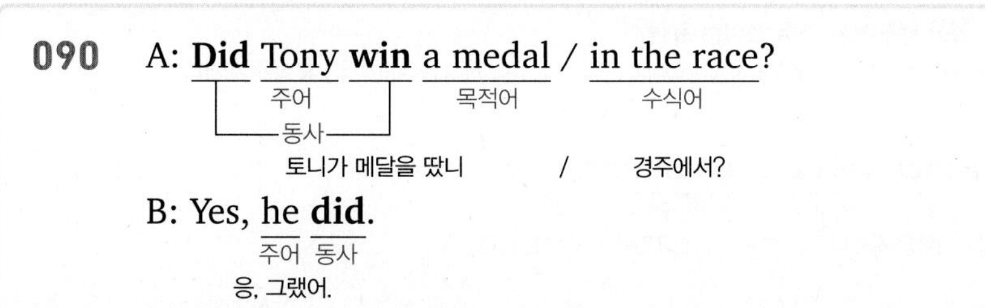

**090** A: **Did** Tony **win** a medal / in the race?
주어 동사 목적어 수식어
토니가 메달을 땄니 / 경주에서?
B: Yes, he **did**.
주어 동사
응, 그랬어.

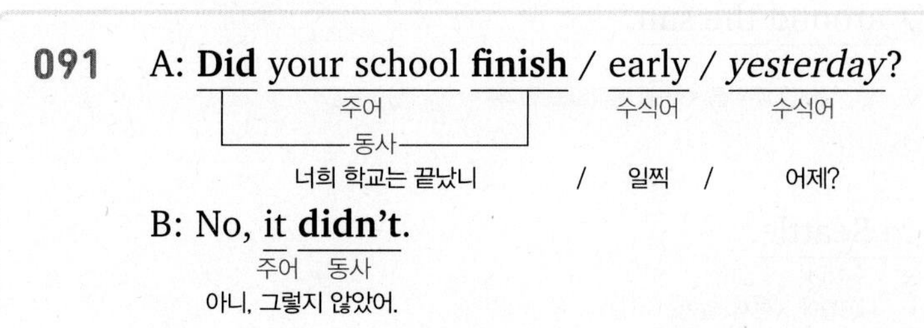

**091** A: **Did** your school **finish** / early / *yesterday*?
주어 동사 수식어 수식어
너희 학교는 끝났니 / 일찍 / 어제?
B: No, it **didn't**.
주어 동사
아니, 그렇지 않았어.

의문문의 주어(your school)는 3인칭 단수이므로 대답할 때 주어는 it으로 답해야 해요.

Check up Answer ······ 본문 p.45

A 1 **didn't pass** | 그들은 시험을 통과하지 못했다.
2 **didn't bring** | 나의 엄마는 그녀의 자동차 열쇠를 가져오지 않으셨다.

B 1 **Did, end** | 학급 회의는 한 시간 전에 끝났다. → 학급 회의는 한 시간 전에 끝났니?
2 **Did, buy** | 그들은 콘서트 표를 샀다. → 그들은 콘서트 표를 샀니?
해설 일반동사 과거형의 의문문은 Did로 시작하고, 주어 뒤에는 동사원형을 써야 하므로 bought는 buy로 바꿔 써야 해요.

# UNIT 10 현재시제와 과거시제

## Point 020 현재시제 vs. 과거시제

**092** She **eats** spaghetti / for lunch.
주어 동사 목적어 수식어
그녀는 스파게티를 먹는다 / 점심으로. 〈현재: 동작〉

**093** She **ate** a hamburger / *yesterday*.
주어 동사 목적어 수식어
그녀는 햄버거를 먹었다 / 어제. 〈과거: 동작〉

**094** I **was** very tired / *yesterday*, // but *now* / I **am** okay.
주어1 동사1 보어1 수식어1 수식어2 주어2 동사2 보어2
나는 매우 피곤했다 / 어제, // 하지만 지금 / 나는 괜찮다.
〈과거: 상태〉 〈현재: 상태〉

첫 번째 문장에서는 yesterday가 과거시제임을 나타내고, 두 번째 문장에서는 now가 현재시제임을 나타내요.

**095** Wendy **takes** a shower / every morning.
주어 동사 목적어 수식어
웬디는 샤워를 한다 / 매일 아침. 〈현재: 습관〉

**take가 들어간 일상 생활에서 자주 쓰이는 표현**
take a picture[photo] 사진을 찍다, take a walk 산책하다, take a break[rest] 휴식을 취하다

**096** My dad **washes** his car / on Sundays.
주어 동사 목적어 수식어
나의 아빠는 세차를 하신다 / 일요일마다. 〈현재: 습관〉

**097** The earth **goes** / around the sun.
주어 동사 수식어
지구는 간다 / 태양 주위를. 〈현재: 변함없는 진리〉
→ 지구는 태양 주위를 돈다.

**098** It often **rains** / in Seattle.
주어 수식어 동사 수식어
자주 비가 온다 / 시애틀에. 〈현재: 일반적 사실〉

미국 워싱턴 주(Washington State)의 도시인 시애틀에서는 평균적으로 1년 365일 중 150일 정도 비가 올 정도로 비가 자주 온다고 해요.

**099** King Sejong **created** Hangul / *in 1443.*
주어 동사 목적어 수식어
세종대왕은 한글을 만드셨다 / 1443년에. 〈과거: 역사적 사실〉

**Check up** Answer 본문 p.47

1 **is** | 로마는 이탈리아의 수도이다.
해설 일반적인 사실이나 변함없는 진리는 현재시제로 나타내며, 주어(Rome)가 셀 수 없는 명사이므로 is로 써야 해요.
2 **watched** | 우리는 어젯밤에 야구 경기를 보았다.
해설 과거(last night)에 일어난 일이므로 동사 watch는 과거형인 watched로 써야 해요.
3 **need** | 식물은 물과 햇빛을 필요로 한다.
4 **won** | 프랑스는 4년 전에 월드컵에서 우승했다.

## Chapter Exercises 03

본문 p.48

**A** 1 **come** | 마이크는 파티에 오지 않았다.
해설 didn't[did not] 뒤에는 동사원형이 와야 하므로 came은 come으로 고쳐 써야 해요.
2 **was** | 그 남자는 오래전에 훌륭한 배우였다.
3 **left** | 나는 어제 버스에 내 가방을 두고 내렸다.
4 **is** | 헬렌은 이제 14살이다. 해설 현재를 나타내는 now가 있으므로 was가 아닌 is로 고쳐야 해요.
5 **weren't[were not]** | 메리와 제인은 작년에 룸메이트가 아니었다.
6 **take** | 너는 오늘 아침에 약을 먹었니? 해설 문장 맨 앞에 Did가 있으므로 주어 뒤에는 동사원형인 take가 와야 해요.
7 **cleaned** | 나의 엄마는 어제 집을 청소하셨다. 해설 yesterday가 과거를 나타내므로 cleans는 과거형인 cleaned로 고쳐 써야 해요.
8 **Was** | 네 여동생[언니, 누나]은 어젯밤에 아팠니? 해설 last night이 과거를 나타내므로 Was로 고쳐야 해요.

**B** 1 **heard, 들었다**
2 **boils, 끓는다**
해설 일반적인 사실이나 변함없는 진리는 현재시제로 나타내며, 주어(Water)가 셀 수 없는 명사이므로 단수 취급하여 boils로 써야 해요.
3 **discovered, 발견했다** 해설 역사적 사실은 과거시제로 나타내므로 동사는 과거형인 discovered로 써야 해요.
4 **was, 대성공을 거두었다[대히트를 쳤다]**
5 **built, 이 집을 지으셨다**

**C** 1 **moves** 2 **didn't[did not] stop** 3 **put the key**
4 **stayed a night** 5 **Was the sky clear**

**D** 1 **go** 해설 현재의 습관이나 반복적인 동작은 현재시제로 나타내므로 동사는 현재형인 go로 써야 해요.
2 **went** 해설 과거의 일을 나타내는 yesterday가 쓰였으므로 과거형 동사인 went로 써야 해요.
3 **did you wake up**
4 **was late**
5 **need a good sleep**
해설 문맥상 화자가 충분한 수면(a good sleep)이 필요하다는 현재 상태에 대한 이야기이므로 현재시제로 쓰는 것이 알맞아요.

A: 오늘 졸려 보인다. 무슨 일 있니?
B: 나는 보통 오후 열한 시에 잠자리에 들어. 그런데 어제는 새벽 두 시에 잤어.
A: 이런! 그러면 너는 오늘 아침에 늦게 일어났니?
B: 응, 맞아. 나는 수업에 지각하기도 했어.
A: 오늘 밤에는 일찍 잠을 자. 너는 충분한 수면이 필요해.
B: 고마워, 그럴게!

# UNIT 11 미래 표현 will

## Point 021 will+동사원형

100 I **will finish** my homework / *tonight*.
주어 동사 목적어 수식어
나는 내 숙제를 끝낼 것이다 / 오늘 밤에.

101 Kate **will visit** her grandma / *next week*.
주어 동사 목적어 수식어
케이트는 그녀의 할머니를 방문할 것이다 / 다음 주에.

〈명사 주어+will〉은 줄여 쓸 수 없어요. (Kate'**ll** visit her grandma next week. (×))

102 It **will be** / rainy and cold / *tomorrow*.
주어 동사 보어 수식어
~일 것이다 / 비가 많이 오고 추운 / 내일.

여기서 It은 '그것'으로 해석하지 않아요. It은 '날씨, 시간, 요일' 등을 나타내는 뜻이 없는 주어예요. (☞ Unit 25)
and는 '~와/과, ~고, 그리고'라는 뜻으로 단어와 단어 또는 문장과 문장을 연결할 수 있어요.

103 The train **will arrive** here / *in five minutes*.
주어 동사 수식어 수식어
기차가 여기에 도착할 것이다 / 5분 후에.

〈in+시간〉은 주로 '~후에[안에]'라는 뜻으로 시간의 경과를 나타내요.
*e.g.* in ten minutes 10분 후에, in an hour 한 시간 후에, in a week 일주일 후에

## Point 022 will의 부정문과 의문문

104 I **will not tell** anybody. I promise.
주어 동사 목적어 주어 동사
나는 아무에게도 말하지 않을 거야. 내가 약속할게.

will not = won't

105 A: **Will** you **come** home / late / today?
주어 수식어 수식어 수식어
동사
너는 집에 올 거니 / 늦게 / 오늘?

B: No, I **won't.**
주어 동사
아니요, 그렇지 않을 거예요.

여기서 home은 명사가 아닌 부사로 '집에, 집으로'란 뜻으로 쓰인 수식어예요. go home(집에 가다), come home(집에 돌아오다), walk home(집까지 걸어가다)와 같이 동사와 함께 잘 쓰여요.

**106** Liam **won't have** pizza. He is on a diet / now.
주어 동사 목적어 주어 동사 수식어 수식어
리암은 피자를 먹지 않을 것이다. 그는 다이어트를 하고 있다 / 지금.

**107** I **won't bother** you / too long. But I have / a quick question.
주어 동사 목적어 수식어 주어 동사 목적어
나는 너를 방해하지 않을게 / 너무 오래. 하지만 나는 있어 / 간단한 질문이.

**108** A: **Will** the soccer game **begin** / *soon*?
주어 수식어

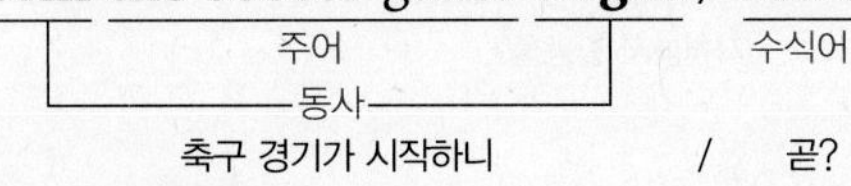

동사
축구 경기가 시작하니 / 곧?

B: Yes, it **will.**
주어 동사
응, 그럴 거야.

의문문의 주어(the soccer game)가 3인칭 단수이므로 대답할 때 주어는 it으로 답해야 해요.

**Check up** Answer 본문 p.53

1 **will practice** | 폴은 내일 기타를 연습할 것이다.
2 **will not take** | 나는 오늘 밤에 샤워를 하지 않을 것이다.
3 **Will you play** | 너는 친구들과 야구를 할 거니?
4 **be** | 안나와 제인은 내년에 열다섯 살이 될 것이다. 해설 주어에 상관없이 will 뒤에는 항상 동사원형이 와야 해요.

# UNIT 12 미래 표현 be going to

## Point 023 be going to+동사원형

**109** I **am going to meet** / my friend / *tomorrow*.
주어 동사 목적어 수식어
나는 만날 것이다 / 내 친구를 / 내일.

**110** She's **going to go** / to the dentist.
주어 동사 수식어
그녀는 갈 것이다 / 치과에.

go to the dentist는 '치과에 가다'라는 뜻으로 하나의 표현처럼 잘 쓰여요.

**111** The students **are going to clean** / the classroom.
주어 동사 목적어
학생들은 청소할 것이다 / 교실을.

**112** Paul and I / **are going to play** tennis / *this Sunday*.
주어 동사 목적어 수식어
폴과 나는 / 테니스를 칠 것이다 / 이번 주 일요일에.

주어(Paul and I)가 복수명사이므로 be going to의 be동사는 are로 바꿔 써야 해요.

## Point 024 be going to의 부정문과 의문문

**113** **I'm not going to change** / my mind.
주어 동사 목적어
나는 바꾸지 않을 것이다 / 내 마음을.

**114** A: **Are** you **going to do** / volunteer work?
주어 동사 목적어
너희는 할 거니 / 자원봉사 활동을?
B: Yes, we **are**.
주어 동사
응, 그럴 거야.

**115** He **isn't going to join** / our club. He's too busy.
주어 동사 목적어 주어 동사 보어
그는 가입하지 않을 것이다 / 우리 동아리에. 그는 너무 바쁘다.

**116** A: **Are** we **going to have** a barbecue / *tonight*?
주어 동사 목적어 수식어
우리는 바비큐 파티를 할 거니 / 오늘 밤에?
B: Yes, we **are**.
주어 동사
응, 그럴 거야.

**117** A: **Is** the city **going to build** / a new library?
주어 동사 목적어
시에서 지을 예정이니 / 새 도서관을?
B: No, it **isn't**.
주어 동사
아니, 그러지 않을 거야.

**Check up Answer** 본문 p.55

1 am going to return
2 are not going to watch
3 Is he going to exercise

UNIT
# 13 현재진행형

## Point 025 현재진행형

**118** I **am reading** a science book / *now*.
주어 동사 목적어 수식어
나는 과학 책을 읽고 있다 / 지금.

현재진행형과 함께 자주 쓰이는 시간 표현
(right) now (바로) 지금, at the moment (바로) 지금

**119** The children **are lying** / on the beach.
주어 동사 수식어
아이들이 누워 있다 / 해변에.

**120** She **is listening to** / her favorite song.
주어 동사 목적어
그녀는 듣고 있다 / 그녀의 가장 좋아하는 노래를.

listen to는 '~를 듣다, ~에 귀를 기울이다'라는 뜻으로 하나의 동사처럼 쓰이는 표현이에요. 이때 listen 뒤에 to 없이 바로 목적어를 쓸 수 없으므로 주의하세요.
*e.g.* I'**m listening** the radio. (×) I'**m listening to** the radio. (○) 나는 라디오를 듣고 있다.

**121** The cook **is making** spaghetti / *now*.
주어 동사 목적어 수식어
요리사는 스파게티를 만들고 있다 / 지금.

**122** I'**m tying** / my shoelaces. Wait for me.
주어 동사 목적어 동사 목적어
나는 묶는 중이야 / 내 신발끈을. 나를 기다려 줘.

wait for는 '~를 기다리다'라는 뜻으로 하나의 동사처럼 쓰여요. 이때도 wait 뒤에 for 없이 바로 목적어를 쓸 수 없어요.

**123** Tim and Jenny **are swimming** / in the river.
주어 동사 수식어
팀과 제니는 수영을 하고 있다 / 강에서.

**Check up Answer** 본문 p.57

**A** 1 talking 2 tying 3 coming
4 getting 5 playing 6 sitting

**B** 1 are learning | 우리는 프랑스어를 배우고 있다.
2 am having | 나는 지금 아침을 먹고 있다.
3 is running | 나의 개는 잔디 위를 뛰어다니고 있다.
4 are dying | 바다 거북은 수질오염으로 죽어 가고 있다.
해설 die는 -ie로 끝나는 동사이므로 -ie를 y로 바꾸고 -ing를 붙여 dying으로 써야 해요.

## Point 026 현재진행형의 부정문과 의문문

**124** She **is not answering** my call.
주어 / 동사 / 목적어
그녀가 내 전화를 받지 않고 있다.

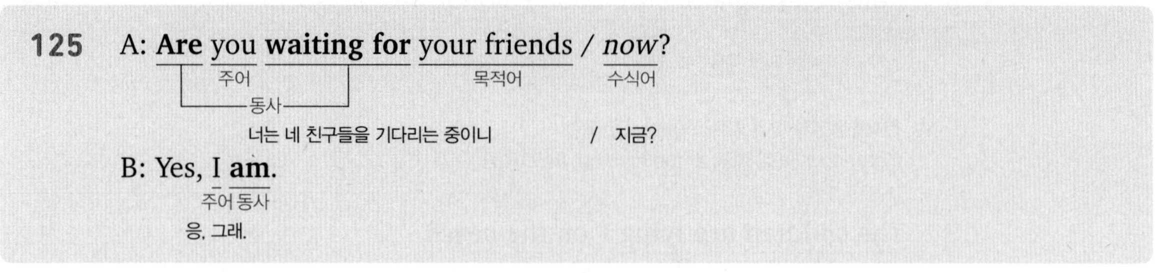

**125** A: **Are** you **waiting for** your friends / *now*?
주어 / 동사 / 목적어 / 수식어
너는 네 친구들을 기다리는 중이니 / 지금?
B: Yes, I **am**.
주어 동사
응, 그래.

**126** The kids **aren't sitting**. They're running around.
주어 / 동사 / 주어 / 동사
그 아이들은 앉아 있지 않다. 그들은 뛰어다니고 있다.

**127** A: **Is** your brother **using** the bathroom / *now*?
주어 / 동사 / 목적어 / 수식어
너의 형이 욕실을 사용하고 있니 / 지금?
B: No, he **isn't**. He's in his room.
주어 동사 주어 동사 장소
아니요, 그렇지 않아요. 그는 그의 방에 있어요.

**128** A: **Is** Kelly **working out** / at the gym / *these days*?
주어 / 동사 / 수식어 / 수식어
켈리는 운동하고 있니 / 헬스클럽에서 / 요즘에?
B: Yes, she **is**.
주어 동사
응, 그래.

**Check up Answer** 본문 p.58

1 **I'm not drawing** | 나는 지금 그림을 그리고 있다. → 나는 지금 그림을 그리고 있지 않다.
2 **Ms. Miller isn't baking** | 밀러 씨는 우리를 위해 쿠키를 굽고 있다. → 밀러 씨는 우리를 위해 쿠키를 굽고 있지 않다.
3 **Are the boys writing** | 그 남자아이들은 선생님께 편지를 쓰고 있다. → 그 남자아이들은 선생님께 편지를 쓰고 있니?

UNIT
# 14 과거진행형

## Point 027 과거진행형

129 I **was talking** / on the phone / *then*.
주어 동사 수식어 수식어
나는 이야기하는 중이었다 / 전화로 / 그때.

과거진행형과 함께 자주 쓰이는 시간 표현
then 그때, at that time 그때(에), at the time 그 당시에(는), 그때(에)

130 The team **was winning** / *at that time*.
주어 동사 수식어
그 팀은 이기고 있었다 / 그때.

131 He **was taking** a test / *at 11 a.m.* / *yesterday*.
주어 동사 목적어 수식어 수식어
그는 시험을 보고 있었다 / 오전 11시에 / 어제.

132 They **were waiting** / in line / for tickets.
주어 동사 수식어 수식어
그들은 기다리고 있었다 / 줄을 서서 / 티켓을 위해.

133 Lily and I **were hanging out** / together / *then*.
주어 동사 수식어 수식어
릴리와 나는 놀고 있었다 / 함께 / 그때.

hang out은 '(사람·무리와) 놀다[어울려 다니다]'라는 뜻으로 하나의 동사처럼 쓰이는 표현이에요.

## Point 028 과거진행형의 부정문과 의문문

134 He **was not wearing** glasses / *at that time*.
주어 동사 목적어 수식어
그는 안경을 쓰고 있지 않았다 / 그 당시에는.

135 A: **Were** you **living** / in Seoul / *then*?
주어 장소 수식어
동사
너는 살고 있었니 / 서울에 / 그때?
B: No, I **wasn't**.
주어 동사
아니, 그렇지 않았어.

136 I **wasn't feeling** good / *yesterday*.
주어 동사 보어 수식어
나는 몸 상태가 좋지 않았다 / 어제.

do not feel good은 '몸 상태가 좋지 않다, 컨디션이 좋지 않다'라는 뜻으로 쓰이는 표현이에요.
*e.g.* She **didn't feel good** yesterday. 그녀는 어제 몸 상태가 좋지 않았다[컨디션이 좋지 않았다].

**137** She **wasn't listening to** / our conversation.
주어 / 동사 / 목적어
그녀는 듣고 있지 않았다 / 우리의 대화를.

**138** A: **Were** you **preparing** / for your final exams?
주어 / 동사 / 수식어
너희는 준비하고 있었니 / 기말고사를 위해?

B: Yes, we **were**.
주어 동사
응, 그랬어.

**Check up Answer** 본문 p.61

**A** 1 **was dancing** 2 **was lying**
3 **were taking** 4 **were shopping**
5 **are ordering** 해설 현재 시제를 나타내는 now가 있으므로 현재진행형 are ordering으로 써야 해요.

**B** 1 **weren't[were not] riding, Were, riding** | 그들은 자전거를 타고 있었다. → 그들은 자전거를 타고 있지 않았다.
→ 그들은 자전거를 타고 있었니?
2 **wasn't[was not] feeding, Was, feeding** | 농부는 말들에게 먹이를 주고 있었다. → 농부는 말들에게 먹이를 주고 있지 않았다.
→ 농부는 말들에게 먹이를 주고 있었니?

## Chapter Exercises 04

본문 p.62

**A** 1 **be** | 그 남자아이는 미래에 훌륭한 화가가 될 것이다. 해설 주어(The boy)가 3인칭 단수라도 will 뒤에는 항상 동사원형이 와야 해요.
2 **will not** | 그에게 사실을 말해 봐. 그는 속상해하지 않을 거야. 해설 will의 부정형은 will 뒤에 not을 붙여야 해요.
3 **are** | 농부들은 사과를 따고 있다.
4 **becoming** | 한국 영화는 미국에서 인기를 얻고 있다.
5 **going to meet** | 네[너희]는 오늘 사라를 만날 거니? 해설 be going to 의문문은 ⟨be동사+주어+going to+동사원형⟩으로 나타내요.
6 **knows** | 그녀는 컴퓨터에 대해 많이 알고 있다. 해설 know는 동작이 아닌 상태를 나타내는 동사이므로 진행형으로 쓸 수 없어요.
7 **was cleaning** | 올리버는 그때 그의 방을 청소하고 있었다.
해설 과거 시점(at that time)에 하고 있었던 일을 나타내고 있으므로 과거진행형 was cleaning으로 써야 해요.
8 **aren't going to** | 프레드와 로이는 오늘 수영하러 가지 않을 것이다.

**B** 1 **건강해질 거야**
2 **변하고 있다**
3 **듣고 있지 않다**
4 **동물원에 갈 거니**
5 **런던에 살고 있었다**

**C** 1 **will perform**
2 **is going to begin**
3 **was having dinner** 해설 have가 '먹다'라는 뜻일 때는 진행형으로 쓸 수 있으므로 주의하세요.
4 **Are you going to work out**
5 **am not using the computer**

**D** 1 **Our baseball team is going to win the game**
해설 '~할 것이다'는 미래시제로 나타내며, 조건에 맞게 ⟨be동사+going to+동사원형⟩의 형태로 써요. 이때 주어(Our baseball team)가 3인칭 단수이므로 be동사는 is로 바꿔 쓰면 돼요.
2 **My mom and I were baking muffins then**
해설 '~하고 있었다'는 과거에 진행 중이던 일을 나타내며, 주어(My mom and I)가 복수명사이므로 ⟨were+동사의 -ing형⟩으로 쓰면 돼요.

# UNIT 15 주어+동사

## Point 029 주어+동사

**139** The bus **arrived.**
주어 / 동사
버스가 도착했다.

- 〈주어+동사〉 문형에 잘 쓰이는 동사
sleep 잠자다, sing 노래하다, dance 춤추다, smile 미소 짓다, 웃다, grow 자라다, shine 빛나다, rise 오르다; 뜨다, die 죽다
***e.g.*** A bird **sings**. 새 한 마리가 **노래한다**. / The girl **smiled**. 소녀가 **미소 지었다**. / The stars **are shining**. 별들이 **빛나고 있다**.

**140** The leaves **are falling.**
주어 / 동사
나뭇잎들이 떨어지고 있다.

**141** The car accident **happened.**
주어 / 동사
자동차 사고가 일어났다.

**142** The baby **woke up** and **cried.**
주어 / 동사1 / 동사2
그 아기가 깨어나서 울었다.

- 여기서 and는 '그리고'라는 뜻으로 동사 woke up과 cried를 연결해주는 말이에요. cried 앞의 주어(the baby)는 중복을 피하기 위해 생략되었어요.
- 〈주어+동사〉 문형에 잘 쓰이는 구동사
wake up 깨어나다, get up (잠자리에서) 일어나다, stand up 일어서다, sit down 앉다, come in 들어오다, grow up 자라다, fall down 넘어지다
- 구동사: 위 예시들과 같이 〈동사+부사〉 또는 〈동사+전치사〉 등의 형태로 쓰이는 것으로, 하나의 동사로 생각하면 돼요.

## Point 030 주어+동사+부사(구)

**143** The school bus arrived / **late.**
주어 / 동사 / 수식어(부사)
스쿨버스가 도착했다 / 늦게.

**144** My favorite singer appeared / **on TV.**
주어 / 동사 / 수식어(부사구)
내가 가장 좋아하는 가수가 나왔다 / TV에.

**145** Class will begin / **soon.**
주어 / 동사 / 수식어(부사)
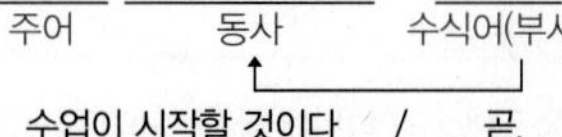
수업이 시작할 것이다 / 곧.

**146** The dinosaurs disappeared / **long ago**.
주어 동사 수식어(부사구)
공룡들은 사라졌다 / 오래전에.

**147** My mom and I go / **to the library** / **on Sundays**.
주어 동사 수식어(부사구) 수식어(부사구)
나의 엄마와 나는 간다 / 도서관에 / 일요일마다.

**148** Earthquakes occur / **frequently** / **in California**.
주어 동사 수식어(부사) 수식어(부사구)
지진은 일어난다 / 자주 / 캘리포니아에서.

**Check up Answer** 본문 p.67

1 **The sun rose** brightly. **해가 떴다** | 해가 밝게 떴다.
2 **We danced** at the party yesterday. **우리는 춤췄다** | 우리는 어제 파티에서 춤췄다.
3 **A terrible thing happened** last night. **끔찍한 일이 일어났다** | 어젯밤에 끔찍한 일이 일어났다.

# UNIT 16 주어+동사+보어

## Point 031 동사+보어(명사)

**149** Jack is **my uncle**. He is **an engineer**.
주어 동사 보어(명사) 주어 동사 보어(명사)
잭은 나의 삼촌이다. 그는 엔지니어이다.

- 잭 = 나의 삼촌 / 그 = 엔지니어
- be동사 뒤의 명사 보어는 주로 주어의 이름, 신분, 직업 등을 나타내요.

**150** Jessie and I / became **close friends**.
주어 동사 보어(명사)
제시와 나는 / 친한 친구가 되었다.

- 제시와 나 = 친한 친구

**151** Albert Eienstein was / **a great scientist**.
주어 동사 보어
알버트 아인슈타인은 ~였다 / 훌륭한 과학자.

**152** Elizabeth the Second became **queen** / in 1952.
주어 동사 보어 수식어
엘리자베스 2세는 여왕이 되었다 / 1952년에.

- 영국의 여왕 엘리자베스 2세는 1952년에 즉위해 2022년까지 가장 오랜 기간 왕위에 머물렀으며, 국민들에게 높은 인기와 신뢰를 얻었어요.

**153** The pyramids remain **a mystery**.
주어 / 동사 / 보어
피라미드는 미스터리로 남아있다.

이집트의 피라미드는 세계 7대 불가사의 중 하나예요. 피라미드는 이집트의 왕인 파라오의 무덤인 것으로 추정되나, 왜, 어떻게 그리 큰 규모의 피라미드를 건축했는지 등은 아직 의문으로 남아 있어요.

## Point 032 동사+보어(형용사)

**154** The museum is **open** / every day.
주어 / 동사 / 보어(형용사) / 수식어
그 박물관은 열려 있다 / 매일.

**155** You look **sad** / today. What's wrong?
주어 / 동사 / 보어(형용사) / 수식어
너는 슬프게 보인다 / 오늘. 무슨 일이니?

**156** One day, / your dream will come **true**.
수식어 / 주어 / 동사 / 보어
언젠가, / 네 꿈은 이루어질 것이다.

**자주 쓰이는 〈동사+형용사 보어〉 표현**
come true 실현되다, get sick 병에 걸리다, go bad (음식이) 상하다, go wrong (일이) 잘못되다, look young 젊어 보이다

**157** My cat's fur / feels very **soft**.
주어 / 동사 / 보어
나의 고양이의 털은 / 매우 부드러운 느낌이 든다.

〈명사+'s〉는 '~의'라는 뜻으로 소유를 나타내는 말이에요. (☞ Unit 24)

**158** Our team's win didn't seem **real** / to me.
주어 / 동사 / 보어 / 수식어
우리 팀의 승리는 진짜인 것 같지 않았다 / 나에게.

동사 seem도 〈seem like+명사(~인 것 같다, ~처럼 보이다)〉 형태로 쓸 수 있어요.
*e.g.* She **seems like** *a nice girl*. 그녀는 착한 아이인 것 같아.

**Check up Answer** 본문 p.69

1 **dark** | 갑자기 하늘이 어두워졌다.
2 **salt** | 그 수프는 소금과 같은 맛이 났다.
해설 감각동사 taste 뒤에 '~와 같은'을 뜻하는 like가 함께 쓰였기 때문에 형용사 salty가 아닌 명사 salt가 와야 해요.
3 **beautiful** | 이 멜로디는 아름답게 들린다.
해설 우리말이 '~하게'로 해석되더라도 보어 자리에는 부사(beautifully)가 올 수 없어요.
4 **busy** | 우리 선생님은 오늘 바빠 보이신다.

UNIT 17

# 주어+동사+목적어

## Point 033 동사+목적어

**159** An octopus has / **three hearts.**
주어 동사 목적어
문어는 가지고 있다 / 세 개의 심장을.

사람의 심장은 하나지만 문어는 심장을 3개나 갖고 있어요. 문어는 온몸에 피를 전달하는 체심장 1개와 아가미 심장을 2개 더 가지고 있는데요. 아가미 심장은 아가미에 혈액을 보내는 보조 펌프와 같은 역할을 해요.

**160** My sister brought **her friends** / home.
주어 동사 목적어 수식어
나의 누나는 그녀의 친구들을 데려왔다 / 집에.

**161** I'll wear / **a skirt** and **a blouse** / today.
주어 동사 목적어1 목적어2 수식어
나는 입을 것이다 / 치마와 블라우스를 / 오늘.

여기서 and는 목적어 a skirt와 a blouse를 연결하는 말이에요.

**162** We took **a short nap** / after lunch.
주어 동사 목적어 수식어
우리는 짧은 낮잠을 잤다 / 점심 식사 후에.

'낮잠'이라는 뜻의 명사 nap은 단수형으로 쓰이며, 주로 take[have] a nap(낮잠을 자다)이란 하나의 숙어 표현으로 잘 쓰여요.

**163** Sandy looked after **my dog** / yesterday.
주어 동사 목적어 수식어
샌디는 나의 개를 돌봐 주었다 / 어제.

**목적어가 필요한 구동사**
- look after ~을 돌보다
- look for ~을 찾다
- turn on ~을 켜다
- turn off ~을 끄다
- get on ~을 타다
- get off ~에서 내리다
- put on ~을 입다
- take off ~을 벗다

## Point 034 전치사와 잘못 사용하기 쉬운 동사

**164** The train just **reached** / Seoul station.
주어 수식어 동사 목적어
그 기차는 방금 도착했다 / 서울역에.

*reach at* (×)
reach(~에 도착하다) = arrive at, get to
***e.g.*** We **arrived at** the hotel around 7 o'clock. 우리는 7시쯤에 호텔**에 도착했다**.

**165** I **discussed** the problem / with my mom.
주어 동사 목적어 수식어
나는 그 문제에 대해 논의했다 / 나의 엄마와 함께.

*discuss about* (×)

**166** You **didn't answer** my question / yet.
주어 동사 목적어 수식어
너는 내 질문에 답하지 않았어 / 아직.

- *answer to* (×)

**167** My uncle **married** Sofia / last month.
주어 동사 목적어 수식어
내 삼촌은 소피아와 결혼하셨다 / 지난달에.

- *marry with* (×)

**168** I **appreciate** / your help [and] kindness.
주어 동사 목적어1 목적어2
저는 감사드립니다 / 당신의 도움과 친절에 대해.

- *appreciate about* (×)
- and는 your help와 (your) kindness를 연결해주고 있으며, 이때 kindness 앞의 your는 반복을 피하기 위해 생략되었어요.

**Check up Answer** 본문 p.71

1 ○ | 에릭은 그의 아버지와 닮았다.
2 × → **discuss** | 우리는 이 문제에 대해 나중에 논의할 것이다. 해설 discuss ~~about~~ ~에 대해 논의하다
3 × → **answer** | 주의 깊게 듣고 질문에 답하세요. 해설 answer ~~to~~ ~에 답하다

# UNIT 18 주어+동사+목적어1+목적어2

## Point 035 동사+간접목적어+직접목적어

**169** Cows give **us** / **milk.**
주어 동사 간접목적어 (~에게) 직접목적어 (…를)
소들은 우리에게 준다 / 우유를.

**170** I'll show **you** / **the way.** It's close / to here.
주어 동사 간목 직목 주어 동사 보어 수식어
내가 너에게 보여줄게 / (가는) 길을. 가까워 / 여기서.

- 여기서 It은 뜻이 없는 주어로 거리를 나타내고 있어요.

**171** Grandma sent **me** / **a gift** / on my birthday.
주어 동사 간목 직목 수식어
할머니는 내게 보내주셨다 / 선물을 / 내 생일에.

**172** Don't worry. I didn't tell **anyone** / **your secret.**
주어 동사 간목 직목
걱정하지 마. 나는 아무에게도 말하지 않았어 / 네 비밀을.

## Point 036 동사+직접목적어+전치사+간접목적어

173 I **will send** you / the photos / soon.
주어 동사 간접목적어 직접목적어 수식어
내가 너에게 보내줄게 / 그 사진들을 / 곧.
→ I **will send** the photos / **to** you / soon.
주어 동사 목적어 수식어 수식어

174 Dad **made** us / a delicious steak.
주어 동사 간접목적어 직접목적어
아빠는 우리에게 만들어주셨다 / 아주 맛있는 스테이크를.
→ Dad **made** a delicious steak / **for** us.
주어 동사 목적어 수식어

175 The story **teaches** us / an important lesson.
주어 동사 간목 직목
그 이야기는 우리에게 가르쳐준다 / 중요한 교훈을.
→ The story **teaches** / an important lesson / **to** us.
주어 동사 목적어 수식어

176 We **got** the teacher / some flowers.
주어 동사 간목 직목
우리는 선생님께 사 드렸다 / 꽃을 좀.
→ We **got** some flowers / **for** the teacher.
주어 동사 목적어 수식어

177 The police **asked** him / questions / all day.
주어 동사 간목 직목 수식어
경찰은 그에게 물었다 / 질문들을 / 하루 종일.
→ The police **asked** questions / **of** him / all day.
주어 동사 목적어 수식어 수식어

**Check up Answer** 본문 p.73

1 **my notebook to you** | 내가 너에게 나의 공책을 빌려줄게.
2 **new boots for me** | 엄마는 나에게 새로운 부츠를 사 주셨다.

# UNIT 19 주어+동사+목적어+보어

## Point 037 동사+목적어+보어(명사)

178 This song made / **her a star.**
주어 동사 목적어 보어(명사)
(목적어 = 보어)
이 노래는 만들었다 / 그녀를 스타로.

그녀 = 스타 / She was a star.

**179** People call / **Chicago the *Windy City*.**

주어 동사 목적어 보어

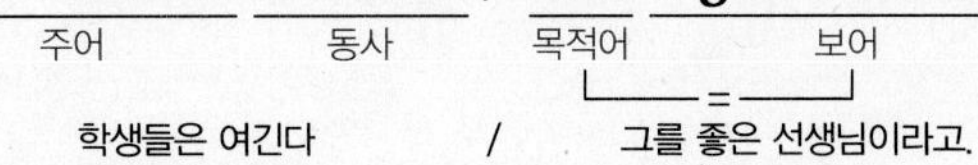

사람들은 부른다 / 시카고를 바람의 도시라고.

Chicago is the *Windy City*.

시카고(Chicago)는 미국 일리노이 주(州)에 위치한 도시로 "바람의 도시"라는 별명을 갖고 있어요. 미시간 호수 서쪽에 위치하는 지형적인 특성으로 바람이 많이 불기 때문이기도 하지만, 1870년대 시카고 정치인들이 허풍을 너무 많이 떤다는 뜻으로 처음 쓰였다는 얘기도 있어요.

**180** The students consider / **him a good teacher.**

주어 동사 목적어 = 보어

학생들은 여긴다 / 그를 좋은 선생님이라고.

He is a good teacher.

**181** They elected / **Emily the class president.**

주어 동사 목적어 = 보어

그들은 뽑았다 / 에밀리를 반장으로.

Emily was the class president.

## Point 038 동사+목적어+보어(형용사)

**182** The math exam made / **me nervous.**

주어 동사 목적어 보어(형용사)

수학 시험은 만들었다 / 나를 긴장하게.

나의 상태: 긴장함 / I was nervous.

**183** Here it is. This blanket will keep / **you warm.**

주어 동사 목적어 보어

여기 있어. 이 담요가 유지해줄 거야 / 너를 따뜻하게.

You will be warm.

Here it is는 '여기 (있어)'라는 뜻으로 상대방에게 무언가 건네줄 때 자주 쓰는 표현이에요. (= Here you are.)

**184** We found / **our neighbor kind.**

주어 동사 목적어 보어

우리는 알게 되었다 / 우리 이웃이 친절하다는 것을.

Our neighbor was kind.

**185** Mom leaves / **the windows open** / every morning.

주어 동사 목적어 보어 수식어

엄마는 두신다 / 창문을 열어 둔 상태로 / 매일 아침.

The windows are open every morning.

**186** I don't think / **superhero movies fun.**

주어 동사 목적어 보어

나는 생각하지 않는다 / 슈퍼히어로 영화가 재밌다고.

Superhero movies aren't fun.

**Check up Answer** 본문 p.75

1 **그들의 아들을 루카스라고 이름 지었다**

2 **나를 바쁘게 만든다**

3 **우리의 뼈를 튼튼하게 유지해준다**

## Chapter Exercises 05

본문 p.76

**A** 1 **wide** | 한강은 폭이 넓다.

해설 주어인 The Han River의 성질을 나타내고 있으므로 보어 자리에는 형용사 wide가 와야 해요.

2 **reached** | 우리는 밤늦게 호텔에 도착했다.

3 **to** | 나는 어제 너에게 이메일을 보냈어. 너는 그것을 받았니?

해설 동사 send는 간접목적어를 직접목적어 뒤로 보낼 때 전치사 to를 써요.

4 **clean** | 애니는 항상 그녀의 방을 깨끗하게 유지한다.

5 **strange** | 네 목소리가 이상하게 들려. 너 괜찮니?

해설 감각동사 sound는 '~하게 들린다'라는 뜻으로 뒤에 보어로 형용사를 쓰므로 strange가 와야 해요.

6 **me an umbrella** | 나의 아빠는 내게 우산을 가져다 주셨다.

해설 동사 bring 뒤에 두 개의 목적어가 올 경우에는 〈간접목적어(~에게)+직접목적어(…을/를)〉의 순서로 써야 해요.

7 **the painter a genius** | 많은 사람들이 그 화가를 천재로 여긴다.

**B** 〈예시〉 배 한 척이 바다에 나타났다.

1 **My cat died** last year. | 내 고양이는 작년에 죽었다.
주어 동사

2 **The apple pie smells delicious.** | 그 사과파이는 맛있는 냄새가 난다.
주어 동사 보어

3 **Trees give us shade** in summer. | 나무는 여름에 우리에게 그늘을 준다.
주어 동사 간접목적어 직접목적어

4 **This road connects the two cities.** | 이 도로는 두 도시를 연결한다.
주어 동사 목적어

5 **Her smile** always **makes me happy.** | 그녀의 미소는 항상 나를 행복하게 만든다.
주어 동사 목적어 보어

6 **I will send a thank-you card** to my teacher. | 나는 나의 선생님께 감사 카드를 보낼 것이다.
주어 동사 목적어

**C** 1 **This comedy movie looks funny**

2 **She left the refrigerator door open**

3 **My family visited historical sites**

4 **I will make you some pancakes**

**D** 1 **Tears keep your eyes clean**

해설 동사 keep이 '~을 …한 상태로 두다[유지하다]'라는 뜻으로 쓰일 때는 〈keep+목적어(your eyes)+보어(clean)〉로 써야 해요. 이때 주어가 복수(Tears)이므로 동사는 keep으로 써야 해요.

2 **The designer made her a beautiful dress**

**The designer made a beautiful dress for her**

해설 주어진 조건을 만족하려면 〈make+간접목적어+직접목적어〉와 〈make+직접목적어+for+간접목적어〉의 형태로 써야 해요. 이때 동사는 우리말에 따라 과거시제로 써야 하므로 make는 made로 바꿔 써야 해요.

# UNIT 20 셀 수 있는 명사와 셀 수 없는 명사

## Point 039 셀 수 있는 명사 vs. 셀 수 없는 명사

187 We have / **a dog** [and] **two cats**.
주어 동사 목적어1 목적어2
우리는 기른다 / 개 한 마리와 고양이 두 마리를.

셀 수 있는 명사는 one, two, three, many ...와 같이 수를 나타내는 말과 함께 쓰이기도 해요.

188 **Pets** bring **happiness** / to **people**.
주어 동사 목적어 수식어
반려동물은 행복을 가져다준다 / 사람들에게.

people(사람들)은 person(사람)의 복수형이나, 격식을 차릴 때는 복수형으로 persons(사람들)를 쓰기도 해요.

189 **Nancy** and I picked **peaches** / at the **farm**.
주어 동사 목적어 수식어
낸시와 나는 복숭아를 땄다 / 농장에서.

고유한 이름(Nancy)의 첫 글자는 항상 대문자로 써야 해요.

190 **Milk** is good / for your **bones**.
주어 동사 보어 수식어
우유는 좋다 / 당신의 뼈에.

## Point 040 셀 수 없는 명사의 수량 표현

191 I'll have ***a glass of*** **orange juice**, please.
주어 동사 목적어
오렌지 주스 한 잔 주세요.

〈I will[I'll] have~〉는 '~ 주세요'라는 뜻으로, 음식점이나 카페에서 주문할 때 자주 쓰는 표현이에요. 문장 끝에 please나 Thank you.를 붙이면 더 예의 바른 표현이 돼요.

192 ***A cup of*** **hot chocolate** / will warm you up.
주어 목적어 동사
핫초콜릿 한 컵이 / 너의 몸을 녹여 줄 거야.

warm up(~을 데우다, ~의 몸을 녹이다)은 뒤에 목적어가 꼭 필요한 구동사예요. 이때 목적어(you)가 대명사이므로 반드시 구동사 사이에 위치해야 해요. (A cup of hot chocolate **will warm up you**. (×))

**193** She bought ***two pieces of* cake** / at the bakery.
주어 동사 목적어 수식어
그녀는 케이크 두 조각을 샀다 / 빵집에서.

cake, pizza가 '한 판'의 의미인 경우 셀 수 있는 명사로 쓰이기도 해요.
*e.g.* bake **a cake** 케이크를 굽다, order **a pizza** 피자를 주문하다

**Check up Answer** 본문 p.81

1 **butter** | 라이언은 그의 토스트에 버터를 바른다. 해설 butter는 셀 수 없는 명사이므로 앞에 a나 an을 쓰지 않아요.
2 **sons** | 나의 고모[이모, 숙모]는 아들 둘과 딸 하나가 있으시다. 해설 앞에 여럿을 나타내는 two가 쓰였기 때문에 복수형 sons가 와야 해요.
3 **sheets** | 우리는 다음 수업 시간에 종이 다섯 장이 필요하다.

# UNIT 21 셀 수 있는 명사의 복수형

## Point 041 셀 수 있는 명사의 복수형: 규칙 변화

**194** We planted **trees** / on Earth Day.
주어 동사 목적어 수식어
우리는 나무들을 심었다 / 지구의 날에.

**195** **Tomatoes** are / rich in Vitamin C.
주어 동사 보어 수식어
토마토들은 ~하다 / 비타민 C가 풍부한.

**196** She needs some **brushes** / for art class.
주어 동사 목적어 수식어
그녀는 몇 개의 붓이 필요하다 / 미술 수업을 위해.

**197** Air pollution is a big problem / in many **cities**.
주어 동사 보어 수식어
대기오염은 큰 문제이다 / 많은 도시들에서.

**198** My dad is sweeping **leaves** / in the garden.
주어 동사 목적어 수식어
나의 아빠는 나뭇잎들을 쓸고 계신다 / 정원에서.

## Point 042 셀 수 있는 명사의 복수형: 불규칙 변화

**199** **My feet** hurt / after the long walk.
주어 동사 수식어
내 발은 아팠다 / 오래 걸은 후에.

여기서 walk는 동사가 아닌 '걷기'라는 뜻의 명사로 쓰였어요.

**200** The museum is free / for **children**.

주어 동사 보어 수식어

그 박물관은 무료이다 / 아이들에게는.

**201** You will see many **deer** / in this park.

주어 동사 목적어 수식어

너는 많은 사슴들을 볼 것이다 / 이 공원에서.

**Check up Answer** 본문 p.83

1 **babies** | 대부분의 아기들은 하루에 14시간을 잔다.

2 **children** | 네 명의 아이들이 공을 가지고 놀고 있었다.

3 **socks** | 나의 양말 두 켤레에 구멍이 나 있다. **해설** 양말은 주로 두 개가 짝을 이루어 복수형으로 쓰기 때문에 socks가 와야 해요.

4 **photos** | 우리는 우리 가족 여행 동안 사진을 많이 찍었다.

**해설** photo는 「자음+o」로 끝나지만 -es가 아닌 -s가 붙는 예외적인 명사이므로 주의하세요.

# UNIT 22 관사 a/an, the

## Point 043 a/an+셀 수 있는 명사의 단수형

**202** Do you need **an umbrella**?

주어 동사 목적어

너는 우산이 필요하니? 〈정해지지 않은 것 하나〉

**203** My flight leaves / in half **an hour**.

주어 동사 수식어

내 항공편은 떠난다 / 30분 후에. 〈하나(= one)〉

- 여기서 half는 '반의, 절반의'라는 뜻으로 half an hour는 '반 시간', 즉 '30분'이란 뜻이에요. 시간을 30분 단위로 표현할 때 자주 쓰여요.
  *e.g.* It takes **half *an hour*** to the airport. 공항까지 **30분** 걸린다.

**204** Charlie is / **an honest boy**. He never lies.

주어 동사 보어 주어 수식어 동사

찰리는 ~이다 / 정직한 소년. 그는 절대 거짓말 하지 않는다.

- honest의 철자는 자음 h로 시작하지만, 발음은 모음 [ɑ]으로 시작하므로 관사로 an을 써야 해요.
- never는 '절대 ~않다'라는 뜻으로 부정의 의미를 나타내는 말이에요. not 대신 부정의 의미를 강조할 때 써요.

**205** She jogs / three times **a week**.

주어 동사 수식어

그녀는 조깅한다 / 일주일에 세 번. 〈~마다〉

- a week = per week
- 〈once, twice, ~ times+a week〉는 '일주일에 ~번'이라는 뜻으로 빈도를 나타내는 표현이에요. 세 번부터는 기수(three, four ...) 뒤에 ~ times를 붙여 나타내요.

## Point 044 the+셀 수 있는 명사/셀 수 없는 명사

**206** I bought *a jacket*. **The jacket** was cheap.

주어 동사 목적어 / 주어 동사 보어

나는 재킷을 샀다. 그 재킷은 가격이 저렴했다. 〈앞에 말한 명사를 다시 언급할 때〉

**207** Did you turn on **the heater**? It's too hot.

주어 / 동사 / 목적어 / 주어 동사 보어

네가 히터를 켰니? 너무 더워. 〈서로 이미 알고 있는 것을 말할 때〉

- turn on은 '~을 켜다'라는 뜻으로 하나의 동사처럼 사용하는 구동사예요.
- 두 번째 문장의 주어 It은 '온도'를 나타내며, '그것'이라고 해석하지 않아요.

**208** **The moon** disappeared / behind the clouds.

주어 동사 / 수식어

달이 사라졌다 / 구름 뒤로. 〈세상에 하나뿐인 것〉

## Point 045 a/an, the를 쓰지 않는 경우

**209** Our family had **lunch** / in Chinatown.

주어 동사 목적어 / 수식어

우리 가족은 점심을 먹었다 / 차이나타운에서.

- had *a* lunch (×)

**210** I'll send you / the file / by **email**.

주어 동사 간목 / 직목 / 수식어

제가 당신에게 보내드릴게요 / 그 파일을 / 이메일로.

- by *an* email (×)
- email과 e-mail 모두 가능하며, '이메일 내용'을 의미할 때는 셀 수 있는 명사로도 쓰여요.
  *e.g.* She sent me **an email**. 그녀는 내게 이메일을 보냈다.

**211** The children go / to **school** / by **bus**.

주어 동사 / 수식어 / 수식어

그 아이들은 간다 / 학교에 / 버스로.

- go to *the* school (×), by *a* bus (×)

**Check up Answer** 본문 p.85

1 **a** | 그녀는 오늘 한 마디도 하지 않았다.
2 **the** | 너는 이 사진 속의 그 남자아이를 아니?

# 명사의 쓰임

## Point 046 주어, 목적어로 쓰이는 명사

**212** **Honeybees** live / in large groups.
주어(명사) 동사 수식어
꿀벌들은 산다 / 큰 무리를 지어.

**213** A: Mina found ***my* cell phone**!
주어 동사 목적어(명사)
미나가 내 휴대전화를 찾아 주었어!
B: I'm glad to hear that.
그 말을 들으니 기쁘다[다행이다].

**214** ***My* aunt** is traveling / around the world.
주어 동사 수식어
나의 이모는 여행하는 중이다 / 세계 곳곳을.

**215** **A *strong* typhoon** is coming / to Korea.
주어 동사 수식어
강한 태풍이 오고 있다 / 한국으로.

**216** I got **an invitation** / to the birthday party.
주어 동사 목적어 수식어
나는 초대장을 받았다 / 그 생일 파티에.

**217** **A *small* change** makes / **a *big* difference**.
주어 동사 목적어
작은 변화가 만든다 / 큰 차이를.

**218** ***Our* teacher** gave us / ***some good* advice**.
주어 동사 간목 직목
우리 선생님은 우리에게 해주셨다 / 좋은 조언을 좀.

여기서 some은 '약간의, 조금의'라는 의미로 명사 advice를 꾸며 주는 말이에요. (some, any ☞ Point 56)

## Point 047 보어로 쓰이는 명사

**219** My favorite subject / is **math**.
주어 동사 보어(명사)
주어 = 보어
내가 가장 좋아하는 과목은 / 수학이다.

**220** Venice is **a *beautiful* city**. It is in Italy.
주어 동사 보어 주어 동사 장소
주어 = 보어
베니스는 아름다운 도시이다. 이탈리아에 있다.

**221** The song became a ***big*** hit / across the country.
주어 동사 보어 수식어
(주어 = 보어)
그 노래는 대히트 곡이 되었다 / 그 나라 전체에.

**222** People thought / Mozart a **genius.**
주어 동사 목적어 보어
(목적어 = 보어)
사람들은 생각했다 / 모차르트를 천재라고.

여기서 명사 보어 a genius는 목적어 Mozart를 보충 설명하고 있어요.

**Check up Answer** 본문 p.87

1 **주어** | 물이 지금 끓고 있다.
2 **목적어** | 테니스 선수가 공을 쳤다.
3 **보어** | 좋은 책은 평생의 친구이다.
4 **목적어** | 그녀는 어린이 책을 위해 그림을 그렸다.

## Chapter Exercises 06

본문 p.88

**A**
1 **sugar** | 당신은 차에 설탕을 넣어 드시나요?
해설 sugar는 셀 수 없는 명사이므로 -(e)s를 붙여 복수형으로 쓸 수 없어요.
2 **was** | 그 뉴스는 오전 내내 TV에 나왔다.
해설 주어로 셀 수 없는 명사 The news가 쓰였으므로 동사는 단수형 was로 써야 해요.
3 **teeth** | 나는 그때 양치를 하고 있었다.
4 **an** | 우리는 한 시간 동안 전화 통화를 했다.
해설 모음 발음([a])으로 시작하는 명사 hour 앞에는 관사 an을 써야 해요.
5 **stories** | 나는 내 친구로부터 재미있는 이야기를 몇 개 들었다.
6 **times** | 그녀는 일주일에 세 번 요가 레슨을 받는다.
해설 time이 '번[때]'라는 뜻으로 횟수를 나타낼 때는 셀 수 있는 명사로 쓸 수 있어요. 앞에 여럿을 나타내는 three가 있으므로 복수형 times로 써야 해요.
7 **bars of** | 그는 나에게 초콜릿 바 두 개를 주었다.

**B**
1 **ⓐ, 쥐들과 박쥐들은**
2 **ⓑ, 점심을 만들어줄게**
해설 〈주어+동사+간접목적어(you)+직접목적어(lunch)〉 문형으로 직접목적어는 '~을/를'로 해석해요.
3 **ⓒ, 인기 있는 스포츠이다**
4 **ⓑ, 벌들을 끌어들인다**

**C**
1 **grows tomatoes**
2 **eats an apple**
3 **plays tennis**
4 **bought two pairs of pants**
5 **The moon goes**

**D**
1 **My family had a nice dinner**
해설 식사 이름(dinner) 앞에 형용사(nice)가 오면 관사 a/an을 쓸 수 있으므로 a nice dinner로 써야 해요. 이때 동사는 우리말에 따라 과거시제인 had로 바꿔 쓰면 돼요.
2 **We ordered two pieces[slices] of cake for dessert**
해설 명사 cake가 '조각'의 의미로 쓰일 때는 a piece[slice] of를 사용하여 수량을 나타내며, 단위를 나타내는 말은 복수형 pieces[slices]로 써야 해요. 이때 동사는 우리말에 따라 과거시제인 ordered로 바꿔 쓰면 돼요.

# UNIT 24 인칭대명사

## Point 048 주격, 목적격, 소유격

**223** Ben is / **my** younger brother. **He** is smart.

주어 동사 / 보어 / 주어 동사 보어

벤은 ~이다 / 내 남동생. 그는 똑똑하다.

Ben → He(주격)

**224** I miss **my** grandpa. I will visit **him** / soon.

주어 동사 / 목적어 / 주어 동사 목적어 / 수식어

나는 나의 할아버지가 그립다. 나는 그를 찾아뵐 것이다 / 곧.

my grandpa → him(목적격)

**225** Amy and **I** / went to the beach. **We** had a good time.

주어 / 동사 수식어 / 주어 동사 목적어

에이미와 나는 / 해변에 갔다. 우리는 즐거운 시간을 보냈다.

Amy and I → We(주격)

**226** I'm looking for / Nate and Susan. Did **you** see **them**?

주어 동사 / 목적어1 목적어2 / 주어 동사 목적어

나는 찾고 있어 / 네이트와 수잔을. 너는 그들을 봤니?

Nate and Susan → them(목적격)

look for는 '~을 찾다'라는 뜻으로 목적어가 필요한 구동사예요.

**227** The building is famous / for **its** long history.

주어 동사 보어 / 수식어

그 건물은 유명하다 / 그것의 오랜 역사로.

The building's → its(소유격)

**228** Eric showed **us** / **his** new bicycle.

주어 동사 간목 / 직목

에릭은 우리에게 보여주었다 / 그의 새 자전거를.

Eric's → his(소유격)

**229** I studied with **him** / at the library / yesterday.

주어 동사 수식어 / 수식어 / 수식어

나는 그와 함께 공부했다 / 도서관에서 / 어제.

**230** **Her** cat was sick. **She** took **it** / to the hospital.
주어 동사 보어 주어 동사 목적어 수식어
그녀의 고양이는 아팠다. 그녀는 그것을 데려갔다 / 병원에.

- Her cat → it(목적격)
- 동물을 가리킬 때는 주로 대명사로 it을 사용하지만, 마치 사람과 같이 특정한 성격, 지능, 감정을 갖고 있다고 생각하는 반려동물의 경우 she, he, her, him ...으로 지칭하기도 해요.
  *e.g.* A: How old is *your cat*? 네 고양이는 몇 살이니?
  B: **She**'s 3 years old now. **그녀는** 이제 3살이야.

**Check up Answer** 본문 p.93

**A** 1 **Its** | 나는 개 한 마리가 있다. 그것의 털은 무척 부드럽다.
**해설** a dog를 대신하며 명사 fur과 소유 관계이므로 소유격 대명사 Its를 써야 해요.
2 **Your** | 너의 새 치마는 너에게 잘 어울려.
3 **him** | 그는 나에게 또 거짓말 했다. 나는 더 이상 그를 믿지 않을 것이다.
4 **me** | 나의 여동생은 나에게 도움을 요청했다.

**B** 1 **They** | 마이크의 새끼 고양이들은 너무 귀엽다.
2 **her** | 나는 한 시간 동안 헬렌을 기다렸다.
**해설** 구동사 wait for(~를 기다리다) 뒤에 목적어가 필요하므로 목적격 대명사 her로 바꿔 써야 해요.
3 **you** | 우리는 버스 정류장에서 너와 앨리스를 봤다.
4 **We** | 내 친구들과 나는 어제 소풍을 갔다.

## Point 049 소유대명사

**231** It wasn't your mistake. It was **mine**. (mine = my mistake)
주어 동사 보어 주어 동사 보어
그것은 너의 실수가 아니었어. 그것은 내 실수였어.

**232** This is my umbrella // and that is **yours**.
주어1 동사1 보어1 주어2 동사2 보어2
이것은 내 우산이고 // 저것이 네 것이야.

- yours = your umbrella

**233** I lost my eraser, // so she lent me **hers**.
주어 동사 목적어 주어′ 동사′ 간목′ 직목′
나는 내 지우개를 잃어버려서 // 그녀가 나에게 그녀의 것을 빌려주었다.

- hers = her eraser
- so(그래서)는 문장과 문장을 연결하는 말로, so 앞에는 '이유'를 나타내는 내용이 와요. (☞ 2권 Ch19)

**Check up Answer** 본문 p.94

1 **his glasses** | 탁자 위에 있는 안경은 그의 것이다.
2 **My notebook** | 톰의 공책은 빨간색이다. 내 것은 파란색이다.
3 **Nancy's backpack** | 이것은 내 책가방이 아니다. 그것은 낸시의 것이다.

UNIT 25

# 지시대명사와 비인칭 주어 it

## Point 050 this/that, these/those

234 This is my textbook // and that's yours.
주어1 동사1 보어1 주어2 동사2 보어2
이것은 내 교과서이고 // 저것이 네 것이야.

235 These are / my friends, Ariel and Jason.
주어 동사 보어
이 사람들은 ~이다 / 내 친구들인 애리얼과 제이슨.

- my friends = Ariel and Jason의 관계이며, 앞에 나온 명사 어구를 보충 설명할 때 ,(콤마)를 사용해요.
- 전화 통화 중에 〈This is ~.〉를 쓰면 '저는 ~입니다.'라는 뜻으로, 자신이 누구인지 밝히는 표현이에요. I am이 아니라 This is를 사용하는 것에 주의하세요.

  ***e.g.*** A: Hello. **This** is Mina. Is Ted there? 여보세요. 저는 미나입니다. 거기 테드 있나요?
  B: (**This** is) Ted speaking. / **This** is he. 제가 테드인데요.

236 A: Is that your family picture / on the wall?
동사 주어 보어 수식어
저것은 네 가족사진이니 / 벽 위의?

B: Yes, it is.
주어 동사
응, 맞아.

- 의문문의 주어가 this/that인 경우, 대답의 주어는 this/that이 아닌 it을 써야 해요.
- 의문문의 주어가 these/those인 경우에는 주어로 they를 사용하므로 주의하세요.

  ***e.g.*** A: Are **these** your belongings? 이것들은 네 소지품이니?
  B: Yes, **they** are. 응, 맞아.

237 These *jeans* are $100, // but those *pants* are $50.
주어1 동사1 보어1 주어2 동사2 보어2
이 청바지는 100달러이다 // 하지만 저 바지는 50달러이다.

- this/that, these/those가 형용사처럼 쓰일 경우, 〈this/that+단수명사〉, 〈these/those+복수명사〉로 써야 해요.

  ***e.g.*** this **orange**, these **oranges** / that **potato**, those **potatoes**
- 〈this/that+단수명사〉 뒤에는 단수 동사가, 〈these/those+복수명사〉 뒤에는 복수 동사가 와야 해요.

  ***e.g.*** *This strawberry* **tastes** so sweet. 이 딸기는 정말 달아.
  *Those buildings* **are** very tall. 저 빌딩들은 매우 높다.

## Point 051 비인칭 주어 it

238 It is snowing / outside.
주어 동사 수식어
눈이 오고 있다 / 밖에. 〈날씨〉

239 It is 11 a.m. // but Ryan is / still in bed.
주어1 동사1 보어1 주어2 동사2 수식어2 장소2
오전 11시인데 // 라이언은 있다 / 아직 침대에. 〈시각〉

**240** It is June, // so it is getting hot / now.
주어 동사 보어 주어' 동사' 보어' 수식어'
6월이다 // 그래서 더워지고 있다 / 이제. 〈월[달]〉, 〈날씨〉

**241** It is a ten-minute walk / to the station.
주어 동사 보어 수식어
10분 (길이의) 걷기이다 / 역까지. 〈거리〉

여기서 숫자(ten)와 명사(minute)는 하이픈(-)으로 연결되어 명사 walk를 꾸며 주는 형용사처럼 쓰이고 있어요. (형용사와 부사 ☞ Ch 08)

**242** It gets dark / early / in winter.
주어 동사 보어 수식어 수식어
어두워진다 / 일찍 / 겨울에는. 〈명암〉

**Check up Answer** 본문 p.96

1 These
2 those 해설 '저 ~'라는 의미로 복수명사(stars) 앞에 쓸 수 있는 말은 those예요.
3 This
4 It 해설 월[달]을 나타낼 때는 비인칭 주어 It을 써야 해요. 여기서 Time flies는 '시간이 쏜살같이 지나갔다', 즉 '시간이 빠르다'라는 뜻으로 잘 쓰이는 표현이에요.

# UNIT 26 재귀대명사

## Point 052 재귀대명사: -self[selves]

**243** *I* drew **myself** / in art class.
주어 동사 목적어 수식어
나는 내 자신을 그렸다 / 미술 시간에.

I → myself

**244** *She* was angry / with **herself**.
주어 동사 보어 수식어
그녀는 화가 났다 / 자기 자신에게.

She → herself

**245** *He* considers **himself** / lucky.
주어 동사 목적어 보어
그는 자기 자신을 (~하다고) 여긴다 / 운이 좋은.

He → himself

**246** *Yuna* threw **herself** / onto her new bed.
주어 동사 목적어 수식어
유나는 자신의 몸을 던졌다 / 그녀의 새 침대 위로.

Yuna → herself

**247** *Bats* hide **themselves** / during the day.

주어 동사 목적어 수식어

박쥐들은 그들 자신을 숨긴다 / 낮 동안.

Bats → themselves

**248** I won the first prize. *I* was proud / of **myself**.

주어 동사 목적어 주어 동사 보어 수식어

나는 1등상을 받았다. 나는 자랑스러웠다 / 내 자신이.

I → myself

**249** Please tell me / about **yourself**.

동사 목적어 수식어

나에게 말해주세요 / 당신 자신에 대해.

동사원형으로 시작하는 '~해라, ~하세요'라는 뜻의 문장이며, 주어(You)는 생략되었어요.

**Check up Answer** 본문 p.98

**A** 1 **itself** 2 **yourselves** 3 **herself**

4 **ourselves** 5 **himself**

**B** 1 **myself** | 나는 항상 나 자신에 대해 걱정한다.

해설 주어(I)와 전치사 about 뒤에 오는 대상이 같으므로 재귀대명사 myself를 써야 해요.

2 **herself** | 샐리는 거울에 비친 자기 자신을 바라보았다.

3 **themselves** | 아이들은 담요로 그들 자신을 덮었다.

4 **himself** | 나의 삼촌은 자기 자신을 훌륭한 운전자라고 여긴다.

## Point 053 재귀대명사를 포함한 다양한 표현

**250** Ann **introduced herself** / to the class.

주어 동사 목적어 수식어

앤은 자기소개를 했다 / 반 학생들에게.

**251** A: I'm sorry. I didn't hear you.

주어 동사 보어 주어 동사 목적어

미안해. 네 말을 못 들었어.

B: Never mind. I **was talking** / **to myself**.

주어 동사 수식어

신경 쓰지 마. 나는 얘기하고 있었어 / 나 자신에게.

↳ 나는 혼잣말하고 있었어.

Never mind.는 '신경 쓰지 마, 걱정하지 마.'라는 뜻의 표현이에요.

미안하다고 사과하는 사람에게 That's all right. / That's okay. / Don't worry.와 같은 표현을 사용해 대답할 수도 있어요.

**252** We **enjoyed ourselves** / at the film festival.

주어 동사 목적어 수식어

우리는 즐거운 시간을 보냈다 / 그 영화제에서.

**253** **Help yourself** / **to** these doughnuts.

동사 목적어 수식어

마음껏 먹어 / 이 도넛들을.

Check up Answer 본문 p.99

1 **yourself** | 간식을 마음껏 먹으렴.
해설 help yourself (to)라는 표현을 사용한 문장이므로 목적어로는 재귀대명사가 와야 해요.

2 **himself** | 브랜던은 칼에 베였다.

3 **by** | 나는 혼자 힘으로 학교 프로젝트를 끝냈다.

4 **yourselves** | 우리집에 온 걸 환영해. 편하게 있어.
해설 문맥상 생략된 주어는 you(너희)이므로 목적어로는 yourselves를 써야 해요.

5 **herself** | 제니는 "포기하지 마."라고 혼잣말했다.

# UNIT 27 부정대명사 I

## Point 054 one

**254** I made cookies. Do you want **one**? (one = a cookie)
주어 동사 목적어 / 주어 동사 목적어
내가 쿠키를 만들었어. 하나 원하니[먹을래]?

*cf.* I got a cookie // and I ate **it**. (it = the cookie)
주어1 동사1 목적어1 / 주어2 동사2 목적어2
나는 쿠키 하나를 받았어 // 그리고 나는 그것을 먹었어.

**255** I lost my wallet. I need a new **one**.
주어 동사 목적어 / 주어 동사 목적어
나는 내 지갑을 잃어버렸다. 나는 새것이 필요하다.

one = a wallet

**256** These cups seem dirty. Do you have clean **ones**?
주어 동사 보어 / 주어 동사 목적어
이 컵들은 더러운 것 같아요. 깨끗한 것들이 있나요?

ones = cups

## Point 055 one, another, other(s)

**257** We have two dogs.
주어 동사 목적어
우리는 개를 두 마리 키운다.

**One** is big // and **the other** is small.
주어1 동사1 보어1 / 주어2 동사2 보어2
한 마리는 크다 // 그리고 나머지 한 마리는 작다.

**258** I have three caps. **One** is white, / **another** is blue, // and **the other** is red.
주어 동사 목적어 주어1 동사1 보어1 주어2 동사2 보어2 주어3 동사3 보어3
나는 모자가 세 개 있다. 하나는 흰색이다. / 또 다른 하나는 파란색이다. // 그리고 나머지 하나는 빨간색이다.

**259** **Some** like summer // and **others** like winter.
주어1 동사1 목적어1 주어2 동사2 목적어2
몇몇은 여름을 좋아한다 // 그리고 다른 몇몇은 겨울을 좋아한다.

**260** He bought five apples. **One** was sour // and **the others** were sweet.
주어 동사 목적어 주어1 동사1 보어1 주어2 동사2 보어2
그는 다섯 개의 사과를 샀다. 하나는 시었다 // 그리고 나머지 모두는 달았다.

**one, another, other를 사용한 표현:** each other 서로, one another 서로
each other는 둘 사이에서, one another는 셋 이상 사이에서 쓰인다고 하나, 두 표현은 종종 의미 차이 없이 쓰여요.

Check up Answer 본문 p.101

1 **the other** | 나는 2개 국어를 한다. 하나는 영어이고 나머지 하나는 프랑스어이다.
2 **Some** | 그는 꽃을 좀 샀다. 몇몇은 장미이고 나머지 모두는 튤립이다.
3 **another** | 우리는 세 가지 요리를 주문했다. 하나는 샐러드이고, 또 다른 하나는 파스타이며, 나머지 하나는 스테이크다.

## Point 056 some, any

**261** This cake is delicious. Would you like **some**?
주어 동사 보어 주어 동사 목적어
이 케이크는 아주 맛있어요. 좀 드시겠어요?

**262** He doesn't have **any** *brothers*. He has a sister.
주어 동사 목적어 주어 동사 목적어
그는 남자 형제가 한 명도 없다. 그는 여동생이 있다.

여기서 any는 brothers를 꾸며 주는 말인 형용사로 쓰였어요.

**263** I have a bad headache. I need **some** *medicine*.
주어 동사 목적어 주어 동사 목적어
나는 심한 두통이 있다. 나는 약이 좀 필요하다.

headache(두통), toothache(치통), stomachache(복통)와 같은 통증을 나타내는 단어는 셀 수 있는 명사로 단수, 복수로 모두 쓸 수 있으므로 주의하세요.

**264** He came up with / **some** great *ideas*.
주어 동사 목적어
그는 생각해냈다 / 몇 가지 훌륭한 아이디어를.

come up with(~을 생각해내다)는 뒤에 목적어가 꼭 필요한 구동사예요.

265 A: Do you have **any** *plans* / during the vacation?

주어 / 동사 / 목적어 / 수식어

너는 계획이 좀 있니 / 방학동안?

B: No, I don't have **any**.

주어 동사 목적어

아니, 나는 (계획이) 전혀 없어.

'권유'나 '허락'을 나타내지 않는 의문문에서는 대개 any가 쓰여요.

첫 번째 any는 형용사로, 두 번째 any는 대명사로 쓰였어요.

**Check up Answer** 본문 p.102

1 **some** | 우리는 밀가루와 버터가 좀 필요하다.

2 **any** | 나는 좋은 생각이 없어. 너는 좀 있니? **해설** '권유'나 '허락'을 나타내지 않는 의문문에서는 대개 any를 써요.

3 **any** | 그는 오늘 배가 아파서 음식을 전혀 먹지 않았다.

# UNIT 28 부정대명사 Ⅱ

## Point 057 -one, -body, -thing

266 Lucy! **Someone** *is calling* you.

주어 동사 목적어

루시! 누군가 너를 부르고 있어.

267 I knocked / on the door. **Nobody** answered.

주어 동사 수식어 주어 동사

나는 두드렸다 / 문 위를. 아무도 대답하지 않았다.

268 He doesn't know **anything** / about sports.

주어 동사 목적어 수식어

그는 아무것도 모른다 / 스포츠에 대해.

anything, anyone[anybody]는 특히 부정문과 의문문에서 잘 쓰이며 아래와 같은 뜻으로 해석해요.
anything 아무것도, 무엇이든 / anyone[anybody] 아무도, 누구라도
*e.g.* I didn't know **anyone** in this class. 나는 이 수업에서 아는 사람이 **아무도** 없었다.

## Point 058 all, every

269 **All** *were* quiet / during the test.

주어 동사 보어 수식어

모두가 조용했다 / 시험 중에.

270 **Every** *child* *needs* / love and care.

주어 동사 목적어1 목적어2

모든 아이는 필요로 한다 / 사랑과 보살핌을.

**271** All of *your advice* / *was* helpful.
주어 동사 보어
너의 모든 조언은 / 도움이 됐다.

〈all of+명사〉의 of는 생략할 수 있어요. (= **All** your advice was helpful.)

**272** All *my relatives gather* / on New Year's Day.
주어 동사 수식어
내 모든 친척들은 모인다 / 새해 첫날에.

**All** my relatives(= **All of** my relatives) gather on New Year's Day.

**273** Every *school has* / its own rules.
주어 동사 목적어
모든 학교는 갖고 있다 / 그것만의 규칙들을.

**Check up Answer** 본문 p.104

1 **Is** | 지금 집에 누구 있니? 해설 -one, -body, -thing으로 끝나는 대명사는 단수 취급하므로, 단수 동사 Is를 써야 해요.
2 **student** | 모든 학생은 중학교에서 영어를 배운다. 해설 every 뒤에는 단수명사(student)만 올 수 있어요.
3 **is** | 내 모든 돈은 지갑에 있다. 해설 All 뒤에 오는 money는 셀 수 없는 명사이므로 단수 동사 is를 써야 해요.
4 **is** | 네 책상 위에 아무것도 없네. 너의 책은 어디 있니?
해설 Nothing(어떤 것도 ~ 아니다)은 이미 부정의 의미를 갖고 있으므로 isn't가 아닌 is로 써야 해요.
5 **are** | 이 정원의 모든 꽃들은 아름답다.

## Point 059 both, each

**274** I have two cousins. **Both** *live* / in the U.S.
주어 동사 목적어 주어 동사 장소
나는 사촌이 두 명 있다. 둘 다 산다 / 미국에.

**275** Each *class is* / 50 minutes long.
주어 동사 보어
각 수업은 ~이다 / 50분 (길이인).

여기서 each는 class를 꾸며 주는 말인 형용사로 쓰였어요.
시간 및 사물의 길이를 나타낼 때는 〈단위+long(길이가 ~인)〉으로 써요.
*e.g.* Each speech will be *ten minutes* **long**. 각 연설은 10분 **길이**일 것이다.
The whale is about *33 meters* **long**. 그 고래는 약 33미터 정도의 **길이**이다.

**276** Both of *the books* / *are* bestsellers.
주어 동사 보어
그 책 둘 다 / 베스트셀러이다.

〈both of+복수명사〉의 of는 생략할 수 있어요. (= **Both** the books are bestsellers.)

**277** Each *person has* / different strengths.
주어 동사 목적어
각각의 사람은 갖고 있다 / 다른 장점들을.

**278** **Each of *the answers* / *is* worth 5 points.**

주어 / 동사 / 보어

각각의 정답은 / 5점의 가치가 있다.

↳ 각각의 정답은 5점이다.

형용사 worth는 명사 앞에는 쓰이지 않고, 〈be worth A(A의 가치가 있다)〉 형태로 뒤에 명사 또는 대명사가 와요.

## Check up Answer

본문 p.105

1 **student** | 각 학생은 네 권의 새 책을 받을 것이다. 해설 each 뒤에는 단수명사가 오므로 students는 student로 고쳐야 해요.
2 **weighs** | 각 상자는 3킬로그램이다.
3 **teams** | 양쪽 팀은 경기에서 최선을 다했다. 해설 both 뒤에는 복수명사가 와야 하므로 team은 teams로 고쳐야 해요.
4 **has** | 우리는 각자 우리만의 의견이 있다. 해설 each는 항상 단수 취급하므로, 〈each of+복수명사〉 뒤에도 단수 동사 has가 와야 해요.
5 **were** | 두 문제 모두 나에게 너무 어려웠다.

## Chapter Exercises 07

본문 p.106

**A** 1 **Our** | 내 여동생[언니]와 나는 방을 함께 쓴다. 우리의 방은 크다.
2 **It** | 벌써 여덟 시야. 집에 가자. 해설 시각을 나타낼 때는 비인칭 주어 It을 사용해요.
3 **mine** | 이 여권은 내 것이 아니다. 그것은 내 남동생[형, 오빠]의 것이다.
해설 '~의 것'이라는 의미의 소유대명사가 필요하므로 mine을 써야 해요.
4 **It** | 그 고양이는 게으르다. 그것은 하루 종일 잠을 잔다. 해설 앞 문장의 The cat을 가리키는 대명사로는 단수 It을 써야 해요.
5 **herself** | 그녀는 안나라고 자기소개를 했다.
6 **these** | 탁자 위의 이 사진들은 네 것이니?
7 **some** | 핫초콜릿 좀 드시겠어요? 해설 '권유'나 '허락'을 나타내는 의문문에서는 '약간(의), 조금(의)'라는 뜻의 some을 사용해요.
8 **its** | 여우는 겨울에 그것의 꼬리를 담요처럼 사용해요. 해설 명사 tail 앞에는 '~의'라는 의미의 소유격이 필요하므로 it's가 아닌 its를 써야 해요.

**B** 1 **ones** | 내 샌들은 너무 낡았다. 나는 새로운 것이 필요하다.
해설 앞에 나온 복수명사 sandals와 '같은 종류의 것'을 나타내는 부정대명사 ones를 써야 해요.
2 **Some** | 몇몇은 소설을 좋아하고, 다른 몇몇은 시를 좋아한다.
3 **one** | 나는 오늘 샌드위치 두 개를 가져왔다. 나는 샌드위치 하나를 내 친구에게 주었다.
4 **the others** | 네 명의 사람들이 회의에 참석했다. 한 명은 정시에 왔고, 나머지 모든 사람들은 늦었다.
해설 네 명 중 '나머지 모든 사람'을 가리키므로 the others를 써야 해요.
5 **another** | 신호등은 세 가지 색이 있다. 하나는 초록색이고, 또 다른 하나는 빨간색이며, 나머지 하나는 주황색이다.

**C** 1 **It takes 20 minutes** 2 **Both students are** 3 **Something is wrong**
4 **Sea turtles protect themselves** 5 **Every classroom has**

**D** **ⓐ, I lost my keys. Did you see them?**
해설 앞 문장의 복수명사 my keys를 대신하는 목적격 대명사로는 it이 아닌 them을 써야 해요.
**ⓓ, He didn't have any cash. He only had a credit card.**
해설 부정문에서 '조금[하나](도 없다), 전혀[하나도] ~ 없는'이라는 의미로 쓰이는 대명사는 any예요.
**ⓔ, Each person learns in a different way.**
해설 〈each+단수명사〉는 항상 단수 취급하므로, learn이 아닌 단수 동사 learns로 고쳐 써야 해요.

ⓐ 나는 내 열쇠들을 잃어 버렸어. 너는 그것들을 봤니?
ⓑ 케빈은 때때로 혼자 시간을 보낸다.
ⓒ 이 신발은 불편해요. 제가 저것들을 신어봐도 될까요?
ⓓ 그는 현금이 하나도 없었다. 그는 오직 신용카드만 가지고 있었다.
ⓔ 각각의 사람은 다른 방법으로 배운다.

# UNIT 29 형용사의 역할

## Point 060 명사, 대명사를 꾸며 주는 형용사

**279** The movie was / a **big** *success*.
주어 동사 보어
그 영화는 ~이었다 / 큰 성공작.

a big success = a great[huge] success 큰 성공작

**280** Let's do / *something* **fun** / today.
동사 목적어 수식어
해 보자 / 무언가 재미있는 것을 / 오늘.

**281** It was / an **interesting** *lecture*. He is / a **good** *speaker*.
주어 동사 보어 주어 동사 보어
그것은 ~였다 / 흥미로운 강의. 그는 ~이다 / 훌륭한 연설자.

**282** Thank you / for your **warm** *welcome*.
동사 목적어 수식어
(당신에게) 감사해요 / 당신의 따뜻한 환영에.

**283** Bella has / **curly brown** *hair* and **blue** *eyes*.
주어 동사 목적어1 목적어2
벨라는 갖고 있다 / 갈색 곱슬머리와 파란색 눈을.

명사를 수식하는 형용사가 두 개 이상 나열되는 경우, 〈숫자+크기+모양+색깔〉과 같이 정해진 순서로 형용사를 써요.
*e.g.* **twelve large** eggs **열두 개의 큰** 달걀들 / a **small white** flower **작은 하얀** 꽃 한 송이

**284** I was at home / all day. I didn't do / *anything* **special**.
주어 동사 장소 수식어 주어 동사 목적어
나는 집에 있었다 / 하루 종일. 나는 하지 않았다 / 어떤 특별한 것도.

**285** We want *something* **light** / for breakfast.
주어 동사 목적어 수식어
우리는 무언가 가벼운 것을 원한다 / 아침 식사로.

### Check up Answer

본문 p.111

**A** 1 tea | 종업원이 내 컵에 뜨거운 차를 따라 주었다.
2 Nothing | 어제 새로운 일은 아무것도 일어나지 않았다.
3 shoes | 너는 하이킹을 위해 편안한 신발이 필요하다.
4 something | 그들은 밖에서 이상한 소리를 들었다.

**B** 1 beautiful | 그녀는 언덕 위의 아름다운 집을 보았다.
2 special gift | 우리는 엄마를 위해 특별한 선물을 준비했다.
3 something sweet | 나는 디저트로 무언가 달콤한 것을 원한다.
해설 -one, -body, -thing으로 끝나는 대명사는 형용사가 뒤에서 수식해요.
4 someone famous | 그녀는 거리에서 유명한 사람을 만났다.

## Point 061 보어로 쓰이는 형용사

**286** The history class was **interesting**.

주어 / 동사 / 보어(형용사)

그 역사 수업은 흥미로웠다. 〈주어 보충 설명〉

- **주어를 설명하는 보어로 형용사가 필요한 동사:** be동사, become, seem, look, feel, sound, taste, smell 등 (동사+보어(형용사) ☞ Unit 16)

**287** Your smile makes / me **happy**.

주어 / 동사 / 목적어 / 보어(형용사)

너의 미소는 만든다 / 나를 행복하게. 〈목적어 보충 설명〉

- **목적어를 설명하는 보어로 형용사가 필요한 동사:** make, keep, find, leave, think 등 (동사+목적어+보어(형용사) ☞ Unit 19)

**288** It seems **difficult**, // but I'll try my best.

주어1 동사1 보어1(형) / 주어2 동사2 목적어2

그것은 어려워 보인다. // 하지만 나는 최선을 다할 것이다. 〈주어 보충 설명〉

**289** Is that a new shirt? It looks **good** / on you.

동사 주어 보어(명) / 주어 동사 보어(형) / 수식어

그것은 새 셔츠니? 그것은 좋아 보인다 / 너에게. 〈주어 보충 설명〉

→ 그것은 너에게 잘 어울린다.

- that이 말하는 사람으로부터 멀리 떨어져 있는 사물이나 사람을 가리킬 때는 '저; 저것, 저 사람'이라고 해석하지만, 대화 중 앞에서 이미 언급했거나 서로 알고 있는 대상을 가리킬 때는 '그; 그것, 그 사람'이라고 해석하기도 해요.
  *e.g.* **That** incident changed people's lives. **그** 사건은 사람들의 삶을 바꿔 놓았다.
  **That** is an amazing idea. **그것은** 좋은 생각이야.
- look good[great, nice] on A는 'A에게 잘 어울리다'라는 뜻으로 주로 상대방의 옷차림을 칭찬할 때 쓰는 표현이에요.
  *e.g.* What a nice jacket! It **looks great on** you. 정말 멋진 재킷이구나! 너**에게 잘 어울려**.

**290** The noise kept / us **awake** / all night.

주어 / 동사 / 목적어 보어(형) / 수식어

그 소음은 (~하게) 했다 / 우리를 깨어 있게 / 밤새도록. 〈목적어 보충 설명〉

### Check up Answer

본문 p.112

1 low | 토니의 목소리는 저음이다.
해설 형용사 low가 주어(Tony's voice)를 보충 설명해 주고 있어요.
2 warm | 그 목도리가 네 목을 따뜻하게 해 줄 거야.
해설 형용사 warm이 목적어(your neck)를 보충 설명해 주고 있어요.
3 clean | 나의 아빠는 항상 그의 차를 깨끗하게 유지하신다.
4 great | 할머니의 요리는 항상 맛있다.
5 muddy | 어제 비가 와서 강이 흙탕물이 되었다.

UNIT
# 30 수나 양을 나타내는 형용사

## Point 062 many, much, a lot of[lots of]

**291** The forest is home / to **many** *animals*.
주어 동사 보어 수식어
그 숲은 서식지이다 / 많은 동물들에게.

**292** I didn't get **much** *sleep* / last night.
주어 동사 목적어 수식어
나는 잠을 많이 자지 못했다 / 어젯밤에.

much는 주로 부정문과 의문문에서 쓰여요.

**293** **A lot of** *tourists* visit Paris / every year.
주어 동사 목적어 수식어
많은 관광객들이 파리를 방문한다 / 매년.

긍정문에서 '많은'이라는 의미를 나타낼 때는 주로 a lot of, lots of가 쓰여요.

**294** She spends **lots of** *money* / on clothes.
주어 동사 목적어 수식어
그녀는 많은 돈을 쓴다 / 옷에.

spend A on B는 'B에 A(시간, 돈)를 쓰다'라는 뜻으로 숙어처럼 자주 쓰이는 표현이에요.
*e.g.* I **spent** all my pocket money **on** her gift. 나는 그녀의 선물**에** 내 모든 용돈**을 썼다**.

## Point 063 (a) few, (a) little

**295** He asked his teacher / **a few** *questions*.
주어 동사 간접목적어 직접목적어
그는 그의 선생님에게 물어보았다 / 몇 가지 질문들을.

**296** She saves **a little** *money* / every month.
주어 동사 목적어 수식어
그녀는 약간의 돈을 저축한다 / 매달.

**297** I know **a few** *people* / in the class.
주어 동사 목적어 수식어
나는 몇몇 사람들을 안다 / 그 반에서.

**298** She made **few** *mistakes* / on her test.
주어 동사 목적어 수식어
그녀는 거의 실수를 하지 않았다 / 그녀의 시험에서.

few, little은 '거의 없는'이라는 뜻으로 부정의 의미를 나타내요.

**299** This sauce needs / **a little** *salt* and *pepper*.
주어 동사 목적어1 목적어2
이 소스는 필요로 한다 / 약간의 소금과 후추를.

여기서 a little은 salt와 pepper 모두 꾸며 주고 있어요.

**300** We had very **little** *rain* / last summer.
주어 동사 목적어 수식어
우리는 비가 거의 없었다 / 지난 여름.
↳ 지난 여름에는 비가 거의 오지 않았다.

**Check up Answer** 본문 p.114

1 **a little** | 그는 차에 약간의 우유를 부었다. 해설 셀 수 없는 명사(milk) 앞에는 a little을 써야 해요.
2 **Few** | 이 수학 문제를 푼 학생은 거의 없었다. 해설 셀 수 있는 명사(students) 앞에는 Few를 써야 해요.
3 **lots of** | 우리는 여름 캠프에서 아주 재미있게 놀았다. 해설 fun은 셀 수 없는 명사이므로 many와 함께 쓸 수 없어요.
4 **Many** | 많은 아이들이 공원에서 자전거를 타고 있다.

# UNIT 31 부사의 역할

## Point 064 부사의 역할과 쓰임

**301** From now on, / I'*ll exercise* / **regularly**.
수식어 주어 동사 수식어(부사)
지금부터, / 나는 운동할 것이다 / 규칙적으로. 〈동사 수식〉

**302** The restaurant's food / was **really** *good*.
주어 동사 보어
그 레스토랑의 음식은 / 정말 맛있었다. 〈형용사 수식〉

**303** *Don't take* it / **seriously**. It was a joke.
동사 목적어 수식어(부) 주어 동사 보어
그것을 받아들이지 마 / 심각하게. 그것은 농담이었어. 〈동사 수식〉

**304** I **completely** *forgot* / her birthday.
주어 수식어(부) 동사 목적어
나는 완전히 잊어버렸다 / 그녀의 생일을. 〈동사 수식〉

동사를 꾸며 주는 부사는 보통 동사의 뒤나 문장 끝에 많이 오지만, 동사 앞에 올 수도 있어요.

**305** These shoes are **too** *large* / for me.
주어 동사 보어 수식어
이 신발은 너무 크다 / 나에게. 〈형용사 수식〉

**306** Lina *learns* languages / **very** ***quickly***.
주어 동사 목적어 수식어(부)
리나는 언어를 배운다 / 매우 빨리. 〈부사 수식〉, 〈동사 수식〉

**307** **Luckily**, / *nobody was hurt* / *in the car accident*.
수식어(부) 주어 동사 보어 수식어
다행히, / 아무도 다치지 않았다 / 그 차 사고에서. 〈문장 전체 수식〉

문장 전체를 꾸며 주는 부사는 문장 끝에 올 수도 있어요.
*e.g.* *Read the directions* **carefully**. 사용법을 **주의 깊게** 읽으세요.

**Check up Answer** 본문 p.116

1 really | 그녀는 정말 사랑스러운 얼굴을 가지고 있다.
2 Sadly, very | 슬프게도 나의 개는 매우 아프다.
3 silently | 깊은 강은 조용히 흐른다.
4 very, well | 내 여동생[언니, 누나]은 피아노를 매우 잘 친다.
5 so, easily | 이 책은 영어 문법을 아주 쉽게 설명한다.

## Point 065 형태가 같은 형용사와 부사

**308** The test was **hard** / for her.
주어 동사 보어 수식어
그 시험은 어려웠다 / 그녀에게. 〈형용사〉

The team trained / **hard** / for the final match.
주어 동사 수식어 수식어
그 팀은 훈련했다 / 열심히 / 결승전을 위해. 〈부사〉

**309** You have / a really **pretty** voice.
주어 동사 목적어
너는 가지고 있다 / 정말 예쁜 목소리를. 〈형용사〉

Your idea sounds / **pretty** good.
주어 동사 보어
너의 생각은 ~하게 들린다 / 꽤 좋은. 〈부사〉

**310** He is a **fast** runner. He'll win the race.
주어 동사 보어 주어 동사 목적어
그는 빠른 주자이다. 그가 경주에서 이길 것이다. 〈형용사〉

The car is going / too **fast**.
주어 동사 수식어
그 차는 가고 있다 / 너무 빨리. 〈부사〉

**Check up Answer** 본문 p.117

1 ① | 그 방은 파티를 하기에 충분히 큰가요?
2 ③ | 그는 매우 성공한 사업가이다.
3 ② | 학생들은 대회를 위해 열심히 연습했다.

UNIT 32

# 빈도부사

## Point 066 빈도부사의 종류

**311** He is **always** on time / for class.
주어 동사 수식어(빈도부사) 수식어 수식어
그는 항상 제 시간에 온다 / 수업을 위해.

**312** My school **usually** finishes / at 4 o'clock.
주어 수식어(빈) 동사 수식어
나의 학교는 보통 끝난다 / 4시에.

**313** My dad **sometimes** cooks dinner / for us.
주어 수식어(빈) 동사 목적어 수식어
나의 아빠는 가끔 저녁을 요리해주신다 / 우리를 위해.

**314** I'll **never** go / to that hair salon / again.
주어 수식어(빈) 동사 수식어 수식어
나는 절대 가지 않을 것이다 / 그 미용실에 / 다시.

that hair salon의 that은 멀리 있는 사물이나 사람을 가리키는 '저'가 아니라 '그'라는 뜻의 지시형용사예요.

## Point 067 빈도부사의 위치

**315** She **always** brushes her teeth / after meals.
주어 수식어(빈도부사) 동사 목적어 수식어
그녀는 항상 양치를 한다 / 식사 후에.

**316** I am **usually** free / on the weekends.
주어 동사 수식어(빈도부사) 보어 수식어
나는 보통 한가하다 / 주말에.

**317** My dad / **often** gives me a ride / to school.
주어 수식어(빈) 동사 간목 직목 수식어
나의 아빠는 / 종종 나를 태워다 주신다 / 학교까지.

give A a ride는 'A를 태워다 주다'라는 뜻으로 일상생활에서 자주 쓰이는 표현이에요.
***e.g.*** Kelly's mom **gave** *me* **a ride** home. 켈리의 엄마는 나를 집까지 **태워다 주셨다**.

**318** The coffee shop is **rarely** open / on Sundays.
주어 동사 수식어(빈) 보어 수식어
그 커피숍은 거의 문을 열지 않는다 / 일요일에.

rarely(거의 ~ 않다)는 부정의 의미를 이미 포함하고 있으므로 not과 함께 쓰지 않아요.
The coffee shop ***isn't* rarely** open on Sundays. (×)

319 The truth can **sometimes** hurt / people's feelings.

주어 / 수식어(빈) 동사 / 목적어

진실은 때때로 상하게 할 수 있다 / 사람들의 감정을.

**Check up Answer** 본문 p.119

1 ① | 내 개는 거의 크게 짖지 않는다.
2 ② | 올리비아는 항상 모두에게 예의 바르다.
3 ① | 나의 부모님은 보통 밤에 TV를 보신다.
4 ② | 그는 가끔 수업에 지각한다.
5 ② | 나는 절대 이 아름다운 풍경을 잊지 않을 것이다.

## Chapter Exercises 08

본문 p.120

**A** 1 **clean** | 고양이는 매우 깨끗한 동물이다.
해설 명사 animals를 꾸며 주는 말이 필요하므로 형용사 clean이 알맞아요.
2 **little** | 나는 음악에 거의 관심이 없다.
해설 interest는 셀 수 없는 명사이므로 little을 써야 해요.
3 **hardly** | 그는 오늘 거의 한마디도 하지 않았다.
해설 문맥상 '거의'라는 뜻의 부사가 필요하므로 hardly가 알맞아요.
4 **carefully** | 빙판길에서는 조심히 운전해라.
5 **usually has** | 나의 가족은 보통 저녁을 푸짐하게 먹는다.
6 **healthy** | 규칙적인 운동은 당신을 건강하게 만들 것이다.
해설 목적어(you)를 보충 설명하는 보어 자리이므로 형용사 healthy가 와야 해요.
7 **anything wrong** | 솔직히, 나는 아무것도 잘못하지 않았다.
해설 -one, -body, -thing으로 끝나는 대명사는 형용사(wrong)가 뒤에서 수식해요.
8 **Lots of** | 요즘에 많은 사람들이 주말에 캠핑을 간다.

**B** 1 **kindly, kind** | 그 소녀는 나이 든 여성을 친절하게 도왔다. 조슈아는 항상 모두에게 친절하다.
2 **many, much** | 나는 한 번에 너무 많은 쿠키를 먹었다. 이 조리법은 버터가 많이 필요하지 않다.
해설 셀 수 있는 명사(cookies) 앞에는 many를, 셀 수 없는 명사(butter) 앞에는 much를 써야 해요.
3 **good, well** | 너는 즐거운 주말을 보냈니? 사라는 플루트 연주를 매우 잘한다.
해설 첫 번째 빈칸에는 명사(weekend)를 꾸며 주는 말이 필요하므로 형용사(good)가 알맞고, 두 번째 빈칸에는 동사(plays)를 꾸며 주는 부사(well)가 알맞아요.
4 **a little, a few** | 나는 약간의 차를 마시고 빵을 좀 먹었다. 그녀는 오직 그 책의 몇 페이지만 읽었다.

**C** 1 **is always crowded**
2 **Food goes bad**
3 **Do you want something cold**
4 **will never give up hope**
5 **wastes too much time**

**D** 1 **ⓑ, A lot of homework keeps me busy.**
해설 목적어(me)를 보충 설명하는 보어 자리에는 부사(busily)가 아닌 형용사(busy)가 와야 해요.
2 **ⓓ, We donated a little money for the sick children.**
해설 셀 수 없는 명사 money는 a few가 아닌 a little과 함께 쓰여요.

ⓐ 이 사막에는 비가 거의 오지 않는다.
ⓑ 많은 양의 숙제는 나를 바쁘게 한다.
ⓒ 밀러 씨 부부는 세 명의 사랑스러운 아이들이 있다.
ⓓ 우리는 아픈 아이들을 위해 약간의 돈을 기부했다.
ⓔ 피터는 매우 똑똑한 학생이다.

# UNIT 33 can

## Point 068 can: 능력·가능

**320** She **can** speak Chinese / fluently.
주어 조동사 동사원형 목적어 수식어
그녀는 중국어를 할 수 있다 / 유창하게.

**321** He **can** throw a baseball / very fast.
주어 조동사 동사원형 목적어 수식어
그는 야구공을 던질 수 있다 / 매우 빨리.

**322** I **cannot** lift these boxes. They're too heavy.
주어 조동사 동사원형 목적어 주어 동사 보어
나는 이 상자들을 들 수 없다. 그것들은 너무 무겁다.

- cannot = can't

**323** A: **Can you** play / any musical instruments?
조동사 주어 동사원형 목적어
너는 연주할 수 있니 / 악기를?

B: Yes, I **can** play the violin.
주어 조동사 동사원형 목적어
응, 나는 바이올린을 연주할 수 있어.

**324** My sister **couldn't** swim / last year, // but now she **can**.
주어1 조동사1 동사원형1 수식어1 수식어2 주어2 조동사2
내 여동생은 수영을 못했다 / 작년에, // 그러나 지금 그녀는 할 수 있다.

- could not = couldn't
- 첫 번째 문장에서는 과거(last year)의 능력을 말하므로 couldn't를, 두 번째 문장에서는 현재(now)의 능력을 말하고 있으므로 can을 써요.
- ~, but now she can (swim).
  can 뒤에 앞에 나온 어구와 반복되는 swim은 생략되었어요. 영어 문장에서 같은 어구가 반복되면 대부분 반복되는 것을 생략하여 문장을 간결하게 만들어요.

## Point 069 can (능력·가능) = be able to

**325** Now, / the baby **is able to** walk / by herself.
(= can)
수식어 주어 be able to 동사원형 수식어
이제, / 그 아기는 걸을 수 있다 / 혼자 힘으로.

- be able to는 조동사는 아니지만, can(~할 수 있다)을 대신해서 능력·가능을 나타내는 표현이에요.

**326** Chameleons **are able to** change / their color.
(= can)
주어 be able to 동사원형 목적어
카멜레온은 바꿀 수 있다 / 그것들의 색깔을.

327 I am sorry. I'm **not able to** help you / this time.
(= can't[cannot])
주어 동사 보어 주어 be able to 동사원형 목적어 수식어
미안해. 나는 너를 도와줄 수 없어 / 이번에.

328 He **wasn't able to** speak Korean / a few years ago, // but now he **is able to**.
(= couldn't[could not]; = can)
주어1 be able to1 동사원형1 목적어1 수식어1 수식어2 주어2 be able to2
그는 한국어를 할 수 없었다 / 몇 년 전에, // 그러나 이제 그는 할 수 있다.

~, but now he is able to (speak Korean).
앞에 나온 어구와 반복되는 speak Korean은 생략되었어요.

## Point 070 can/could: 허가, 요청

329 Here, / you **can** borrow my umbrella.
수식어 주어 조동사 동사원형 목적어
어기, / 나는 내 우산을 빌려가도 돼. 〈허기〉

330 A: **Could you** do me a favor?
(= Can)
조동사 주어 동사원형 간목 직목
제 부탁 하나 들어주시겠어요? 〈요청〉
B: Sure.
물론이죠.

do A a favor는 구조적으로 〈동사+간접목적어+직접목적어〉 형태이지만, 'A의 부탁을 들어주다, A에게 호의를 베풀다'라는 뜻으로 하나의 표현처럼 알아 두세요.

331 A: Mom, **can I** sleep over / at Nicole's house?
(= could)
조동사 주어 동사원형 수식어
엄마, 제가 자고 와도 될까요 / 니콜네 집에서? 〈허가〉
B: No, you **can't**.
주어 조동사
아니, 안 된단다. 〈금지〉

sleep over는 하나의 동사처럼 쓰이는 구동사예요.
〈허가를 구하는 의문문에 대한 대답〉
- 긍정: Yes, you can. / Sure. / Okay. / Of course. / No problem. / Certainly.
- 부정: No, you can't. / I'm sorry(, but) you can't. / I'm afraid you can't.

332 You **can't** swim here / without a swimming cap.
주어 조동사 동사원형 수식어 수식어
너는 여기에서 수영해서는 안 된다 / 수영 모자 없이. 〈금지〉

333 A: **Can you** recommend a good movie?
(= Could)
조동사 주어 동사원형 목적어
좋은 영화를 추천해 주시겠어요? 〈요청〉
B: Of course.
물론이죠.

**Check up Answer** 본문 p.126

1 can see

2 is able to fix

해설 주어(My dad)가 3인칭 단수이므로 be able to의 be동사는 is로 바꿔 써야 해요.

3 Can I turn on

# UNIT 34 may/will

## Point 071 may: 허가, 추측

**334** You **may** go / to the restroom / now.
주어 조동사 동사원형 수식어 수식어
너는 가도 된다 / 화장실에 / 지금. 〈허가〉

**335** According to the forecast, / it **may** snow / today.
수식어 주어 조동사 동사원형 수식어
(일기) 예보에 따르면, / 눈이 올지도 모른다 / 오늘. 〈추측〉

**336** You **may** take a short break / now.
주어 조동사 동사원형 목적어 수식어
너는 짧은 휴식 시간을 가져도 된다 / 지금. 〈허가〉

**337** A: **May I** take your order?
조동사 주어 동사원형 목적어
제가 주문을 받아도 될까요? 〈허가〉

B: Yes. I would like / a small mushroom pizza, please.
주어 조동사 동사원형 목적어
네. 저는 원해요 / 작은 (사이즈의) 버섯 피자를.

〈음식점이나 카페에서 주문할 때 자주 쓰이는 표현〉
**I'd like** a chicken salad. 치킨 샐러드를 **주세요**.
**I'll have** a cup of orange juice, please. 오렌지 주스 한 잔 **주세요**.
**Can I get** a bowl of tomato soup? 토마토 수프 한 그릇 **주시겠어요**?

**338** You **may not** enter this area / without a permit.
주어 조동사 동사원형 목적어 수식어
당신은 이 구역에 들어갈 수 없습니다 / 허가증 없이. 〈금지〉

**339** I heard the rumor, // but it **might not** be true.
주어1 동사1 목적어1 주어2 조동사2 동사원형2 보어2
나는 그 소문을 들었다. // 그러나 그것은 사실이 아닐지도 모른다. 〈추측〉

it = the rumor

## Point 072 will: 요청

= Would

**340** **Will you** open the door, please?

조동사 주어 동사원형 목적어

문 좀 열어주시겠어요?

**341** Dad, **will you** pick me up / around 8:00 p.m.?

조동사 주어 목적어 동사원형 수식어

아빠, 저를 차로 데리러 와 주시겠어요 / 오후 여덟 시쯤에?

pick up(~를 차로 데리러 가다)은 뒤에 목적어가 꼭 필요한 구동사예요. 이때 목적어(me)가 대명사이므로 반드시 구동사 사이에 위치해야 해요.

Will you **pick up** ***me*** around 8:00 p.m.? (×)

**342** **Would you** carry this suitcase / to our room?

조동사 주어 동사원형 목적어 수식어

이 여행 가방을 옮겨 주시겠어요 / 저희 방으로?

**Check up Answer** 본문 p.128

1 ⓑ | 그 아기는 울고 있다. 그녀는 배가 고플지도 모른다.

2 ⓐ | 여러분은 이 그림들을 만져서는 안 됩니다.

# UNIT 35 should/must/have to

## Point 073 should: 의무·충고

**343** You **should** be kind / to your friends.

주어 조동사 동사원형 보어 수식어

너는 친절하게 대해야 한다 / 네 친구들에게. 〈의무·충고〉

**344** You **should** always wear / your bike helmet.

주어 조동사 수식어 동사원형 목적어

너는 항상 써야 해 / 너의 자전거 헬멧을.

빈도를 나타내는 부사가 조동사와 함께 쓰일 경우, 주로 〈조동사(should)+빈도부사(always)〉의 순서로 써요.

**345** We **should not** judge people / by their looks.

주어 조동사 동사원형 목적어 수식어

우리는 사람들을 판단하지 말아야 한다 / 그들의 외모로. 〈금지〉

look(보다; ~하게 보이다)은 동사로 가장 많이 쓰이지만 명사로도 쓰일 수 있어요. look은 명사로 '겉모습'이란 뜻이 있는데, 복수형 looks는 주로 '외모'라는 뜻으로 쓰여요.

## Point 074 must, have to: 의무

**346** You **must** wear your seat belt / in the car.
(must = have to)
주어 / 조동사 / 동사원형 / 목적어 / 수식어
너는 네 안전벨트를 매야 한다 / 차 안에서. 〈의무〉

**347** A: He just returned / from a long trip.
주어 / 수식어 / 동사 / 수식어
그는 막 돌아왔어 / 긴 여행에서.
B: He **must** be very tired.
주어 / 조동사 / 동사원형 / 보어
그는 틀림없이 매우 피곤하겠다. 〈강한 추측〉

**348** Drivers **must** follow / the new traffic laws.
(must = have to)
주어 / 조동사 / 동사원형 / 목적어
운전자들은 따라야 한다 / 새로운 교통법을. 〈의무〉

**349** She **has to** hand in her report / today.
(has to = must)
주어 / 조동사 / 동사원형 / 목적어 / 수식어
그녀는 그녀의 보고서를 제출해야 한다 / 오늘. 〈의무〉

hand in(~을 제출하다)은 뒤에 목적어가 꼭 필요한 구동사예요. 이렇게 목적어(her report)가 명사일 때는 구동사 뒤나 사이에 올 수 있어요. (She has to **hand** *her report* **in** today. (O))

**350** A: My brother passed / the entrance exam.
주어 / 동사 / 목적어
나의 오빠는 합격했어 / 입학시험에.
B: Congratulations! He **must** be very happy.
주어 / 조동사 / 동사원형 / 보어
축하해! 그는 틀림없이 매우 행복하겠다. 〈강한 추측〉

복수형으로 쓰이는 congratulations는 '축하해(요)'라는 뜻으로 쓰여요.

### Check up Answer

본문 p.130

1 **be** | 그녀는 피곤한 게 틀림없다. 그녀는 하품을 많이 하고 있다.
2 **had to** | 나는 어제 저녁 8시까지 집에 와야 했다. 해설 과거(yesterday)의 일을 나타내므로 have to의 과거형인 had to를 써야 해요.
3 **has to** | 나의 아빠는 하루에 한 번 이 약을 드셔야 한다. 해설 주어(My dad)가 3인칭 단수이므로 has to로 써야 해요.

## Point 075 must not(강한 금지), don't have to(불필요)

**351** Visitors **must not** walk / on the grass.
주어 / 조동사 / 동사원형 / 수식어
방문객들은 걸어서는 안 된다 / 잔디밭 위를. 〈강한 금지〉

**352** You **don't have to** hurry. Take your time.
(don't have to = don't need to)
주어 / 조동사 / 동사원형 / 동사 / 목적어
너는 서두를 필요 없어. 〈불필요〉 천천히 해도 돼.

353 You **must not** make a noise / in the library.
주어 조동사 동사원형 목적어 수식어
너는 시끄럽게 해서는 안 된다 / 도서관에서. 〈강한 금지〉

= don't need to
354 You **don't have to** make an excuse / for her.
주어 조동사 동사원형 목적어 수식어
너는 변명하지 않아도 돼 / 그녀를 위해. 〈불필요〉

= doesn't need to
355 Our life / **doesn't have to** be perfect.
주어 조동사 동사원형 보어
우리의 삶은 / 완벽할 필요가 없다. 〈불필요〉

**Check up Answer** 본문 p.131

1 **don't have[need] to**
해설 Dinner is on me.는 '저녁은 내가 살게.'라는 뜻으로 식사나 음료 등의 값을 자신이 내겠다고 할 때 쓰는 표현이에요. I will pay for dinner.(저녁은 내가 살게.), It's on me.(내가 낼게.)와 같은 표현도 쓸 수 있어요.

2 **must not**

3 **doesn't have[need] to**

# UNIT 36 had better/used to

## Point 076 had better: 강한 충고·권고

356 You **had better** get some rest.
주어 조동사 동사원형 목적어
너는 휴식을 좀 취하는 게 좋겠어. 〈강한 충고·권고〉

357 You'**d better** discuss this matter / with your teacher.
주어 조동사 동사원형 목적어 수식어
너는 이 문제를 상의하는 게 좋겠다 / 너의 선생님과. 〈강한 충고·권고〉

discuss는 뒤에 목적어가 꼭 필요한 동사예요. 〈discuss+목적어〉는 '~에 대해 상의[논의]하다'라고 자주 해석되기 때문에 discuss 뒤에 전치사 about을 잘못 쓰기 쉬우므로 주의하세요. (☞ Unit 17)
(**discuss about** this matter (×))

358 She **had better not** drink / too much soda.
주어 조동사 동사원형 목적어
그녀는 마시지 않는 게 좋겠다 / 너무 많은 탄산음료를. 〈금지〉

## Point 077 used to: 과거의 습관, 상태

= would
359 My father **used to** jog / every morning.
주어 조동사 동사원형 수식어
나의 아빠는 조깅을 하시곤 했다 / 매일 아침. (지금은 하시지 않는다.) 〈습관〉

**360** They **used to** be / good friends. But they aren't close / anymore.
(used to 위: would (×))
주어 / 조동사 / 동사원형 / 보어 / 주어 / 동사 / 보어 / 수식어
그들은 (예전에는) ~였다 / 좋은 친구. 〈상태〉 하지만 그들은 친하지 않다 / 더 이상.

'과거의 상태'를 나타내는 used to는 would로 바꿔 쓸 수 없어요. would는 '과거의 습관'을 나타낼 때만 쓸 수 있으므로 주의하세요.

**361** My brother and I **used to** fight / all the time.
(used to 위: = would)
주어 / 조동사 / 동사원형 / 수식어
나의 형과 나는 싸우곤 했다 / 자주. 〈행동〉

**362** He **used to** eat meat, // [but] now he is a vegetarian.
(used to 위: = would)
주어1 / 조동사1 / 동사원형1 / 목적어1 / 수식어2 / 주어2 / 동사2 / 보어2
그는 고기를 먹곤 했다. // 하지만 지금 그는 채식주의자이다. 〈행동〉

**363** The river **used to** be very clean / 10 years ago.
주어 / 조동사 / 동사원형 / 보어 / 수식어
그 강은 매우 깨끗했다 / 10년 전에는. 〈상태〉

**Check up Answer** 본문 p.133

1 **스키를 타러 가곤 했다**
2 **가져가는 게 좋겠다**

## Chapter Exercises 09

본문 p.134

**A** 1 **skate** | 그녀는 겨우 다섯 살이지만 스케이트를 탈 수 있다.
해설 주어(she)가 3인칭 단수라도 조동사 뒤에는 항상 동사원형이 와야 해요.
2 **May I see** | 제가 당신의 티켓을 볼 수 있을까요?
3 **has to** | 대니는 그의 방을 청소해야 한다. 너무 지저분하다.
해설 주어(Danny)가 3인칭 단수이므로 has to로 써야 해요.
4 **go** | 나의 아버지는 매주 낚시하러 가시곤 했다.
해설 '~하곤 했다'라는 의미의 조동사 used to 뒤에는 동사원형(go)이 와야 해요.
5 **couldn't** | 그녀는 어제 그 회의에 갈 수 없었다. 그녀는 아팠다.
해설 과거(yesterday)의 일을 나타내므로, 과거형인 couldn't를 써야 해요.
6 **will be able to** | 그 팀은 다음 번에 더 잘할 수 있을 것이다.
해설 조동사는 다른 조동사와 연달아 쓸 수 없으므로 will can이 아닌 will be able to로 써야 해요.

**B** 1 **ⓑ, 일찍 가도 될까요**
2 **ⓐ, 세 개의 언어를 할 수 있다**
3 **ⓓ, 길을 건너서는 안 된다**
4 **ⓔ, 교복을 입을 필요가 없다**
5 **ⓒ, 사과를 해야 해**

**C** 1 **may[might] be**
2 **used to be**
3 **Can[Could, Will, Would] you send**
4 **don't[do not] have to wash, don't[do not] need to wash**
5 **must have**

**D** 1 **The athlete is able to jump very high**
해설 '~할 수 있다'라는 뜻의 능력·가능은 〈be able to+동사원형〉으로 나타내며, 주어(The athlete)가 3인칭 단수이므로 be동사는 is를 써야 해요.
2 **You had better take some cold medicine**
해설 '~하는 게 낫다[좋다]'라는 뜻의 강한 충고나 권고는 〈had better+동사원형〉으로 나타내면 돼요.

# UNIT 37 의문사+be동사 의문문

## Point 078 의문사+be동사 의문문

364 A: **Who is** / the girl (in the picture)?
의문사 동사 주어
누구니 / 여자아이는 (그 사진에 있는)?
B: She is my sister.
주어 동사 보어
그녀는 내 여동생이야.

〈의문사+is〉는 줄여 쓰기도 해요. (= **Who's** the girl in the picture?)
in the picture는 앞의 명사 the girl을 형용사처럼 꾸며 주는 어구예요. (☞ Ch 12)

365 A: **How was** the movie?
의문사 동사 주어
그 영화는 어땠니?
B: It was amazing. I really liked it.
주어 동사 보어 주어 수식어 동사 목적어
그것은 굉장했어. 나는 그것이 정말 좋았어.

366 A: **When is** your final exam?
의문사 동사 주어
너의 기말고사는 언제니?
B: It's this Friday.
주어 동사 보어
이번 주 금요일이야.

여기서 It은 날짜, 요일 등을 나타내는 비인칭 주어예요.

367 A: **Why were** you late / for school / today?
의문사 동사 주어 보어 수식어 수식어
너는 왜 늦었니 / 학교에 / 오늘?
B: Because I missed the bus.
주어 동사 목적어
왜냐하면 내가 버스를 놓쳤기 때문이야.

## Point 079 의문사+진행형 의문문

368 A: **What are** you **looking for**?
의문사 주어 동사
무엇을 찾고 계신가요?
B: I am looking for socks. I can't find them.
주어 동사 목적어 주어 동사 목적어
저는 양말을 찾고 있어요. 저는 그것을 찾을 수가 없네요.

look for(~을 찾다)는 하나의 동사처럼 쓰이는 구동사예요.
them = socks

**369** A: **What were** the men **doing** / there?

의문사 / 주어 / 동사 / 수식어

그 남자들은 무엇을 하고 있었니 / 그곳에서?

B: They were painting the walls.

주어 / 동사 / 목적어

그들은 벽을 페인트칠하고 있었어.

**370** A: **How is** Mike **doing** / in school?

의문사 / 주어 / 동사 / 수식어

마이크는 어떻게 지내고 있나요 / 학교에서?

B: He is doing great. He is studying / hard.

주어 / 동사 / 수식어 / 주어 / 동사 / 수식어

그는 아주 잘 지내고 있어요. 그는 공부를 하고 있어요 / 열심히.

- 여기서 do는 '하다, 되어 가다'라는 뜻으로 어떤 사람[것]의 전반적인 진행 상황, 성공 여부 등에 대해 이야기할 때 사용돼요. do great[fine, well, badly, all right] 등의 표현으로 잘 쓰여요.

  ***e.g.*** He **did** well in the exams. 그는 시험을 잘 봤다.
- 여기서 great은 '아주 잘'이라는 뜻의 부사로 동사 do를 꾸며 주는 수식어예요.

**371** A: **What were** you **watching** / on your phone?

의문사 / 주어 / 동사 / 수식어

너는 무엇을 보고 있었니 / 너의 전화로?

B: I was watching / some funny videos.

주어 / 동사 / 목적어

나는 보고 있었어 / 몇 개의 재미있는 동영상을.

## Point 080 의문사+be going to 의문문

**372** A: **What are** you **going to do** / this weekend?

의문사 / 주어 / 동사 / 수식어

너는 무엇을 할 예정이니 / 이번 주말에?

B: I am going to go / to the Han River Park.

주어 / 동사 / 수식어

나는 갈 거야 / 한강 공원에.

**373** A: **How is** he **going to get** / to the airport?

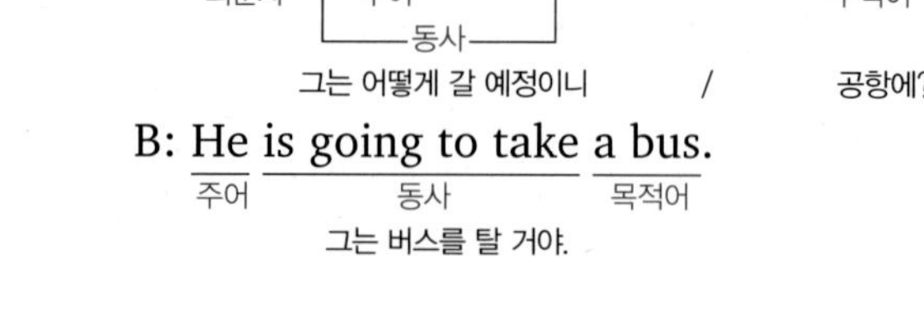

의문사 / 주어 / 동사 / 수식어

그는 어떻게 갈 예정이니 / 공항에?

B: He is going to take a bus.

주어 / 동사 / 목적어

그는 버스를 탈 거야.

**374** A: **When are** you **going to clean** / your room?

의문사 주어 동사 목적어

너는 언제 청소할 거니 / 너의 방을?

B: I am going to start / right now.

주어 동사 수식어

나는 시작할 거야 / 지금 바로.

**Check up Answer** 본문 p.140

1 How was 2 Why is 3 What were

4 What is 5 Where are

# UNIT 38 의문사+일반동사 의문문

## Point 081 의문사+일반동사 의문문

**375** A: **When does** the movie **start**?

의문사 주어 동사

그 영화는 언제 시작하니?

B: It starts / in 10 minutes.

주어 동사 수식어

그것은 시작해 / 10분 후에.

**376** A: **Who opened** the window?

의문사(주어) 동사 목적어

누가 창문을 열었니?

B: I did. It was hot / in the room.

주어 동사 주어 동사 보어 수식어

내가 그랬어. 더웠어 / 방 안이.

- 의문사 who, what, which는 의문문의 주어가 될 수 있어요. 의문사가 주어 역할을 하고, 현재시제일 때는 의문사를 3인칭 단수 취급하여 단수 동사를 써요.
  *e.g.* What **makes** you happy these days? 무엇이 요즘 너를 행복하게 하니?
- did = opened the window
  동사 do는 앞에 나온 동사를 대신하는 역할을 할 수 있어요. 반복을 피하기 위해 사용해요.

**377** A: **What does** your older sister **do**?

의문사 주어 동사

너의 누나는 무슨 일을 하니?

B: She is a flight attendant.

주어 동사 보어

그녀는 승무원이야.

- 〈What do/does A do?〉는 'A는 무엇을 하니?'라는 뜻이 아니라 직업을 묻는 표현으로 'A는 무슨 일을 하니?, A는 직업이 무엇인가요?'라는 뜻이에요.

**378** A: **What do** you **think of** / my new shoes?
의문사 주어 동사 목적어
~에 대해 너는 어떻게 생각해 / 내 새 신발?
↳ 내 새 신발 어때?

B: They look great / on you.
주어 동사 보어 수식어
그것은 잘 어울려 / 너에게.

〈What do you think of A?〉는 'A에 대해 어떻게 생각해?', 'A는 어때?'라는 뜻으로 상대방의 생각이나 의견을 묻는 표현이에요.
*e.g.* **What do you think of** the plan? 그 계획**에 대해 어떻게 생각해**?

**379** A: **Where did** you **lose** your umbrella?
의문사 주어 동사 목적어
너는 어디에서 우산을 잃어버렸니?

B: I lost it / on the bus.
주어 동사 목적어 수식어
나는 그것을 잃어버렸어 / 버스에서.

**380** A: **How did** you **break** your leg?
의문사 주어 동사 목적어
너는 어떻게 다리가 부러졌니?

B: I slipped / on the ice.
주어 동사 수식어
나는 미끄러졌어 / 빙판 위에서.

**381** A: **Why did** he **turn down** your invitation?
의문사 주어 동사 목적어
그는 왜 너의 초대를 거절했니?

B: He was busy / that weekend.
주어 동사 보어 수식어
그는 바빴어 / 그 주에.

turn down(~을 거절하다)은 하나의 동사처럼 쓰이는 구동사로 뒤에 목적어가 꼭 필요해요.

**382** A: **What happened** / to my order?
의문사(주어) 동사 수식어
무슨 일이 일어났나요 / 제 주문에?
↳ 제가 주문한 건 어떻게 된 건가요?

B: I will check / right away.
주어 동사 수식어
제가 확인해보겠습니다 / 지금 바로.

**Check up Answer** 본문 p.142

1 Where does
2 Why do
3 How did
4 When did
5 What did

UNIT 39
# 의문사+조동사 의문문

## Point 082 의문사+조동사 의문문

383 A: **How can** I **get** / to the nearest station?
의문사 주어 동사 수식어
제가 어떻게 갈 수 있나요 / 가장 가까운 역으로?
B: You should walk / in that direction.
주어 동사 수식어
당신은 걸어야 해요 / 저쪽 방향으로.

384 A: **Where can** I **find** / books (about history)?
의문사 주어 동사 목적어
제가 어디에서 찾을 수 있을까요 / 책을 (역사에 대한)?
B: You can find them / on the second floor.
주어 동사 목적어 수식어
당신은 그것들을 찾을 수 있어요 / 2층에서.

385 A: **What should** I **get** / for Mom's birthday?
의문사 주어 동사 수식어
내가 뭘 사야 할까 / 엄마 생신 선물로?
B: You should get her / some flowers.
주어 동사 간목 직목
너는 그녀에게 사 드리는 것이 좋겠어 / 꽃을 좀.

386 A: **When will** you **meet** your friend?
의문사 주어 동사 목적어
너는 언제 네 친구를 만날 거니?
B: I will meet her / before dinner.
주어 동사 목적어 수식어
나는 그녀를 만날 거야 / 저녁 식사 전에.

387 A: **Who can answer** / this math question?
의문사(주어) 동사 목적어
누가 대답할 수 있니 / 이 수학 문제에?
B: I can. The answer is five.
주어 동사 주어 동사 보어
제가요. 정답은 5예요.

I can. = I can (answer the question).
I can 뒤에 반복되는 어구는 생략되었어요.

388 A: **How should** I **take** this medicine?
의문사 주어 동사 목적어
제가 이 약을 어떻게 먹어야 하나요?
B: Take one / three times a day.
동사 목적어 수식어
한 알 드세요 / 하루에 세 번.

1 Where should I
2 Who will 해설 의문사 Who가 주어 역할을 하므로 〈의문사+조동사+동사원형 ~?〉으로 써요.
3 When should we
4 How can I
5 When will the bus

# UNIT 40 what/which/whose+명사 의문문

## Point 083 what/which/whose+명사 의문문

**389** A: **What time** does the class end?
(What time: 의문사+명사 / the class: 주어 / does … end: 동사)
몇 시에 수업이 끝나니?
B: It ends at 3:15.
(It: 주어 / ends: 동사 / at 3:15: 수식어)
그것은 3시 15분에 끝나.

**390** A: **What kind of pet** do you have?
(What kind of pet: 의문사+명사 / you: 주어 / do … have: 동사)
너는 어떤 종류의 반려동물을 기르니?
B: I have a dog.
(I: 주어 / have: 동사 / a dog: 목적어)
나는 개를 길러.

'What kind of A'는 '어떤 종류의 A'라는 뜻으로 의문사 의문문에서 하나의 어구처럼 잘 쓰이는 표현이에요.
*e.g.* **What kind of** *music* do you like? 너는 **어떤 종류의** 음악을 좋아하니?

**391** A: **What size** are you looking for?
(What size: 의문사+명사 / you: 주어 / are … looking for: 동사)
어떤 사이즈를 찾고 계세요?
B: I am looking for a small one.
(I: 주어 / am looking for: 동사 / a small one: 목적어)
저는 작은 사이즈를 찾고 있어요.

a small one = a small size
대답할 때는 반복을 피하기 위해 size 대신 대명사 one을 사용하고 있어요.

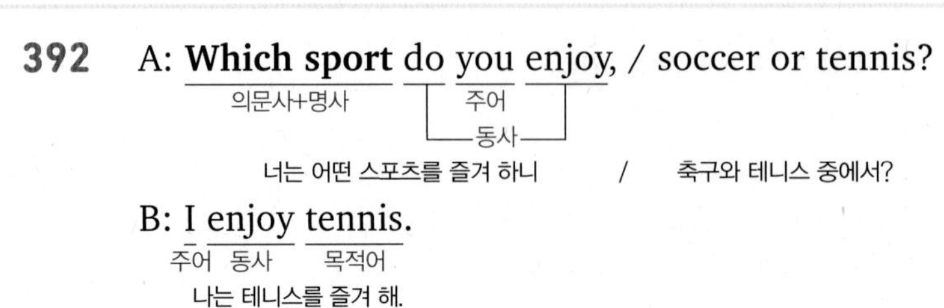

**392** A: **Which sport** do you enjoy, / soccer or tennis?
(Which sport: 의문사+명사 / you: 주어 / do … enjoy: 동사)
너는 어떤 스포츠를 즐겨 하니 / 축구와 테니스 중에서?
B: I enjoy tennis.
(I: 주어 / enjoy: 동사 / tennis: 목적어)
나는 테니스를 즐겨 해.

**393** A: **Which bus** goes / to the museum, / number 1 or 9?
의문사+명사(주어) 동사 수식어
어느 버스가 가나요 / 박물관으로 / 1번과 9번 중에서?

B: Number 1 goes / to the museum.
주어 동사 수식어
1번이 갑니다 / 박물관으로.

Which bus가 주어 역할을 하므로 그 뒤에는 단수 동사 goes가 오고 있어요.

**394** A: **Whose coat** is this?
의문사+명사 동사 주어
이것은 누구의 코트니?

B: It is Mike's.
주어 동사 보어
그것은 마이크의 것이야.

의문문의 주어가 지시대명사 this이므로 대답할 때는 주어로 It을 사용해요.

명사의 소유대명사는 〈명사+'s〉로 나타내며, Mike's = Mike's coat를 의미해요.

**395** A: **Whose boots** are those?
의문사+명사 동사 주어
저것들은 누구의 부츠니?

B: They are mine.
주어 동사 보어
그것들은 내 것이야.

의문문의 주어가 지시대명사 those이므로 대답할 때는 주어로 They를 사용해요.

**Check up Answer** 본문 p.146

1 What
2 Which 해설 두 개의 정해진 것들(dogs or cats) 중에서 선택하는 것이므로 Which가 알맞아요.
3 Whose 해설 장갑의 소유에 대해 묻고 있으므로 Whose가 알맞아요.
4 Which

# UNIT 41 how+형용사/부사 의문문

## Point 084 how+형용사/부사 의문문

**396** A: **How old** is that building?
의문사+형용사 동사 주어
저 건물은 얼마나 오래되었니?

B: It is almost 20 years old.
주어 동사 보어
그것은 거의 20년 되었어.

almost는 부사로, 형용사 old(나이가 ~인)를 꾸며 줘요.

**397** A: **How often** does the bus come?

의문사+부사 / 주어 / 동사

그 버스는 얼마나 자주 오니?

B: It comes / every 15 minutes.

주어 동사 / 수식어

그것은 와 / 15분마다.

every는 주로 단수명사 앞에 쓰이지만, 시간의 간격을 나타내어 '~마다'라는 의미로 쓰일 때는 뒤에 복수명사(minutes)도 올 수 있어요.
***e.g.*** **every** three *hours* 3시간마다

**398** A: **How long** is the movie?

의문사+형용사 동사 주어

그 영화는 얼마나 기니?

B: It's 2 hours long.

주어 동사 보어

그것은 2시간 길이야.

2 hours long의 long은 '길이[거리]가 ~인'이라는 의미로 단위를 나타내는 말 뒤에 쓰여요.

**399** A: **How much** is that denim jacket?

의문사+형용사 동사 주어

저 청재킷은 얼마인가요?

B: It's 70 dollars.

주어 동사 보어

70달러예요.

**400** A: **How big** is your new school?

의문사+형용사 동사 주어

네 새로운 학교는 얼마나 크니?

B: It is very big. It has 500 students.

주어 동사 보어 주어 동사 목적어

그것은 매우 커. 그것은 500명의 학생을 갖고 있어.

↳ 매우 커. 500명의 학생이 있어.

**401** A: **How far** does he live / from school?

의문사+부사 / 주어 / 동사 / 장소

그는 얼마나 멀리 사니 / 학교에서?

B: Not very far.

그다지 멀지 않아.

**Check up Answer** 본문 p.148

1 **tall** | A: 너의 언니[누나, 여동생]는 키가 몇이니? B: 150cm야.
**해설** 사람의 키에 대해 물어볼 때는 How tall을 써야 해요.

2 **often** | A: 그는 얼마나 자주 수영하러 가니? B: 그는 매일 수영하러 가.
**해설** 행동의 빈도(every day)에 대해 대답하고 있으므로 often을 써야 해요.

## Point 085 how many/much+명사 의문문

**402** A: **How many classes** does he have / on Friday?

How many+명사 / 주어 / 동사 / 수식어

그는 얼마나 많은 수업이 있니 / 금요일에?

B: He has five classes.

주어 동사 목적어

그는 다섯 개의 수업이 있어.

**403** A: **How much time** do you spend / on your phone?

How much+명사 / 주어 / 동사 / 수식어

너는 얼마나 많은 시간을 보내니 / 네 전화에?

B: I usually use it / an hour a day.

주어 수식어 동사 목적어 수식어

나는 대개 그것을 사용해 / 하루에 한 시간.

it = my phone
대답할 때는 반복되는 어구 my phone 대신 대명사 it을 사용하는 것이 자연스러워요.

**404** A: **How many players** does a soccer team need?

How many+명사 / 주어 / 동사

축구팀에는 몇 명의 선수가 필요하니?

B: It needs 11 players.

주어 동사 목적어

11명의 선수가 필요해.

**405** A: **How much homework** did you get / yesterday?

How much+명사 / 주어 / 동사 / 수식어

너는 얼마나 많은 숙제를 받았니 / 어제?

B: I got a lot of homework.

주어 동사 목적어

나는 많은 숙제를 받았어.

**Check up Answer** 본문 p.149

1 **many** | A: 너는 작년에 책을 얼마나 많이 읽었니? B: 나는 작년에 열 권의 책을 읽었어.

2 **much** | A: 그 달리기 선수들은 물이 얼마나 많이 필요하니? B: 그들은 다섯 병의 물이 필요해.
해설 water는 셀 수 없는 명사이므로 much를 써야 해요.

## Chapter Exercises 10

본문 p.150

**A** 1 **were you** | 너[너희]는 파티에서 무엇을 입고 있었니?
2 **does** | 지나의 언니[여동생]는 대학교에서 무엇을 공부하니?
3 **will Tom** | 톰은 언제 그의 숙제를 시작할거니?
4 **much** | 그녀는 시간이 얼마나 필요하니? 해설 time은 셀 수 없는 명사이므로 much를 써야 해요.
5 **How** | 한강은 얼마나 기니? 해설 '얼마나 긴'의 의미로 길이를 묻고 있으므로 How long으로 써야 해요.
6 **What[Which]** | 당신은 어떤 종류의 꽃을 좋아하시나요?
해설 '어떤 종류'라는 뜻의 What kind를 써야 해요. What 대신 Which도 쓸 수 있지만, 이때는 한정된 범위를 나타내요.
7 **does** | 너의 아버지는 어디에서 일하시니?
해설 일반동사 work가 쓰인 의문문이고 주어가 3인칭 단수(your father)이므로 의문사 뒤에는 does가 알맞아요.
8 **wants** | 누가 디저트로 아이스크림을 원하니? 해설 의문사 Who가 주어 역할을 하고 있으므로 단수 동사 wants로 고쳐 써야 해요.

**B** 1 **Whose shoes** | A: 이것은 누구의 신발이니? B: 그것은 팀의 것이야.
2 **How old** | A: 네 남동생은 몇 살이니? B: 그는 다섯 살이야.
3 **Who** | A: 누가 너[너희]에게 시험에 대해 말해주었니? B: 샐리가 그랬어.
4 **When** | A: 콘서트는 언제 시작하니? B: 8시에 시작해.
5 **How many** | A: 제가 책을 얼마나 많이 빌릴 수 있나요? B: 당신은 한 번에 다섯 권을 빌릴 수 있어요.

**C** 1 **Why is Jane crying**
2 **When is your band going to perform**
3 **Where can I find**
4 **What time should we meet**
5 **How often do you visit**

**D** 1 **Why should I eat vegetables** | A: 제가 왜 야채를 먹어야 하죠? B: 그것들은 네 건강에 좋기 때문이야.
해설 조동사의 의문사 의문문은 〈의문사+조동사+주어+동사원형 ~?〉의 형태로 써야 해요. 또한, 질문에 대한 이유를 대답하고 있으므로 의문사 Why를 써야 해요.
2 **How long were you waiting** | A: 너는 나를 얼마나 오래 기다리고 있었니? B: 그리 오래는 아니었어. 나는 약 15분 정도 기다렸어.
해설 '얼마나 오래' 기다렸는지 기간에 대해 대답하고 있으므로 How long을 써야 해요.

# UNIT 42 There is/are

## Point 086 There is/are ~.

**406** **There is** a problem / with my computer.
동사 주어 수식어
문제가 있다 / 나의 컴퓨터에.

**407** **There were** many people / on the bus.
동사 주어 수식어
많은 사람들이 있었다 / 그 버스에.

**408** **There are** five people / in my family.
동사 주어 수식어
다섯 명이 있다 / 내 가족에는.

**409** **There are** a lot of stars / tonight.
동사 주어 수식어
많은 별들이 있다 / 오늘밤.

- a lot of, lots of(많은) 뒤에는 복수명사 또는 셀 수 없는 명사가 올 수 있어요.

**410** **There was** heavy rain / this morning.
동사 주어 수식어
많은 비가 있었다 / 오늘 아침에.

- 주어(heavy rain)는 셀 수 없는 명사이므로 동사도 단수형인 was가 와야 해요.
- heavy는 '많은, 심한'이라는 뜻으로 종종 비, 바람 등이 심한 날씨를 표현할 때 사용해요.
  *e.g.* heavy rain 폭우, heavy snow 폭설

## Point 087 There is/are의 부정문과 의문문

**411** **There wasn't** time (for breakfast).
동사 주어
시간이 없었다 (아침 식사 할).

- for breakfast는 앞의 명사 time을 형용사 같이 꾸며 주는 어구예요.

**412** A: **Is there** a bus stop / near here?
동사 주어 수식어
버스 정류장이 있니 / 여기 근처에?
B: Yes, there **is**. It's right across the street.
동사
응, 있어. 바로 길 건너편에 있어.

- across는 '~의 건너편에'라는 뜻의 위치를 나타내는 전치사이며, right across(~의 바로 건너편에)라는 표현으로 잘 쓰여요. (☞ Ch 12)
  *e.g.* There is a bank **right across** the street. 바로 길 건너편에 은행이 있어요.

**413** There **aren't** any parks / in this town.

동사 주어 수식어

공원이 하나도 없다 / 이 마을에는.

**414** **Are there** any good restaurants / nearby?

동사 주어 수식어

괜찮은 식당들이 좀 있나요 / 근처에?

**Check up Answer** 본문 p.155

A 1 **is** | 계획에 변경이 있다.

2 **were** | 쇼핑몰에 많은 사람들이 있었다. 해설 주어가 복수명사인 a lot of people이므로 were가 알맞아요.

B 1 **There aren't** 2 **Is there**

UNIT 43

# 명령문/제안문

## Point 088 명령문

**415** **Stand** in line // and **wait** your turn.

동사1 수식어1 동사2 목적어2

줄을 서라 // 그리고 네 차례를 기다려라.

**416** **Don't get** too upset / about the result.

동사 보어 수식어

너무 속상해 하지 마라 / 그 결과에 대해.

동사 get 뒤에 형용사 보어가 오면 '(어떤 상태가) 되다'라는 뜻이에요. (☞ Unit 16)

**417** Please **hold** the door / for me.

동사 목적어 수식어

문을 잡아 주세요 / 저를 위해.

**418** **Be** careful / with the box. There **are** glasses / in it.

동사 보어 수식어 동사 주어 수식어

조심해 / 그 상자를. 유리잔들이 있어 / 그 안에.

it = the box

**419** Please **don't be** mad / at me. It wasn't my fault.

동사 보어 수식어 주어 동사 보어

제발 화를 내지 마 / 나에게. 그것은 내 잘못이 아니었어.

**420** **Do not eat** or **drink** / in the library.

동사1 동사2 수식어

먹거나 마시지 마시오 / 도서관에서.

or는 '또는, 아니면'이라는 뜻으로 동사와 동사를 연결하며, drink 앞의 do not은 생략되었어요.

## Point 089 제안문

**421** **Let's order** pizza / for dinner.
동사 목적어 수식어
피자를 주문하자 / 저녁 식사로.

Let's는 Let us의 줄임말로 상대방에게 무언가 함께 할 것을 제안할 때 사용해요.

**422** **Let's not talk** / about the test / right now.
동사 수식어 수식어
얘기하지 말자 / 시험에 대해 / 지금 당장은.

**423** **Why don't you ask** your parents / for advice?
주어 동사 목적어 수식어
너는 너의 부모님께 구하는 게 어때 / 조언을?

ask A for B(A에게 B를 요청하다[구하다]는 구조적으로 〈동사+목적어+수식어〉의 형태이지만, 숙어처럼 잘 쓰이는 표현이에요.

**424** A: **Why don't we meet** / at the school gate?
주어 동사 수식어
우리 만나는 게 어때 / 교문에서?
B: Okay.
좋아.

**425** A: **How about having** lunch / together?
점심 먹는 게 어때 / 같이?
B: Sounds good.
좋아.

전치사(about) 뒤에 동사가 올 경우, 동사의 -ing형인 having으로 써야 해요. (동명사 ☞ 2권 Ch 16)

〈How about ~?〉은 제안할 때도 쓰이지만, 상대방의 의견을 물어볼 때 사용하기도 해요.

*e.g.* I will order a hamburger. **How about you?** 나는 햄버거를 주문할 거야. **너는?**
I am from Toronto. **How about you?** 저는 토론토 출신이에요. **당신은요?**

**Check up Answer** 본문 p.157

1 Be nice 2 Why don't we meet 3 Let's finish 4 Don't take

UNIT 44

# 감탄문

## Point 090 감탄문

**426** **What an interesting story it is!**
보어 / 주어 동사
그것은 정말 흥미로운 이야기구나!

명사 앞 형용사가 모음 발음(a, e, i, o, u)으로 시작할 때는 an을 써요.

**427** A: I got a perfect score / on the test.
주어 동사 / 목적어 / 수식어
나는 만점을 받았어 / 시험에서.

B: **How wonderful that is!**
보어 / 주어 동사
그것은 정말 대단하구나!

여기서 that은 '그것'이란 뜻으로 앞서 언급한 I got a perfect score on the test. 문장 전체를 가리켜요.

**428** **What big eyes you have!**
목적어 / 주어 / 동사
너는 정말 큰 눈을 가졌구나!

**429** A: How about watching[동] a movie[목] / tonight[수]?
영화를 보는 게 어때 / 오늘밤에?

B: **What a great idea (that is)!**
보어 / 주어 동사
(그것은) 정말 좋은 생각이구나!

전치사(about) 뒤에는 동사의 -ing형인 watching으로 써야 해요.

that = watching a movie tonight

**430** **How easily you explain / everything!**
수식어 / 주어 / 동사 / 목적어
너는 정말 쉽게 설명하는구나 / 모든 것을!

**431** A: Look at the penguins! They're wearing sweaters.
동사 / 목적어 / 주어 / 동사 / 목적어
펭귄들 좀 봐! 그것들은 스웨터를 입고 있어.

B: **How cute (they are)!**
보어 / 주어 / 동사
(그것들은) 정말 귀엽다!

look at은 목적어가 필요한 구동사로 하나의 동사처럼 쓰여요.

they = the penguins

**Check up** Answer 본문 p.159

**A** 1 **a rude** | 그는 정말 무례한 남자구나!
2 **lovely** | 그 여자아이는 정말 사랑스럽구나! 해설 How 뒤에 형용사 또는 부사가 와야 하므로 형용사 lovely가 알맞아요.
3 **What** | 그것들은 정말 형형색색의 꽃들이구나! 해설 명사(flowers)가 포함된 어구를 강조하므로 What으로 시작하는 감탄문이 적절해요.
4 **How** | 드레스가 정말 아름다워 보이는구나! 해설 형용사(beautiful)를 강조하므로 How로 시작하는 감탄문이 적절해요.

**B** 1 **How well** | 그녀는 운전을 정말 잘한다. → 그녀는 운전을 정말 잘하는구나! 해설 부사(well)를 강조하는 감탄문은 How로 시작해요.
2 **What a wonderful gift** | 그것은 정말 멋진 선물이었다. → 그것은 정말 멋진 선물이구나!
해설 명사가 포함된 어구(a wonderful gift)를 강조하는 감탄문은 What으로 시작해요.

# UNIT 45 부가의문문/부정의문문

## Point 091 부가의문문

**432** A: This cake *looks* delicious, // **doesn't it?**
주어 / 동사 / 보어 / 동사 / 주어
이 케이크는 아주 맛있어 보여, // 그렇지 않니?
B: Yes, it does.
주어 / 동사
응, 맛있어 보여.

**433** A: Danny *wasn't* at school, // **was he?**
주어 / 동사 / 장소 / 동사 / 주어
대니는 학교에 없었어, // 그렇지?
B: No, he wasn't.
주어 / 동사
응, 없었어.

**434** That *is* your friend's house, // **isn't it?**
주어 / 동사 / 보어 / 동사 / 주어
저기가 네 친구 집이지, // 그렇지 않니?

**435** You *will join* the drama club, // **won't you?**
주어 / 동사 / 목적어 / 동사 / 주어
너는 연극 동아리에 가입할 거야, // 그렇지 않니?

**436** Kate and Tim *don't know* each other, // **do they?**
주어 / 동사 / 목적어 / 동사 / 주어
케이트와 팀은 서로를 알지 못해, // 그렇지?

## Point 092 부정의문문

**437** A: **Didn't you** hear / the news (about Max)?

주어 / 동사 / 목적어

너는 듣지 못했니 / 그 소식을 (맥스에 대한)?

B: No, I didn't. Did something happen / to him?

주어 동사 / 주어 / 동사 / 수식어

응, 못 들었어. 무슨 일이 있었니 / 그에게?

about Max는 앞의 명사 the news를 형용사 같이 꾸며 주는 어구예요.

**438** A: **Won't you** play badminton / with me?

주어 / 동사 / 목적어 / 수식어

너는 배드민턴을 치지 않을래 / 나랑?

B: Yes, I will.

주어 동사

아니, 칠래.

**Check up Answer** 본문 p.161

1 **aren't** | 너와 메리는 자매지, 그렇지 않니? **해설** 긍정문 뒤에 오는 부가의문문이므로 부정형이 알맞아요.
2 **can** | 마이크는 중국어를 잘 못해, 그렇지? **해설** 문장의 동사가 can't speak이므로 부가의문문에도 조동사 can이 와야 해요.
3 **didn't** | 우리는 전에 한 번 만났어, 그렇지 않니? **해설** 동사 met은 meet의 과거형이므로, 부가의문문의 동사를 didn't로 바꿔 써요.
4 **Aren't** | 너는 제이크와 같은 반이지 않니?

## Chapter Exercises 11

본문 p.162

**A**
1 **was** | 부엌에는 충분한 음식이 있었다. **해설** 주어 enough food는 셀 수 없는 명사이므로, 단수 동사 was로 써야 해요.
2 **that is** | 그것은 정말 흥미로운 소설이구나!
3 **Brush** | 식사 후에 이를 닦아라. **해설** 명령문은 동사원형으로 시작하므로, Brush로 써야 해요.
4 **How** | 그 과학시험은 정말 어렵구나! **해설** 형용사 difficult 뒤 〈주어+동사〉가 이어지므로 How가 와야 해요.
5 **Don't** | 톰과 크리스는 자주 낚시하러 가지 않니?
6 **ordering** | 점심으로 햄버거를 주문하는 것은 어때?
**해설** 제안문 How about 뒤에는 동사의 -ing형이 와야 하므로 ordering으로 써야 해요.
7 **doesn't** | 주디는 매일 기타를 연습해, 그렇지 않니?

**B**
1 **많은 아이들이 있었다**
2 **방문하는 게 어때**
3 **들어오지 마라**
4 **정말 아름다운 음악이구나**
5 **뉴욕에 살지 않니**

**C**
1 **Don't[Do not] play**
2 **How small**
3 **How about buying**
4 **aren't[are not], are they**
4 **Didn't David call**

**D**
1 **Were there many dancers at the festival**
**해설** '~개[이] 있었니?'는 〈Was/Were there+명사(주어) ~?〉로 나타내며, 주어(many dancers)가 복수명사이므로 be동사는 Were로 쓰면 돼요.
2 **Don't be nervous about the final exam**
**해설** '~하지 마라'를 나타내는 명령문 〈Don't[Do not]+동사원형〉으로 써야 해요. 이때 보어 역할을 하는 형용사 nervous 앞에는 be동사의 동사원형인 be를 써야 해요.

# UNIT 46 장소/위치/방향을 나타내는 전치사

## Point 093 장소/위치를 나타내는 at, on, in

439 We met / **at** the school gate // and went home.
주어 동사1 수식어1 동사2 수식어2
우리는 만났다 / 교문에서 // 그리고 집으로 갔다.

~ and (we) went home.
and 뒤에 주어 we는 반복되는 말이므로 생략하는 것이 자연스러워요.

440 I'll leave your notebook / **on** your desk.
주어 동사 목적어 수식어
내가 너의 공책을 둘게 / 네 책상 위에.

441 I wasn't feeling well. I stayed / **at** home / all day.
주어 동사 보어 주어 동사 장소 수식어
나는 몸 상태가 좋지 않았다. 나는 머물렀다 / 집에 / 하루 종일.

well이 형용사로 쓰일 때 '건강한, 몸 상태가 좋은'이라는 뜻이 있어요. feel well은 '몸 상태가 좋다'라는 뜻으로 쓰여요.

442 The bookstore is / **on** the third floor.
주어 동사 장소
서점은 있다 / 3층에.

전치사 on은 표면에 접촉된 장소를 설명하므로, 건물의 층을 나타낼 때도 사용해요.
*e.g.* **on** the first floor 1층에 **on** the second floor 2층에

443 People (**in** Italy) / enjoy coffee / a lot.
주어 동사 목적어 수식어
사람들은 (이탈리아에 있는) / 커피를 즐긴다 / 무척.

in Italy는 앞의 명사 people을 꾸며 주는 어구예요. (☞ Unit 49)
a lot은 '아주, 많이'라는 뜻의 부사로 동사 enjoy를 꾸며 줘요. 명사를 꾸며 주는 a lot of, lots of(많은)와 구분해서 알아 두세요.
*e.g.* I bought **a lot of** books yesterday. 나는 어제 **많은** 책을 샀다.

## Point 094 위치/방향을 나타내는 기타 전치사

444 Walk / **along** the street. You will see the bank.
동사 수식어 주어 동사 목적어
걸어가세요 / 그 길을 따라서. 당신은 그 은행이 보일 거예요.

445 She stood / **in front of** a mirror // and checked her hair.
주어 동사1 수식어1 동사2 목적어2
그녀는 섰다 / 거울 앞에 // 그리고 그녀의 머리를 확인했다.

~ and (she) checked her hair.
and 뒤의 주어 she는 생략되었어요.

**446** Horses can almost see / **behind** their heads.

주어 / 수식어 / 동사 / 수식어

말들은 거의 볼 수 있다 / 그들의 머리 뒤쪽을.

말의 눈은 머리 양 옆에 위치하고 있기 때문에, 볼 수 있는 범위가 약 350도나 될 만큼 시야각이 넓어요. 따라서 말이 앞으로 달리면서 주의가 분산되는 것을 막기 위해 눈가리개를 사용하기도 해요.

**447** We'd like / a table (**by** the window).

주어 동사 / 목적어

우리는 원해요 / 테이블을 (창가에 있는).

by the window는 명사 a table을 꾸며 줘요.

**by와 next to의 의미 차이**

by와 next to 모두 '~ 옆에'라는 뜻을 나타내지만, by는 창가, 호숫가와 같이 '공간의 근처, 옆'에 있을 때, next to는 나란히 놓여진 것 '바로 옆'에 위치할 때 써요.

*e.g.* He is sitting **by** *the window*. 그는 창**가에** 앉아 있다. (창문 근처에, 옆에)

He sat **next to** *his grandmother*. 그는 그의 할머니 **옆에** 앉았다. (할머니 바로 옆 자리에)

**448** Let's climb / **up** the mountain / tomorrow.

동사 / 수식어 / 수식어

올라가자 / 산 위에 / 내일.

**449** The children ran / **across** the field.

주어 동사 / 수식어

아이들은 달렸다 / 들판을 가로질러.

**Check up Answer** 본문 p.167

1 **at** 해설 the bus stop은 한 지점을 의미하므로 전치사 at을 써야 해요.

2 **on**

3 **in front of**

# UNIT 47 시간을 나타내는 전치사

## Point 095 시간을 나타내는 at, on, in

**450** The last bus leaves here / **at** midnight.

주어 동사 수식어 / 수식어

막차는 이곳에서 출발한다 / 밤 12시에.

**451** **On** Christmas, / many families celebrate / together.

수식어 / 주어 동사 / 수식어

크리스마스에는, / 많은 가족이 기념한다 / 함께.

크리스마스 당일을 나타낼 때는 on을 사용하고, 크리스마스 연휴, 기간을 나타낼 때는 전치사 at을 사용해요.

*e.g.* My family goes to church **on** Christmas. 나의 가족은 크리스마스에 교회에 간다.

We decorate Christmas trees **at** Christmas. 우리는 크리스마스 때 크리스마스트리를 장식한다.

452 Some desert animals / only hunt / **at** night.
주어 / 수식어 동사 / 수식어
몇몇 사막 동물들은 / 오직 사냥한다 / 밤에.

453 You should be careful / with food / **in** summer.
주어 동사 보어 / 수식어 / 수식어
너는 조심해야 한다 / 음식에 / 여름에.

454 It's sunny / now. But it will rain / **in** the afternoon.
주어 동사 보어 / 수식어 / 주어 동사 / 수식어
화창하다 / 지금은. 그러나 비가 올 것이다 / 오후에.

## Point 096 시간을 나타내는 기타 전치사

455 My family stayed / on Jeju island / **for** a week.
주어 동사 / 장소 / 수식어
나의 가족은 머물렀다 / 제주도에서 / 일주일 동안.

제주도와 같은 섬(island) 앞에는 전치사 on을 사용해야 해요.
*e.g.* **on** the island 그 섬에 (→ in the island (×))

456 Many people visit their families / **during** the holidays.
주어 동사 목적어 / 수식어
많은 사람들이 가족을 방문한다 / 연휴 동안.

457 Can you call me again / **after** 5 p.m.?
동사(Can … call) 주어 목적어 수식어 / 수식어
나에게 다시 전화해 줄래요 / 오후 5시 이후에?

458 Please return these books / **by** Friday.
동사 목적어 / 수식어
이 책들을 반납해 주세요 / 금요일까지.

459 We usually study / in the library / **until** 9 o'clock.
주어 수식어 동사 / 수식어 / 수식어
우리는 보통 공부한다 / 도서관에서 / 9시까지.

**Check up Answer** 본문 p.169

1 for 해설 two weeks는 숫자를 포함한 기간을 나타내므로 앞에 전치사 for를 써야 해요.
2 in 해설 the evening은 하루의 일부분이므로 전치사 in을 써야 해요.

UNIT
# 48 다양한 의미의 전치사

## Point 097 여러 의미를 가진 전치사

**460** My father writes / **with** his left hand.
주어 동사 수식어
나의 아빠는 글을 쓰신다 / 왼손으로.

**461** The teacher brought some snacks / **for** us.
주어 동사 목적어 수식어
그 선생님은 약간의 간식을 가져오셨다 / 우리를 위해.

**462** I had a fight / **with** my friend / yesterday.
주어 동사 목적어 수식어 수식어
나는 싸웠다 / 나의 친구와 / 어제.

〈have+a/an+명사〉
동사 have가 '(행동을) 하다'라는 뜻으로 쓰일 때는 동작 또는 행동을 나타내는 명사가 목적어로 와요.
- have a fight 싸우다
- have a talk 이야기하다
- have a laugh 웃다
- have a dance 춤추다
- have a look (at) (~을) 한번 보다

**463** There are many families (**with** pets) / in Korea.
동사 주어 수식어
많은 가족들이 있다 (반려동물이 있는) / 한국에.

**464** The family traveled / all over the country / **by** car.
주어 동사 수식어 수식어
그 가족은 여행했다 / 전국을 / 차로.

by+교통수단: ~로
by 뒤에 오는 교통수단을 나타내는 명사 앞에는 관사(a(n), the)를 쓰지 않아요.

전치사 over는 여기서 '온 ~, ~의 여기저기에'라는 의미로, all과 함께 자주 쓰여요.
*e.g.* They traveled **all over** Europe for months. 그들은 몇 달 동안 유럽 **전역**을 여행했다.

**465** The reason (**for** his success) / is his diligence.
주어 동사 보어
그 이유는 (그의 성공에 대한) / 그의 근면함이다.

**466** You can walk / **to** the station / from here.
주어 동사 수식어 수식어
너는 걸어갈 수 있다 / 역으로 / 여기에서.

**467** She cut a piece of cake // and gave it / **to** me.
주어 동사1 목적어1 동사2 목적어2 수식어2
그녀는 케이크 한 조각을 잘랐다 // 그리고 그것을 주었다 / 나에게.

cake는 셀 수 있는 명사와 셀 수 없는 명사로 모두 쓰일 수 있어요.
- 셀 수 있을 때: a chocolate cake, a birthday cake, make[bake] a cake와 같이 온전한 케이크 한 판을 가리키는 경우
- 셀 수 없을 때: 조각으로 잘라진 경우. 이때 앞에 단위를 나타내는 a piece[slice] of를 사용해요.

and 뒤에는 주어 she가 생략되어 있어요.

it = a piece of cake

**Check up** Answer 본문 p.171

A 1 by　　2 for　　3 with
4 to　　5 with

B 1 나를 위해　　2 버스로

# UNIT 49 <전치사+명사>의 역할

## Point 098 형용사 역할

**468** *The flight* **(from New York)** / will arrive / on time.
주어 / 동사 / 수식어
그 항공편은 (뉴욕에서 오는) / 도착할 것이다 / 정시에.

**469** *Police officers* **(in Britain)** / do not usually carry guns.
주어 / 수식어 / 동사 / 목적어
경찰관들은 (영국에서) / 보통 총을 가지고 다니지 않는다.

영국의 수도인 런던의 경찰관 90% 이상은 총 없이 업무를 수행하며, 이는 세계에서 몇 안 되는 무기를 휴대하지 않는 경찰이에요. 경찰관이 총기를 사용할 경우 더 많은 문제를 일으킬 수 있고, 지역 사회에도 부정적인 메시지를 보낼 수 있기 때문에 총기 사용을 규제한다고 해요.

**470** Are there / *any differences* **(between the two smartphones)**?
동사 / 주어
(~이) 있니 / 무슨 차이점들이 (그 두 스마트폰 사이에)?

**471** This is / *one* **(of my favorite songs)**.
주어 동사 보어
이것은 ~이다 / 하나 (내가 가장 좋아하는 노래 중).

**472** I am writing / *a book* **(about my travels)**.
주어 동사 목적어
나는 쓰고 있다 / 책을 (내 여행에 대한).

명사 travel은 '여행, 이동, 출장'이란 뜻으로 주로 셀 수 없는 명사로 쓰이지만, 셀 수 있는 명사인 복수형으로 쓰이는 경우, '(먼 곳으로의) 여행'을 뜻해요.
***e.g.*** On our **travels**, we visited Spain, Portugal, and Morocco. 여행 중에 우리는 스페인, 포르투갈, 그리고 모로코를 방문했다.

**473** Plants need / *light* and *heat* **(from the sun)**.
주어 동사 목적어1 목적어2
식물들은 필요로 한다 / 빛과 열을 (태양으로부터).

여기서 어구 from the sun은 목적어1(light)과 목적어2(heat) 둘 다 꾸며 주고 있어요.

**474** We recycle / *things* **(like glass, paper, and plastic)**.
주어 동사 목적어
우리는 재활용한다 / 사물들을 (유리, 종이, 그리고 플라스틱과 같은).

**〈동사로 쓰이는 like vs. 전치사로 쓰이는 like〉**
I **like** my new classmates. 나는 내 새 반 친구들을 **좋아한다**.
Jamie talks **like** his father. 제이미는 그의 아빠**처럼** 말한다.

## Point 099 부사 역할

**475** I *couldn't sleep* / last night / **because of the noise**.
주어 동사 수식어 수식어
나는 잠을 잘 수 없었다 / 지난밤에 / 그 소음 때문에. 〈동사 수식〉

**476** Too much coffee is not *good* / **for you**.
주어 동사 보어 수식어
너무 많은 커피는 좋지 않다 / 당신에게. 〈형용사 수식〉

- 수량형용사 much(많은)는 뒤에 셀 수 없는 명사(coffee)가 와요.
- 셀 수 없는 명사가 문장의 주어일 때 단수 취급하기 때문에 단수형 동사 is를 사용해야 해요.

**477** Jason *told* his classmates / **about his trip (to Korea)**.
주어 동사 목적어 수식어
제이슨은 그의 반 친구들에게 이야기했다 / 그의 여행에 대해 (한국으로의). 〈동사 수식〉

- to Korea는 앞의 명사 his trip을 꾸며 주는 〈전치사+명사〉의 형용사 역할을 해요.
- trip은 주로 관광이나 특정 목적을 위한 '짧은 여행'을, travel은 '장거리 여행'을 뜻해요.

**478** I *don't have* an umbrella / **with me**.
주어 동사 목적어 수식어
나는 우산을 갖고 있지 않다 / 나와 함께. 〈동사 수식〉

**479** A good night's sleep is *important* / **for healthy skin**.
주어 동사 보어 수식어
하룻밤 푹 자는 것은 중요하다 / 건강한 피부를 위해. 〈형용사 수식〉

**480** We sat / *close* / **to each other**.
주어 동사 수식어 수식어
우리는 앉았다 / 가까이 / 서로에게. 〈부사 수식〉

- close는 형용사, 부사, 동사의 의미를 가진 단어로 동사로 사용할 때는 다르게 발음해요.
  close[klóus] 형 가까운 부 가까이 close[klóuz] 동 닫다

**481** **With the help (of his coach)**, / *he became* / *the world's best player*.
수식어 주어 동사 보어
도움으로 (그의 감독의) / 그는 ~가 되었다 / 세계 최고의 선수. 〈문장 전체 수식〉

- 〈with the help of A〉는 'A의 도움으로'라는 뜻으로 하나의 어구처럼 잘 쓰여요.
- of his coach는 앞의 명사 the help를 꾸며 주는 형용사 역할을 해요.

**Check up Answer** 본문 p.174

〈보기〉 이 자전거는 내 형[오빠, 남동생]에게 완벽하다.

1 (one), (of his hobbies) | 낚시는 그의 취미 중 하나이다.
2 (baked), (with my mom) | 나는 엄마와 함께 쿠키를 구웠다.
3 (important), (for my report) | 이 데이터는 나의 보고서에 중요하다.
4 (The story), (about the girl) | 그 소녀에 관한 이야기는 매우 흥미롭다.
5 (canceled), (because of the storm) | 그 학교는 폭풍 때문에 여행을 취소했다.

# Chapter Exercises 12

본문 p.176

**A** 1 in | 케이트는 서울에 있는 많은 곳들을 방문했다.
해설 도시(Seoul)와 같이 비교적 넓은 장소 앞에는 전치사 in을 사용해요.
2 by | 너는 내일 아침까지 네 숙제를 제출해야 한다.
해설 숙제 제출이 완료되어야 하는 '기한'을 나타내므로 by가 알맞아요.
3 at | 첫 수업은 아홉 시에 시작한다.
해설 특정한 시각(9 o'clock)을 나타낼 때는 전치사 at을 사용해요.
4 on | 그는 문을 두드리고 방에 들어갔다.
해설 문 위를 두드리면서 표면을 접촉하는 것이므로 전치사 on이 알맞아요.
5 on | 너는 금요일 저녁에 계획이 있니?
6 across | 길 건너편의 빵집은 샌드위치를 판다.
7 with | 팀의 부모님은 그의 성적에 기뻐하지 않았다.
해설 '~에 기뻐하다'라는 의미는 be happy with로 나타내요.

**B** 1 **케빈 옆에 있는**
2 **여름방학 동안**
3 **일주일 동안 호텔에서**
해설 두 개 이상의 〈전치사+명사〉가 쓰일 때는 보통 〈장소(at a hotel)+시간(for a week)〉의 순서로 써요.
4 **버스로 박물관에**
해설 두 개 이상의 〈전치사+명사〉가 쓰일 때는 보통 〈장소(to the museum)+방법(by bus)〉의 순서로 써요.
5 **아빠를 위한 생신 선물을**

**C** 1 **in front of my house**
2 **with a sharp knife**
해설 '~로, ~을 사용하여'라는 뜻의 전치사 with를 사용해야 해요.
3 **during the trip**
해설 '~ 동안'을 의미하는 전치사 for와 during 중, 특정한 기간(the trip) 앞에 알맞은 것은 during이에요.
4 **the milk into cheese**

**D** 1 **with**
2 **in**
해설 도시와 같이 비교적 넓은 장소 앞에는 전치사 in을 써요.
3 **to, by**
해설 첫 번째 빈칸에는 '~로'라는 의미의 방향을 나타내는 전치사 to, 두 번째 빈칸에는 교통수단과 함께 쓰여 '~로'라는 의미를 나타내는 by가 와야 해요.
4 **At**
해설 the ticket office는 '매표소'라는 뜻으로 한 지점을 나타내므로 전치사 At이 와야 해요.
5 **to**
해설 '~에게'라는 의미를 가진 전치사 to를 사용해요.

# Level Up Sentences 482~560

## Level Up Sentences 01

CHAPTER 01~04

482 Clara and I **are** very different. I **like** music, // [but] she **likes** sports.

주어 동사 보어 주어1 동사1 목적어1 주어2 동사2 목적어2

클라라와 나는 매우 다르다. 나는 음악을 좋아한다. // 하지만 그녀는 운동을 좋아한다.

STEP 1 Clara and I, I, she

2 are, likes 해설 Clara and I는 복수명사이므로 are가 알맞고, she는 3인칭 단수이므로 likes가 알맞아요.

483 I **traveled** / to Japan / in 2022. It **was** my first trip abroad. I **had** a great time / there.

주어 동사 수식어 수식어 주어 동사 보어 주어 동사 목적어 수식어

나는 여행을 갔다 / 일본으로 / 2022년에. 그것은 내 첫 번째 해외여행이었다. 나는 좋은 시간을 보냈다 / 그곳에서.

STEP 1 (in 2022)

2 was 해설 앞 문장에 과거를 나타내는 〈in+과거 연도〉가 있고, 문맥상 과거의 이야기가 이어지므로 과거형으로 써야 해요.

3 had

484 April 22nd **is** Earth Day. On this day, / people **turn off** all their lights / for 30 minutes.

주어 동사 보어 수식어 주어 동사 목적어 수식어

4월 22일은 지구의 날이다. 이날에는, / 사람들은 그들의 모든 불을 끈다 / 30분 동안.

It **helps** the Earth!

주어 동사 목적어

그것은 지구를 돕는다!

STEP 1 is 해설 주어가 셀 수 없는 명사(April 22nd)이므로 is를 써야 해요.

2 turn off 해설 일반적 사실은 현재시제로 나타내므로 turn off가 알맞아요.

485 My father **makes** furniture / as a hobby. He **is making** a chair / now.

주어 동사 목적어 수식어 주어 동사 목적어 수식어

내 아버지는 가구를 만드신다 / 취미로. 그는 의자를 만들고 계신다 / 지금.

It **looks** comfortable.

주어 동사 보어

그것은 편안해 보인다.

STEP 1 is making 해설 3인칭 단수 주어(He)의 현재진행형은 〈is+동사의 -ing형〉으로 나타내요.

2 looks 해설 look(~하게 보이다)은 동작이 아닌 감각을 나타내는 동사이므로 진행형으로 쓸 수 없어요.

486 Last night, / my brother and I / **were watching** TV. Then suddenly, / we **heard** a loud noise.

수식어 주어 동사 목적어 수식어 수식어 주어 동사 목적어

어젯밤에, / 나의 오빠와 나는 / TV를 보고 있었다. 그때 갑자기, / 우리는 큰 소리를 들었다.

STEP 1 were watching 해설 Last night는 과거를 나타내는 표현이므로 과거진행형인 were watching이 알맞아요.

2 heard

487 A: **Is** your uncle a teacher?

동사 주어 보어

네 삼촌은 선생님이시니?

B: No, he **is** a librarian. He **works** / at the public library.

주어 동사 보어 주어 동사 수식어

아니, 그는 사서야. 그는 일하셔 / 공공 도서관에서.

STEP 1 your uncle

2 Is 해설 의문문의 주어가 3인칭 단수(your uncle)이므로 Is가 적절해요.

3 works 해설 현재의 상태는 현재시제로 나타내요.

488 Next Tuesday **is** my mom's birthday. My sister and I **will buy** some flowers.

주어 동사 보어 주어 동사 목적어

다음 주 화요일은 나의 엄마의 생신이시다. 나의 언니와 나는 꽃을 좀 살 것이다.

STEP 1 is 해설 주어(Next Tuesday)가 셀 수 없는 명사이므로 is를 써야 해요.

2 will buy 해설 미래 표현 중 2단어로 나타낼 수 있는 것은 〈will+동사원형〉이에요.

489 I **watched** the ballet performance / yesterday. It **wasn't** interesting.

주어 동사 목적어 수식어 주어 동사 보어

나는 발레 공연을 보았다 / 어제. 그것은 흥미롭지 않았다.

STEP 1 yesterday

2 watched 해설 과거를 나타내는 표현 yesterday가 있으므로 과거형으로 써야 해요.

3 wasn't 해설 첫 번째 문장에 이어 과거의 일에 대해 말하고 있으므로 wasn't로 써야 해요.

490 I **was** nervous, // but I **did** my best / in the contest. I **don't have** any regrets / now.

주어1 동사1 보어1 주어2 동사2 목적어2 수식어2 주어 동사 목적어 수식어

나는 긴장했었다. // 하지만 나는 최선을 다했다 / 그 대회에서. 나는 후회가 하나도 없다 / 이제.

STEP 1 was, did

2 now

3 don't have 해설 문맥상 '나(I)'는 현재(now) 후회가 없는 것이므로 현재시제의 부정형 don't have로 써야 해요.

**491** Seahorses **are** unique sea animals. They **don't have** / teeth [or] a stomach.

주어 동사 보어 주어 동사 목적어1 목적어2

해마는 독특한 해양 동물이다. 그것들은 가지고 있지 않다 / 치아나 위를.

STEP 1 are 해설 주어(Seahorses)가 복수명사이므로 are가 알맞아요.
2 don't have

**492** The yellow dust **was** really bad / yesterday. Many people **wore** their masks.

주어 동사 보어 수식어 주어 동사 목적어

황사가 매우 심했다 / 어제. 많은 사람들이 그들의 마스크를 썼다.

STEP 1 (yesterday)
2 was 해설 과거를 나타내는 표현 yesterday가 있으므로 was가 알맞아요.
3 wore

**493** A: My cat Coco **is** missing. **Did** you **see** it / today?

주어 동사 보어 주어 동사 목적어 수식어

내 고양이 코코가 없어졌어. 너는 그것을 보았니 / 오늘?

B: Yes, I **did**. I **saw** it / in my backyard.

주어 동사 주어 동사 목적어 수식어

응, 그래. 나는 그것을 봤어 / 내 뒷마당에서.

여기서 is missing은 현재진행형이 아니라 〈동사+보어(형용사)〉의 형태예요.

STEP 1 is, Did 해설 주어(My cat Coco)가 3인칭 단수이므로 뒤에 is가 와야 하며, 문맥상 과거에 일어난 일을 묻고 있으므로 Did가 와야 해요.
2 did, saw

**494** Ice (in the North Pole) / **is melting** / very fast, // [and] many animals **are dying**.

주어1 동사1 수식어1 주어2 동사2

얼음이 (북극에 있는) / 녹고 있다 / 매우 빠르게, // 그리고 많은 동물들이 죽어가고 있다.

STEP 1 melting 해설 be동사 바로 뒤에 일반동사(melt)가 올 수 없으므로, is와 함께 현재진행형을 만드는 melting이 와야 해요.
2 are dying 해설 복수명사 주어(many animals)이므로 be동사 are를 쓰고, die는 -ie로 끝나는 동사이므로 -ie를 y로 바꾸고 -ing를 붙여 현재진행형을 만들어요.

**495** I **am going to take** / an important exam / tomorrow.

주어 동사 목적어 수식어

나는 치를 것이다 / 중요한 시험을 / 내일.

I **won't stay up** / too late.

주어 동사 수식어

나는 깨어 있지 않을 것이다 / 너무 늦게.

STEP 1 (tomorrow)
2 am going to take 해설 미래를 나타내는 표현 tomorrow가 있으므로, be동사를 포함한 미래 표현 〈be동사+going to+동사원형〉으로 나타내요.
3 won't 해설 문맥상 앞으로 일어날 일을 나타내므로 미래 표현이 적절해요.

**496** Long ago, / the Sahara Desert **was** a sea (with waves). But now / it **is** a desert.
수식어 / 주어 / 동사 / 보어 / 수식어 / 주어 / 동사 / 보어
오래전에, / 사하라 사막은 바다였다 (파도가 있는). 하지만 지금 / 그것은 사막이다.

STEP 1 (Long ago), (now)
2 was, is 해설 첫 번째 문장은 과거를 나타내는 표현(Long ago)이 있으므로 과거시제 was가 오고, 두 번째 문장에서는 현재를 나타내는 표현(now)이 있으므로 현재시제 is가 와야 해요.

**497** A: **Does** your brother **clean** his room / every day?
주어 / 동사 / 목적어 / 수식어
네 형은 그의 방을 청소하니 / 매일?
B: No, he **doesn't**. He **cleans** his room / every Saturday.
주어 / 동사 / 주어 / 동사 / 목적어 / 수식어
아니, 그렇지 않아. 그는 그의 방을 청소해 / 토요일마다.

STEP 1 Does your brother clean 해설 주어가 3인칭 단수(your brother)이므로 〈Does+주어+동사원형 ~?〉의 형태로 의문문을 나타내요.
2 doesn't 해설 일반동사의 의문문에 대한 부정의 대답이므로 doesn't가 와야 해요.
3 cleans

**498** Elena **is learning** hip-hop moves / these days. She **will perform** / at the school festival / next month.
주어 / 동사 / 목적어 / 수식어 / 주어 / 동사 / 수식어 / 수식어
엘레나는 힙합 동작을 배우고 있다 / 요즘에. 그녀는 공연할 것이다 / 학교 축제에서 / 다음 달에.

STEP 1 (these days), (next month)
2 perform

**499** I **was walking** home / last night. Then / suddenly, / a bike **passed by**, // [and] it nearly **hit** me.
주어 / 동사 / 수식어 / 수식어 / 수식어 / 수식어 / 주어1 / 동사1 / 주어2 / 수식어2 / 동사2 / 목적어2
나는 집으로 걷고 있었다 / 어젯밤에. 그때 / 갑자기, / 한 자전거가 지나갔다, // 그리고 그것은 나를 거의 칠 뻔했다.

STEP 1 (last night)
2 was walking 해설 과거를 나타내는 표현 last night이 있으므로 과거진행형이 적절해요.
3 passed by, hit

**500** We **traveled** / to Hanoi / last week. Hanoi **is** / the capital city (of Vietnam).
주어 / 동사 / 수식어 / 수식어 / 주어 / 동사 / 보어
우리는 여행을 갔다 / 하노이로 / 지난주에. 하노이는 ~이다 / 수도 (베트남의).

STEP 1 traveled 해설 과거를 나타내는 시간 표현 last week가 있으므로 과거시제로 써야 해요.
2 is 해설 일반적 사실은 현재시제로 나타내며 주어(Hanoi)가 셀 수 없는 명사이므로 is로 써야 해요.

**501** My friend Tom **is** a great soccer player. He **will be** captain (of the team) / next year.
주어 동사 보어 주어 동사 보어 수식어
내 친구 톰은 훌륭한 축구 선수이다. 그는 주장이 될 것이다 (팀의) / 내년에.

STEP 1 (next year)
2 will be 해설 미래를 나타내는 표현 next year가 있으므로 will be가 적절해요.

**502** Garbage **is** a big problem / all over the world.
주어 동사 보어 수식어
쓰레기는 큰 문제이다 / 전 세계에서.

People **buy** [and] **throw away** / too many things / easily.
주어 동사1 동사2 목적어 수식어
사람들은 사고 버린다 / 너무 많은 것들을 / 쉽게.

STEP 1 is 해설 '주어(Garbage) = 보어(a big problem)'의 관계이므로 be동사가 와야 해요.
2 bought and threw away

**503** We **felt** hungry [and] tired, // so we **headed** / back to the camping area.
주어 동사 보어 주어' 동사' 수식어'
우리는 배고프고 피곤함을 느꼈다. // 그래서 우리는 갔다 / 캠핑 지역으로 되돌아.

After dinner, / we **sat** / around the fire.
수식어 주어 동사 수식어
저녁 식사 후에, / 우리는 앉았다 / 불 주변에.

STEP 1 ③ 해설 문맥상 과거에 일어난 일을 나타내므로 과거형으로 써야 해요.
2 sat

**504** The principal **introduced** a new teacher / this morning.
주어 동사 목적어 수식어
교장 선생님은 새로운 선생님을 소개해주셨다 / 오늘 아침에.

He **is going to be** / our homeroom teacher.
주어 동사 보어
그는 될 것이다 / 우리의 담임 선생님이.

He = the new teacher

STEP 1 introduced
2 is going to be 해설 미래를 나타내는 표현은 〈be동사+going to+동사원형〉으로 나타낼 수 있어요.

**505** On the day (of the school trip), / Amy and Jenny **were** very excited.
수식어 주어 동사 보어
날에 (학교 여행의), / 에이미와 제니는 매우 신이 나 있었다.

They **got on** the bus // [and] **chatted** / all the way.
주어 동사1 목적어1 동사2 수식어2
그들은 버스에 올라탔다 // 그리고 이야기를 나누었다 / 내내.

STEP 1 were 해설 주어가 복수명사(Amy and Jenny)이므로 were가 알맞아요.
2 got 해설 문맥상 과거에 일어난 일을 나타내므로 과거형으로 바꿔 써요.
3 chatted 해설 〈모음 1개+자음 1개〉로 끝나는 동사의 과거형은 마지막 자음 1개를 한 번 더 쓰고 -ed를 붙여야 해요.

506 Polar bears **have** white fur. But surprisingly, / their skin **is** actually black.

주어 동사 목적어 수식어 주어 동사 수식어 보어

북극곰은 하얀 털을 가지고 있다. 그러나 놀랍게도, / 그들의 피부는 실제로 검은색이다.

STEP 1 have 해설 주어가 복수명사(Polar bears)이므로 have가 알맞아요.

2 is 해설 일반적인 사실이므로 현재시제로 나타내며, 주어(their skin)가 3인칭 단수이므로 is로 바꿔 써요.

507 We **are going to see** / the famous musical *Cats* / next Saturday.

주어 동사 목적어 수식어

우리는 볼 것이다 / 유명한 뮤지컬인 '캣츠'를 / 다음 주 토요일에.

Henry **recommended** it / many times / before.

주어 동사 목적어 수식어 수식어

헨리는 그것을 추천했다 / 여러 번 / 전에.

STEP 1 next Saturday

2 are going to see 해설 미래를 나타내는 표현 next Saturday가 있으므로, be동사를 포함한 미래 표현 〈be+going to+동사원형〉으로 나타내요.

3 recommended 해설 문맥상 과거에 일어난 일(before)이므로 과거시제로 나타내요.

508 A: Look! Those birds **are flying** / somewhere.

주어 동사 수식어

봐! 저 새들이 날아가고 있어 / 어딘가로.

B: Yes. In winter, / birds **travel** / to warmer places.

수식어 주어 동사 수식어

맞아. 겨울철에는, / 새들이 이동해 / 좀 더 따뜻한 곳으로.

STEP 1 are flying

2 travel 해설 일반적인 사실이므로 현재시제로 나타내요.

509 I **am preparing** a birthday party / for my grandfather / now.

주어 동사 목적어 수식어 수식어

나는 생일 파티를 준비하고 있다 / 내 할아버지를 위해 / 지금.

He **will be** 80 years old / next week.

주어 동사 보어 수식어

그는 80세가 되신다 / 다음 주에.

STEP 1 now

2 am preparing 해설 현재 진행 중인 일을 나타내고 있으므로 현재진행형이 와야 해요. 과거시제(prepared)는 현재를 나타내는 표현인 now와 함께 쓸 수 없어요.

3 will be 해설 미래를 나타내는 표현이 알맞게 쓰인 것은 will be예요. going to be 앞에는 be동사 is가 필요해요.

510 A: **Did** you **have** fun / during summer vacation?

주어 동사 목적어 수식어

너는 재미있었니 / 여름방학 동안?

B: Yes, I **did**. My dad and I **went** / to Gangwon-do. We **rode** our bicycles / all day //

주어 동사 주어 동사 수식어 주어 동사1 목적어1 수식어1

응, 그랬어. 아빠와 나는 갔어 / 강원도에. 우리는 자전거를 탔어 / 하루 종일 //

and **slept** / in a tent / at night.

동사2 수식어2 수식어2

그리고 잤어 / 텐트에서 / 밤에.

STEP 1 had → have 해설 일반동사의 의문문에서는 시제에 상관없이 주어 뒤에 항상 동사원형이 와야 해요.

2 rode, slept 해설 문맥상 과거에 일어난 일을 나타내므로 과거형으로 바꿔 써요.

**511** Every Christmas, / my dad **cooks** a turkey / **for** us.
수식어 / 주어 동사 목적어 / 수식어
매년 크리스마스에, / 나의 아빠는 칠면조를 요리하신다 / 우리를 위해.

We **always** get excited / about it.
주어 수식어 동사 보어 / 수식어
우리는 항상 신이 난다 / 그것에 대해.

STEP 1 for 해설 〈cook+간접목적어+직접목적어〉는 〈cook+직접목적어+for+간접목적어〉로 바꿔 쓸 수 있어요.
2 ① 해설 빈도부사(always)는 일반동사(get) 앞에 쓰여요.

**512** Our team plays **soccer** / at the park / every weekend.
주어 동사 목적어 / 수식어 / 수식어
우리 팀은 축구를 한다 / 공원에서 / 주말마다.

**It** has a large soccer field.
주어 동사 목적어
그것은 큰 축구장이 있다.

STEP 1 soccer 해설 운동 이름(soccer) 앞에는 관사를 쓰지 않아요.
2 the park

**513** **Everyone** *loves* the river (in our town). People have picnics // and **enjoy themselves** /
주어 동사 목적어 / 주어 동사1 목적어1 // 동사2 목적어2
모든 사람이 강을 아주 좋아한다 (우리 마을에 있는). 사람들은 소풍을 간다 // 그리고 즐거운 시간을 보낸다 /

by the river.
수식어
강 근처에서.

STEP 1 loves 해설 -one, -body, -thing으로 끝나는 대명사는 항상 3인칭 단수 취급해요.
2 themselves 해설 enjoy oneself는 '즐거운 시간을 보내다'라는 뜻의 관용 표현이며, 주어가 3인칭 복수명사인 People이므로 재귀대명사 themselves가 와야 해요.

**514** In **our** neighborhood, / some children *ride* their bikes / **too fast**.
수식어 / 주어 동사 목적어 / 수식어
우리 동네에서, / 몇몇 아이들은 그들의 자전거를 탄다 / 너무 빠르게.

It is very dangerous.
주어 동사 보어
그것은 매우 위험하다.

STEP 1 our 해설 명사 neighborhood와 소유 관계를 나타내는 소유격 대명사 our로 바꿔 써야 해요.
2 fast 해설 동사 ride를 꾸며 주는 부사 자리이므로 fast가 알맞아요. fast는 형용사와 부사의 형태가 같아요. fastly는 -ly로 끝나므로 부사로 착각하기 쉽지만 없는 단어이므로 주의해야 해요.

**515** Jimin sometimes tells me / **her** problems. I **always** keep / **them secret**.
주어 수식어 동사 간목 / 직목 주어 수식어 동사 / 목적어 보어(형)
지민이는 가끔 내게 말한다 / 그녀의 문제들을. 나는 항상 지킨다 / 그것들을 비밀인 상태로.

them = her problems

STEP 1 her 해설 명사 problems와 소유 관계를 나타내는 소유격 대명사 her가 알맞아요.
2 I always keep them secret 해설 빈도부사(always)는 일반동사(keep) 앞에 와야 하며, 〈keep+목적어+보어(형용사)〉의 어순으로 써야 해요.

516 My cat's eyes are **different colors**. **One** is blue, // and **the other** is green.

주어 동사 보어 주어1 동사1 보어1 주어2 동사2 보어2

나의 고양이 눈은 다른 색깔이다. 하나는 파란색이다. // 그리고 나머지 하나는 초록색이다.

STEP 1 보어

2 the other 해설 둘 중 '나머지 하나'를 가리키므로 the other가 적절해요.

517 Liz and I **often** go / to a flea market. We go / there / by **subway**.

주어 수식어 동사 수식어 주어 동사 수식어 수식어

리즈와 나는 자주 간다 / 벼룩시장에. 우리는 간다 / 거기에 / 지하철로.

STEP 1 ① 해설 빈도부사(often)는 일반동사(go) 앞에 쓰여요.

2 subway 해설 〈by+교통수단〉에서 교통수단 앞에는 관사를 쓰지 않아요.

518 Ducks and chickens are **both** *birds*. But ducks' feet look **different** /

주어 동사 보어 주어 동사 보어

오리와 닭은 둘 다 새이다. 하지만 오리의 발은 다르게 보인다 /

from chickens' feet.

수식어

닭의 발과는.

STEP 1 both 해설 뒤에 복수명사(birds)가 있으므로 both가 알맞아요. each는 〈each+단수명사〉의 형태로 쓰여요.

2 different 해설 감각동사(look) 뒤에는 형용사 보어가 와야 해요. 부사는 보어 자리에 쓰일 수 없어요.

519 A: This knife looks **very sharp**. So be **careful** / with it.

주어 동사 보어 동사 보어 수식어

이 칼은 매우 날카로워 보여. 그러니 조심하렴 / 그것을.

B: Yes, Mom. I *will cut* **the potatoes** / **carefully**.

주어 동사 목적어 수식어

네, 엄마. 저는 감자들을 자를게요 / 주의해서.

STEP 1 ① 해설 동사 뒤에 형용사 보어(very sharp)가 쓰였으므로 looks로 고쳐야 해요. look like 뒤에는 명사가 와요.

2 looks

3 potatoes 해설 〈자음+o〉로 끝나는 명사의 복수형은 뒤에 -es를 붙여요.

520 A: **It** is very cold / outside. I want to drink *something* **hot**.

주어 동사 보어 수식어 주어 동사 목적어

매우 추워 / 바깥은. 나는 무언가 뜨거운 것을 마시고 싶어.

B: I **will make** you / a cup of hot chocolate.

주어 동사 간목 직목

내가 네게 만들어 줄게 / 코코아 한 잔을.

want의 목적어 자리에는 〈to+동사원형〉이 자주 쓰이는데, '~하는 것을'이라고 해석해요. (☞ 2권 Ch 15)

STEP 1 ③ 해설 ③의 It은 명암을 나타낼 때 사용하는 비인칭 주어로, A:의 밑줄 친 It과 쓰임이 같아요. ①, ②의 It은 '그것'이라는 뜻의 대명사예요.
① 그것은 매우 중요하다. ② 그것은 정말 인기가 많다. ③ 여기는 어둡다.

2 something hot 해설 -one, -body, -thing으로 끝나는 대명사는 형용사가 뒤에서 수식해요.

3 make a cup of hot chocolate for 해설 〈make+간접목적어+직접목적어〉는 〈make+직접목적어+for+간접목적어〉로 바꿔 쓸 수 있어요.

# Level Up Sentences 05

**521** The lake was very **clear**. *I* could see **myself** / in the water.

주어 동사 보어 주어 동사 목적어 수식어

그 호수는 매우 맑았다. 나는 내 자신을 볼 수 있었다 / 물 속에서.

↳ 물에 비친 내 모습을 볼 수 있었다.

STEP 1 clear 해설 be동사 was 뒤에는 주어를 설명해 주는 형용사 보어가 와야 해요.

2 myself 해설 목적어가 주어(I)와 같은 대상을 가리키므로 재귀대명사 myself로 써야 해요.

**522** **It** is really hot / in California. So my dad installed **a fan** / on the ceiling.

주어 동사 보어 수식어 주어 동사 목적어 수식어

정말 덥다 / 캘리포니아에서는. 그래서 나의 아빠는 선풍기를 설치하셨다 / 천장에.

It turns // [and] pushes **cold air** / down.

주어 동사1 동사2 목적어2 수식어2

그것은 회전한다 // 그리고 찬 공기를 누른다 / 아래로.

세 번째 문장의 It = The fan

STEP 1 ② 해설 문장의 밑줄 친 It은 뜻이 없는 비인칭 주어이고, ②의 It은 '그것'이라는 뜻의 인칭대명사예요.

① 어두워지고 있어. ② 그것은 내가 가장 좋아하는 색이야. ③ 벌써 다섯 시야.

2 목적어

**523** You don't have **enough** *time* (for breakfast). Just have ***a glass of* juice**.

주어 동사 목적어 수식어 동사 목적어

너는 충분한 시간이 없어 (아침 식사를 위한). 그냥 주스 한 잔을 마셔.

STEP 1 (time) 해설 여기서 enough는 형용사로 쓰여 명사 time을 꾸며 주고 있어요.

2 three glasses of juice 해설 복수형은 단위를 나타내는 말 glass에 -es를 붙여 나타내요.

**524** You should keep **your body warm**, // [and] drink **a lot of** *hot water*.

주어 동사1 목적어1 보어(형)1 동사2 목적어2

너는 네 몸을 따뜻하게 유지해야 한다. // 그리고 뜨거운 물을 많이 마셔야 한다.

동사원형 drink 앞에는 조동사 should가 생략되었어요.

STEP 1 keep your body warm 해설 '목적어가 ~한 상태로 유지하다'라는 의미가 되도록 〈keep+목적어+형용사〉의 어순으로 써요.

2 lots of 해설 hot water는 셀 수 없는 명사이므로 many와 함께 쓸 수 없어요.

**525** A: A **new** *shoe store* will open / this Friday.

주어 동사 수식어

새로운 신발 가게가 문을 열 거야 / 이번 주 금요일에.

B: I know. I am going to buy ***two pairs of* shoes** / at **the store**.

주어 동사 주어 동사 목적어 수식어

맞아. 나는 신발 두 켤레를 살 거야 / 그 가게에서.

〈I know.〉는 '맞아, 그래'라는 뜻으로 동의나 공감을 나타내는 표현이에요.

STEP 1 new 해설 명사 a shoe store를 꾸며 주는 형용사 자리이므로 new가 알맞아요.

2 two pairs of shoes

3 the 해설 앞에 말한 신발 가게를 다시 언급하고 있으므로 관사 the가 알맞아요.

526 Mary's grandmother **made** some pasta / **for** us. She put **a little** *cheese* / in it.

주어 동사 목적어 수식어 주어 동사 목적어 수식어

메리의 할머니는 파스타를 좀 만들어주셨다 / 우리에게. 그녀는 치즈를 약간 넣으셨다 / 그것 안에.

it = the pasta

STEP 1 made us some pasta 해설 ⟨make+직접목적어+for+간접목적어⟩는 ⟨make+간접목적어+직접목적어⟩로 바꿔 쓸 수 있어요.

2 a little 해설 cheese는 셀 수 없는 명사이므로 a little이 적절해요. a few는 셀 수 있는 명사의 복수형 앞에 쓰여요.

527 Julia had ***a bowl of* vegetable soup** / yesterday. She thought / **it healthy.**

주어 동사 목적어 수식어 주어 동사 목적어 보어

줄리아는 야채수프 한 그릇을 먹었다 / 어제. 그녀는 생각했다 / 그것이 건강하다고.

STEP 1 a bowl of 해설 '그릇'을 나타내는 수량 표현이 알맞아요. a bar of는 '막대'를 나타내는 수량 표현이에요.

2 healthy 해설 목적어 it(= vegetable soup)의 성질에 대해 보충 설명하는 말이 필요하므로 형용사 healthy가 알맞아요.

528 The volunteers cook food // and **give** it / **to** homeless people / every day.

주어 동사1 목적어1 동사2 목적어2 수식어2 수식어

그 자원봉사자들은 음식을 요리한다 // 그리고 그것을 준다 / 노숙자들에게 / 매일.

I **appreciate** their work.

주어 동사 목적어

나는 그들의 일에 대해 감사해한다.

it = the food

STEP 1 to homeless people 해설 ⟨give+간접목적어+직접목적어⟩는 ⟨give+직접목적어+to+간접목적어⟩로 바꿔 쓸 수 있는데, 간접목적어(~에게)에 해당하는 homeless people 앞에 전치사 to가 빠져 있으므로 추가해야 해요. 이때 직접목적어가 대명사(it)인 경우에는 give homeless people it의 형태로는 쓸 수 없는 것에 주의하세요.

2 appreciate 해설 동사 appreciate가 '~에 대해 고마워하다'의 의미일 때 바로 뒤에 목적어가 오고, 목적어 앞에는 전치사를 쓰지 않아요. appreciate **about** (×)

529 **The young** love the band's music, // so their concerts are **always** full / of teenagers.

주어 동사 목적어 주어' 동사' 수식어' 보어' 수식어'

젊은 사람들은 그 밴드의 음악을 아주 좋아한다. // 그래서 그들의 콘서트는 항상 가득 찬다 / 십 대들로.

STEP 1 Young people 해설 ⟨the+형용사(~한 사람들)⟩는 ⟨형용사+people⟩로 바꿔 쓸 수 있어요.

2 always 해설 문맥상 '항상, 언제나'를 뜻하는 빈도부사 always가 적절해요.

530 Your friends have / **different interests and likes,** // but you can get along /

주어1 동사1 목적어1 주어2 동사2

당신의 친구들은 가지고 있다 / 다른 관심사와 좋아하는 것들을. // 하지만 당신은 잘 지낼 수 있다 /

with **them.** The differences will make / **your friendship stronger.**

수식어2 주어 동사 목적어 보어

그들과. 그 차이점들은 만들어 줄 것이다 / 당신의 우정이 더 강해지도록.

STEP 1 Your friends have different interests and likes

주어 동사 목적어

2 your friends

3 make 해설 ⟨동사+목적어+보어(형용사)⟩의 구조로 쓰일 수 있는 동사는 make예요.

# Level Up Sentences 06

531 Horses are important / in Mongolian culture. Almost everyone **can** ride a horse / **in** Mongolia.

주어 동사 보어 / 수식어 / 주어 동사 목적어 / 수식어

말은 중요하다 / 몽골 문화에서. 거의 모든 사람이 말을 탈 수 있다 〈능력·가능〉 / 몽골에서는.

almost는 부사지만 every/everyone/everything과 같은 단어 앞에 쓸 수 있어요.
*e.g.* She remembers **almost** *everything*. 그녀는 거의 모든 것을 기억한다.

STEP 1 in 해설 나라 이름 앞 외에도 추상적인 환경·공간의 '~안에'를 의미할 때 전치사 in을 쓸 수 있어요.
2 rides → ride

532 A: **What a beautiful day** (it is)! **How about taking** a walk?

보어 주어 동사 / 동 목

정말 아름다운 날이구나! 산책하는 게 어때?

B: That sounds great, // but I can't. I **have to** finish my work / now.

주어1 동사1 보어1 // 주어2 동사2 주어 동사 목적어 / 수식어

좋을 것 같아. // 하지만 나는 그럴 수 없어. 나는 내 일을 끝내야 해 / 지금. 〈의무〉

STEP 1 What 해설 명사(a beautiful day)가 포함된 어구를 강조하므로 What이 알맞아요.
2 taking 해설 제안하는 표현 How about 뒤에 동사가 올 때는 동사의 -ing형이 쓰여요.
3 must, should

533 A: Gary **used to** be a dancer, // but now he is an actor.

주어1 동사1 보어1 // 수식어2 주어2 동사2 보어2

게리는 무용수였어. // 하지만 지금 그는 배우야.

B: I didn't know that. **How did** he **become** an actor?

주어 동사 목적어 의문사 주어 동사 보어

난 그건 몰랐어. 그는 어떻게 배우가 되었니?

STEP 1 used to 해설 '(예전에는) ~였다'라는 과거의 상태를 나타내는 used to가 알맞아요. would는 과거의 습관을 나타낼 때만 쓰여요.
2 How did he become an actor?

534 A: **Didn't you** go / to Disneyland / last year?

주어 동사 / 수식어 / 수식어

너는 가지 않았니 / 디즈니랜드에 / 작년에?

B: Yes, I did. **There were** so many people, // but I had a great time.

주어 동사 / 동사1 주어1 // 주어2 동사2 목적어2

아니, 갔어. 정말 많은 사람들이 있었어. // 하지만 나는 정말 좋은 시간을 보냈어.

STEP 1 Didn't you go 해설 '~하지 않았니?'는 부정의문문 〈Didn't+주어+동사원형 ~?〉으로 나타내요.
2 were 해설 주어가 복수명사(so many people)이므로 were가 알맞아요.

535 You *have* two baseball tickets, // **don't you**? **Who will** you **take** / to the ballpark?

주어 동사 목적어 // 동사 주어 의문사 주어 동사 / 수식어

너는 야구 표 두 장이 있어. // 그렇지 않니? 너는 누구를 데려갈 거니 / 야구장에?

STEP 1 don't 해설 일반동사 현재형(have)이 쓰인 긍정문의 부가의문문은 〈don't+주어?〉가 알맞아요.
2 Who will you

536 A century ago, / **there were** about 100,000 tigers / **on** the planet.

수식어 동사 주어 수식어

한 세기(100년) 전에, / 약 10만 마리의 호랑이가 있었다 / 지구상에.

여기서 about은 '약, ~쯤'이라는 뜻의 부사예요.

*e.g.* They waited for **about** an hour. 그들은 한 시간쯤 기다렸다.

STEP 1 were 해설 주어가 복수명사(about 100,000 tigers)이므로 were로 바꿔 써야 해요.

2 on 해설 접촉해 있는 장소나 표면 앞에는 전치사 on을 써요.

537 A: My cousin's 7th birthday is this Saturday. **What should** I **buy** / for him?

주어 동사 보어 의문사 주어 동사 수식어

내 사촌의 일곱 번째 생일이 이번 주 토요일이야. 내가 무엇을 사야 할까 / 그를 위해?

B: How about a board game? Board games are *good* (**for** brain development).

주어 동사 보어

보드 게임은 어때? 보드게임은 좋잖아 (두뇌 개발에).

STEP 1 What

2 for 해설 be good at은 '~을 잘하다', be good for는 '~에 좋다'라는 의미예요.

538 A: **Which drink** do you prefer, / soda or green tea?

의문사+명사 주어 동사

너는 어떤 음료를 더 좋아하니, / 탄산음료와 녹차 중에서?

B: I prefer green tea. I **should not** have too much sugar.

주어 동사 목적어 주어 동사 목적어

나는 녹차를 더 좋아해. 나는 설탕을 너무 많이 먹으면 안 돼. 〈금지〉

STEP 1 Which 해설 두 개의 정해진 것들(soda or green tea) 중에서 선택하는 것이므로 Which가 알맞아요.

2 should not 해설 문맥상 '~하면 안 된다'라는 뜻의 should not이 알맞아요. don't have to는 '~할 필요가 없다'라는 뜻의 불필요를 나타내요.

539 A: **Let's take** our photo / in front of this statue.

동사 목적어 수식어

우리 사진을 찍자 / 이 조각상 앞에서

B: No, we **cannot[can't]** take pictures / in the museum.

주어 동사 목적어 수식어

아니, 우리는 사진을 찍으면 안 돼 / 박물관에서. 〈금지〉

STEP 1 don't we take our photo 해설 〈Let's+동사원형〉은 '우리 ~하는 게 어때?'라는 의미의 〈Why don't we+동사원형 ~?〉으로 바꿔 쓸 수 있어요.

2 cannot[can't] take 해설 문맥상 '~하면 안 된다'라는 의미가 적절하므로 can의 부정형으로 나타내요.

540 **In** Korea, / people consider pigs / a symbol (of wealth / and good fortune).

수식어 주어 동사 목적어 보어

한국에서, / 사람들은 돼지를 여긴다 / 상징으로 (부와 / 행운의)

A dream (about pigs) / **may** bring you / luck.

주어 동사 간목 직목

꿈은 (돼지에 대한) / 당신에게 가져다줄지도 모른다 / 행운을. 〈추측〉

STEP 1 In 해설 나라 이름 앞에는 전치사 in이 쓰여요.

2 ③ 해설 문장에 쓰인 may는 '~일지도 모른다'라는 추측의 의미인데, ③의 may는 '~해도 된다'라는 허가의 의미를 나타내요.

① 바깥은 추울지도 모른다. ② 그녀는 정답을 알지도 모른다. ③ 너는 이제 집에 가도 된다.

# Level Up Sentences 07

541 I'm sorry, // **but** I **won't be able to** meet you / **on** Friday.
주어1 동사1 보어1 주어2 동사2 목적어2 수식어2
미안해, // 하지만 나는 너를 만나지 못할 거야 / 금요일에.

Can we meet / next week?
주어 동사 수식어
우리 만날 수 있을까 / 다음 주에?

STEP 1 be able to 해설 조동사 두 개는 연달아 쓸 수 없으므로 can을 대신할 수 있는 be able to로 고쳐야 해요.
2 on 해설 요일 앞에는 전치사 on을 써요.

542 Look at that smoke! That building **must** be on fire.
동사 목적어 주어 동사
저 연기 좀 봐! 그 빌딩은 불타고 있는 것이 분명해. 〈강한 추측〉

You **had better not** go / near there.
주어 동사 수식어 수식어
너는 가지 않는 것이 좋겠어 / 거기 근처에. 〈강한 충고·권고〉

STEP 1 must 해설 문맥상 '~임이 틀림없다'라는 강한 추측을 나타내는 조동사 must가 알맞아요.
2 had better not

543 A: **How often** does your family eat out?
의문사+부사 주어 동사
네 가족은 얼마나 자주 외식하니?

B: We usually eat out / twice a week.
주어 수식어 동사 수식어
우리는 보통 외식해 / 일주일에 두 번.

STEP 1 How often does your family eat out?
2 twice a week 해설 how often(얼마나 자주)은 빈도를 물을 때 사용하는 표현이므로 횟수에 대한 답변이 알맞아요.

544 A: I must go / now. I **have to** be home / **by** 8 o'clock.
주어 동사 수식어 주어 동사 수식어 수식어
나는 가야 해 / 지금. 나는 집에 있어야 해 / 여덟 시까지는. 〈의무〉

B: Okay. Are you going to go / **by** subway?
주어 동사 수식어
알겠어. 너는 갈 예정이니 / 지하철로?

STEP 1 have to 해설 don't have to는 '~할 필요가 없다(불필요)'라는 의미이므로 문맥상 적절하지 않아요. '~해야 한다(의무)'를 뜻하는 have to로 고쳐야 해요.
2 by 해설 전치사 by가 시간 앞에 쓰이면 '~까지(는)'라는 뜻이고, 교통수단 앞에 쓰이면 '~로'라는 뜻이에요.

545 A: **What time** does the movie start?
의문사+명사 주어 동사
그 영화는 몇 시에 시작하니?

B: It starts / **at** 2:30. We should hurry.
주어 동사 수식어 주어 동사
그것은 시작해 / 2시 30분에. 우리는 서둘러야 해.

STEP 1 What time does the movie start?
2 at 해설 시각 앞에는 전치사 at을 써요.

**546** A: **Where were** you / on Thursday evening?
의문사 동사 주어 수식어
너는 어디에 있었니 / 목요일 저녁에?

B: I was **at** a friend's house.
주어 동사 장소
나는 친구 집에 있었어.

STEP 1 Where were you
2 at 해설 '위치, 지점'을 나타내는 말 앞에는 전치사 at이 적절해요. 〈at one's house〉는 '~의 집에'라는 의미로 자주 쓰여요. 이때 house는 생략할 수 있어요. *e.g.* The party will be **at David's (house)**. 파티는 데이비드의 집에서 열릴 거야.

**547** There **was** a lot of noise / **during** the night. I couldn't sleep / at all.
동사 주어 수식어 주어 동사 수식어
많은 소음이 있었다 / 밤 동안에. 나는 잘 수 없었다 / 전혀.

noise는 셀 수 있는 명사와 셀 수 없는 명사로 모두 쓰일 수 있어요. noise 앞에 관사 a가 있거나 복수형(noises)이면 셀 수 있는 명사로 쓰인 거예요.
*e.g.* Don't make **a noise**. 소리 내지 마. 〈셀 수 있는 명사〉
They were making too **much noise**. 그들은 너무 시끄럽게 하고 있었다. 〈셀 수 없는 명사〉

STEP 1 was 해설 주어 자리에 〈a lot of+셀 수 없는 명사〉가 쓰였으므로 단수 동사 was가 알맞아요.
2 during 해설 문맥상 '~ 동안'을 뜻하는 전치사 during이 적절해요.

**548** *The man* (**on the motorcycle**) / isn't wearing a helmet. How dangerous it is!
주어 동사 목적어 보어 주어 동사
그 남자는 (오토바이를 타고 있는) / 헬멧을 쓰고 있지 않아. 그것은 정말 위험한데!

여기서 〈on+교통수단〉은 '~을 타고, ~으로'라는 의미를 나타내요.

STEP 1 (on the motorcycle)
2 The man
3 isn't 해설 〈전치사+명사〉가 꾸며 주는 주어가 단수명사(The man)이므로 단수 동사 isn't가 알맞아요.

**549** You **used to** bite your nails, // but you stopped. **How did** you **break** the habit?
주어1 동사1 목적어1 주어2 동사2 의문사 주어 동사 목적어
너는 네 손톱을 물어뜯곤 했어. 〈과거의 습관〉 // 그런데 너는 그만뒀잖아. 너는 어떻게 그 습관을 고쳤니?

STEP 1 used to bite 해설 '~하곤 했다'라는 과거의 습관을 나타내는 조동사 used to는 뒤에 항상 동사원형이 와야 해요.
2 How did you break

**550** A: **What** a mess! **Who spilled** milk / on the carpet?
보어 의문사(주어) 동사 목적어 수식어
정말 엉망이구나! 누가 우유를 쏟았니 / 카펫 위에?

B: I did. **Can** you help me with it?
주어 동사 주어 동사 목적어 수식어
내가 그랬어. 네가 나를 좀 도와주겠니? 〈요청〉

What a mess!는 〈주어+동사〉가 생략된 형태로 더 자주 쓰여요.
〈help A(사람) with B〉는 'B에 대해 A를 도와주다, A가 B하는 것을 도와주다'라는 의미로 쓰여요.
*e.g.* She **helped** me **with** my homework. 그녀는 내 숙제를 도와주었다.
Can you **help** me **with** this box? = Can you **help** me **(to) lift[carry]** this box? 이 상자 드는 것 좀 도와줄래?

STEP 1 What 해설 명사(a mess)가 포함된 어구를 강조하므로 What이 알맞아요.
2 Who spilled milk on the carpet? 해설 의문사가 주어 역할을 할 때는 의문사 바로 뒤에 일반동사가 와요.
3 ③ 해설 밑줄 친 Can은 '요청'의 의미를 나타내므로 ③이 알맞아요. ①의 Can은 '능력·가능', ②의 Can은 '허가'를 의미해요.
① 너는 피아노를 연주할 수 있니? ② 저 이제 집에 가도 되나요? ③ 저를 위해 문을 좀 잡아 주시겠어요?

# Level up Sentences 08

551 **There must be** somebody / in the house. The lights are on.

동사 주어 수식어 주어 동사 보어

누군가 있는 것이 틀림없다 〈강한 추측〉 / 그 집 안에. 불이 켜져 있다.

여기서 on은 be동사 뒤에 쓰여 '(수도, 전기 등이) 나오는, 들어오고 있는'이라는 뜻을 나타내요.

STEP 1 **누군가 그 집 안에 있는 것이 틀림없다** 해설 〈There+be동사〉는 '~가[이] 있다'라는 의미로, There는 '거기에'라고 해석하지 않으므로 주의하세요.

2 ③ 해설 문맥상 문장의 밑줄 친 must는 '~임이 틀림없다'라는 강한 추측을 나타내므로 ③이 알맞아요. ①, ②의 must는 모두 '~해야 한다'라는 의무를 나타내요.

① 너는 10시까지 집에 와야 해. ② 그는 일찍 일어나야 한다. ③ 그녀는 스무 살이 넘었음이 틀림없다.

552 **Can** you give me / the restaurant's phone number? I **have to** make a reservation.

주어 간목 직목 주어 동사 목적어

동사

저에게 주시겠어요 〈요청〉 / 그 식당의 전화번호를? 저는 예약해야 해요. 〈의무〉

STEP 1 May 해설 〈Can[Could] you+동사원형 ~?〉과 〈Will[Would] you+동사원형 ~?〉은 모두 '요청'의 의미를 나타낼 수 있어요.

2 have to make

553 A: **Didn't we** order / three hamburgers? There are only two.

주어 목적어 동사 수식어 주어

동사

우리는 주문하지 않았니 / 햄버거 세 개를? 단지 두 개만 있어.

B: You're right. I **should** call the restaurant / now.

주어 동사 보어 주어 동사 목적어 수식어

네 말이 맞아. 나는 그 식당에 전화해야겠어 〈의무〉 / 지금.

STEP 1 Didn't 해설 일반동사(order)의 부정의문문이므로 Didn't가 알맞아요.

2 I should call the restaurant

554 There's *something* wrong / **with** the car. We **had better** stop / at the next gas station.

동사 주어 수식어 주어 동사 수식어

무언가 잘못된 것이 있어 / 차에. 우리는 멈추는 게 좋겠어 〈강한 충고·권고〉 / 다음 주유소에서.

STEP 1 with 해설 문맥상 '차에, 차에 관해'라는 의미가 적절하므로 전치사 with를 사용해요. 전치사 with는 형용사 wrong과 함께 자주 쓰여요.

*e.g.* What's **wrong with** my computer? 내 컴퓨터에 무슨 문제가 있는 거야?

2 better stop

555 Mr. Brown lives / **across** the street. His garden is full / **of** beautiful roses.

주어 동사 수식어 주어 동사 보어 수식어

브라운 씨는 산다 / 길 건너편에. 그의 정원은 가득 차있다 / 아름다운 장미들로.

**What a wonderful garden it is!**

보어 주어 동사

그것은 정말 멋진 정원이다!

STEP 1 across, of

2 What a wonderful garden it is! 해설 What으로 시작하는 감탄문은 〈What+a/an+형용사+명사+주어+동사!〉의 순서로 써요.

**556** A: Should we take a taxi / [or] a bus / **to** the mall?

주어 / 동사 / 목적어1 / 목적어2 / 수식어

우리는 택시를 타야 하니 / 아니면 버스를 / 쇼핑몰까지?

B: **Let's take** a bus. It's rush hour / now.

동사 / 목적어 / 주어 동사 / 보어 / 수식어

버스를 타자. 혼잡한 시간이야 / 지금.

B:의 It은 시간을 나타낼 때 사용하는 비인칭 주어이므로 해석하지 않아요.

STEP 1 to 해설 도착의 뜻을 포함하여 그 이동 방향을 나타내는 전치사 to가 적절해요.

2 Let's take

**557** A: **What were** you **reading** / at lunchtime?

주어 / 동사 / 수식어

너는 무엇을 읽고 있었니 / 점심시간에?

B: I was reading a fantasy novel. **There are** many interesting characters / in it.

주어 / 동사 / 목적어 / 동사 / 주어 / 수식어

나는 판타지 소설을 읽고 있었어. 흥미로운 등장인물들이 많이 있어 / 그 안에.

STEP 1 What were you reading

2 are 해설 주어가 복수명사(many interesting characters)이므로 복수 동사 are가 알맞아요.

**558** **In** May, / the weather (**in** Spain) / is usually warm, // [but] the temperature varies /

수식어 / 주어1 / 동사1 / 수식어1 / 보어1 / 주어2 / 동사2

5월에, / 날씨는 (스페인의) / 보통 따뜻하다. // 하지만 기온은 다르다 /

**from** city **to** city.

수식어2

도시마다.

STEP 1 In, in 해설 월(月) 이름과 나라 이름 앞에 공통으로 쓰일 수 있는 전치사는 in이에요.

2 from 해설 〈from A to B〉는 'A에서 B까지'라는 뜻으로 범위를 나타내요.

**559** A: It's a little cold / in here. **Can** I turn on the heater?

주어 동사 수식어 / 보어 / 수식어 / 주어 / 동사 / 목적어

약간 추워 / 여기 안에는. 내가 히터를 켜도 되니? 〈허가〉

B: It's not working / now. **Why don't** you **put on** / another sweater?

주어 / 동사 / 수식어 / 주어 / 동사 / 목적어

그것은 작동하지 않아 / 지금. 너는 입는 게 어때 / 스웨터를 하나 더?

A:의 It은 비인칭 주어, B:의 It은 the heater를 가리키는 대명사예요.

STEP 1 ② 해설 밑줄 친 Can은 '~해도 될까요?'라는 허가의 의미를 나타내므로 ②가 알맞아요. ①의 can은 '능력·가능', ③의 Can은 '요청'을 나타내요.

① 그녀는 요리를 잘할 수 있다. ② 너는 내 책을 빌려도 돼. ③ TV 좀 켜줄 수 있니?

2 Why don't you put on

**560** **Don't walk** / with your eyes on your smartphone. You **may not** see /

동사 / 수식어 / 주어 / 동사

걷지 마라 / 네 눈을 스마트폰에 둔 채로. 너는 보지 못할지도 모른다 〈추측〉/

→ 스마트폰을 보면서 걷지 마라.

dangerous things (in the street).

목적어

위험한 것들을 (거리에 있는).

여기서 전치사 with는 '~한 채로, ~하면서'라는 의미로 쓰였어요.

STEP 1 Don't 해설 '~하지 마라'라는 뜻의 부정 명령문은 Don't로 시작해요.

2 **보지 못할지도 모른다** 해설 문맥상 추측의 의미로 해석하는 것이 적절해요.

# WORKBOOK

# ANSWER

## CHAPTER 01 be동사

### UNIT 01 be동사의 현재형

본문 p.4

**A** 1 He's | 그는 매우 영리하다.
2 I'm | 나는 열세 살이다.
3 It's | 그것은 훌륭한 영화이다.
4 You're | 너는 다른 사람의 말을 잘 들어주는 사람이구나.

**B** 1 am | 나는 학교에 갈 준비가 되었다.
2 is | 하와이는 아름다운 섬이다.
해설 주어(Hawaii)가 셀 수 없는 명사이므로 is를 써야 해요.
3 is | 이 원피스는 내겐 너무 작다.
4 are | 샐리와 티모시는 캐나다인이다.
해설 주어가 'A and B'인 복수이므로 are를 써야 해요.

**C** 1 My uncle is
2 The gloves are
3 Busan is
4 Tyler and I are

### UNIT 02 be동사의 쓰임과 의미

본문 p.5

**A** 1 ~이다 | 저스틴과 나는 팀 동료이다.
2 (어떠)하다 | 그 농구 선수들은 키가 크다.
3 ~(에) 있다 | 에펠 탑은 파리에 있다.
4 ~(에) 있다 | 그 학생들은 지금 박물관에 있다.

**B** 1 프랑스에서 왔다[프랑스 출신이다]
2 음악실에 있다
3 간호사이다, 친절하다

**C** 1 My new neighbors are nice
2 I am a good swimmer
3 Your phone is on the desk

### UNIT 03 be동사의 부정문과 의문문

본문 p.6

**A** 1 isn't | 해리는 밴드의 멤버가 아니다.
2 Is | 네 언니[누나, 여동생]은 학교에서 인기가 많니?
3 aren't | 고래는 어류가 아니다. 그것들은 포유류이다.
4 Are | 너와 대니얼은 축구팀에 있니?
해설 주어가 'A and B'인 복수이므로 Are로 써야 해요.

**B** 1 isn't perfect
2 isn't in the office
3 aren't twins

**C** 1 she[she's] isn't[not] | A: 제니퍼는 오늘 바쁘니? B: 아니, 그렇지 않아. 그녀는 오늘 한가해.
2 you are | A: 제가 최종 우승자인가요? B: 네, 맞아요. 축하드려요!
해설 의문문의 주어가 I이므로 대답할 때 주어는 you를 써야 해요.
3 they are | A: 고양이들은 네 방에 있니? B: 응, 맞아. 그것들은 내 침대 아래에 있어.

본문 p.7

## Chapter 통합 Exercises 01

**A** 1 fresh 2 at school
3 new 4 the school president

**B** 1 is, 엔지니어이다
2 is not[isn't], 작은 도시가 아니다
해설 be동사의 부정문은 be동사 뒤에 not을 붙여야 해요.
3 am not, 피곤하지 않다
해설 am not은 amn't로 줄여 쓸 수 없어요.
4 Are, 도서관에 있니
5 are, 특별한 동물이다
해설 주어(Pandas)가 복수명사이므로 be동사는 are로 써야 해요.

**C** 1 Janet(주어) is(동사) a famous writer(보어)
2 My sister and I(주어) are(동사) in the garden(장소) now(수식어)
3 The science class(주어) isn't[is not](동사) easy(보어) for me(수식어)
4 Is(동사) the restaurant(주어) open(보어) today(수식어)

**D** 영작 2 He's[He is] from America
5 he's[he is] the coach
6 He's[He is] very popular

해석 1 테일러 씨는 우리 체육 선생님이다
4 그는 운동을 잘한다

## CHAPTER 02 일반동사

### UNIT 04 일반동사의 현재형

본문 p.9

**A** 1 does | 그녀는 매일 저녁 설거지를 한다.
2 play | 그 남자아이들은 종종 방과 후에 축구를 한다.
3 watches | 나의 엄마는 매일 뉴스를 보신다.
해설 동사 watch는 -ch로 끝나므로 뒤에 -es를 붙여야 해요.
4 has | 그 밴드는 전 세계에 많은 팬들이 있다.
해설 주어(The band)가 3인칭 단수이므로 동사는 has를 써야 해요.

**B** 1 brushes | 내 여동생[언니, 누나]는 아침에 그녀의 머리카락을 빗는다.
2 closes | 그 백화점은 오후 9시에 닫는다.
해설 주어 The department store가 3인칭 단수이므로 동사는 closes로 써야 해요.
3 studies | 그녀는 매우 열심히 공부한다. 그녀는 훌륭한 학생이다.
4 visit | 샘과 나는 주말마다 우리 할머니를 방문한다.
해설 주어(Sam and I)가 복수이므로 동사는 visit를 써야 해요.

**C** 1 keeps a diary
2 has a happy ending
3 fixes cars

## UNIT 05 일반동사의 부정문

본문 p.10

**A** 1 don't eat | 우리는 점심으로 패스트푸드를 먹는다.
→ 우리는 점심으로 패스트푸드를 먹지 않는다.
2 doesn't match | 이 블라우스는 네 치마와 어울린다.
→ 이 블라우스는 네 치마와 어울리지 않는다.
3 doesn't open | 박물관은 10시에 문을 연다.
→ 박물관은 10시에 문을 열지 않는다.

**B** 1 don't[do not] like
| 나는 비 오는 날을 좋아하지 않는다.
2 doesn't[does not] practice
| 그는 밤에 바이올린을 연습하지 않는다.
해설 don't[doesn't] 뒤에는 동사원형이 와야 하므로 practice로 고쳐 써야 해요.
3 don't[do not] go
| 학생들은 공휴일에 학교에 가지 않는다.
4 doesn't[does not] hear
| 나의 할머니는 더 이상 (소리를) 잘 듣지 못하신다.
해설 주어(My grandma)가 3인칭 단수이므로 don't가 아닌 doesn't[does not]로 고쳐 써야 해요.

**C** 1 don't remember her name
2 doesn't work
3 don't have enough money

## UNIT 06 일반동사의 의문문

본문 p.11

**A** 1 Do, know | 너는 그 노래의 제목을 아니?
2 Do, live | 사자들은 무리를 지어 사니?
3 Does, play | 제이는 밴드에서 드럼을 연주하니?
해설 주어(Jay)가 3인칭 단수이므로 〈Does+주어+동사원형 ~?〉로 써야 해요.
4 Does, come | 그 버스는 10분마다 오나요?

**B** 1 I[we] don't
| A: 너[너희]는 오늘 영어 시간에 쪽지 시험이 있니?
B: 아니, 그렇지 않아.
해설 의문문의 주어가 you(너[너희])이므로 대답할 때는 주어 I 또는 we를 사용해서 답해요.
2 they do
| A: 앤디와 잭은 댄스 레슨을 받니?
B: 응, 맞아. 그들은 춤추는 것을 좋아해.
3 she doesn't
| A: 네 이모[고모, (외)숙모]는 은행에서 일하시니?
B: 아니, 그렇지 않아. 그녀는 호텔에서 일해.

**C** 1 Do you need
2 Does your dog bite
3 Does the musical start

본문 p.12

## Chapter 통합 Exercises 02

**A** 1 has
2 carries
3 washes
4 buy

**B** 1 drives, 트럭을 운전하신다
2 doesn't, 만화책을 읽지 않는다
3 tries, 최선을 다한다
4 Do, 배구를 하니
해설 주어(the boys)가 복수명사이므로 문장 맨 앞은 Do로 시작해야 해요.
5 don't, 서로를 알지 못한다[모른다]
해설 뒤에 일반동사(know)가 오므로 be동사 부정문이 아닌 일반동사 부정문이 되도록 don't를 써야 해요.

**C** 1 The baby cries every night
(The baby: 주어 / cries: 동사 / every night: 수식어)
2 Sean doesn't[does not] live in Korea anymore
(Sean: 주어 / doesn't[does not] live: 동사 / in Korea: 장소 / anymore: 수식어)
3 Grandma and I bake a cake every Christmas
(Grandma and I: 주어 / bake: 동사 / a cake: 목적어 / every Christmas: 수식어)
4 Do you and Gina enjoy spicy food
(you and Gina: 주어 / Do ... enjoy: 동사 / spicy food: 목적어)

**D** 영작
4 My parents ride their bikes
5 My brother rides his skateboard
7 We have a great time

해석
2 나의 가족은 운동을 아주 좋아한다
3 우리는 공원에 간다

## CHAPTER 03 과거시제

## UNIT 07 be동사의 과거형

본문 p.14

**A** 1 were | 윌리엄과 나는 작년에 반 친구였다.
2 wasn't | 공항은 호텔에서 멀지 않았다.
3 was | 어제는 정말 더웠다.
해설 주어(Yesterday)가 셀 수 없는 명사이므로 was를 써야 해요.
4 Were | 너와 루카스는 한 시간 전에 같이 있었니?
해설 과거를 나타내는 an hour ago가 있으므로 be동사도 과거형인 Were로 써야 해요.

**B** 1 피곤했다
2 꿈이 아니었다, 진짜였다
3 제주에 있었니

**C** 1 was a news reporter
2 Were you sleepy
3 weren't at the class meeting

## UNIT 08 일반동사의 과거형

본문 p.15

**A** 1 **played** | 그 피아니스트는 내가 가장 좋아하는 곡을 연주했다.
2 **stopped** | 버스는 신호등에서 멈췄다.
3 **cut** | 저스틴은 그의 생일 케이크를 잘랐다.
해설 cut의 과거형은 현재형과 형태가 같으므로 주의해야 해요.
4 **went** | 그들은 지난주에 영화관에 갔었다.

**B** 1 **worried** | 우리는 어젯밤에 너를 걱정했다.
2 **told** | 그는 방금 내게 이야기를 해주었다. 그것은 정말 재미있었다.
3 **saw** | 나의 가족은 어제 퍼레이드를 같이 보았다.
4 **changed** | 수잔은 이틀 전에 그녀의 헤어스타일을 바꿨다.

**C** 1 **stayed**
2 **heard a strange sound**
3 **invited me and my friends**
4 **read the book**

## UNIT 09 일반동사 과거형의 부정문과 의문문

본문 p.16

**A** 1 **didn't plant** | 우리는 뒷마당에 당근을 심었다.
→ 우리는 뒷마당에 당근을 심지 않았다.
2 **Did, make** | 제니는 그녀의 아이들을 위해 컵케이크를 만들었다.
→ 제니는 그녀의 아이들을 위해 컵케이크를 만들었니?
해설 일반동사 과거형의 의문문은 Did로 시작하고, 주어 뒤에는 동사원형을 써야 하므로 made는 make로 바꿔 써야 해요.
3 **didn't say** | 나는 어제 맥스에게 미안하다고 말했다.
→ 나는 어제 맥스에게 미안하다고 말하지 않았다.

**B** 1 **have** | 너와 벤은 어제 싸웠니?
해설 일반동사 과거형의 의문문은 Did로 시작하고, 동사는 원형으로 써야 해요.
2 **didn't[did not] do** | 그녀는 지난 주말에 아무것도 하지 않았다.
해설 last weekend가 과거의 일을 나타내므로 didn't[did not] do로 써야 해요.
3 **didn't[did not] change** | 알렉스는 결국 그의 생각을 바꾸지 않았다.
4 **I[we]** | A: 네[너희]는 하와이에서 휴가를 보냈니? B: 응, 맞아.
해설 의문문의 주어가 you(네[너희])이므로 대답할 때는 주어 I 또는 we를 사용해서 답해야 해요.

**C** 1 **Did you sleep**
2 **didn't bring**
3 **Did the school bus leave**

## UNIT 10 현재시제와 과거시제

본문 p.17

**A** 1 **had** | 나는 어젯밤에 악몽을 꾸었다.
2 **was** | 어제 날씨가 매우 좋았다.
3 **began** | 올림픽 경기는 1896년에 시작되었다.
해설 역사적 사실은 과거시제로 나타내므로 동사는 과거형인 began으로 써야 해요.
4 **is** | 그녀는 2011년에 태어났기 때문에 지금 그녀는 중학생이다.
해설 두 번째 문장에는 현재를 나타내는 now가 있으므로 과거형 was가 아닌 현재형 is로 써야 해요.

**B** 1 **melts** | 얼음은 0℃에서 녹는다.
해설 일반적인 사실이나 변함없는 진리는 현재시제로 나타내므로 현재형 melts로 써야 해요.
2 **hurt** | 그 남자아이는 어제 그의 다리를 다쳤다.
해설 과거를 나타내는 yesterday가 있으므로 과거형 hurt로 써야 해요. hurt는 현재형과 과거형의 형태가 같으므로 주의하세요.
3 **was** | 내 생일은 2주 전이었다.
4 **rises, sets** | 해는 동쪽에서 뜨고, 서쪽에서 진다.

**C** 1 **catches a cold**
2 **hit a homerun**
3 **gives useful information**
4 **invented paper bills**

본문 p.18

## Chapter 통합 Exercises 03

**A** 1 **drinks** 2 **wait**
3 **talked** 4 **were**

**B** 1 **Was, 병원에 있었니**
해설 과거(last week)에 일어난 일이므로 Is가 아닌 Was로 고쳐 써야 해요.
2 **am, 괜찮다**
3 **put, 커피를 놓았다**
해설 put의 과거형은 현재형과 형태가 같으므로 주의해야 해요.
4 **see, 그를 보았니**
해설 문장 맨 앞에 Did가 있으므로 주어 뒤에는 동사원형인 see가 와야 해요.
5 **painted, 모나리자를 그렸다**
해설 역사적 사실은 과거시제로 나타내므로 동사는 과거형인 painted로 고쳐야 해요.

**C** 1 **She came home late** (She: 주어 / came: 동사 / home: 수식어 / late: 수식어)
2 **Oil and water don't[do not] mix well** (Oil and water: 주어 / don't[do not] mix: 동사 / well: 수식어)
3 **The police stopped the cars on the road** (The police: 주어 / stopped: 동사 / the cars: 목적어 / on the road: 수식어)
4 **Did Ian make a reservation yesterday** (Ian: 주어 / Did ... make: 동사 / a reservation: 목적어 / yesterday: 수식어)

**D** 영작
3 **I do volunteer work**
5 **we cleaned the doghouses, fed the dogs**

해석
2 나는 캐나다에 살고 있는 중학생이야
6 우리는 산책하러 개들을 데리고 나갔어

# CHAPTER 04 미래시제와 진행형

## UNIT 11 미래 표현 will

본문 p.20

**A** 1 drive | 내 아빠는 나를 차로 공항에 태워다 주실 것이다.
해설 주어에 상관없이 will 뒤에는 항상 동사원형이 와야 해요.
2 Will you stay | 너[너희]는 오늘 집에 머무를 거니?
3 be | 저는 너무 배고파요. 저녁이 곧 준비가 될까요?
4 won't go | 제니와 나는 내일 쇼핑하러 가지 않을 것이다.
해설 will not의 올바른 줄임말은 won't예요.

**B** 1 마이크를 만날 거니
2 패션 디자이너가 될 것이다
3 저녁을 준비하지 않을 것이다

**C** 1 will watch a soccer match
2 Will Nick graduate
3 won't eat lunch

## UNIT 12 미래 표현 be going to

본문 p.21

**A** 1 is going to cook | 그 요리사는 오늘 생선을 요리할 것이다.
해설 be going to 뒤에는 동사원형이 와야 하므로 cooks는 cook으로 고쳐 써야 해요.
2 Are you going to travel | 너는 내년에 스페인으로 여행을 갈 거니?
3 am not going to tell | 나는 벤에게 사실을 말하지 않을 것이다.
4 are going to go | 샘과 나는 이번 겨울에 스키를 타러 갈 것이다.
해설 주어(Sam and I)가 복수이므로 be동사는 am이 아닌 are로 고쳐 써야 해요.

**B** 1 isn't[is not] going to snow | 오늘은 눈이 내릴 것이다.
→ 오늘은 눈이 내리지 않을 것이다.
2 Is he going to leave | 그는 3시 전에 떠날 것이다.
→ 그는 3시 전에 떠날 거니?
3 Are the girls going to take | 그 여자아이들은 요가 수업을 들을 것이다. → 그 여자아이들은 요가 수업을 들을 거니?

**C** 1 is going to open
2 Are you going to buy
3 are not going to play

## UNIT 13 현재진행형

본문 p.22

**A** 1 are lying | 그 아이들은 지금 잔디 위에 누워 있다.
2 are waiting | 짐과 그의 여동생[누나]은 그들의 부모님을 기다리고 있다.
3 has | 그녀는 긴 갈색 머리카락을 가지고 있다.
해설 have(가지고 있다)는 동작이 아닌 상태를 나타내는 동사이므로 진행형으로 쓸 수 없어요.
4 Is | 그 토마토 수프는 지금 끓고 있니?
해설 현재진행형의 의문문은 〈be동사의 현재형+주어+동사의 -ing형 ~?〉으로 쓰므로 Does는 Is로 고쳐 써야 해요.

**B** 1 am helping | 나는 엄마가 집안일 하는 것을 도와드리고 있다.
2 is tying | 그녀는 그 꽃들을 리본으로 묶고 있다.
3 are jogging | 몇몇 사람들은 지금 공원에서 조깅하고 있다.
4 are riding | 그 아이들은 지금 롤러코스터를 타고 있다.

**C** 1 isn't sleeping
2 Are you listening to
3 Is your sister setting

## UNIT 14 과거진행형

본문 p.23

**A** 1 Was he wearing | 그는 그때 검은색 코트를 입고 있었니?
2 was not | 나는 그때 라디오를 듣고 있지 않았다.
해설 과거 시점(then)에 일어난 일을 나타내고 있으므로 was not을 써야 해요.
3 were walking | 제니와 나는 호수 주위를 걷고 있었다.
4 is | 알렉스, 지금 선생님께서 너를 찾고 계셔.
해설 지금 진행 중인 일은 현재진행형으로 나타내므로 be동사는 is를 써야 해요.

**B** 1 낚시를 하고 있었니
2 숙제를 하고 있었다
3 읽고 있지 않았다

**C** 1 were shopping
2 wasn't raining
3 Were the police officers chasing

본문 p.24

# Chapter 통합 Exercises 04

**A** 1 swimming 2 travel
3 hanging 4 watch

**B** 1 will win, 이길 것이다
2 Are, 상의할 거니
3 are having, 즐거운 시간을 보내고 있다
해설 have는 -e로 끝나는 동사이므로 -e를 빼고 -ing를 붙여 having으로 써야 해요. 또한, 상태가 아닌 동작이나 일시적인 행동을 나타내는 have는 진행형으로 쓸 수 있어요.
4 were making, 시끄럽게 하고 있었다
해설 과거 시점을 나타내는 then이 있으므로 are이 아닌 과거형 were로 고쳐 써야 해요.
5 going to visit, 동물원에 방문할 거니

**C** 1 She was wearing a red dress at the party
(She: 주어 / was wearing: 동사 / a red dress: 목적어 / at the party: 수식어)
2 My grandpa is going to retire next month
(My grandpa: 주어 / is going to retire: 동사 / next month: 수식어)
3 Our school will have a sports day in September
(Our school: 주어 / will have: 동사 / a sports day: 목적어 / in September: 수식어)
4 Are you staying at a hotel now
(you: 주어 / Are ~ staying: 동사 / at a hotel: 장소 / now: 수식어)

**D** 영작

1 Minho is taking a cooking class
4 is going to[will] go to a cooking school

해석

2 그의 아버지는 요리사이다
5 그는 파스타를 요리할 것이다

## CHAPTER 05 문장의 구조

### UNIT 15 주어+동사

본문 p.26

**A** 〈보기〉 눈이 조용히 내린다.

1 The train(주어) stopped(동사). | 기차가 멈췄다.
2 A funny thing(주어) happened(동사) today. | 오늘 재미있는 일이 일어났다.
3 The department store(주어) closes(동사) twice a month.
| 백화점은 한 달에 두 번 문을 닫는다.

**B** 1 들어오셨다
2 죽었다
3 버스 정류장으로 뛰었다

**C** 1 The accident occurred
2 The moon is shining brightly
3 The class meeting began at 4 o'clock

### UNIT 16 주어+동사+보어

본문 p.27

**A** 1 comfortable | 이 소파는 매우 편하게 느껴진다.
해설 보어 자리에는 부사 comfortably가 올 수 없어요. 우리말이 '~하게'로 해석되더라도 형용사를 써야 해요.
2 sounds like | 그것은 좋은 생각처럼 들린다.
해설 감각을 나타내는 동사 sound 뒤에 명사(a good idea)가 올 경우에는 sounds like로 써야 해요.
3 sweet | 그 초콜릿 쿠키들은 너무 단 맛이 났다.
해설 감각을 나타내는 동사 taste 뒤에는 보어로 형용사를 쓰므로 sweet이 와야 해요.
4 sour | 그 우유는 상했어. 그것을 마시지 마.

**B** 1 will turn red, 빨갛게 변할 것이다 | 나뭇잎들은 곧 빨갛게 변할 것이다.
2 looked smart, 똑똑해 보였다 | 새로 온 학생은 똑똑해 보였다.
3 are role models, 롤모델이다 | 선생님은 아이들에게 롤 모델이다.

**C** 1 is a great friend
2 seem expensive
3 sounds familiar
4 became a star

### UNIT 17 주어+동사+목적어

본문 p.28

**A** 〈보기〉 나는 너의 헤어스타일이 마음에 든다.

1 The human body has(동사) 206 bones(목적어).
| 인간의 몸은 206개의 뼈가 있다.
2 She spilled(동사) water(목적어) on the table.
| 그녀는 탁자 위에 물을 쏟았다.
3 We saw(동사) beautiful night views(목적어) in Hong Kong.
| 우리는 홍콩에서 아름다운 야경을 보았다.

**B** 1 카메라를 원한다
2 우리 가족 여행에 대해 논의할 것이다
3 그녀의 여동생[언니]과 닮지 않았다

**C** 1 appreciate your help
2 married Dad
3 enjoyed the concert

### UNIT 18 주어+동사+목적어1+목적어2

본문 p.29

**A** 1 you my new room, 너[너희]에게 내 새로운 방을
2 us warm soup, 우리에게 따뜻한 수프를

**B** 1 lunch for you | 내가 내일 네게 점심을 사 줄게.
해설 동사 buy는 간접목적어(you)를 직접목적어(lunch) 뒤로 보낼 때 전치사 for가 필요해요.
2 an interesting story to us | 앤디는 우리에게 흥미로운 이야기를 해주었다.
해설 동사 tell은 간접목적어(us)를 직접목적어(an interesting story) 뒤로 보낼 때 전치사 to가 필요해요.
3 some questions of me | 그 기자는 나에게 몇 가지 질문을 했다.
해설 동사 ask는 간접목적어(me)를 직접목적어(some questions) 뒤로 보낼 때 전치사 of가 필요해요.

**C** 1 passed the notebook to me
2 asked a favor of the teacher
3 will buy a scarf for our mom

### UNIT 19 주어+동사+목적어+보어

본문 p.30

**A** 1 the cat Lily, 그 고양이를 릴리라고
2 the test difficult, 그 시험이 어렵다는 것을

**B** 1 × → my grandpa wise | 나는 내 할아버지가 현명하다고 생각한다.
해설 동사 think가 '~을 …하다고 생각하다'라는 의미를 나타낼 때는 보어 자리에 형용사가 와야 하므로 wisely는 wise로 고쳐 써야 해요.
2 ○ | 이 식물은 공기를 맑게 해줄 것이다.
3 ○ | 많은 연습은 그를 훌륭한 선수로 만들었다.
4 × → me Ollie | 내 이름은 올리버이지만 사람들은 나를 올리라고 부른다.

해설 동사 call은 〈call+목적어+보어〉의 순서로 써야 하므로 me Ollie로 고쳐 써야 해요.

C 1 keep us safe
2 leave the windows open
3 think him the best soccer player

본문 p.31

## Chapter 통합 Exercises 05

A 1 made 2 tasted
3 happens 4 lent

B 1 bad, 상한다
해설 보어 자리에는 부사 badly가 올 수 없으므로 형용사 bad로 고쳐 써야 해요.
2 reach, 도착할 것이다
해설 '~에 도착하다'라는 뜻으로 쓰이는 동사 reach 뒤에는 전치사(at)를 쓰지 않아요.
3 soft, 부드럽게 유지해준다
4 you the photos[the photos to you], 너에게 사진을
해설 동사 send는 〈send+간접목적어(you)+직접목적어(the photos)〉의 순서로 쓰거나, 간접목적어 앞에 전치사 to를 붙여 the photos to you로 써야 해요.
5 for us, 우리에게 토스트를
해설 동사 make는 간접목적어(us)를 직접목적어(toast) 뒤로 보낼 때 전치사 of가 아닌 for를 써요.

C 1 ①, 멈췄다
2 ⑤, 피터가 매우 똑똑하다고 생각한다
3 ②, 아주 좋게 들린다
4 ③, 음악을 가르치신다
5 ④, 나에게 초콜릿을 주었다

D 영작
2 My family will have a surprise party
4 I will[I'll] write a letter to her
5 It will[It'll] make her happy

해석
1 다음 주 목요일은 나의 엄마의 생신이다
3 나의 아빠는 그녀에게 꽃을 사 드릴 것이다

# CHAPTER 06 명사와 관사

## UNIT 20 셀 수 있는 명사와 셀 수 없는 명사

본문 p.33

A 1 love, (classmate), health, (house)
2 (potato), milk, money, (university)
3 (sweater), air, (musician), Japan
4 meat, happiness, (textbook), bread

B 1 five sheets of paper | 제게 종이 다섯 장을 주세요.
2 a slice of cheesecake
| 저는 디저트로 치즈 케이크 한 조각을 원해요.
3 two bowls of rice
| 그는 매우 배가 고파서 밥을 두 그릇 먹었다.
4 a glass of tomato juice
| 줄리아는 아침에 토마토 주스 한 잔을 마셨다.

C 1 × → Snow | 하늘에서 눈이 내리고 있다.
해설 snow는 셀 수 없는 명사이므로 복수형으로 쓸 수 없어요.
2 ○ | 그는 필통에 지우개가 없다.
3 × → tickets | 우리는 2시 기차표 두 장이 필요하다.
해설 앞에 여럿을 나타내는 two가 쓰였기 때문에 복수형 tickets로 고쳐 써야 해요.
4 × → three jars of strawberry jam | 나의 엄마는 딸기잼 세 병을 만드셨다.
해설 셀 수 없는 명사(strawberry jam)의 복수형은 단위를 나타내는 말에 -s/-es를 붙이므로 three jar of가 아닌 three jars of로 고쳐야 해요.
5 ○ | 나는 그에게 여러 번 전화했지만 그는 전화를 받지 않았다.
해설 time이 '시간'이 아닌 '여러 번'이라는 '횟수'를 나타낼 때는 복수형으로 쓸 수 있어요.

## UNIT 21 셀 수 있는 명사의 복수형

본문 p.34

A 1 sandwiches | 레이첼은 소풍을 위해 샌드위치를 좀 만들었다.
해설 sandwich는 -ch로 끝나는 명사이므로 복수형은 뒤에 -es를 붙인 sandwiches로 써야 해요.
2 sheep | 그 농부는 많은 소와 양을 기른다.
해설 sheep은 단수와 복수의 형태가 같아요.
3 pairs | 나는 오늘 새 양말 두 켤레를 살 것이다.
해설 앞에 여럿을 나타내는 two가 쓰였기 때문에 복수형 pairs가 와야 해요.
4 pianos | 우리 학교의 음악실에는 피아노 두 대가 있다.
해설 piano는 「자음+o」로 끝나지만 -es가 아닌 -s가 붙으므로 주의해야 해요.

B 1 children | 스미스 씨는 세 명의 자녀가 있다.
2 countries | 유럽에는 44개국이 있다.
3 potatoes | 그녀는 수프를 위해 감자 두 개를 샀다.
4 shelves | 사서는 책꽂이에 책을 꽂고 있다.

C 1 Babies
2 teeth
3 dishes

## UNIT 22 관사 a/an, the

본문 p.35

**A** 1 an | 마틸다는 학교에 한 시간 지각했다.
해설 hour의 철자는 자음 h로 시작하지만, 발음은 모음 [ɑ]로 시작하므로 관사 an을 써야 해요.
2 × | 우리는 점심 식사 후 배드민턴을 쳤다.
해설 운동 이름 앞에는 관사를 쓰지 않아요.
3 a | 우리는 어젯밤 근사한 레스토랑에서 저녁 식사를 했다.
4 The | 오늘은 날씨가 매우 흐리다. 해가 구름 뒤에 있다.
해설 해는 세상에 하나뿐인 것이므로 앞에 관사 The를 써야 해요.

**B** 1 × | 지하철로 20분이 걸린다.
해설 〈by+교통수단〉의 교통수단 앞에는 관사를 쓰지 않아요.
2 a | 그 운동선수는 일주일에 여섯 번 훈련한다.
3 the | 우리는 피자를 주문했다. 하지만 그 피자는 아직 도착하지 않았다.
해설 앞에 말한 명사를 다시 언급할 때는 관사 the를 써야 해요.
4 An | 한 할머니가 지팡이를 짚고 걷고 있다.
해설 old lady는 모음 발음으로 시작하므로 앞에 an을 써야 해요.

**C** 1 science
2 the light
해설 서로 이미 알고 있는 것을 말할 때는 관사 the를 써요.
3 a late lunch
해설 보통 식사 이름 앞에는 관사를 쓰지 않으나, 앞에 형용사가 오면 관사를 쓸 수 있어요.

## UNIT 23 명사의 쓰임

본문 p.36

**A** 1 보어 | 브라운 씨는 영어 선생님이다.
2 목적어 | 그는 그의 지갑을 학교에서 잃어버렸다.
3 주어 | 개 한 마리와 고양이 한 마리가 같이 놀고 있다.
4 목적어 | 내 이모[고모, 숙모]는 나에게 내가 가장 좋아하는 요리를 해주셨다.

**B** 1 내가 가장 좋아하는 색은
2 첼로를 연주한다
3 그들의 아기를 레오라고 이름 지었다

**C** 1 I will achieve my goal
2 He considers Jake his true friend
3 She showed us a card trick

본문 p.37

## Chapter 통합 Exercises 06

**A** 1 hero　　2 brushes
3 children　　4 Elephants

**B** 1 (1) 주어, 나의 개는
(2) 목적어, 나의 개를
2 (1) 목적어, 스웨터를
(2) 보어, 스웨터이다

**C** 1 teeth, 이빨을 가지고 있다
2 two bottles of water, 물 두 병이 있다
해설 water는 셀 수 없는 명사이므로 단위를 나타내는 말인 bottle을 복수형 bottles로 고쳐 써야 해요.
3 honey, 꿀과 함께 먹을 것이다
해설 honey는 셀 수 없는 명사이므로 복수형으로 쓸 수 없어요.
4 knives, 포크와 칼을 사용한다
해설 knife는 -fe로 끝나는 명사이므로 복수형은 knives로 써야 해요.
5 an, 재미있는 책처럼 보인다
해설 interesting book은 모음 발음으로 시작하므로 관사로 a가 아닌 an을 써야 해요.

**D** 영작
4 two slices of bread, two eggs
8 two glasses of orange juice

해석
2 우리는 곧 아침을 먹을 건가요
6 제가 치즈와 잼도 가져올게요

# CHAPTER 07 대명사

## UNIT 24 인칭대명사

본문 p.39

**A** 1 She | 그녀는 모두에게 친절하다.
2 his | 내가 내 연필을 잃어버려서, 테드가 그의 것을 빌려주었다.
해설 '~의 것'이라는 의미의 소유대명사가 필요하므로 his를 써야 해요.
3 them | 샐리는 두 마리의 개가 있다. 그녀는 자주 그것들을 산책시킨다.
해설 목적어 자리이므로 two dogs를 대신하는 목적격 대명사 them을 써야 해요.
4 Its | 저 새를 봐. 그것의 깃털들은 정말 화려해.
해설 명사 feathers 앞에 '~의'라는 의미의 소유격이 필요하므로 Its를 써야 해요. It's는 It is의 줄임말이에요.

**B** 1 our | 제인과 나는 쌍둥이지만 우리의 성격은 다르다.
2 They | 대니와 리나는 학교에 갔다. 그들은 4시에 집에 올 것이다.
3 mine | 이것은 제 여행 가방이 아니에요. 제 것은 어디에 있나요?
4 him | 오늘은 벤자민의 생일이다. 우리는 그를 위해 선물을 준비했다.

**C** 1 I, my
2 your, mine
3 their
4 it, her

## UNIT 25 지시대명사와 비인칭 주어 it

본문 p.40

**A** 1 **This** | 이쪽은 내 남동생, 잭슨이야.
해설 '이 사람'이라는 의미로 단수명사(my little brother)를 대신하는 지시대명사로는 This를 써야 해요.
2 **These** | 이 장갑은 오직 5달러밖에 하지 않는다.
해설 복수명사(gloves) 앞에는 These를 써야 해요.
3 **That's** | 저곳은 내가 가장 좋아하는 가게이다.
해설 This is는 This's로 줄여 쓸 수 없어요.
4 **It** | 시청에서 경복궁까지는 멀지 않다.
해설 거리를 나타낼 때는 비인칭 주어 It를 사용해요.

**B** 1 **오늘은 12월 10일이다**
해설 날짜를 나타내는 비인칭 주어 It는 '그것'으로 해석하지 않아요.
2 **그것은 어려운 결정이었다**
해설 여기서 It는 인칭대명사로 쓰였으므로 '그것'으로 해석해야 해요.
3 **이 방은 30도이다, 매우 덥다**
해설 온도를 나타내는 비인칭 주어 It는 '그것'으로 해석하지 않아요.

**C** 1 **It is rainy and foggy**
2 **Those people are waiting**
3 **This is a good medicine**

## UNIT 26 재귀대명사

본문 p.41

**A** 1 **myself** | 나는 실수로 칼에 베였다.
2 **ourselves** | 이것은 우리 사이의 비밀이다.
3 **themselves** | 몇몇 사람들은 그들 자신을 잘 모른다.
4 **himself** | 리암은 그 자신에 대해 너무 많이 걱정한다.

**B** 1 **itself** | 그 고양이는 자신을 씻고 있다.
2 **himself** | 에단은 거울에 비친 자기 자신을 보고 있었다.
3 **ourselves** | 신디와 나는 여행을 위해 우리 자신을 준비했다.
4 **yourself** | 케이트, 네가 반 친구들에게 자기소개를 해주겠니?
해설 '자기소개를 하다'라는 의미의 introduce oneself를 쓰고 있으며, 주어(you)는 단수이므로 yourself로 써야 해요.

**C** 1 **talks to herself**
2 **by myself**
3 **enjoyed ourselves**

## UNIT 27 부정대명사 I

본문 p.42

**A** 1 **one** | 이 수건들은 젖었어. 내가 너에게 새 것을 가져다줄게.
2 **any** | 나는 이제 괜찮아. 내 목에 통증이 하나도 느껴지지 않아.
해설 부정문에서 '조금[하나](도 없다), 전혀[하나도] ~ 없는'이라는 의미로 쓰이는 대명사는 some이 아니라 any예요.
3 **ones** | 너는 검은색 신발을 살 거니, 아니면 하얀색 것을 살 거니?
해설 앞에서 언급한 복수명사 shoes와 '같은 종류의 것'을 나타내는 대명사로는 ones를 써야 해요.
4 **some** | 웬디는 여기 새로 와서 도움이 좀 필요하다.
해설 긍정문에서 '약간(의), 조금(의)'라는 의미를 나타낼 때는 some을 써요.

**B** 1 **others** | 몇몇은 고기를 선호하고, 다른 몇몇은 생선을 선호한다.
2 **another** | 꽃병에는 꽃 세 송이가 있다. 하나는 장미이고, 또 다른 하나는 백합이며, 나머지 하나는 튤립이다.
3 **the other** | 홍콩은 공용어가 두 개 있다. 하나는 중국어이고, 나머지 하나는 영어이다.

**C** 1 **have any problems**
해설 '권유'나 '허락'을 나타내지 않는 의문문에서는 '약간(의), 조금(의)'라는 뜻으로 any를 써요.
2 **the others are female**
해설 대상의 개수가 정해져 있는 여러 개일 때, '나머지 모두'를 가리키는 말로는 the others를 사용해요.
3 **the other was boring**

## UNIT 28 부정대명사 II

본문 p.43

**A** 1 **is** | 걱정하지 마. 이제 모든 것이 준비되었어.
해설 -one, -body, -thing으로 끝나는 대명사는 단수 취급하므로 동사도 단수형 is로 써야 해요.
2 **All** | 냉장고 안에 있는 모든 사과들은 신선하다.
해설 뒤에 오는 명사(the apples)가 복수이므로 All이 알맞아요. every는 〈every+단수명사〉 형태로만 쓰여요.
3 **was** | 모든 구성원들이 회의에 참석했었다.
해설 Every는 항상 단수 취급하므로 단수 동사 was를 써야 해요.
4 **has** | 학생들은 각자 교과서를 가지고 있다.
해설 each는 항상 단수 취급하므로, 〈each of+복수명사〉 뒤에도 단수 동사 has가 와야 해요.

**B** 1 **team** | 각 팀은 다른 유니폼을 입을 것이다.
해설 each는 〈each+단수명사〉 또는 〈each of+복수명사〉로 쓰이므로 단수명사(team)로 고쳐야 해요.
2 **is** | 모든 일은 잘 끝났다.
해설 All 뒤에 오는 the work는 셀 수 없는 명사이므로 단수 취급하여 단수 동사 is로 고쳐 써야 해요.
3 **like** | 나의 남자 형제 둘 다 운동을 좋아한다.
해설 both는 항상 복수 취급하므로 복수 동사 like로 고쳐야 해요.
4 **player** | 모든 선수들이 오늘 경기에서 최선을 다했다.

**C** 1 **Each movie lasts**
2 **Anyone is welcome**
3 **Both of my parents are**
4 **All of us have**

본문 p.44

## Chapter 통합 Exercises 07

**A** 1 **some** | 너[너희]는 차를 좀 더 원하니?
해설 '권유나 허락'을 나타내는 의문문에서는 '약간(의), 조금(의)'라는 뜻으로 some을 사용해요.
2 **any** | 나는 지금 배가 부르다. 나는 음식을 전혀 원하지 않는다.
3 **ones** | 네 선글라스는 멋지다! 나도 같은 것을 원해.
4 **Some** | 몇몇은 오렌지 주스를 주문했고 나머지 몇몇은 탄산음료를 주문했다.

5 the others | 하워드 씨는 네 명의 자식이 있다. 한 명은 아들이며, 나머지 모두는 딸이다.
6 another | 그 밴드는 세 명의 멤버가 있다. 한 명은 피아노를 연주하고, 또 다른 한 명은 기타를 연주하며, 나머지 한 명은 노래를 부른다.

**B** 1 This, 이 재킷은
2 Each, 우리 각각은
해설 뒤에 단수 동사 has가 오므로 주어 자리에는 항상 단수 취급하는 Each가 와야 해요.
3 his, 그의 남동생을 안다
4 herself, 혼자 시간을 보낸다
해설 '홀로; 혼자 힘으로'라는 뜻의 by oneself 표현을 사용한 문장이므로 재귀대명사 herself가 와야 해요.
5 was, 모든 정보는 유용했다
해설 All 뒤에 오는 the information은 셀 수 없는 명사이므로 단수 동사 was를 써야 해요.

**C** 1 It, 뉴질랜드는 여름이다
해설 계절을 나타낼 때는 비인칭 주어 It를 사용해요.
2 its, 그것의 꼬리를 흔들고 있다
해설 the dog를 대신하며 명사 tail과 소유 관계를 나타내는 소유격 대명사 its를 써야 해요.
3 their, 그들의 집은 갈색이다
4 them, 그들에게 파티를 열어 줄 것이다
해설 빈칸에는 Mike와 Jenny를 대신하면서 목적어 역할을 하는 대명사가 필요하므로 them이 알맞아요.

**D** 영작
5 the other is a university student
6 All of us played
7 I enjoyed myself

해석
1 제이크가 나를 그의 집으로 초대했다
4 한 명은 고등학생이다

## CHAPTER 08 형용사와 부사

### UNIT 29 형용사의 역할

본문 p.46

**A** 1 difficult | 그것은 어려운 질문이었다.
해설 형용사 difficult가 명사 question을 앞에서 꾸며 줘요. difficulty는 '어려움'이라는 뜻의 명사예요.
2 dirty | 그는 그의 더러운 옷들을 침대 위에 두었다.
해설 형용사 dirty는 명사 clothes를 앞에서 꾸며 줘요. dirt는 '흙, 먼지'라는 뜻의 명사예요.
3 fresh air | 데이비드와 나는 밖에서 신선한 공기를 좀 즐겼다.
4 something sweet | 그녀는 빵집에서 무언가 단 냄새를 맡았다.
해설 -thing, -one, -body로 끝나는 대명사는 형용사가 뒤에서 꾸며 줘요.

**B** 1 food | 너는 매운 음식을 좋아하니?
2 something | 나는 그 파티를 위해 무언가 특별한 것을 준비했다.
3 The man, glasses | 그 남자는 키가 컸고 큰 안경을 썼다.
해설 tall은 보어로서 주어(The man)를 보충 설명해주며, large는 명사 glasses를 앞에서 꾸며 줘요.
4 brother, me | 내 남동생은 어제 나를 화나게 만들었다.
해설 little은 명사 brother를 앞에서 꾸며 주며, angry는 보어로서 목적어(me)를 보충 설명해요.
5 bath, me | 나는 뜨거운 목욕을 했다. 그것은 나를 따뜻하게 했다.
해설 hot은 명사 bath를 앞에서 꾸며 주며, warm은 보어로서 목적어(me)를 보충 설명해요.

**C** 1 We didn't see anybody strange
2 They keep their room neat and clean
3 The movie was really boring

### UNIT 30 수나 양을 나타내는 형용사

본문 p.47

**A** 1 much | 그녀는 닭고기 수프에 너무 많은 소금을 넣었다.
해설 salt는 셀 수 없는 명사이므로 much를 써야 해요.
2 little | 그 꽃병에는 물이 거의 없다.
해설 셀 수 없는 명사(water) 앞에는 few가 아닌 little을 써야 해요.
3 a few | 나는 파티에 몇 명의 친구들을 초대했다.
4 lots of | 그 선수들은 연습 후에 많은 물을 마신다.

**B** 1 little 해설 셀 수 없는 명사(time) 앞에 '거의 없는'이라는 뜻으로 little을 써야 해요.
2 few 해설 셀 수 있는 명사(leaves) 앞에 '거의 없는'이라는 뜻으로 few를 써야 해요.
3 much 해설 셀 수 없는 명사(money) 앞에 '많은'이라는 뜻으로 much를 써야 해요.

**C** 1 a little time
해설 셀 수 없는 명사(time) 앞에 '약간의, 조금 있는'이라는 뜻으로 a little을 써야 해요.
2 a few days
해설 셀 수 있는 명사(days) 앞에 '약간의, 조금 있는'이라는 뜻으로 a few를 써야 해요.
3 few people

### UNIT 31 부사의 역할

본문 p.48

**A** 1 difficult | 그 수학 문제들은 너무 어려웠다.
해설 too는 뒤에 오는 형용사 difficult를 꾸며 줘요.
2 much | 우리는 여행하는 동안 너무 많이 웃었다.
해설 so는 부사 much를 꾸며 줘요.
3 finished | 나의 아빠는 그의 식사를 빨리 끝내셨다.
해설 fast는 동사 finished를 꾸며 줘요.
4 Sam caught the last train to Busan | 운 좋게도, 샘은 부산행 마지막 기차를 탔다.
해설 Luckily가 문장 맨 앞으로 와서 문장 전체를 꾸며 줘요. 부사가 문장 전체를 꾸며 주는 경우, 문장 맨 앞이나 끝에 와요.

**B** 1 × → **softly** | 사만다는 그녀의 고양이를 부드럽게 빗었다.
해설 동사(brushed)를 꾸며 주는 부사가 와야 하므로 soft를 softly로 고쳐 써야 해요.
2 × → **hard** | 그 선수들은 매우 열심히 훈련했다.
해설 부사 hardly는 '거의 ~않다'라는 뜻이므로, 문맥상 '열심히'라는 뜻의 부사인 hard로 고쳐 써야 해요.
3 ○ | 그 목걸이는 정말 비쌌다.
4 × → **quickly** | 그들은 서로 빠르게 친해졌다.
해설 동사(became)를 꾸며 주는 부사가 와야 하므로 quick을 quickly로 고쳐 써야 해요.

**C** 1 **Don't give up easily**
2 **They were really upset**
3 **the eagle flew very high**

## UNIT 32 빈도부사

본문 p.49

**A** 1 ① | 엘라는 자주 숙제를 많이 받는다.
해설 빈도부사(often)는 일반동사(gets) 앞에 와야 해요.
2 ② | 케이트는 가끔 학교에 늦는다.
해설 빈도부사(sometimes)는 be동사(is) 뒤에 와야 해요.
3 ① | 빌은 보통 주말에 일찍 일어난다.
4 ② | 너는 수업 중에 항상 필기를 해야 한다.
해설 빈도부사(always)는 조동사(should) 뒤에 와야 해요.

**B** 1 **rarely**
2 **never**
3 **usually**

**C** 1 **It often snows**
해설 '자주, 종종'이라는 뜻의 빈도부사 often은 일반동사 snows 앞에 와야 해요.
2 **She's[She is] always kind and polite**
해설 '항상, 늘'이라는 뜻의 빈도부사 always는 be동사(is) 뒤에 와야 해요.
3 **You can sometimes see**
해설 '때때로, 가끔'이라는 뜻의 빈도부사 sometimes는 조동사 can 뒤에 와야 해요.

본문 p.50

## Chapter 통합 Exercises 08

**A** 1 **sweet** 2 **slowly**
3 **really** 4 **good**
5 **usually**

**B** 1 **beautiful, 아름다워 보였다**
해설 동사 look은 형용사 보어를 필요로 하므로, beautiful이 와야 해요. beautifully는 '아름답게'라는 뜻의 부사예요.
2 **fast, 매우 빠르게**
해설 fast는 형용사와 부사의 형태가 같아요.
3 **often take, 자주[종종] 낮잠을 잔다**
해설 빈도부사(often)는 일반동사(take) 앞에 와야 해요.
4 **near, 가까운 미래에**
해설 명사 future를 꾸며 주는 말이 필요하므로 형용사 near가 알맞아요. nearly는 '거의'라는 뜻의 부사예요.
5 **anyone famous, 누군가 유명한 사람을 만났니**
해설 -one, -body, -thing으로 끝나는 대명사는 형용사가 뒤에서 꾸며줘요.

**C** 1 **put a little rice**
해설 셀 수 없는 명사(rice) 앞에 '약간의, 조금 있는'이라는 뜻으로 a little을 써야 해요.
2 **never lends his books**
해설 빈도부사 never는 일반동사 앞에 와야 해요.
3 **doesn't[does not] have much time**
해설 셀 수 없는 명사(time) 앞에 '많은'이라는 뜻으로 much를 써야 해요.
4 **did well**

**D** 영작
1 **sometimes have dinner**
4 **wanted something spicy**
5 **ordered a few spicy dishes**

해석
3 **운 좋게도 우리는 자리를 잡았다**
6 **그 음식은 정말 맛있었다**

# CHAPTER 09 조동사

## UNIT 33 can

본문 p.52

**A** 1 **can solve** | 나는 그 문제를 빠르게 풀 수 있다.
2 **can drive** | 그녀의 어머니는 차를 운전하실 수 있다.
해설 주어(Her mother)가 3인칭 단수라도 조동사 can의 형태는 변하지 않아요.
3 **was** | 그녀는 어젯밤 잠을 잘 잘 수 있었다.
해설 과거의 능력·가능은 〈could+동사원형〉 또는 〈was/were+able to+동사원형〉으로 나타내요.
4 **fix** | 그 정비사는 그 기계를 고칠 수 없었다.
해설 can과 마찬가지로 be able to 뒤에도 동사원형이 와야 하므로 fix로 고쳐 써야 해요.

**B** 1 **ⓑ, 빌려도 될까**
2 **ⓒ, 말하면 안 된다**
3 **ⓐ, 아무것도 볼 수 없었다**

**C** 1 can have
2 Could you pass
3 They were able to get
해설 주어(They)와 과거시제(yesterday)에 맞춰 be able to의 be동사는 were로 써야 해요.

## UNIT 34 may/will

본문 p.53

**A** 1 ⓐ | 제가 잠깐 당신의 펜을 빌려도 될까요?
2 ⓑ | 그 길은 매우 젖어 있어. 너는 미끄러질지도 몰라.
3 ⓑ | 그에 대한 소문은 사실이 아닐지도 모른다.

**B** 1 닫아 주시겠어요
2 데려다 주실지도 모른다
3 들어가면 안 된다

**C** 1 It might rain
해설 조동사 may[might]는 추측의 의미를 나타낼 수 있는데, 이때 좀 더 가능성이 낮은 일을 추측할 때는 might를 사용해요.
2 You may not talk
3 Would you make
해설 조동사 will[would]은 요청의 의미를 나타낼 수 있는데, 좀 더 공손한 표현으로 would를 사용해요.

## UNIT 35 should/must/have to

본문 p.54

**A** 1 not walk | 그 여자아이들은 밤에 홀로 걷지 말아야 한다.
해설 조동사 should가 금지를 나타낼 때는 〈should not[shouldn't]+동사원형〉의 형태로 써야 해요.
2 have to | 너는 네 숙제를 지금 마무리 할 필요가 없다.
해설 앞에 don't가 있으므로 불필요를 나타내는 don't have to가 와야 해요. 조동사 must의 부정형은 must not으로 써야 해요.
3 has to | 티나는 오늘 방과 후에 치과에 가야 한다.
해설 주어(Tina)가 3인칭 단수이므로 has to를 써야 해요.
4 must | 달리기 주자들은 경주 후에 틀림없이 매우 목이 마를 것이다.
해설 주어진 문맥상 조동사 must는 강한 추측을 나타내며, 이때 have to로 바꿔 쓸 수 없어요.

**B** 1 must
2 don't have to
3 shouldn't

**C** 1 shouldn't[should not] waste
2 must not repeat
3 has to take
해설 주어(My grandpa)가 3인칭 단수이므로 has to로 써야 해요.

## UNIT 36 had better/used to

본문 p.55

**A** 1 had better | 그는 지금 그의 숙제를 시작하는 게 낫다.
2 used to go | 에밀리는 매일 아침 조깅하러 가곤 했다.
해설 '~하곤 했다'라는 의미의 used to 뒤에는 동사원형(go)이 와야 해요.
3 had better not | 너는 네 돈을 낭비하지 않는 게 좋겠다.
해설 had better의 부정형은 had better not으로 써서 '금지'를 나타내요.
4 visit | 미나는 매년 제주를 방문하곤 했다.
해설 조동사 would 뒤에는 동사원형(visit)이 와야 해요.

**B** 1 낚시하러 가곤 했다
2 가져가는 게 좋겠다
3 무서워했었다

**C** 1 had better not eat
2 used to travel
3 used to be

본문 p.56

## Chapter 통합 Exercises 09

**A** 1 can speak
2 must arrive
3 may go out
4 had better take

**B** 1 can cook, 아주 잘 요리할 수 있다
2 must, 껌을 씹으면 안 된다
해설 뒤에 not이 있으므로 must not을 써야 해요. have to의 부정형은 don't[doesn't] have to로 나타내요.
3 be able to, 배울 수 있을 것이다
해설 조동사 will 뒤에는 또 다른 조동사가 올 수 없으므로, can 대신 be able to가 와야 해요.
4 to go, 교회에 가곤 했다
해설 과거의 습관을 나타낼 때 〈used to+동사원형〉의 형태로 써야 해요.
5 should, 착용해야 한다
해설 문맥상 '~해야 한다'라는 뜻의 의무·충고를 나타내는 조동사 should를 써야 해요.

**C** 1 ⓓ, may do | 그는 저녁 식사 후에 설거지를 할지도 모른다.
2 ⓒ, is able to carry | 마크는 홀로 무거운 상자를 나를 수 있다.
3 ⓐ, have to turn down | 너는 볼륨을 낮춰야 한다.
4 ⓑ, would drink | 나의 엄마는 아침 식사 전에 커피를 마시곤 하셨다.

**D** 영작
2 you have to finish your homework
6 You had[You'd] better start
7 would you bring a snack

해석
1 컴퓨터 게임을 해도 될까요
4 할 필요가 없어요

# CHAPTER 10 의문사 의문문

## UNIT 37 의문사+be동사 의문문

본문 p.58

**A** 1 **How is[was]** | 오늘 날씨는 어때[어땠니]?
2 **What are** | 네[너희]는 지금 무엇을 그리고 있니?
3 **Where was** | 그는 어젯밤에 어디를 가고 있었나요?
해설 주어(he)와 과거시제(last night)에 맞춰 의문사(Where) 뒤 be동사는 was로 써야 해요.
4 **When is** | 그 비행기는 언제 도착할 예정인가요?
해설 주어(the plane)가 단수명사이므로 의문사 뒤 be동사는 is로 써야 해요.

**B** 1 **Who were the people**
2 **Why was she crying**
3 **Where are they going to stay**

**C** 1 **What is he doing** | A: 그는 지금 무엇을 하고 있니? B: 그는 잡지를 읽고 있어.
2 **Why were you late** | A: 너는 왜 오늘 아침에 학교에 늦었니? B: 나는 늦게 일어나서 버스를 놓쳤어.
3 **Where are they going to study** | A: 그들은 어디에서 공부할 예정이니? B: 그들은 도서관에서 공부할 예정이야.

## UNIT 38 의문사+일반동사 의문문

본문 p.59

**A** 1 **does she go** | 그녀는 체육관에 언제 가니?
해설 〈의문사+일반동사 의문문〉의 주어 뒤에는 항상 동사원형이 오므로 goes는 go로 고쳐 써야 해요.
2 **did you call** | 왜 너는 어젯밤에 그에게 전화했니?
해설 과거를 나타내는 last night이 있으므로 do는 did로 고쳐 써야 해요.
3 **Who sent** | 누가 네게 어제 꽃을 보냈니?
해설 문장에서 의문사 who가 주어 역할을 하고 있으며, 과거의 일을 말하고 있으므로 과거형 sent로 고쳐 써야 해요.

**B** 1 **Who baked this muffin**
2 **Why does he exercise**
3 **Where did you put**

**C** 1 **How did you do** | A: 너는 시험은 어떻게 봤니? B: 나는 아주 잘 봤어. 나는 만점을 받았어.
2 **Where does Kate live** | A: 케이트는 지금 어디에 사니? B: 그녀는 뉴욕에 살아.
3 **When did you buy** | A: 너는 이 가방을 언제 샀니? B: 나는 그것을 지난 주말에 샀어.
4 **What did Paul say** | A: 폴은 네게 무슨 말을 했니? B: 그는 아무것도 말하지 않았어.

## UNIT 39 의문사+조동사 의문문

본문 p.60

**A** 1 **Where should we** | 우리는 이번 여름에 어디로 여행가는 것이 좋을까?
해설 조동사의 의문사 의문문은 〈의문사+조동사+주어+동사원형 ~?〉의 순서로 써요.
2 **order** | 그녀는 오늘밤에 저녁으로 무엇을 주문할 거니?
3 **be** | 너는 어떻게 그렇게 힘이 셀 수 있니?
4 **Who can** | 누가 내게 정확한 답을 줄 수 있니?
해설 의문사 who가 주어 역할을 하고 있으므로 〈의문사+조동사+동사원형 ~?〉의 순서로 써요.

**B** 1 **Who can help me**
2 **When will you be back**
3 **Where should I return the cart**

**C** 1 **Why should we eat vegetables**
2 **When will you bring back**
3 **How can I remove the stain**

## UNIT 40 what/which/whose+명사 의문문

본문 p.61

**A** 1 **What** | 그녀는 어떤 종류의 음악을 듣니?
2 **Which** | 네[너희]는 수학과 역사 중에서 어떤 과목을 좋아하니?
해설 두 개의 정해진 것들(math or history) 중에서 선택하는 것이므로 Which가 알맞아요.
3 **Whose** | 길가에 있는 것은 누구의 자동차니?
해설 자동차의 소유에 대해 묻고 있으므로 Whose가 알맞아요.
4 **What** | 그들은 몇 시에 집에 돌아올 거니?

**B** 1 **무슨 색을 좋아하니**
2 **누구의 지갑이니**
3 **어떤[어느] 음료를 원하니**

**C** 1 **What time does the game start**
2 **Whose book did he borrow**
3 **Which dish do you recommend**

## UNIT 41 how+형용사/부사 의문문

본문 p.62

**A** 1 **far** | 그 역은 학교로부터 얼마나 머니?
해설 거리를 물어볼 때는 How far를 사용해요.
2 **How much** | 그 원피스는 얼마니? 그것은 비싸 보인다.
해설 가격에 대해 물어볼 때는 How much를 주로 사용해요.
3 **many** | 얼마나 많은 사람들이 회의에 왔니?
해설 people은 셀 수 있는 명사이므로 many를 써야 해요.
4 **much** | 당신은 차에 얼마나 많은 설탕을 원하나요?
해설 sugar는 셀 수 없는 명사이므로 much를 써야 해요.

**B** 1 **many** | A: 네 아버지는 얼마나 많은 학생들을 가르치시니? B: 그는 30명의 학생들을 가르치셔.
2 **old** | A: 네 남동생은 몇 살이니? B: 그는 여덟 살이야.

3 much | A: 너는 오늘 얼마나 많은 숙제가 있니? B: 나는 오늘 (숙제가) 하나도 없어.
해설 homework는 셀 수 없는 명사이므로 much를 써야 해요.
4 often | A: 제가 이 약을 얼마나 자주 먹어야 할까요? B: 당신은 그것을 하루에 세 번 먹어야 해요.
해설 행동의 빈도를 묻고 있으므로 often을 써야 해요.

C 1 How long is the movie | A: 그 영화는 얼마나 긴가요? B: 그것은 두 시간 길이예요.
2 How heavy is the box | A: 그 상자는 얼마나 무겁나요? B: 그것은 무게가 5 킬로그램 나가요.
3 How many tickets do you need | A: 당신은 얼마나 많은 표가 필요한가요? B: 저는 다섯 장의 표가 필요해요.

본문 p.63

## Chapter 통합 Exercises 10

A 1 far 2 did
3 called 4 should

B 1 is he, 왜 화가 났니
2 does, 어디서 일하시니
3 Who should be, 되어야 하니
해설 의문사+조동사 의문문에서 의문사가 주어일 때, 〈의문사+조동사+동사원형 ~?〉의 순서로 써야 해요.
4 are, 누구의 그림들이니
해설 주어 those에 맞춰 be동사도 복수형 are로 써야 해요.
5 many, 몇 명의 여동생이 있니
해설 little sisters는 셀 수 있는 명사의 복수형이므로 many를 써야 해요.

C 1 much, ⓓ | 너는 시간이 얼마나 필요하니? — 5분만 더 주세요.
해설 time은 셀 수 없는 명사이므로 much를 써야 해요.
2 laughing, ⓒ | 너희 어머니는 왜 웃고 계셨니? — 내가 재미있는 이야기를 해드렸거든.
해설 의문사+진행형 의문문은 〈의문사+be동사+주어+동사의 -ing형 ~?〉으로 써야 해요.
3 should I, ⓐ | 내가 네 가방을 어디에 두어야 하니? — 저쪽에다 놔줘.
4 Which, ⓑ | 데스크톱 컴퓨터와 노트북 컴퓨터 중에서 어느 컴퓨터가 네 것이니? — 그 노트북 컴퓨터가 내 거야.
해설 두 개의 정해진 것들(the desktop or the laptop) 중에서 선택하는 것이므로 Which가 알맞아요.

D 영작
1 Where are you going
4 What happened
7 What bus should I take

해석
6 어떻게 갈 예정이니
9 얼마나 걸리니

## CHAPTER 11 여러 가지 문장

### UNIT 42 There is/are

본문 p.65

A 1 was | 그녀의 뒷마당에는 키가 큰 나무가 있었다.
해설 주어 a tall tree는 단수명사이므로 was를 써야 해요.
2 isn't | 식탁 위에는 음식이 많이 없다.
해설 food는 셀 수 없는 명사이므로 isn't로 써야 해요.
3 peaches | 신선한 복숭아들이 부엌에 있다.
해설 앞에 be동사 are가 오기 때문에 복수명사 peaches로 써야 해요.
4 Were | 대기실에 사람이 많이 있었니?
해설 주어가 복수명사 many people이므로 Were로 써야 해요.

B 1 There isn't[is not] a duck | 연못에 오리가 없다.
2 There was some ice cream | 냉동고에 아이스크림이 좀 있었다.
3 There are many magazines | 책꽂이에 많은 잡지가 있다.

C 1 There are sixty minutes
2 There wasn't any water
해설 주어가 셀 수 없는 명사인 any water이므로 be동사는 wasn't로 써야 해요.
3 Are there enough chairs

### UNIT 43 명령문/제안문

본문 p.66

A 1 have | 우리 같이 점심 식사를 하자.
해설 제안문 Let's 뒤에는 동사원형이 와야 하므로 have로 써야 해요.
2 inviting | 네 친구들을 집으로 초대하는 것이 어때?
해설 제안문 How about 뒤에는 동사의 -ing형이 와야 하므로 inviting으로 써야 해요.
3 make | 도서관에서 아무 소리도 내지 마라.
해설 부정명령문 Don't[Do not] 뒤에는 동사원형이 와야 하므로 make로 써야 해요.
4 Be careful | 그 가위를 조심해라.
해설 '~해라'라는 의미의 명령문은 동사원형으로 시작해야 하며, 형용사 careful 앞에는 be동사의 동사원형인 Be를 써야 해요.

B 1 Don't[Do not] stay up
| 너는 너무 늦게까지 깨어 있으면 안 돼. → 너무 늦게까지 깨어 있지 마라.
2 How about studying
| 우리 도서관에서 같이 공부하자. → 도서관에서 같이 공부하는 것이 어때?
3 Why don't we get something
| 우리는 제니를 위해 무언가를 마련해야 해. → 우리가 제니를 위해 무언가를 마련하는 것이 어때?

C 1 Be polite
해설 형용사 polite 앞에는 be동사의 동사원형인 Be를 사용해야 해요.
2 Let's talk about
3 Why don't we bake

## UNIT 44 감탄문

본문 p.67

**A** 1 **What** | 너는 정말 멋진 계획이 있구나!
해설 명사(a plan)를 포함한 어구를 강조하는 감탄문이므로 What으로 써야 해요.
2 **How** | 그 차는 정말 빠르게 달리는구나!
해설 부사(fast)를 강조하는 감탄문은 How로 시작해요.
3 **How** | 그 소파는 정말 부드러운 느낌이 드는구나!
4 **What** | 너는 정말 귀여운 양말을 신고 있구나!
해설 cute socks는 복수명사를 포함한 어구이므로 What으로 써야 해요.

**B** 1 **What a nice surprise**
| 이것은 정말 멋진 뜻밖의 일이야. → 이것은 정말 멋진 뜻밖의 일이구나!
2 **How wonderful**
| 너는 그 원피스를 입으니 정말 멋져 보여. → 너는 그 원피스를 입으니 정말 멋져 보이는구나!
3 **What terrible news**
| 그것은 정말 끔찍한 소식이네. → 그것은 정말 끔찍한 소식이구나!

**C** 1 **How slowly**
2 **What a fun place**
3 **How great**
4 **What colorful cookies**

## UNIT 45 부가의문문/부정의문문

본문 p.68

**A** 1 **didn't** | 어제는 비가 많이 내렸어, 그렇지 않니?
해설 일반동사 과거형 rained가 쓰인 긍정문이므로 부가의문문에는 didn't가 와야 해요.
2 **Didn't** | 너는 오늘 아침에 아침 식사를 하지 않았니?
해설 일반동사의 부정의문문은 〈do[does, did]+not〉으로 시작해요.
3 **shall we** | 같이 배드민턴을 칠까요?
해설 긍정, 부정에 상관없이 제안문의 부가의문문은 shall we?를 써요.
4 **Doesn't** | 에밀리는 여동생이 있지 않니?
해설 주어가 3인칭 단수(Emily)인 부정의문문은 Doesn't로 시작해요.

**B** 1 **wasn't it** | 어제는 리나의 생일이었어, 그렇지 않니?
2 **do you** | 너는 패스트푸드를 별로 좋아하지 않는구나, 그렇지?
3 **can't he** | 마이크는 노래를 매우 잘 부를 수 있어, 그렇지 않니?
4 **will you** | 나에게 물을 좀 가져다주실래요?

**C** 1 **bought some salt, didn't you**
2 **Doesn't Jamie exercise**
3 **will visit the museum, won't you**
해설 조동사 will을 사용한 긍정문이며, 주어는 you를 포함한 2인칭 복수이므로 부가의문문은 won't you로 써야 해요.
4 **Weren't you afraid**

본문 p.69

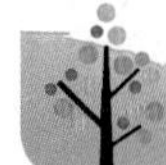

## Chapter 통합 Exercises 11

**A** 1 **move** 2 **restaurants**
3 **taking** 4 **swims**

**B** 1 **touch, 만지지 마라**
해설 부정명령문 Don't 뒤에는 동사원형 touch를 써야 해요.
2 **won't, 그렇지 않니**
해설 조동사 will이 쓰인 문장이므로 부가의문문은 will not의 줄임말 won't를 사용해요.
3 **Why don't we, 타는 게 어때**
해설 뒤에 동사원형 take가 나오므로 How about은 쓸 수 없어요. How about 뒤에는 동사의 -ing형이 와요.
4 **What, 정말 지루한 영화구나**
해설 명사가 포함된 어구를 강조하므로 What으로 시작하는 감탄문을 써야 해요.
5 **Don't, 살지 않니**
해설 부정의문문은 동사와 not의 줄임말로 시작하므로 Do not의 줄임말 Don't로 써야 해요.

**C** 1 **There were many children**
| 많은 아이들이 놀이터에 있었다. → 놀이터에는 많은 아이들이 있었다.
2 **Why don't we join**
| 테니스 동아리에 가입하자. → 우리 테니스 동아리에 가입하는 게 어때?
3 **What a beautiful city**
| 이곳은 정말 아름다운 도시이다. → 이곳은 정말 아름다운 도시구나!
4 **Do not leave this room**
| 너는 이 방을 나가면 안 된다. → 이 방을 나가지 마라.
5 **How about asking**
| 너는 그에게 조언을 구하는 게 어때? → 그에게 조언을 구하는 게 어때?

**D** 영작
1 **can't we go camping**
4 **There is[There's] a lake**
5 **How about going there**

해석
2 **정말 좋은 생각이구나**
7 **엄마에게 물어보자**

# CHAPTER 12 전치사

## UNIT 46 장소/위치/방향을 나타내는 전치사

본문 p.71

**A** 1 **in** | 나는 주머니에 돈이 하나도 없다.
해설 주머니 안의 공간을 의미하므로 전치사 in을 써야 해요.
2 **at** | 케빈은 버스 정류장에서 기다리고 있었다.
해설 the bus stop 같이 좁은 장소나 지점 앞에는 전치사 at을 써야 해요.
3 **on** | 그 새로운 장난감 가게는 3층에 있다.
해설 건물의 층수를 가리킬 때는 전치사 on을 써요.
4 **in** | 새 집에는 세 개의 침실이 있다.
해설 장소의 내부를 나타내는 전치사 in을 써야 해요.

**B** 1 **up** | 저 위를 좀 봐! 무지개가 있어!
2 **by** | 와서 불가에 앉아. 여기는 따뜻해.
3 **in front of** | TV 앞에 서 있지 마라. 나는 아무것도 볼 수 없다.
4 **behind** | 제임스는 키가 큰 나무 뒤에 숨었다. 아무도 그를 찾을 수 없었다.

**C** 1 **along the river**
2 **on the wall**
해설 접촉해 있는 장소를 나타내며, '~ 위에, ~에'를 의미하는 전치사 on을 써야 해요.
3 **next to each other**

## UNIT 47 시간을 나타내는 전치사

본문 p.72

**A** 1 **at** | 토마스는 다섯 시에 공항에 도착했다.
해설 특정 시각(5 o'clock) 앞에는 전치사 at을 써야 해요.
2 **on** | 너는 네 생일에 케이크를 좀 먹었니?
해설 기념일 앞에는 전치사 on을 써야 해요.
3 **in** | 우리는 7월에 공휴일이 하나도 없었다.
해설 July와 같은 월(月)앞에는 전치사 in을 써야 해요.
4 **on** | 너는 보통 토요일마다 외출하니?
해설 요일 앞에는 전치사 on을 써요.

**B** 1 **(1) during, (2) for** | (1) 그녀는 과학 수업 동안 필기를 좀 했다. (2) 그는 일주일 동안 런던에 머무를 것이다.
해설 특정한 기간(the science class) 앞에는 during을, 숫자를 포함한 기간(a week) 앞에는 for를 써요.
2 **(1) until, (2) by** | (1) 그는 자정까지 그의 친구들과 대화를 나누었다. (2) 우리는 서두르는 게 좋겠어. 우리는 5시까지 집에 도착해야 해.
해설 '계속'되던 동작이나 상태가 끝난 시점을 나타낼 때는 until을, 동작이나 상태가 '완료'되는 기한 앞에는 by를 써요.

**C** 1 **for three hours**
2 **before midnight**
3 **in the morning**

## UNIT 48 다양한 의미의 전치사

본문 p.73

**A** 1 **to** | 그는 그의 부모님께 편지를 썼다.
해설 '~에게'를 의미하는 전치사 to를 써야 해요.
2 **with** | 두 조각을 풀로 함께 붙여라.
3 **by** | 마리아는 기차를 타고 전주에 갔다.
해설 교통수단과 함께 쓰여 '~로'를 의미하는 전치사 by를 써야 해요.
4 **for** | 너는 그 변화에 무슨 이유가 있는지 알고 있니?
해설 '~에 대한'을 의미하는 전치사 for를 써야 해요.

**B** 1 **그의 가족을 위해**
2 **시청으로[시청에]**
3 **빨간 우산을 가지고 있는**

**C** 1 **for a month**
2 **with his friend**
3 **to the librarian**

## UNIT 49 <전치사+명사>의 역할

본문 p.74

**A** 〈보기〉 눈송이들이 바닥으로 떨어졌다.
1 **It rained (for three days).** | 3일 동안 비가 왔었다.
해설 문장 뒤에 있는 for three days는 동사 rained를 꾸며 주는 부사 역할을 해요.
2 **Pasta is one (of my favorite foods).** | 파스타는 내가 가장 좋아하는 음식 중 하나이다.
해설 of my favorite foods는 앞에 있는 대명사 one을 꾸며 주는 형용사 역할을 해요.
3 **The idea (of a trip) sounds great.** | 여행에 대한 그 생각은 멋지게 들린다.
해설 of a trip이 앞에 있는 명사 The idea를 꾸며 주는 형용사 역할을 해요.

**B** 1 **그 여행 계획에 대해 얘기해보자**
2 **어린 아이들을 위한 특별한 방이**

**C** 1 **turned into a fruit after a few days**
2 **thought about it for a long time**
3 **hunt animals like wild pigs and birds**

본문 p.75

## Chapter 통합 Exercises 12

**A** 1 on　　2 during
3 of　　4 with

**B** 1 **for, 두 시간 동안**
해설 숫자를 포함한 구체적인 기간 앞에는 for를 써요.
2 **at, 카운터에 있는**
해설 the counter는 지점을 의미하므로 전치사 at을 써야 해요.
3 **across, 하늘을 가로질러**
해설 문맥상 하늘을 '가로질러'가 되어야 하므로 전치사 across가 알맞아요.
4 **until, 주말에 오후 10시까지**
해설 '계속'되던 동작이나 상태가 끝난 시점을 나타낼 때는 전치사 until을 써요.
5 **to, 동물원에 있는 동물들에게**
해설 '~에게'를 의미하는 전치사 to를 써야 해요.

**C** 1 **ⓑ, at**
해설 at 11 o'clock은 앞에 있는 동사 meet을 꾸며 주는 부사 역할을 해요.
2 **ⓐ, for**
해설 for this weekend가 앞에 있는 명사 plans를 꾸며 주는 형용사 역할을 해요.
3 **ⓑ, behind**
해설 behind you는 동사 was sitting을 꾸며 주는 부사 역할을 해요.
4 **ⓐ, with**
해설 with the car가 앞에 있는 명사 problems를 꾸며 주는 형용사 역할을 해요.

**D** 영작
1 **to Gyeongju in September**
해설 한 문장 안에서 부사 역할을 하는 〈전치사+명사〉가 두 개 이상일 때는 〈장소+방법+시간〉 순서로 써요.
3 **at a hotel for three days**
5 **at[in] school**

해석
2 **우리는 버스로 그곳에 갈 것이다**
4 **첨성대와 같은 장소들을 방문할 것이다**

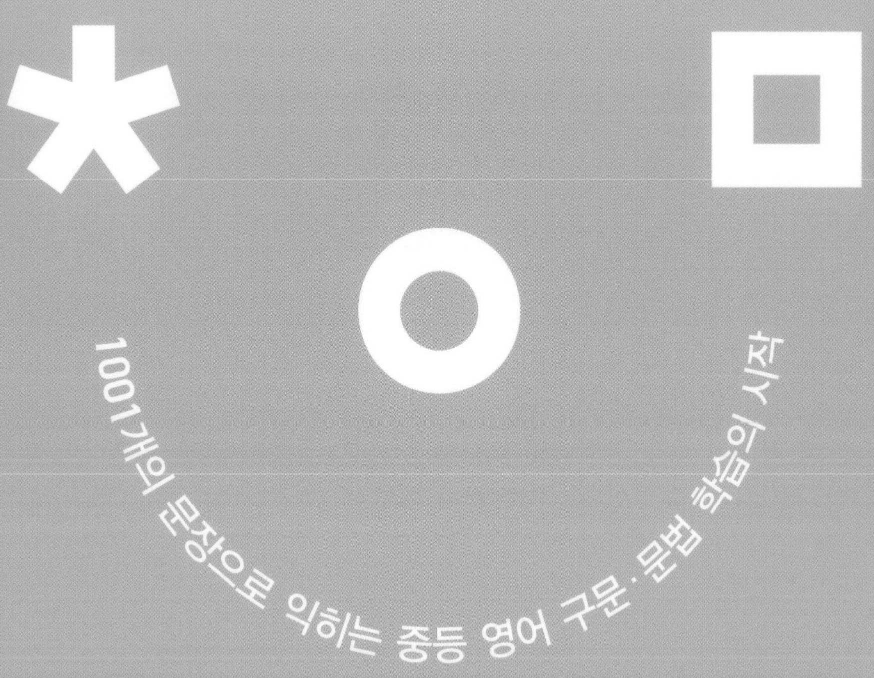


# 천일문 STARTER 1 WORKBOOK

김기훈 쎄듀영어교육연구센터

쎄듀 | 쎄듀런

# 천일문 STARTER WORKBOOK 1

# Contents

〈천일문 STARTER 1〉 WORKBOOK의 차례

# UNIT 01 be동사의 현재형

천일비급 p.109

## A

주어와 be동사의 줄임말 쓰기 ▶ **다음 밑줄 친 부분을 줄임말로 바꿔 쓰세요.**

1 He is very clever. → ____________

2 I am thirteen years old. → ____________

3 It is a great movie. → ____________

4 You are a good listener. → ____________

## B

알맞은 be동사 쓰기 ▶ **다음 빈칸에 알맞은 be동사의 현재형을 쓰세요.**

1 I ____________ ready for school.

2 Hawaii ____________ a beautiful island.

3 The dress ____________ too small for me.

4 Sally and Timothy ____________ Canadians.

## C

조건 영작하기 ▶ **다음 우리말과 의미가 같도록 주어진 단어를 사용하여 문장을 완성하세요.**

1 나의 삼촌은 영화 감독이다. (my uncle)

→ ________ ________ ________ a movie director.

2 그 장갑은 지금 할인 판매 중이다. (the gloves)

→ ________ ________ ________ on sale now.

3 부산은 서울에서 멀다. (Busan)

→ ________ ________ far from Seoul.

4 타일러와 나는 오래된 친구이다. (Tyler and I)

→ ________ ________ ________ ________ old friends.

**A** **1** clever 영리한, 똑똑한 **3** great 훌륭한, 위대한 **4** listener 듣는 사람, 청자 **B** **1** ready 준비가 된 **2** island 섬 **3** dress 원피스, 드레스 **4** Canadian 캐나다인; 캐나다(인)의 **C** **1** movie director 영화감독 *cf.* director 감독, 연출자 **2** on sale 할인 중인 **3** far from A A에서 멀리 (떨어져) **4** old 오래된; 늙은

# UNIT 02 be동사의 쓰임과 의미

천일비급 p.109

## A

알맞은 의미 고르기 ▶ **다음 밑줄 친 부분의 알맞은 의미를 고르세요.**

1 Justin and I are teammates. ~이다 / (어떠)하다 / ~(에) 있다

2 The basketball players are tall. ~이다 / (어떠)하다 / ~(에) 있다

3 The Eiffel Tower is in Paris. ~이다 / (어떠)하다 / ~(에) 있다

4 The students are at the museum now. ~이다 / (어떠)하다 / ~(에) 있다

## B

문장 해석하기 ▶ **다음 밑줄 친 be동사에 주의하여 해석을 완성하세요.**

1 The cook is from France.

→ 그 요리사는 ______________________.

2 We are in the music room now.

→ 우리는 지금 ______________________.

3 My mom is a nurse. She is kind to her patients.

→ 나의 엄마는 ______________. 그녀는 환자들에게 ______________.

## C

배열 영작하기 ▶ **다음 우리말과 의미가 같도록 주어진 단어를 올바르게 배열하세요.**

1 나의 새 이웃들은 친절하다. (my new neighbors / nice / are)

→ ______________________.

2 나는 수영을 잘 한다. (I / a good swimmer / am)

→ ______________________.

3 너의 휴대전화는 책상 위에 있어. (on the desk / your phone / is)

→ ______________________.

A 1 teammate (스포츠에서) 팀 동료 3 Eiffel Tower 에펠 탑 4 museum 박물관 B 2 music room 음악실 3 kind 친절한 patient 환자 C 1 neighbor 이웃 (사람) 2 swimmer 수영을 할 줄 아는 사람 *cf.* good swimmer 수영을 잘 하는 사람

천일비급 p.109

# UNIT 03 be동사의 부정문과 의문문

## A

알맞은 어법 고르기 ▶ **다음 문장의 네모 안에서 어법상 알맞은 것을 고르세요.**

1 Harry [isn't / aren't] a member of the band.

2 [Is / Are] your sister popular at school?

3 Whales [isn't / aren't] fish. They're mammals.

4 [Is / Are] you and Daniel on the soccer team?

## B

조건 영작하기 ▶ **다음 우리말과 의미가 같도록 주어진 단어를 사용하여 문장을 완성하세요.**

1 내 그림은 아직 완벽하지 않다. (perfect)

→ My painting ________ ________ yet.

2 윌슨 씨는 지금 사무실에 안 계십니다. (in the office)

→ Ms. Wilson ________ ________ ________ ________ now.

3 크리스와 저는 쌍둥이가 아니에요. 그는 나의 형이에요. (twins)

→ Chris and I ________ ________. He is my older brother.

## C

의문문의 대답 쓰기 ▶ **다음 질문에 대한 알맞은 대답을 쓰세요.**

1 A: Is Jennifer busy today?

B: No, ________ ________. She's free today.

2 A: Am I the final winner?

B: Yes, ________ ________. Congratulations!

3 A: Are the cats in your room?

B: Yes, ________ ________. They're under my bed.

**A** 1 member 멤버, 구성원 band 밴드, 악단 2 popular 인기가 많은 3 whale 고래 fish 어류; 물고기, 생선 mammal 포유류
**B** 1 yet (부정문·의문문에서) 아직 2 office 사무실 3 twin 쌍둥이 **C** 1 busy 바쁜 (↔ free 한가한, 시간이 있는) 2 final winner 최종 우승자 congratulations 축하해(요)

# Chapter 통합 Exercises 01

천일비급 p.109

**A** 어휘+문법 **다음 우리말과 의미가 같도록 빈칸에 알맞은 단어를 〈보기〉에서 골라 문장을 완성하세요.**

보기 new fresh at school the school president

1 이 채소들은 신선하지 않다.

→ These vegetables aren't ______________.

2 제이크와 그의 남동생은 지금 학교에 있다.

→ Jake and his brother are ______________ now.

3 너는 우리 학교에 새로 왔니?

→ Are you ______________ to our school?

4 나는 올해 학교 회장이다.

→ I am ______________ this year.

**B** 문법+해석 **다음 밑줄 친 부분을 어법상 알맞은 형태로 고쳐 쓰고, 해석을 완성하세요.**

1 My uncle <u>are</u> an engineer.

→ 나의 삼촌은 ______________.

2 Tokyo <u>not is</u> a small city. It's big.

→ 도쿄는 ______________. 크다.

3 I <u>amn't</u> tired. I'm just hungry.

→ 나는 ______________. 나는 단지 배가 고프다.

4 <u>Is</u> you and Amy in the library now?

→ 너랑 에이미는 지금 ______________?

5 Pandas <u>is</u> special animals from China.

→ 판다는 중국의 ______________.

A fresh 신선한 school president 학교 회장 *cf.* president 회장; 대통령 1 vegetable 채소 3 new (어떤 장소에) 새로 온, 처음 온; 새로운
B 1 engineer 엔지니어, 기술자 3 tired 피곤한 5 special 특별한

**C** 문형+영작 **다음 우리말과 의미가 같도록 주어진 단어를 사용하여 문장을 완성하세요.**

1 재닛은 유명한 작가이다. (a famous writer, Janet)

→ ______ ______ ______.
주어 동사 보어

2 내 여동생과 나는 지금 정원에 있다. (in the garden, my sister and I, now)

→ ______ ______ ______ ______.
주어 동사 장소 수식어

3 과학 수업은 나에게 쉽지 않다. (easy, the science class, for me)

→ ______ ______ ______ ______.
주어 동사 보어 수식어

4 그 레스토랑이 오늘 문을 열었나요? (open, the restaurant, today)

→ ______ ______ ______ ______?
동사 주어 보어 수식어

**D** 영작+해석 **다음 글을 읽고 주어진 단어를 사용하여 문장을 완성하고, 해석하세요.**

영작

1 Mr. Taylor is our P.E. teacher. 2 ______________________.
(America, from)

3 He is always kind and friendly. 4 Also, he's good at sports.

5 So ______________________ of our basketball team.
(the coach)

6 ______________________ at our school.
(very popular)

7 Every student likes him.

해석

1 ______________________. 2 그는 미국에서 왔다. 3 그는 항상 친절하고 상냥하다. 4 또한 ______________________. 5 그래서 그는 우리 농구팀의 감독이다. 6 그는 우리 학교에서 매우 인기가 많다. 7 모든 학생이 그를 좋아한다.

**C** 1 famous 유명한 writer 작가 2 garden 정원 3 easy 쉬운 science 과학 4 open (문을) 연; 열다 restaurant 레스토랑, 식당
**D** P.E. 체육 (= Physical Education) friendly 상냥한, 친절한 be good at ~을 잘하다 coach 감독

# UNIT 04 일반동사의 현재형

천일비급 p.109

## A

알맞은 어법 고르기 ▶ **다음 문장의 네모 안에서 어법상 알맞은 것을 고르세요.**

1 She [do / does] the dishes every evening.

2 The boys often [play / plays] soccer after school.

3 My mom [watchs / watches] the news every day.

4 The band [have / has] many fans all over the world.

## B

알맞은 일반동사 쓰기 ▶ **주어진 동사를 현재형으로 알맞게 바꿔 쓰세요.**

1 My sister ______________ her hair in the morning. (brush)

2 The department store ______________ at 9 p.m. (close)

3 She ______________ very hard. She's an excellent student. (study)

4 Sam and I ______________ our grandma on weekends. (visit)

## C

조건 영작하기 ▶ **다음 우리말과 의미가 같도록 주어진 단어를 사용하여 문장을 완성하세요.**

1 그는 매일 일기를 쓴다. (keep, a diary)

→ He ______________________________________ every day.

2 그 영화는 해피엔딩이다. (a happy ending, have)

→ The movie ______________________________________.

3 그 정비공은 주중에 매일 자동차를 고친다. (cars, fix)

→ The mechanic ______________________________ every weekday.

**A** 1 do the dishes 설거지를 하다 3 news (신문·방송 등의) 뉴스; 소식 4 band 밴드, 악단 all over the world 전 세계에
**B** 2 department store 백화점 3 hard 열심히 excellent 훌륭한 **C** 1 keep a diary 일기를 쓰다 2 ending (이야기·영화 등의) 결말
3 fix 고치다, 수리하다 mechanic 정비공 weekday 주중, 평일

# UNIT 05 일반동사의 부정문

천일비급 p.110

## A

문장 전환하기 ▶ **다음 문장을 부정문으로 바꿔 쓸 때, 빈칸에 들어갈 알맞은 말을 쓰세요.**

1 We eat fast food for lunch.

→ We __________ __________ fast food for lunch.

2 This blouse matches your skirt.

→ This blouse __________ __________ your skirt.

3 The museum opens at 10 o'clock.

→ The museum __________ __________ at 10 o'clock.

## B

어법 판단하기 ▶ **다음 밑줄 친 부분을 어법상 알맞은 형태로 고쳐 쓰세요.**

1 I doesn't like rainy days. → __________

2 He doesn't practices his violin at night. → __________

3 Students don't goes to school on holidays. → __________

4 My grandma don't hear well anymore. → __________

## C

조건 영작하기 ▶ **다음 우리말과 의미가 같도록 주어진 단어를 사용하여 문장을 완성하세요.**

1 나는 그녀의 이름이 전혀 기억나지 않는다. (remember, her name)

→ I __________ __________ __________ __________ at all.

2 이 복사기는 잘 작동하지 않는다. (work)

→ This copy machine __________ __________ well.

3 그것은 너무 비싸. 우리는 충분한 돈이 없어. (have, enough money)

→ It's too expensive. We __________ __________ __________ __________.

**A** **2** blouse 블라우스 match 어울리다; 경기, 시합 **B** **2** practice 연습하다; 연습 **3** holiday (공)휴일; 휴가, 방학 **4** hear 듣다 anymore (부정문에서) 더 이상, 이제는 **C** **1** remember 기억하다 at all (부정문에서) 조금도 (~않은), 절대 (~않은) **2** work 작동하다; 일하다 copy machine 복사기 **3** enough 충분한 expensive 비싼 (↔ cheap (값이) 싼)

# UNIT 06 일반동사의 의문문

천일비급 p.110

## A

의문문 쓰기 ▶ **주어진 동사를 사용하여 의문문을 완성하세요.**

1 ____________ you ____________ the name of the song? (know)

2 ____________ lions ____________ in groups? (live)

3 ____________ Jay ____________ drums in the band? (play)

4 ____________ the bus ____________ every ten minutes? (come)

## B

의문문의 대답 쓰기 ▶ **다음 질문에 대한 알맞은 대답을 쓰세요.**

1 A: Do you have a quiz in English class today?

B: No, ____________ ____________.

2 A: Do Andy and Jack take dance lessons?

B: Yes, ____________ ____________. They like dancing.

3 A: Does your aunt work at a bank?

B: No, ____________ ____________. She works at a hotel.

## C

조건 영작하기 ▶ **다음 우리말과 의미가 같도록 주어진 단어를 사용하여 문장을 완성하세요.**

1 도움이 좀 필요하신가요? (need, you)

→ ____________ ____________ ____________ some help?

2 당신의 개는 무나요? (bite, your dog)

→ ____________ ____________ ____________ ____________?

3 그 뮤지컬은 2시에 시작하나요? (the musical, start)

→ ____________ ____________ ____________ ____________ at 2 o'clock?

**A** **2** in groups 무리 지어 **3** drum 드럼 **4** every 매 ~, ~마다 **B** **1** quiz 쪽지 시험; 퀴즈 class 수업; 학급, 반 **2** take lessons 레슨[교습]을 받다 **3** aunt 이모[고모, (외)숙모] **C** **1** help 도움; 돕다, 도와주다 **2** bite 물다, 물어뜯다 **3** musical 뮤지컬

# Chapter 통합 Exercises 02

천일비급 p.110

**A** 어휘+문법 **다음 우리말과 의미가 같도록 빈칸에 알맞은 단어를 〈보기〉에서 골라 문장을 완성하세요. (필요시 형태를 바꿀 것)**

| 보기 | wash | have | buy | carry |
|---|---|---|---|---|

1 케빈은 여동생이 있다.

→ Kevin ______________ a little sister.

2 우리 선생님은 큰 가방을 들고 다니신다.

→ Our teacher ______________ a big bag.

3 그는 식사하기 전에 손을 씻는다.

→ He ______________ his hands before a meal.

4 그 여자아이들은 슈퍼마켓에서 간식을 좀 산다.

→ The girls ______________ some snacks at the supermarket.

**B** 문법+해석 **다음 문장의 네모 안에서 어법상 알맞은 것을 고르고, 해석을 완성하세요.**

1 My uncle [drive / drives] a truck.

→ 나의 삼촌은 ______________________________.

2 Sam [don't / doesn't] read comic books.

→ 샘은 ______________________________.

3 She always [trys / tries] her best.

→ 그녀는 항상 ______________________________.

4 [Does / Do] the boys play volleyball?

→ 그 남자아이들은 ______________________________?

5 Mina and Jessica [aren't / don't] know each other.

→ 미나와 제시카는 ______________________________.

**A** carry 들고[가지고] 가다; 나르다 **1** little sister 여동생 (= younger sister) **3** meal 식사 **4** snack 간식, 스낵 supermarket 슈퍼마켓 **B** **1** drive 운전하다 **2** comic book 만화책 **3** always 항상 try one's best 최선을 다하다 **4** volleyball 배구 **5** each other 서로

## C 문형+영작 다음 우리말과 의미가 같도록 주어진 단어를 사용하여 문장을 완성하세요.

1 그 아기는 매일 밤 운다. (cry, every night, the baby)

→ ______ ______ ______.
주어 동사 수식어

2 션은 더 이상 한국에 살지 않는다. (live, Sean, in Korea, anymore)

→ ______ ______ ______ ______.
주어 동사 장소 수식어

3 할머니와 나는 매년 크리스마스에 케이크를 굽는다.
(bake, grandma and I, a cake, every Christmas)

→ ______ ______ ______ ______.
주어 동사 목적어 수식어

4 너랑 지나는 매운 음식을 즐기니? (you and Gina, spicy food, enjoy)

→ ______ ______ ______ ______?
주어 목적어
동사

## D 영작+해석 다음 글을 읽고 주어진 단어를 사용하여 문장을 완성하고, 해석하세요.

영작

1 This is a picture of my family. 2 My family loves sports.

3 So we go to the park on Sundays. 4 ______________________.
(my parents, their bikes, ride)

5 ______________________.
(his skateboard, ride, my brother)

6 And I inline skate. 7 ______________________ together.
(have, a great time, we)

해석

1 이것은 나의 가족 사진이다. 2 ______________________.

3 그래서 일요일마다 ______________________.

4 나의 부모님은 자전거를 타신다. 5 나의 형은 스케이트보드를 탄다. 6 그리고 나는 인라인스케이트를 탄다.

7 우리는 함께 즐거운 시간을 보낸다.

**C** 3 bake (빵 등을) 굽다 4 spicy 매운, 양념 맛이 강한 (= hot) enjoy 즐기다 **D** picture 사진; 그림 love 아주 좋아하다; 사랑 ride (탈 것을) 타다 skateboard 스케이트보드 inline skate 인라인스케이트를 타다; 인라인스케이트 together 함께

# UNIT 07 be동사의 과거형

천일비급 p.110

## A

알맞은 어법 고르기 ▶ **다음 문장의 네모 안에서 어법상 알맞은 것을 고르세요.**

1 William and I [was / were] classmates last year.

2 The airport [wasn't / weren't] far from the hotel.

3 Yesterday [was / were] really hot.

4 [Are / Were] you and Lucas together an hour ago?

## B

문장 해석하기 ▶ **다음 밑줄 친 be동사에 주의하여 해석을 완성하세요.**

1 My brother and I were very tired last night.

→ 나의 형과 나는 어젯밤에 매우 ______________________.

2 It wasn't a dream. It was real.

→ 그것은 ______________________. 그것은 ______________________.

3 Were you and your family in Jeju last weekend?

→ 너와 너의 가족은 지난 주말에 ______________________?

## C

조건 영작하기 ▶ **다음 우리말과 의미가 같도록 주어진 단어를 사용하여 문장을 완성하세요.**

1 그는 10년 전에 뉴스 기자였다. (a news reporter)

→ He ________ ________ ________ ________ ten years ago.

2 너는 점심 식사 후에 졸렸니? (you, sleepy)

→ ________ ________ ________ after lunch?

3 제인과 데이브는 어제 학급 회의에 없었다. (at the class meeting)

→ Jane and Dave ________ ________ ________ ________ ________ yesterday.

**A** 1 classmate 반 친구 2 airport 공항 far from ~와는 거리가 먼 3 hot 더운, 뜨거운; 매운 4 together 같이, 함께 **B** 2 dream 꿈; 꿈을 꾸다 real 진짜의, 실제의 **C** 1 reporter 기자, 리포터 3 class meeting 학급 회의

# UNIT 08 일반동사의 과거형

천일비급 p.111

## A

어법 판단하기 ▶ **다음 밑줄 친 동사의 과거형을 알맞은 형태로 고쳐 쓰세요.**

1 The pianist plaied my favorite song. → ________

2 The bus stoped at the traffic lights. → ________

3 Justin cutted his birthday cake. → ________

4 They goed to the movies last week. → ________

## B

알맞은 과거형 동사 쓰기 ▶ **주어진 동사를 빈칸에 알맞은 형태로 바꿔 쓰세요.**

1 We ________ about you last night. (worry)

2 He just ________ me a story. It was really funny. (tell)

3 My family ________ the parade together yesterday. (see)

4 Susan ________ her hairstyle two days ago. (change)

## C

조건 영작하기 ▶ **다음 우리말과 의미가 같도록 주어진 단어를 사용하여 문장을 완성하세요.**

1 다니엘은 두 달 전에 싱가포르에 머물렀다. (stay)

→ Daniel ________________ in Singapore two months ago.

2 우리는 방금 이상한 소리를 들었다. (hear, a strange sound)

→ We just ________________________.

3 삼촌이 나와 내 친구들을 농장에 초대하셨다. (me and my friends, invite)

→ My uncle ________________ to the farm.

4 나는 지난주에 그 책을 읽었어. 그것은 정말 좋았어. (the book, read)

→ I ________________ last week. It was really good.

**A** 1 pianist 피아니스트 favorite 가장 좋아하는 2 traffic light 신호등 4 go to the movies (영화를 보러) 영화관에 가다 **B** 1 worry 걱정하다; 걱정 2 funny 재미있는, 웃긴 3 parade 퍼레이드 4 change one's hairstyle 머리 모양을 바꾸다 **C** 1 stay 머무르다, 남다 2 strange 이상한 sound 소리; ~하게 들리다 3 invite 초대하다; 초대

# UNIT 09 일반동사 과거형의 부정문과 의문문

천일비급 p.111

## A

문장 전환하기 ▶ **다음 문장을 괄호 안의 지시대로 바꿔 쓰세요.**

1 We planted carrots in the backyard. (부정문)

→ We __________ __________ carrots in the backyard.

2 Jenny made cupcakes for her kids. (의문문)

→ __________ Jenny __________ cupcakes for her kids?

3 I said sorry to Max yesterday. (부정문)

→ I __________ __________ sorry to Max yesterday.

## B

어법 판단하기 ▶ **다음 밑줄 친 부분을 어법상 알맞은 형태로 고쳐 쓰세요.**

1 Did you and Ben <u>had</u> a fight yesterday? → __________

2 She <u>doesn't do</u> anything last weekend. → __________

3 Alex <u>didn't changed</u> his mind after all. → __________

4 A: Did you spend your vacation in Hawaii?
B: Yes, <u>you</u> did. → __________

## C

조건 영작하기 ▶ **다음 우리말과 의미가 같도록 주어진 단어를 사용하여 문장을 완성하세요.**

1 너는 어젯밤에 잘 잤니? (you, sleep)

→ __________ __________ __________ well last night?

2 지나는 오늘 그녀의 도시락을 가져오지 않았다. (bring)

→ Gina __________ __________ her lunchbox today.

3 오늘 아침에 스쿨버스는 일찍 떠났니? (leave, the school bus)

→ __________ __________ __________ __________ __________ early this morning?

**A** 1 plant 심다; 식물 backyard 뒷마당 **B** 1 have a fight 싸우다 2 anything (부정·의문문에서) 아무것도, 무엇, 무엇이든 3 change one's mind 생각[마음]을 바꾸다 after all 결국 4 spend (시간을) 보내다, (돈을) 쓰다 vacation 휴가, 여행, 방학 **C** 2 lunchbox 도시락 3 leave 떠나다; 그대로 두다; 남기다 early 일찍, 빨리; 이른, 빠른

# UNIT 10 현재시제와 과거시제

천일비급 p.111

## A

알맞은 어법 고르기 ▶ **다음 문장의 네모 안에서 어법상 알맞은 것을 고르세요.**

1 I [have / had] a bad dream last night.

2 The weather [is / was] really nice yesterday.

3 The Olympic Games [begin / began] in 1896.

4 She was born in 2011, so she [is / was] a middle school student now.

## B

시제에 알맞게 동사 쓰기 ▶ **주어진 동사를 빈칸에 알맞게 바꿔 쓰세요.**

1 Ice ____________ at 0°C. (melt)

2 The boy ____________ his leg yesterday. (hurt)

3 My birthday ____________ two weeks ago. (be)

4 The sun ____________ in the east and ____________ in the west. (rise, set)

## C

조건 영작하기 ▶ **다음 우리말과 의미가 같도록 주어진 단어를 사용하여 문장을 완성하세요.**

1 내 여동생은 겨울에 자주 감기에 걸린다. (a cold, catch)

→ My sister often ______________________________ in winter.

2 그 야구선수는 어제 홈런을 쳤다. (hit, a homerun)

→ The baseball player ______________________________ yesterday.

3 인터넷은 우리에게 유용한 정보를 준다. (give, useful information)

→ The internet ______________________________ to us.

4 중국은 약 2000년 전에 지폐를 발명했다. (invent, paper bills)

→ China ______________________________ about 2000 years ago.

**A** 2 weather 날씨 3 begin(-began-begun) 시작하다 4 be born 태어나다 **B** 1 melt 녹다, 녹이다 4 rise (해·달 등이) 뜨다 (↔ set 지다) **C** 1 cold 감기 often 자주, 종종 2 hit a homerun 홈런을 치다 3 useful 유용한, 도움이 되는 information 정보 4 invent 발명하다 paper bill 지폐 about 약, ~쯤

# Chapter 통합 Exercises 03

천일비급 p.111

**A** 어휘+문법 **다음 우리말과 의미가 같도록 빈칸에 알맞은 단어를 〈보기〉에서 골라 문장을 완성하세요. (필요시 형태를 바꿀 것)**

| 보기 | drink | talk | be | wait |
|---|---|---|---|---|

1 그는 하루에 차를 두 잔 마신다.

→ He ____________ two cups of tea a day.

2 미안해. 너는 오래 기다렸니?

→ I'm sorry. Did you ____________ for a long time?

3 올리비아와 나는 한 시간 동안 전화 통화를 했다.

→ Olivia and I ____________ on the phone for an hour.

4 짐과 존은 어젯밤에 영화관에 있었다.

→ Jim and John ____________ at the movie theater last night.

**B** 문법+해석 **다음 밑줄 친 부분을 어법상 알맞은 형태로 고쳐 쓰고, 해석을 완성하세요.**

1 Is your sister in the hospital last week? ____________

→ 네 여동생은 지난주에 ______________________________?

2 I was tired yesterday, but now I was okay. ____________

→ 나는 어제 피곤했지만 지금 나는 ______________________________.

3 He putted the coffee on the table a minute ago. ____________

→ 그는 방금 전에 탁자 위에 ______________________________.

4 Did you just saw him? He looked serious. ____________

→ 너는 방금 ______________________________? 그는 심각해 보였어.

5 Leonardo Da Vinci paints the *Mona Lisa* in the 16th century. ____________

→ 레오나르도 다 빈치는 16세기에 ______________________________.

**A** drink 마시다 wait 기다리다 **1** a day 하루에 **4** movie theater 영화관 **B** **3** put 놓다, 두다 **4** look ~해 보이다; 보다 serious 심각한, 진지한 **5** paint 그림을 그리다; 물감 century 세기, 100년

## C 문형+영작 다음 우리말과 의미가 같도록 주어진 단어를 사용하여 문장을 완성하세요.

1 그녀는 집에 늦게 왔다. (she, late, come, home)

→ ________ ________ ________ ________.
주어 동사 수식어 수식어

2 기름과 물은 잘 섞이지 않는다. (mix, oil and water, well)

→ ________ ________ ________.
주어 동사 수식어

3 경찰은 도로 위의 차들을 멈추게 했다. (the cars, the police, stop, on the road)

→ ________ ________ ________ ________.
주어 동사 목적어 수식어

4 이안은 어제 예약을 했니? (Ian, a reservation, make, yesterday)

→ ________ ________ ________ ________ ________?
주어 목적어 수식어
동사

## D 영작+해석 다음 글을 읽고 주어진 단어를 사용하여 문장을 완성하고, 해석하세요.

**영작**

1 Hello, my name is Christina. 2 I'm a middle school student in Canada.

3 ________________________ at a dog shelter.
(do, I, volunteer work)

4 Last Saturday, I invited my friends to the shelter.

5 First, ________________ and ________________.
(clean, we, the doghouses) (feed, the dogs)

6 Then, we took the dogs for a walk. 7 We were so proud of ourselves. 8 We hope to go there every week!

**해석**

1 안녕, 내 이름은 크리스티나야. 2 ________________________.

3 나는 유기견 보호소에서 자원봉사 활동을 해. 4 지난 토요일에 나는 내 친구들을 보호소로 초대했어.

5 먼저, 우리는 개집을 청소하고 개들에게 먹이를 주었어.

6 그 후, ________________________. 7 우리는 우리 자신이 자랑스러웠어.

8 우리는 매주 그곳에 갈 수 있기를 바라!

C 1 late 늦게; 늦은 2 mix 섞이다; 섞다 3 road 도로, 길 4 reservation 예약 *cf.* make a reservation 예약하다 D volunteer work 자원봉사 활동 shelter 보호소 invite 초대하다 feed(-fed-fed) (동물에게) 먹이를 주다 take A for a walk 산책하러 A를 데리고 나가다 proud of A A를 자랑스러워하는 hope 희망하다, 바라다; 희망

천일비급 p.112

# UNIT 11 미래 표현 will

## A

알맞은 어법 고르기 ▶ **다음 문장의 네모 안에서 어법상 알맞은 것을 고르세요.**

1 My dad will [drive / drives] me to the airport.

2 [Will you stay / Will stay you] home today?

3 I'm so hungry. Will dinner [be / is] ready soon?

4 Jenny and I [willn't go / won't go] shopping tomorrow.

## B

문장 해석하기 ▶ **다음 밑줄 친 부분에 주의하여 해석을 완성하세요.**

1 Will you meet Mike this afternoon?

→ 너는 오늘 오후에 ______________________?

2 I will be a fashion designer in the future.

→ 나는 미래에 ______________________.

3 They won't prepare dinner tonight. They'll eat out.

→ 그들은 오늘밤에 ______________________. 그들은 외식할 것이다.

## C

조건 영작하기 ▶ **다음 우리말과 의미가 같도록 will과 주어진 단어를 사용하여 문장을 완성하세요.**

1 우리는 오늘 밤에 축구 경기를 볼 것이다. (a soccer match, watch)

→ We ________ ________ ________ ________ ________ tonight.

2 닉은 내년에 고등학교를 졸업할 예정이니? (graduate, Nick)

→ ________ ________ ________ from high school next year?

3 그녀는 아직 배가 부르다. 그녀는 나중에 점심을 먹지 않을 것이다. (eat, lunch)

→ She's still full. She ________ ________ ________ later.

**A** **1** drive 데려다[태워다] 주다; 운전하다 **4** go shopping 쇼핑하러 가다 **B** **1** meet 만나다 **2** fashion designer 패션 디자이너 future 미래 **3** prepare 준비하다; 대비하다 eat out 외식하다 **C** **1** match 경기, 시합 **2** graduate from A A를 졸업하다 **3** full 배부른; 가득한

천일비급 p.112

# UNIT 12 미래 표현 be going to

## A

어법 판단하기 ▶ **다음 밑줄 친 부분을 어법상 알맞은 형태로 고쳐 쓰세요.**

1 The chef is going to cooks fish today. → ____________

2 Are you going travel to Spain next year? → ____________

3 I am going not to tell the truth to Ben. → ____________

4 Sam and I am going to go skiing this winter. → ____________

## B

문장 전환하기 ▶ **be going to를 사용하여 다음 문장을 괄호 안의 지시대로 바꿔 쓰세요.**

1 It is going to snow today. (부정문)

→ It ____________ today.

2 He is going to leave before 3 o'clock. (의문문)

→ ____________ before 3 o'clock?

3 The girls are going to take a yoga class. (의문문)

→ ____________ a yoga class?

## C

배열 영작하기 ▶ **다음 우리말과 의미가 같도록 주어진 단어를 올바르게 배열하세요. (필요시 형태를 바꿀 것)**

1 제이미는 다음 달에 그의 가게를 열 것이다. (open / to / going / be)

→ Jamie ____________ his shop next month.

2 너는 엄마 생신을 위해 케이크를 살 거니? (buy / be / going / to / you)

→ ____________ a cake for your mom's birthday?

3 우리는 더 이상 컴퓨터 게임을 하지 않을 것이다. (going / to / be / play / not)

→ We ____________ computer games anymore.

**A** 1 chef 요리사, 주방장 2 travel 여행하다[가다] 3 truth 사실, 진실 4 go skiing 스키 타러 가다 **B** 1 snow 눈이 오다; 눈 2 leave 떠나다; 그대로 두다 3 take a class 수업을 듣다 yoga 요가 **C** 1 open 가게를 열다; (문을) 열다 shop 가게 3 anymore (부정문에서) 더 이상, 이제는

# UNIT 13 현재진행형

천일비급 p.112

## A

어법 판단하기 ▶ **다음 밑줄 친 부분을 어법상 알맞은 형태로 고쳐 쓰세요.**

1 The kids are lieing on the grass now. → ______________

2 Jim and his sister is waiting for their parents. → ______________

3 She is having long brown hair. → ______________

4 Does the tomato soup boiling now? → ______________

## B

알맞은 동사 찾아 현재진행형 쓰기 ▶ **다음 〈보기〉에서 알맞은 동사를 골라 현재진행형 문장을 완성하세요. (단, 한 번씩만 쓸 것)**

| 보기 | help | ride | jog | tie |
|---|---|---|---|---|

1 I __________ __________ my mom with her housework.

2 She __________ __________ the flowers with a ribbon.

3 Some people __________ __________ in the park now.

4 The children __________ __________ a roller coaster now.

## C

조건 영작하기 ▶ **다음 우리말과 의미가 같도록 주어진 단어를 사용하여 문장을 완성하세요.**

1 그 아기는 자고 있지 않다. 그녀는 깨어있다. (sleep)

→ The baby __________ __________. She's awake.

2 너는 지금 내 얘기를 듣고 있니? (listen to, you)

→ __________ __________ __________ __________ me now?

3 네 누나는 지금 상을 차리고 있니? (your sister, set)

→ __________ __________ __________ __________ the table now?

**A** 1 lie 눕다 grass 잔디(밭), 풀 4 boil 끓다, 끓이다 **B** jog 조깅하다; 조깅 1 housework 집안일, 가사 4 roller coaster 롤러코스터
**C** 1 awake 깨어 있는, 잠들지 않은 2 listen to A A를 듣다, A에 귀를 기울이다 3 set the table 상을 차리다

# UNIT 14 과거진행형

## A

알맞은 어법 고르기 ▶ **다음 문장의 네모 안에서 어법상 알맞은 것을 고르세요.**

1 [Was he wear / Was he wearing] a black coat then?

2 I [am not / was not] listening to the radio then.

3 Jenny and I [was walking / were walking] around the lake.

4 Alex, the teacher [is / was] looking for you now.

## B

문장 해석하기 ▶ **다음 밑줄 친 부분에 주의하여 해석을 완성하세요.**

1 Were you and Eli fishing in the river?

→ 너와 엘리는 강에서 ______________________________?

2 I was doing my homework then.

→ 나는 그때 ______________________________.

3 Fred had a book in his hand, but he wasn't reading it.

→ 프레드는 손에 책이 있었지만 그는 그것을 ______________________________.

## C

조건 영작하기 ▶ **다음 우리말과 의미가 같도록 주어진 단어를 사용하여 문장을 완성하세요.**

1 내 친구들과 나는 그때 쇼핑몰에서 쇼핑하고 있었다. (shop)

→ My friends and I __________ __________ at the mall then.

2 그때는 비가 오고 있지 않았다. (rain)

→ It __________ __________ at that time.

3 경찰들은 도둑을 쫓고 있었나요? (chase, the police officers)

→ __________ __________ __________ __________ __________ the thief?

**A** 1 wear 입고[신고] 있다 3 walk around ~ 주위를 걷다 lake 호수 4 look for ~을 찾다 **B** 1 fish 낚시하다; 물고기, 생선 **C** 1 shop 쇼핑하다, 사다; 가게, 상점 mall 쇼핑몰, 쇼핑센터 2 rain 비가 오다; 비 3 chase 뒤쫓다 thief 도둑

# Chapter 통합 Exercises 04

천일비급 p.112

**A** 어휘+문법 **다음 우리말과 의미가 같도록 빈칸에 알맞은 단어를 〈보기〉에서 골라 문장을 완성하세요. (필요시 형태를 바꿀 것)**

| 보기 | watch | travel | hang | swim |
|---|---|---|---|---|

1 몇몇 아이들이 바다에서 수영을 하고 있었다.

→ Some children were ________________ in the sea.

2 나는 언젠가 유럽으로 여행을 갈 것이다.

→ I will ________________ to Europe someday.

3 나의 아빠는 지금 벽에 사진을 걸고 계신다.

→ My dad is ________________ a picture on the wall now.

4 우리는 오늘 밤 야구 경기를 볼 것이다.

→ We're going to ________________ the baseball game tonight.

**B** 문법+해석 **다음 밑줄 친 부분을 어법상 알맞은 형태로 고쳐 쓰고, 해석을 완성하세요.**

1 Our soccer team <u>will wins</u> the final game.

→ 우리 축구팀이 결승전에서 ________________________________.

2 <u>Will</u> we going to discuss it today?

→ 우리는 오늘 그것에 대해 ________________________________?

3 They <u>are haveing</u> a good time now.

→ 그들은 지금 ________________________________.

4 The students <u>are making</u> a noise then.

→ 그 학생들은 그때 ________________________________.

5 Is your family <u>going to visiting</u> the zoo tomorrow?

→ 너의 가족은 내일 ________________________________?

A hang 걸다, 매달다 2 someday 언젠가, 훗날 3 picture 사진, 그림 B 1 win 이기다, 승리하다 final game 결승전
2 discuss 상의하다, 논의하다 3 have a good time 즐거운 시간을 보내다 4 make a noise 소리를 내다, 시끄럽게 하다 5 visit 방문하다

## C 문형+영작 다음 우리말과 의미가 같도록 주어진 단어를 사용하여 문장을 완성하세요.

1 그녀는 파티에서 빨간 드레스를 입고 있었다. (wear, she, a red dress, at the party)

→ ______ ______ ______ ______.
주어 동사 목적어 수식어

2 나의 할아버지는 다음 달에 은퇴하실 것이다. (retire, my grandpa, next month, be going to)

→ ______ ______ ______.
주어 동사 수식어

3 우리 학교는 9월에 운동회를 열 것이다. (our school, a sports day, have, in September, will)

→ ______ ______ ______ ______.
주어 동사 목적어 수식어

4 너희는 지금 호텔에서 머무르고 있니? (you, stay, at a hotel, now)

→ ______ ______ ______ ______ ______?
주어 장소 수식어
동사

## D 영작+해석 다음 글을 읽고 주어진 단어를 사용하여 문장을 완성하고, 해석하세요.

**영작**

1 These days, ______________________.
(take, Minho, a cooking class)

2 His father is a chef and his parents run a small restaurant. 3 He also wants to be a cook one day.

4 So he ______________________ next year.
(to a cooking school, go)

5 But today, he is going to cook pasta for his family.

**해석**

1 요즘에 민호는 요리 수업을 듣고 있다.

2 ______________________ 그리고 그의 부모님은 작은 레스토랑을 운영하신다. 3 그도 언젠가 요리사가 되고 싶어 한다.

4 그래서 그는 내년에 요리 학교에 갈 것이다.

5 하지만 오늘은 그의 가족을 위해 ______________________.

C 2 retire 은퇴하다, 퇴직하다 3 sports day 운동회, 체육대회 4 stay 계속 있다, 머무르다 D cooking class 요리 수업 run 운영하다; 달리다 restaurant 레스토랑, 식당 cook 요리사; 요리하다 one day 언젠가 pasta 파스타

# UNIT 15 주어+동사

천일비급 p.113

## A

주어와 동사 찾기 ▶ **〈보기〉와 같이 주어와 동사를 찾아 각각 밑줄을 긋고, '주어', '동사'로 표시하세요.**

보기 Snow falls quietly.
주어 동사

1 The train stopped.

2 A funny thing happened today.

3 The department store closes twice a month.

## B

문장 해석하기 ▶ **다음 문장의 해석을 완성하세요.**

1 The teacher came in.

→ 선생님이 ______________________.

2 Sadly, my pet died yesterday.

→ 슬프게도, 나의 반려동물은 어제 ______________________.

3 Thomas and I ran to the bus stop.

→ 토마스와 나는 ______________________.

## C

배열 영작하기 ▶ **다음 우리말과 의미가 같도록 주어진 단어를 올바르게 배열하세요.**

1 사고가 일어났다. (occurred / the accident)

→ ______________________.

2 달이 밝게 빛나고 있다. (brightly / is shining / the moon)

→ ______________________.

3 학급 회의는 4시에 시작했다. (at 4 o'clock / began / the class meeting)

→ ______________________.

**A** fall 내리다; 떨어지다 quietly 조용히, 고요히 **2** funny 재미있는, 웃기는 **3** department store 백화점 close (문을) 닫다; 가까운, 친한
**B** **1** come in 들어오다 **2** sadly 슬프게도 **3** bus stop 버스 정류장 **C** **1** accident 사고 **2** brightly 밝게 shine 빛나다 **3** class meeting 학급 회의

천일비급 p.113

# UNIT 16 주어+동사+보어

## A

알맞은 어법 고르기 ▶ **다음 문장의 네모 안에서 어법상 알맞은 것을 고르세요.**

1 This sofa feels very [comfortable / comfortably].

2 It [sounds / sounds like] a good idea.

3 The chocolate cookies tasted too [sweet / sweetly].

4 The milk turned [sour / sourly]. Don't drink it.

## B

동사와 보어 찾고 해석하기 ▶ **다음 문장에서 〈동사+보어〉를 찾아 밑줄을 긋고, 밑줄 친 부분을 해석하세요.**

1 The leaves will turn red soon. ______________________

2 The new student looked smart. ______________________

3 Teachers are role models for children. ______________________

## C

조건 영작하기 ▶ **다음 우리말과 일치하도록 주어진 단어를 사용하여 문장을 완성하세요.**

1 좋은 책은 훌륭한 친구이다. (a great friend, be)

→ A good book ______________________.

2 너의 새 운동화는 비싸 보인다. (seem, expensive)

→ Your new sneakers ______________________.

3 이 노래는 나에게 익숙하게 들린다. (familiar, sound)

→ This song ______________________ to me.

4 그는 그 영화 때문에 스타가 되었다. (a star, become)

→ He ______________________ because of the movie.

**A** 1 comfortable 편안한 2 idea 생각, 아이디어 3 sweet 단 4 sour 상한; (맛이) 신 **B** 1 leaf ((복수형 leaves)) (나뭇)잎 3 role model 롤 모델, 역할 모델 **C** 2 expensive 비싼 (↔ cheap (값이) 싼) sneakers 운동화 3 familiar 익숙한, 친숙한 4 because of ~ 때문에

# UNIT 17 주어+동사+목적어

천일비급 p.113

## A

동사와 목적어 찾기 ▶ **〈보기〉와 같이 동사와 목적어를 찾아 각각 밑줄을 긋고, '동사', '목적어'로 표시하세요.**

보기 I like your haircut.
동사 목적어

1 The human body has 206 bones.

2 She spilled water on the table.

3 We saw beautiful night views in Hong Kong.

## B

문장 해석하기 ▶ **다음 문장의 해석을 완성하세요.**

1 I want a camera for my birthday.

→ 나는 나의 생일 선물로 ______________________.

2 We will discuss our family trip today.

→ 우리는 오늘 ______________________.

3 Kate doesn't resemble her sister.

→ 케이트는 ______________________.

## C

조건 영작하기 ▶ **다음 우리말과 일치하도록 주어진 단어를 사용하여 문장을 완성하세요.**

1 저는 당신의 도움에 대해 정말 감사하고 있습니다. (appreciate, your help)

→ I really ______________________.

2 엄마는 아빠와 15년 전에 결혼하셨다. (marry, Dad)

→ Mom ______________________ 15 years ago.

3 우리는 어젯밤에 그 콘서트를 정말 즐겼다. (the concert, enjoy)

→ We really ______________________ last night.

**A** haircut 헤어스타일, 머리 모양 **1** human 인간, 사람 body 몸, 신체 bone 뼈 **2** spill 쏟다, 엎지르다 **3** view 풍경, 전망 **B** **1** want 원하다, 바라다 **2** trip 여행

# UNIT 18 주어+동사+목적어1+목적어2

천일비급 p.113

## A

목적어 찾고 해석하기 ▶ **〈보기〉와 같이 목적어 두 개를 찾아 각각 밑줄을 긋고, 해석을 완성하세요.**

보기 He made his son a toy car.
→ 그는 그의 아들에게 장난감 자동차를 만들어 주었다.

1 I will show you my new room.

→ 내가 ______________________ 보여줄게.

2 Grandma brought us warm soup.

→ 할머니는 ______________________ 가져다 주셨다.

## B

문장 전환하기 ▶ **다음 두 문장의 의미가 같도록 빈칸에 알맞은 말을 쓰세요.**

1 I'll buy you lunch tomorrow.

= I'll buy ________ ________ ________ tomorrow.

2 Andy told us an interesting story.

= Andy told ________ ________ ________ ________ ________.

3 The reporter asked me some questions.

= The reporter asked ________ ________ ________ ________.

## C

조건 영작하기 ▶ **다음 우리말과 일치하도록 주어진 단어를 사용하여 문장을 완성하세요.**

1 스티븐은 나에게 공책을 건네주었다. (passed, the notebook, me)

→ Steven ________ ________ ________ ________ ________.

2 나는 선생님께 부탁을 드렸다. (a favor, the teacher, asked)

→ I ________ ________ ________ ________ ________ ________.

3 우리는 우리 엄마께 스카프를 사 드릴 것이다. (a scarf, will buy, our mom)

→ We ________ ________ ________ ________ ________ ________ ________.

A 2 warm 따뜻한 B 2 interesting 흥미로운, 재미있는 3 reporter 기자 C 2 favor 부탁; 호의, 친절 3 scarf 스카프, 목도리

천일비급 p.113

# UNIT 19 주어+동사+목적어+보어

## A

목적어와 보어 찾고 해석하기 ▶ **〈보기〉와 같이 목적어와 보어를 찾아 각각 밑줄을 긋고, 해석을 완성하세요.**

> 보기 My brother sometimes makes me angry.
> → 나의 오빠는 가끔 ____나를 화나게____ 만든다.

1 We named the cat Lily.

→ 우리는 ________________________________ 이름 지었다.

2 Thomas found the test difficult.

→ 토마스는 ________________________________ 알게 되었다.

## B

어법 판단하기 ▶ **다음 밑줄 친 부분이 맞으면 ○, 틀리면 ×하고 바르게 고쳐 쓰세요.**

1 I think my grandpa wisely. → ________________

2 This plant will make the air fresh. → ________________

3 Lots of practice made him a great player. → ________________

4 My name is Oliver, but people call Ollie me. → ________________

## C

배열 영작하기 ▶ **다음 우리말과 의미가 같도록 주어진 단어를 올바르게 배열하세요.**

1 안전벨트는 자동차 안에서 우리를 안전하게 유지해준다. (safe / keep / us)

→ The seat belts ________________________________ in the car.

2 네가 창문을 열어 두었니? (the windows / open / leave)

→ Did you ________________________________?

3 많은 사람이 그가 최고의 축구 선수라고 생각한다. (think / the best soccer player / him)

→ Many people ________________________________.

**A** sometimes 가끔, 때때로 **2** difficult 어려운 **B** **1** wisely 현명하게, 지혜롭게 **2** plant 식물; 심다 air 공기 fresh 맑은; 신선한 **3** lots of 많은 practice 연습; 연습하다 player (운동) 선수 **C** **1** safe 안전한 seat belt 안전벨트

# Chapter 통합 Exercises 05

천일비급 p.114

**A** 어휘+문법 **다음 우리말과 의미가 같도록 빈칸에 알맞은 단어를 〈보기〉에서 골라 문장을 완성하세요. (필요시 형태를 바꿀 것)**

| 보기 | happen | taste | make | lend |
|---|---|---|---|---|

1 그 소식은 나를 놀라게 만들었다.

→ The news ______________ me surprised.

2 그 약은 쓴 맛이 났다.

→ The medicine ______________ bitter.

3 때때로 기적은 일어난다.

→ A miracle ______________ sometimes.

4 테드는 친절하게 나에게 그의 공책을 빌려주었다.

→ Ted kindly ______________ me his notebook.

**B** 문법+해석 **다음 밑줄 친 부분을 어법상 알맞은 형태로 고쳐 쓰고, 해석을 완성하세요.**

1 Foods go <u>badly</u> easily in summer.

→ 음식은 여름에 쉽게 ______________________________.

2 We will <u>reach at</u> the airport at 10 a.m.

→ 우리는 오전 10시에 공항에 ______________________________.

3 This lotion keeps your skin <u>softly</u>.

→ 이 로션은 당신의 피부를 ______________________________.

4 I'll send <u>the photos you</u> by email.

→ 내가 이메일로 ______________________________ 보내줄게.

5 Mom made toast <u>of us</u> in the morning.

→ 엄마는 아침에 ______________________________ 만들어주셨다.

**A** 1 news 소식; (신문·방송 등의) 뉴스 surprised 놀란 2 medicine 약 bitter (맛이) 쓴, 씁쓸한 3 miracle 기적 4 kindly 친절하게
**B** 1 go bad (음식이) 상하다 easily 쉽게 2 airport 공항 3 lotion 로션 softly 부드럽게 4 photo 사진

## C 문장 구조 분석+해석 각 문장에 해당하는 알맞은 문장 구조를 〈보기〉에서 골라 그 번호를 쓰고 해석하세요.

보기
① 주어+동사 ② 주어+동사+보어 ③ 주어+동사+목적어
④ 주어+동사+목적어1+목적어2 ⑤ 주어+동사+목적어+보어

1 The heavy rain stopped.

→ 폭우가 ______________.

2 We think Peter very smart.

→ 우리는 ______________.

3 Your plan sounds wonderful.

→ 네 계획은 ______________.

4 My aunt teaches music at school.

→ 나의 이모는 학교에서 ______________.

5 She gave me chocolate on Valentine's Day.

→ 그녀는 밸런타인데이에 ______________.

## D 영작+해석 다음 글을 읽고 주어진 단어를 사용하여 문장을 완성하고, 해석하세요.

영작

1 Next Thursday is my mom's birthday.

2 ______________ for her.
(my family, a surprise party, have, will)

3 My dad will buy her flowers. 4 And ______________.
(will, I, write, a letter, her, to)

5 ______________. 6 We will have a good time together.
(will, happy, make, it, her)

해석

1 ______________. 2 나의 가족은 그녀를 위해 깜짝 파티를 할 것이다.

3 ______________. 4 그리고 나는 그녀에게 편지를 써 드릴 것이다.

5 그것은 그녀를 기쁘게 만들 것이다. 6 우리는 함께 좋은 시간을 보낼 것이다.

C 1 heavy rain 폭우, 큰비 2 smart 똑똑한, 영리한 3 plan 계획; 계획하다 wonderful 아주 좋은, 훌륭한 5 Valentine's Day 밸런타인데이 D surprise party 깜짝 파티 *cf.* surprise 놀라게 하다 have a good time 좋은 시간을 보내다 together 함께, 같이

천일비급 p.114

# UNIT 20 셀 수 있는 명사와 셀 수 없는 명사

## A

셀 수 있는 명사와 셀 수 없는 명사 찾기 ▶ **다음 중 셀 수 있는 명사에는 동그라미하고, 셀 수 없는 명사는 밑줄을 그으세요.**

| | | | |
|---|---|---|---|
| 1 love | classmate | health | house |
| 2 potato | milk | money | university |
| 3 sweater | air | musician | Japan |
| 4 meat | happiness | textbook | bread |

## B

알맞은 수량 표현 쓰기 ▶ **빈칸에 들어갈 알맞은 말을 〈보기〉에서 골라 주어진 단어를 사용하여 문장을 완성하세요. (단, 한 번씩만 쓸 것)**

보기 sheet glass bowl slice

1 Give me ____________________, please. (five, paper)

2 I want ____________________ for dessert. (a, cheesecake)

3 He was very hungry, so he ate ____________________. (two, rice)

4 Julia drank ____________________ in the morning. (a, tomato juice)

## C

어법 판단하기 ▶ **다음 밑줄 친 부분이 맞으면 ○, 틀리면 ×하고 바르게 고쳐 쓰세요.**

1 Snows is falling from the sky. → ________________

2 He doesn't have an eraser in his pencil case. → ________________

3 We need two ticket for the 2 o'clock train. → ________________

4 My mom made three jar of strawberry jam. → ________________

5 I called him many times but he didn't answer. → ________________

**A** 1 health 건강 2 university 대학교 3 sweater 스웨터 air 공기 musician 음악가 4 meat 고기 happiness 행복 textbook 교과서 **B** 2 dessert 디저트, 후식 4 drink(-drank-drunk) 마시다; 음료 **C** 1 fall 떨어지다, 내리다 4 jar (잼 등을 담아 두는) 병 5 call 전화하다; 전화 (통화) answer (전화를) 받다; 대답하다; 대답

# UNIT 21 셀 수 있는 명사의 복수형

천일비급 p.114

## A

알맞은 어법 고르기 ▶ **다음 문장의 네모 안에서 어법상 알맞은 것을 고르세요.**

1 Rachel made some [sandwichs / sandwiches] for the picnic.

2 The farmer raises many cows and [sheep / sheeps].

3 I'll buy two [pair / pairs] of new socks today.

4 Our school's music room has two [pianos / pianoes].

## B

빈칸에 알맞은 말 쓰기 ▶ **주어진 단어를 복수형으로 알맞게 바꿔 쓰세요.**

1 Mr. Smith has three ______________. (child)

2 There are 44 ______________ in Europe. (country)

3 She bought two ______________ for the soup. (potato)

4 The librarian is putting books on the ______________. (shelf)

## C

알맞은 명사 찾아 복수형 쓰기 ▶ **다음 우리말과 의미가 같도록 〈보기〉에서 알맞은 단어를 골라 문장을 완성하세요.**

| 보기 | dish | baby | tooth |
|---|---|---|---|

1 아기들은 매일 18시간 동안 잠을 잔다.

→ ______________ sleep for eighteen hours every day.

2 나는 몇 분 전에 양치를 했다.

→ I brushed my ______________ a few minutes ago.

3 나의 할머니는 아름다운 컵과 접시들을 수집하신다.

→ My grandma collects beautiful cups and ______________.

**A** 1 picnic 소풍 2 farmer 농부 raise 키우다, 기르다 4 music room 음악실 **B** 1 child 자녀, 자식; 아이 2 country 국가, 나라 Europe 유럽 4 librarian 사서 shelf 책꽂이 **C** 2 brush 빗질[칫솔질]하다; 빗 3 collect 수집하다, 모으다 beautiful 아름다운

# UNIT 22 관사 a/an, the

천일비급 p.115

## A

알맞은 어법 고르기 ▶ **다음 문장의 네모 안에서 어법상 알맞은 것을 고르세요.**

1 Matilda was [a / an / the] hour late for school.

2 We played [a / an / ×] badminton after lunch.

3 We ate dinner at [a / an / ×] nice restaurant last night.

4 It's very cloudy today. [A / An / The] sun is behind the clouds.

## B

알맞은 관사 찾아 쓰기 ▶ **빈칸에 들어갈 알맞은 말을 〈보기〉에서 골라 문장을 완성하세요. (단, 한 번씩만 쓸 것)**

| 보기 | a | an | the | × |
|---|---|---|---|---|

1 It takes 20 minutes by __________ subway.

2 The athlete trains six times __________ week.

3 We ordered a pizza. But __________ pizza didn't arrive yet.

4 __________ old lady is walking with a cane.

## C

조건 영작하기 ▶ **다음 우리말과 의미가 같도록 주어진 단어를 사용하여 문장을 완성하세요.**

1 나의 누나는 과학을 잘 한다. (science)

→ My sister is good at ______________________.

2 그 불을 꺼 주시겠어요? (light)

→ Will you turn off ______________________, please?

3 나는 오늘 늦은 점심을 먹어서 지금 배고프지 않다. (late lunch)

→ I had ______________________ today, so I'm not hungry now.

**A** 1 late 지각한, 늦은; 늦게 2 badminton 배드민턴 3 restaurant 식당, 레스토랑 4 behind 뒤에 **B** 1 take (시간이) 걸리다; 가져가다 2 athlete 운동선수 train 훈련하다; 기회 3 order 주문하다; 주문 arrive 도착하다 yet (부정문에서) 아직 4 cane 지팡이
**C** 1 be good at ~을 잘하다 2 light (전깃)불; 빛 turn off ~을 끄다

# UNIT 23 명사의 쓰임

천일비급 p.115

## A

명사의 쓰임 판단하기 ▶ **다음 밑줄 친 부분의 역할로 알맞은 것을 고르세요.**

1 Mrs. Brown is an English teacher. [주어 / 목적어 / 보어]

2 He lost his wallet at school. [주어 / 목적어 / 보어]

3 A dog and a cat are playing together. [주어 / 목적어 / 보어]

4 My aunt cooked me my favorite dish. [주어 / 목적어 / 보어]

## B

문장 해석하기 ▶ **다음 밑줄 친 부분에 주의하여 해석을 완성하세요.**

1 My favorite color is purple.

→ ______________________________ 보라색이다.

2 He plays the cello in the orchestra.

→ 그는 오케스트라에서 ______________________________.

3 They named their baby Leo.

→ 그들은 ______________________________.

## C

배열 영작하기 ▶ **다음 우리말과 의미가 같도록 주어진 단어를 올바르게 배열하세요.**

1 나는 내년까지 내 목표를 성취할 것이다. (I / my goal / will achieve)

→ ______________________________ by next year.

2 그는 제이크를 그의 진정한 친구라고 생각한다. (considers / he / his true friend / Jake)

→ ______________________________.

3 그녀는 장기자랑에서 우리에게 카드 묘기를 보여주었다. (a card trick / she / us / showed)

→ ______________________________ in the talent show.

**A** **2** lose(-lost-lost) 잃어버리다; 잃다 wallet 지갑 **3** together 같이, 함께 **4** favorite 가장 좋아하는 dish 요리; 접시 **B** **2** cello 첼로 orchestra 오케스트라, 관현악단 **3** name 이름 짓다; 이름 **C** **1** goal 목표 achieve 성취하다 **2** consider 생각하다, 여기다 true 진정한; 진실인 **3** trick 묘기 show 보여주다; 공연 talent show 장기자랑 *cf.* talent 장기, 재주

# Chapter 통합 Exercises 06

천일비급 p.115

**A** 어휘+문법 **다음 우리말과 의미가 같도록 빈칸에 알맞은 단어를 〈보기〉에서 골라 문장을 완성하세요. (필요시 형태를 바꿀 것)**

| 보기 | hero | child | brush | elephant |
|---|---|---|---|---|

1 그는 자신의 아버지를 영웅으로 여긴다.

→ He considers his father a ______________.

2 그 화가는 몇 개의 붓과 페인트를 샀다.

→ The artist bought some ______________ and paint.

3 그 아이들은 동물원에서 북극곰을 보았다.

→ The ______________ saw polar bears at the zoo.

4 코끼리들은 매우 영리한 동물이다.

→ ______________ are very intelligent animals.

**B** 문형 분석+해석 **다음 문장의 밑줄 친 부분의 역할을 주어, 보어, 또는 목적어로 표시하고, 해석을 완성하세요.**

1 (1) <u>My dog</u> has brown fur. [ ]

→ ______________________ 갈색 털을 가지고 있다.

(2) I wash <u>my dog</u> every other week. [ ]

→ 나는 ______________________ 2주에 한 번 목욕시킨다.

2 (1) Grandma made me <u>a sweater</u>. [ ]

→ 할머니는 나에게 ______________________ 만들어주셨다.

(2) This is <u>my favorite sweater</u>. [ ]

→ 이것은 내가 가장 좋아하는 ______________________.

A hero 영웅 2 artist 화가; 예술가 paint 페인트, 물감; 그리다 3 polar bear 북극곰 4 intelligent 영리한, 똑똑한 B 1 fur (동물의) 털 every other week 2주에 한 번

## C 문법+해석 다음 밑줄 친 부분을 어법상 알맞은 형태로 고쳐 쓰고, 해석을 완성하세요.

1 Sharks have very sharp tooths.

→ 상어는 매우 날카로운 ______________________.

2 We have two bottle of water in the refrigerator.

→ 우리는 냉장고에 ______________________.

3 I'll eat my pancakes with honeys.

→ 나는 내 팬케이크를 ______________________.

4 In western countries, people use forks and knifes.

→ 서양에서 사람들은 ______________________.

5 It looks like a interesting book.

→ 그것은 ______________________.

## D 영작+해석 다음 글을 읽고 주어진 단어를 사용하여 문장을 완성하고, 해석하세요.

**영작**

A: 1 Dad, I'm hungry. 2 Are we going to eat breakfast soon?

B: 3 Yes, in 10 minutes.

4 We'll each have ______________ (two, bread, slice) with ______________ (two, egg).

A: 5 Sounds yummy! 6 I'll bring cheese and jam, too.

B: 7 Good idea. 8 Will you pour ______________________ (glass, orange juice, two) for us?

A: 9 Sure.

**해석**

A: 1 아빠, 저 배고파요. 2 ______________________?

B: 3 그래, 10분 후에. 4 우리는 각자 계란 두 개와 함께 빵 두 조각을 먹을 거란다.

A: 5 맛있겠어요! 6 ______________________.

B: 7 좋은 생각이구나. 8 너는 우리를 위해 오렌지 주스 두 잔을 따라주겠니?

A: 9 물론이죠.

**C** 1 shark 상어 sharp 날카로운 2 refrigerator 냉장고 (= fridge) 3 pancake 팬케이크 honey 꿀 4 western 서양의 country 나라, 국가 5 look ~하게 보이다; 보다 interesting 재미있는, 흥미로운 **D** breakfast 아침(식사) each 각각(의) sound ~하게 들리다; 소리 yummy 아주 맛있는 (= delicious) bring 가져오다, 데려오다 pour 따르다, 붓다

# UNIT 24 인칭대명사

천일비급 p.115

## A

알맞은 어법 고르기 ▶ **다음 문장의 네모 안에서 어법상 알맞은 것을 고르세요.**

1 [She / Her] is friendly to everyone.

2 I lost my pencil, so Ted lent me [his / him].

3 Sally has two dogs. She often takes [them / their] for a walk.

4 Look at that bird. [It's / Its] feathers are so colorful.

## B

알맞은 대명사 쓰기 ▶ **다음 밑줄 친 부분을 대신하는 알맞은 대명사를 빈칸에 쓰세요.**

1 Jane and I are twins, but ____________ personalities are different.

2 Danny and Lina went to school. ____________ will come home at 4.

3 This is not my suitcase. Where is ____________?

4 Today is Benjamin's birthday. We prepared a gift for ____________.

## C

알맞은 대명사 쓰기 ▶ **다음 우리말과 의미가 같도록 빈칸에 알맞은 말을 쓰세요.**

1 나는 내 안경을 못 찾겠다.

→ ____________ can't find ____________ glasses.

2 이 책은 네 책이야. 그것은 내 것이 아니야.

→ This book is ____________ book. It's not ____________.

3 아기 오리들은 그들의 엄마 오리와 함께 수영을 하고 있다.

→ The baby ducks are swimming with ____________ mother.

4 이 편지는 사라에게 왔어. 그것을 그녀에게 전해 줘.

→ This letter is for Sarah. Please give ____________ to ____________.

**A** **1** friendly 친절한 **2** lend(-lent-lent) 빌려주다 **3** take A for a walk A를 산책시키다 **4** feather 깃털 colorful 다채로운, 형형색색의
**B** **1** twin 쌍둥이 personality 성격 different 다른 **3** suitcase 여행 가방 **4** prepare A for B B를 위해서 A를 준비하다 **C** **4** letter 편지

# UNIT 25 지시대명사와 비인칭 주어 it

천일비급 p.116

## A

알맞은 어법 고르기 ▶ **다음 문장의 네모 안에서 어법상 알맞은 것을 고르세요.**

1 [This / These] is my little brother, Jackson.

2 [This / These] gloves cost only 5 dollars.

3 [This's / That's] my favorite shop over there.

4 [It / This] isn't far from city hall to Gyeongbokgung.

## B

문장 해석하기 ▶ **다음 밑줄 친 부분에 주의하여 해석을 완성하세요.**

1 It is December 10th today.

→ ______________________________.

2 It was a difficult decision.

→ ______________________________.

3 It is 30°C in this room. It is too hot.

→ _______________. _______________.

## C

조건 영작하기 ▶ **다음 우리말과 의미가 같도록 주어진 단어를 사용하여 문장을 완성하세요.**

1 오늘은 비가 오고 안개가 껴 있다. (rainy and foggy, be)

→ ______ ______ ______ ______ ______ today.

2 저 사람들은 지금 버스를 기다리는 중이다. (people, wait)

→ ______ ______ ______ ______ for the bus now.

3 이것은 감기에 좋은 약이다. (a good medicine, be)

→ ______ ______ ______ ______ ______ for a cold.

**A** **2** glove 장갑 (한 짝) cost (비용·대가가) ~이다[들다]; 값, 비용 **3** favorite 가장 좋아하는 **4** take (시간이) 걸리다; 가져가다
**B** **2** difficult 어려운, 힘든 decision 결정 **C** **1** rainy 비가 많이 오는 foggy 안개가 낀 **2** wait 기다리다 **3** medicine 약 cold 감기; 추운

천일비급 p.116

# UNIT 26 재귀대명사

## A

재귀대명사로 바꿔 쓰기 ▶ **다음 밑줄 친 부분을 알맞은 재귀대명사로 바꿔 쓰세요.**

1 I accidentally cut me with a knife. → ______________

2 This is a secret between us. → ______________

3 Some people don't know them well. → ______________

4 Liam worries about him too much. → ______________

## B

알맞은 재귀대명사 쓰기 ▶ **다음 밑줄 친 부분에 주의하여 빈칸에 알맞은 재귀대명사를 쓰세요.**

1 The cat is washing ______________.

2 Ethan was looking at ______________ in the mirror.

3 Cindy and I prepared ______________ for the journey.

4 Kate, will you introduce ______________ to the class?

## C

조건 영작하기 ▶ **다음 우리말과 의미가 같도록 〈보기〉에서 알맞은 표현을 골라 문장을 완성하세요.**

| 보기 | enjoy oneself | by oneself | talk to oneself |
|---|---|---|---|

1 나의 여동생은 가끔 혼잣말을 한다.

→ My sister sometimes ______________________________.

2 나는 내 방을 모두 혼자 칠했다.

→ I painted my room all ______________________________.

3 우리는 어젯밤 콘서트에서 즐거운 시간을 보냈다.

→ We ______________________________ at the concert last night.

**A** 1 accidentally 실수로 *cf.* accident 사고; 우연 cut(-cut-cut) 베다 knife 칼 2 secret 비밀 between 사이에 4 worry 걱정하다
**B** 1 wash 씻다, 닦다 2 look at ~을 보다 mirror 거울 3 journey 여행, 여정 4 introduce 소개하다 **C** 1 sometimes 가끔
2 paint 칠하다; 페인트, 물감

# UNIT 27 부정대명사 I

천일비급 p.116

## A

알맞은 어법 고르기 ▶ **다음 문장의 네모 안에서 어법상 알맞은 것을 고르세요.**

1 These towels are wet. I'll get you a new [one / ones].

2 I'm fine now. I don't feel [any / some] pain in my throat.

3 Will you buy black shoes or white [one / ones]?

4 Wendy is new here, so she needs [any / some] help.

## B

알맞은 부정대명사 쓰기 ▶ **다음 빈칸에 들어갈 알맞은 말을 〈보기〉에서 골라 문장을 완성하세요. (단, 한 번씩 만 쓸 것)**

| 보기 | another | others | the other |
|---|---|---|---|

1 Some prefer meat, and ________________ prefer fish.

2 There are three flowers in the vase. One is a rose, ________________ is a lily, and the other is a tulip.

3 Hong Kong has two official languages. One is Chinese and ________________ is English.

## C

조건 영작하기 ▶ **다음 우리말과 의미가 같도록 주어진 단어를 사용하여 문장을 완성하세요.**

1 너는 프린터에 문제가 좀 있니? (have, problems)

→ Do you ________________________________ with your printer?

2 우리 학교에는 세 분의 수학 선생님이 계신다. 한 분은 남자이고, 나머지 모두는 여자 분이다. (female, are)

→ We have three math teachers at school.

One is male, and ________________________________.

3 나는 지난주에 책을 두 권 읽었다. 하나는 재미있었고, 나머지 하나는 지루했다. (was, boring)

→ I read two books last week.

One was interesting, and ________________________________.

**A** 1 towel 수건 wet 젖은 2 fine 괜찮은, 건강한 pain 통증 throat 목 4 new (어떤 장소 등에) 처음 온 help 도움; 돕다 **B** 1 prefer 선호하다, 더 좋아하다 2 lily 백합 tulip 튤립 3 official language 공용어 *cf.* official 공식의 Chinese 중국어; 중국(인)의 **C** 1 problem 문제 2 female 여자; 여자의 male 남자; 남자의 3 boring 지루한 interesting 재미있는, 흥미 있는

천일비급 p.116

# UNIT 28 부정대명사 Ⅱ

## A

알맞은 어법 고르기 ▶ **다음 문장의 네모 안에서 어법상 알맞은 것을 고르세요.**

1 Don't worry. Everything [is / are] ready now.

2 [All / Every] of the apples in the fridge are fresh.

3 Every member [was / were] present at the meeting.

4 Each of the students [has / have] their own textbook.

## B

어법 판단하기 ▶ **다음 밑줄 친 부분을 어법상 알맞은 형태로 고쳐 쓰세요.**

1 Each <u>teams</u> will wear different uniforms. → ____________

2 All the work <u>are</u> done well. → ____________

3 Both of my brothers <u>likes</u> sports. → ____________

4 Every <u>players</u> did their best in today's game. → ____________

## C

조건 영작하기 ▶ **다음 우리말과 의미가 같도록 주어진 단어를 사용하여 문장을 완성하세요.**

1 각각의 영화는 약 두 시간이다. (last, movie, each)

→ ________ ________ ________ about two hours.

2 누구든지 파티에 오는 것은 환영이다. (anyone, welcome, be)

→ ________ ________ ________ to the party.

3 나의 부모님 두 분 다 의사이시다. (both, be, of, my parents)

→ ________ ________ ________ ________ ________ doctors.

4 우리 모두는 내일 오후에 시험이 있다. (us, have, of, all)

→ ________ ________ ________ ________ a test tomorrow afternoon.

**A** 2 fridge 냉장고 (= refrigerator) fresh 신선한 3 member 구성원, 회원, 멤버 present 참석한; 현재 meeting 회의 4 textbook 교과서 **B** 1 uniform 유니폼; 교복 2 work 일, 업무; 직장 done 다 끝난, 다 완료된 4 do one's best 최선을 다하다 game 경기; 게임
**C** 1 last (특정한 시간 동안) 계속되다, 지속되다; 마지막의 2 welcome 환영받는; 환영하다

# Chapter 통합 Exercises 07

천일비급 p.116

**A** 어휘+문법 **다음 빈칸에 들어갈 알맞은 단어를 <보기>에서 골라 문장을 완성하세요.**

보기 ones any some

1 Do you want __________ more tea?

2 I am full right now. I don't want __________ food.

3 Your sunglasses are nice! I want the same __________.

보기 another the others some

4 __________ ordered orange juice and others ordered soda.

5 Mr. Howard has four children. One is a son, and __________ are daughters.

6 The band has three members. One plays the piano, __________ plays the guitar, and the other sings.

**B** 문법+해석 **다음 문장의 네모에서 어법상 알맞은 것을 고르고, 해석을 완성하세요.**

1 [This / These] jacket looks great on you.

→ ______________________________ 너에게 잘 어울린다.

2 [Each / Both] of us has different opinions.

→ ______________________________ 다른 의견을 가지고 있다.

3 I know Mason and [he / his] brother.

→ 나는 메이슨과 ______________________________.

4 Sarah sometimes spends time by [her / herself].

→ 사라는 가끔 ______________________________.

5 All of the information in this book [was / were] useful.

→ 이 책의 ______________________________.

**A** **2** full 배부른; 가득 찬 **3** sunglasses 선글라스 same (똑)같은, 동일한 **4** order 주문하다; 주문 soda 탄산음료 **5** son 아들 daughter 딸 **6** band 밴드, 악단 **B** **1** look great on A A에게 잘 어울리다 **2** opinion 의견 **4** spend (시간을) 보내다, (돈을) 쓰다 **5** information 정보 useful 유용한, 도움이 되는

## C 문법+해석 다음 빈칸에 들어갈 알맞은 단어를 〈보기〉에서 골라 쓰고, 해석을 완성하세요. (단, 한 번씩만 쓸 것)

보기 it its them their

1 __________ is summer in New Zealand now.

→ 지금 __________________________________.

2 The dog is wagging __________ tail now.

→ 그 개는 지금 __________________________________.

3 Our house is white and __________ house is brown.

→ 우리 집은 흰색이고 __________________________________.

4 Today is Mike and Jenny's birthday. We will throw __________ a party.

→ 오늘은 마이크와 제니의 생일이다. 우리는 __________________________________.

## D 영작+해석 다음 글을 읽고 주어진 단어를 사용하여 문장을 완성하고, 해석하세요.

영작

1 Today, Jake invited me to his house. 2 Jake introduced his family to me.

3 He has two elder sisters. 4 One is a high school student.

5 And __________________________________.

(a university student, be)

6 __________________________________ a board game together.

(of, us, play)

7 __________________________________ at his house.

(enjoy, oneself)

해석

1 오늘 __________________________________.

2 제이크는 그의 가족을 나에게 소개해주었다. 3 그는 두 명의 누나가 있다.

4 __________________________________. 5 그리고 나머지 한 명은 대학생이다.

6 우리 모두는 함께 보드게임을 했다. 7 나는 그의 집에서 즐거운 시간을 보냈다.

C 2 wag (꼬리를) 흔들다 tail 꼬리 4 throw a party 파티를 열다 D invite 초대하다; 초대장 introduce 소개하다 elder sister 누나, 언니 university 대학교 board game 보드게임 together 함께, 같이

# UNIT 29 형용사의 역할

천일비급 p.117

## A

알맞은 어법 고르기 ▶ **다음 문장의 네모 안에서 어법상 알맞은 것을 고르세요.**

1 It was a [difficult / difficulty] question.

2 He left his [dirt / dirty] clothes on his bed.

3 David and I enjoyed some [fresh air / air fresh] outside.

4 She smelled [something sweet / sweet something] in the bakery.

## B

형용사의 역할 파악하기 ▶ **다음 굵게 표시된 형용사가 꾸며 주거나, 보충 설명하는 말을 찾아 밑줄을 그으세요.**

1 Do you like **spicy** food?

2 I prepared something **special** for the party.

3 The man was **tall** and wore **large** glasses.

4 My **little** brother made me **angry** yesterday.

5 I took a **hot** bath. It made me **warm**.

## C

배열 영작하기 ▶ **다음 우리말과 의미가 같도록 주어진 단어를 올바르게 배열하세요.**

1 우리는 기차에서 수상한 사람을 보지 못했다. (strange / didn't / see / we / anybody)

→ ______________________________ on the train.

2 그들은 자신의 방을 깔끔하고 깨끗하게 유지한다. (they / keep / neat and clean / their room)

→ ______________________________.

3 그 영화는 정말 지루했다. (really boring / was / the movie)

→ ______________________________.

**A** **1** difficult 어려운, 힘든 difficulty 어려움 **2** leave(-left-left) 두다, 놓다 dirt 흙, 먼지 dirty 더러운 **3** enjoy 즐기다 fresh 신선한; 맑은 outside 밖의, 바깥의 **4** bakery 빵집, 제과점 **B** **1** spicy 매운 **2** prepare 준비[대비]하다 special 특별한 **4** make(-made-made) ~하게 하다; 만들다 **5** take a bath 목욕하다 **C** **1** strange 수상한; 이상한 **2** neat 정돈된, 깔끔한 **3** boring 지루한

천일비급 p.117

# UNIT 30 수나 양을 나타내는 형용사

## A

알맞은 어법 고르기 ▶ **다음 문장의 네모 안에서 어법상 알맞은 것을 고르세요.**

1 She put too [many / much] salt in the chicken soup.

2 There is [few / little] water in the vase.

3 I invited [a few / a little] friends to the party.

4 The players drink [lots of / many] water after practice.

## B

알맞은 형용사 고르기 ▶ **우리말과 일치하도록 빈칸에 알맞은 말을 〈보기〉에서 골라 문장을 완성하세요.**

| 보기 | much | little | few |
|---|---|---|---|

1 아놀드는 아침을 먹을 시간이 거의 없었다.

→ Arnold had ____________ time for breakfast.

2 그 나무는 겨울에 잎이 거의 없다.

→ The tree has ____________ leaves in winter.

3 그녀는 그 영화로 많은 돈을 벌지 못했다.

→ She didn't make ____________ money from the movie.

## C

조건 영작하기 ▶ **다음 우리말과 의미가 같도록 주어진 단어를 사용하여 문장을 완성하세요.**

1 우리는 지난 주말에 시간을 좀 같이 보냈다. (time)

→ We spent ______________________________ together last weekend.

2 우리는 이 섬에서 며칠 머무를 것이다. (days)

→ We will stay ______________________________ on this island.

3 앤드류는 그의 동네에서 아는 사람이 거의 없다. (people)

→ Andrew knows ______________________________ in his neighborhood.

**A** **3** invite 초대하다 **4** player (운동)선수 drink 마시다; 음료 practice 연습; 연습하다 **B** **3** make money 돈을 벌다 **C** **1** spend (-spent-spent) (시간을) 보내다, (돈을) 쓰다 together 함께, 같이 **2** stay 머무르다 island 섬 **3** neighborhood 동네; 이웃 (사람들)

천일비급 p.117

# UNIT 31 부사의 역할

## A

부사가 수식하는 말 찾기 ▶ **다음 굵게 표시된 부사가 꾸며 주는 말에 밑줄을 그으세요.**

1 The math problems were **too** difficult.

2 We laughed **so** much during the journey.

3 My dad finished his meal **fast**.

4 **Luckily**, Sam caught the last train to Busan.

## B

어법 판단하기 ▶ **다음 밑줄 친 부분이 맞으면 ○, 틀리면 ×하고 바르게 고쳐 쓰세요.**

1 Samantha brushed her cat soft. → ____________

2 The players trained very hardly. → ____________

3 The necklace was really expensive. → ____________

4 They quick became close to each other. → ____________

## C

배열 영작하기 ▶ **다음 우리말과 의미가 같도록 주어진 단어를 올바르게 배열하세요.**

1 쉽게 포기하지 마. 다시 시도해봐. (give up / don't / easily)

→ ______________________________. Try it again.

2 그들은 안 좋은 소식에 정말 마음이 상했다. (upset / were / they / really)

→ ______________________________ by the bad news.

3 놀랍게도, 그 독수리는 하늘 매우 높이 날았다. (high / flew / the eagle / very)

→ Surprisingly, ______________________________ up in the sky.

**A** **2** laugh 웃다 journey 여행, 여정 **3** meal 식사 **4** luckily 운 좋게도 catch a train 기차를 타다[잡다] **B** **1** brush 빗질[칫솔질]하다; 빗 **2** train 훈련하다 hardly 거의 ~ 않다 **3** necklace 목걸이 **4** close 친한; 가까운 each other 서로 **C** **1** give up 포기하다 try 시도하다 again 다시 **2** upset 마음이 상한, 속상한 **3** surprisingly 놀랍게도

# UNIT 32 빈도부사

천일비급 p.118

## A

빈도부사의 위치 판단하기 ▶ **주어진 빈도부사가 들어갈 알맞은 위치를 고르세요.**

1 Ella ① gets ② a lot of homework. (often)

2 Kate ① is ② late for school. (sometimes)

3 Bill ① wakes up ② early on weekends. (usually)

4 You ① should ② take ③ notes in class. (always)

## B

알맞은 빈도부사 쓰기 ▶ **다음 우리말과 의미가 같도록 〈보기〉에서 알맞은 말을 골라 문장을 완성하세요.**

| 보기 | never | usually | rarely |
|---|---|---|---|

1 제인과 나는 이제 거의 서로에게 얘기하지 않는다.

→ Jane and I ____________ talk to each other now.

2 헨리는 야구 연습을 절대 놓치지 않는다.

→ Henry ____________ misses baseball practice.

3 토요일에 그녀는 보통 도서관에 있다.

→ She is ____________ at the library on Saturdays.

## C

조건 영작하기 ▶ **다음 우리말과 의미가 같도록 주어진 단어를 사용하여 문장을 완성하세요.**

1 이곳은 1월에 자주 눈이 온다. (snow, it)

→ ________________________________ here in January.

2 그녀는 다른 사람들에게 항상 친절하고 예의 바르다. (be, she, kind and polite)

→ ________________________________ to others.

3 당신은 하늘에서 때때로 별똥별을 볼 수 있습니다. (see, can, you)

→ ________________________________ shooting stars in the sky.

**A** 2 late 늦은, 지각한 3 wake up 일어나다 4 take notes 필기하다 **B** 2 miss 놓치다; 그리워하다 **C** 1 snow 눈이 오다; 눈 2 kind 친절한 polite 예의 바른 others 다른 사람들, 타인 3 shooting star 별똥별

# Chapter 통합 Exercises 08

천일비급 p.118

**A** 어휘+문법 **다음 우리말과 의미가 같도록 빈칸에 알맞은 단어를 〈보기〉에서 골라 문장을 완성하세요.**

| 보기 | usually | good | slowly | really | sweet |
|---|---|---|---|---|---|

**1** 우리는 무언가 단 것을 마시고 싶어요.

→ We want to drink something ______________.

**2** 나무늘보는 나무 위를 느리게 올라갔다.

→ The sloth ______________ climbed up the tree.

**3** 그녀는 첼로를 정말 잘 연주한다.

→ She plays the cello ______________ well.

**4** 케이티는 동물원에서 좋은 경험을 했다.

→ Katie had a ______________ experience at the zoo.

**5** 내 남동생과 나는 대개 일곱 시에 아침을 먹는다.

→ My brother and I ______________ eat breakfast at seven.

**B** 문법+해석 **다음 문장의 네모에서 어법상 알맞은 것을 고르고, 해석을 완성하세요.**

1 Ella looked [beautiful / beautifully] in her dress.

→ 엘라가 드레스를 입은 모습이 ______________________________.

2 Rabbits can move very [fast / fastly].

→ 토끼는 ______________________________ 움직일 수 있다.

3 I [take often / often take] a nap on Sunday.

→ 나는 일요일에 ______________________________.

4 I will travel abroad in the [near / nearly] future.

→ 나는 ______________________________ 해외로 여행할 것이다.

5 Did you meet [famous anyone/ anyone famous]?

→ 너는 ______________________________?

**A** 2 sloth 나무늘보 climb up 오르다 4 experience 경험; 경험하다 **B** 1 look ~해 보이다; 보다 2 move 움직이다; 이동하다 3 take a nap 낮잠을 자다 4 travel 여행하다; 여행 abroad 해외로; 해외의 near 가까운; 가까이 future 미래 5 meet 만나다 famous 유명한

## C 문법+영작 다음 우리말과 의미가 같도록 <보기>에서 알맞은 말을 골라 주어진 단어와 함께 문장을 완성하세요.

| 보기 | well | much | never | a little |
|---|---|---|---|---|

1 매튜는 그릇에 약간의 밥을 넣었다. (rice, put)

→ Matthew ______________________________ in the bowl.

2 케빈은 절대 다른 누구에게도 그의 책을 빌려주지 않는다. (his books, lend)

→ Kevin ______________________________ to anybody else.

3 그녀는 휴식을 위한 많은 시간이 없다. (have, time)

→ She ______________________________ for a break.

4 앨리스는 시험을 잘 봤다. (do)

→ Alice ______________________________ on the test.

## D 영작+해석 다음 글을 읽고 주어진 단어를 사용하여 문장을 완성하고, 해석하세요.

**영작**

1 Daniel and I ______________________________ at Jolly's restaurant.
(have, sometimes, dinner)

2 Today, the restaurant was full. 3 But luckily, we got a table.

4 We ______________________________ for dinner.
(want, spicy, something)

5 So we ______________________________.
(a few, dishes, spicy, order)

6 The food was pretty good.

**해석**

1 다니엘과 나는 가끔씩 졸리의 식당에서 저녁을 먹는다. 2 오늘 그 식당은 가득 찼다.

3 하지만 ______________________________. 4 우리는 무언가 매운 것을 저녁으로 원했다.

5 그래서 우리는 몇 가지 매운 음식들을 주문했다. 6 ______________________________.

C 1 bowl 그릇 2 lend 빌려주다 anybody else 다른 누구 3 break 휴식, 쉬는 시간; 깨다, 부수다 D restaurant 식당, 레스토랑 full 가득 찬; 배부른 get a table (식당에서) 자리를 잡다 order 주문하다; 주문 dish 요리; 접시

# UNIT 33 can

천일비급 p.118

## A

어법 판단하기 ▶ **다음 밑줄 친 부분을 어법상 알맞은 형태로 고쳐 쓰세요.**

1 I solve can the problem quickly. → ____________

2 Her mother cans drive a car. → ____________

3 She could able to sleep well last night. → ____________

4 The mechanic wasn't able to fixed the machine. → ____________

## B

can의 의미 파악하기 ▶ **다음 밑줄 친 can의 의미로 가장 적절한 것을 〈보기〉에서 골라 그 기호를 쓴 후, 해석을 완성하세요.**

보기 ⓐ 능력·가능 ⓑ 허가 ⓒ 금지

1 Can I borrow your book for a week? 〈 〉

→ 내가 일주일 동안 네 책을 ____________________?

2 We cannot talk during the movie. 〈 〉

→ 우리는 영화 상영 중에 ____________________.

3 He couldn't see anything without his glasses. 〈 〉

→ 그는 안경 없이 ____________________.

## C

조건 영작하기 ▶ **다음 우리말과 의미가 같도록 주어진 단어를 사용하여 문장을 완성하세요.**

1 에드워드는 저녁 식사 후에 디저트를 좀 먹어도 된다. (have, can)

→ Edward ____________________ some dessert after dinner.

2 제게 소금을 건네주시겠어요? (pass, could)

→ ____________________ me the salt?

3 그들은 어제 제 시간에 그곳에 도착할 수 있었다. (able, get)

→ ____________________ there on time yesterday.

**A** 1 solve 풀다, 해결하다 3 sleep 잠을 자다; 잠 4 mechanic 정비사 fix 고치다 machine 기계 **B** 1 borrow 빌리다 2 during ~하는 중에, ~ 동안 3 anything (부정·의문문에서) 아무것도, 무엇이든 without ~ 없이 **C** 1 dessert 디저트 2 pass 건네주다 3 get 도착하다; 얻다 on time 시간 안에, 정각에

천일비급 p.119

# UNIT 34 may/will

## A

may의 의미 파악하기 ▶ **다음 밑줄 친 may의 의미로 가장 적절한 것을 〈보기〉에서 골라 그 기호를 쓰세요.**

보기 ⓐ ~해도 된다 ⓑ ~일지도 모른다

1 May I borrow your pen for a minute?

2 The road is very wet. You may slip.

3 The rumor about him may not be true.

## B

문장 해석하기 ▶ **다음 밑줄 친 부분에 주의하여 해석을 완성하세요.**

1 Would you shut the door for me?

→ 저를 위해 문을 ______________________________?

2 My dad might take us to the mall today.

→ 나의 아빠가 오늘 우리를 쇼핑몰로 ______________________________.

3 Customers may not enter the store with a drink.

→ 손님들은 음료를 가지고 가게에 ______________________________.

## C

조건 영작하기 ▶ **다음 우리말과 의미가 같도록 주어진 단어를 사용하여 문장을 완성하세요.**

1 내일 오후에 비가 많이 내릴지도 모른다. (rain, it, might)

→ ______________________________ heavily tomorrow afternoon.

2 너는 도서관 안에서 얘기해선 안 된다. (may, talk)

→ ______________________________ inside the library.

3 제게 샌드위치를 좀 만들어 주시겠어요? (make, would)

→ ______________________________ me some sandwiches?

A 1 for a minute 잠시, 잠깐 2 wet 젖은 slip 미끄러지다 3 rumor 소문 true 사실의, 진실의 B 1 shut 닫다 2 take A to B A를 B로 데려다 주다 mall 쇼핑몰 3 customer 손님, 고객 enter 들어가다 drink 음료; 마시다 C 1 heavily (양이) 많게, 심하게; 무겁게

# UNIT 35 should/must/have to

천일비급 p.119

## A

알맞은 어법 고르기 ▶ **다음 문장의 네모 안에서 어법상 알맞은 것을 고르세요.**

1 The girls should [don't walk / not walk] alone at night.

2 You don't [must / have to] finish your homework now.

3 Tina [have to / has to] go to the dentist after school today.

4 The runners [must / have to] be very thirsty after the race.

## B

알맞은 조동사 찾기 ▶ **다음 우리말과 의미가 같도록 〈보기〉에서 알맞은 말을 골라 쓰세요.**

| 보기 | must | shouldn't | don't have to |
|---|---|---|---|

1 그녀는 틀림없이 자신이 자랑스러울 것이다.

→ She ________________ be proud of herself.

2 네가 그것에 대해 걱정할 필요 없다.

→ You ________________ worry about it.

3 너는 탄산음료를 너무 많이 마시면 안 된다.

→ You ________________ drink too much soda.

## C

조건 영작하기 ▶ **다음 우리말과 의미가 같도록 주어진 단어를 사용하여 문장을 완성하세요.**

1 우리는 어떤 음식도 낭비하면 안 된다. (should, waste)

→ We ________________________ any food.

2 우리는 같은 실수를 반복해서는 안 된다. (must, repeat)

→ We ________________________ the same mistake.

3 내 할아버지는 약을 규칙적으로 복용하셔야 한다. (have to, take)

→ My grandpa ________________________ his medicine regularly.

**A** 1 alone 홀로, 혼자 3 go to the dentist 치과에 가다 4 runner 달리기 선수[주자] race 경주, 경기 **B** 1 be proud of ~을 자랑스러워하다 2 worry 걱정하다 3 soda 탄산음료 **C** 1 waste 낭비하다 2 repeat 반복하다 mistake 실수 3 take medicine 약을 먹다[복용하다] regularly 규칙적으로, 정기적으로

# UNIT 36 had better/used to

## A

어법 판단하기 ▶ **다음 밑줄 친 부분을 어법상 알맞은 형태로 고쳐 쓰세요.**

1 He has better start his homework now. → ____________

2 Emily used to went jogging every morning. → ____________

3 You had not better waste your money. → ____________

4 Mina would to visit Jeju every year. → ____________

## B

문장 해석하기 ▶ **다음 밑줄 친 부분에 주의하여 해석을 완성하세요.**

1 My dad and I would go fishing every weekend.

→ 나의 아빠와 나는 주말마다 ____________.

2 It will rain soon. You had better take an umbrella.

→ 곧 비가 올 거야. 너는 우산을 ____________.

3 My brother used to be afraid of dogs.

→ 나의 남동생은 개를 ____________.

## C

조건 영작하기 ▶ **다음 우리말과 의미가 같도록 주어진 단어를 사용하여 문장을 완성하세요.**

1 너는 너무 많은 사탕을 먹지 않는 것이 좋겠다. (eat)

→ You ______ ______ ______ ______ too much candy.

2 그들은 매년 여름 일본으로 여행 가곤 했다. (travel)

→ They ______ ______ ______ to Japan every summer.

3 이 가게는 1년 전에 카페였다. (be)

→ This store ______ ______ ______ a cafe a year ago.

**A** **2** go jogging 조깅하러 가다 **3** waste 낭비하다 **4** visit 방문하다 **B** **1** go fishing 낚시하러 가다 **2** rain 비가 오다; 비 soon 곧, 머지않아 **3** be afraid of A A를 무서워하다 **C** **2** travel 여행가다; 여행 **3** cafe 카페

# Chapter 통합 Exercises 09

천일비급 p.119

**A** 어휘+문법 **다음 우리말과 의미가 같도록 〈보기〉에서 알맞은 단어를 고른 후, 주어진 조동사를 사용하여 문장을 완성하세요.**

| 보기 | arrive | take | go out | speak |
|---|---|---|---|---|

1 제이슨은 세 가지 언어를 말할 수 있다. (can)

→ Jason ______________________ three languages.

2 그들은 공항에 한 시간 일찍 도착해야 한다. (must)

→ They ______________________ at the airport an hour early.

3 너는 내일 친구들과 외출해도 된다. (may)

→ You ______________________ with your friends tomorrow.

4 오늘 교통 체증이 심하다. 우리는 지하철을 타는 게 낫겠다. (had better)

→ Traffic is so heavy today. We ______________________ the subway.

**B** 문법+해석 **다음 문장의 네모에서 어법상 알맞은 것을 고르고, 해석을 완성하세요.**

1 Mark [can cook / can cooks] Korean food very well.

→ 마크는 한식을 ______________________.

2 Students [must / have to] not chew gum in class.

→ 학생들은 수업 중에 ______________________.

3 You will [can / be able to] learn about Korean culture.

→ 너는 한국 문화에 대해 ______________________.

4 We used [go / to go] to church on Sundays.

→ 우리는 일요일마다 ______________________.

5 It's very cold outside. You [should / shouldn't] wear a hat and gloves.

→ 밖은 매우 춥다. 너는 모자와 장갑을 ______________________.

**A** go out 외출하다 **1** language 언어 **2** airport 공항 **4** traffic 교통(량), 차량 heavy 심한; 무거운 take (버스·택시 등을) 타다
**B** **2** chew 씹다 gum 껌 **3** learn 배우다, 학습하다 culture 문화 **4** church 교회 **5** wear 입다[신다/쓰다], 착용하다

## C 문법+영작 다음 굵게 표시된 조동사의 알맞은 의미를 〈보기〉에서 골라 그 기호를 쓴 후, 주어진 문장과 의미가 같도록 문장을 완성하세요.

보기 ⓐ 의무 ⓑ 과거의 습관 ⓒ 능력·가능 ⓓ 추측

1 He **might** do the dishes after dinner.
= He ________ ________ the dishes after dinner.

2 Mark **can** carry the heavy box alone.
= Mark ________ ________ ________ ________ the heavy box alone.

3 You **must** turn down the volume.
= You ________ ________ ________ ________ the volume.

4 My mom **used to** drink coffee before breakfast.
= My mom ________ ________ coffee before breakfast.

## D 영작+해석 다음 글을 읽고 주어진 단어를 사용하여 문장을 완성하고, 해석하세요.

영작

A: 1 Mom, can I play computer games now?

B: 2 No, ________________________ first.
(have to, finish, your homework)

A: 3 I will do it after dinner. 4 I don't have to do it now.

B: 5 You might forget about it later. 6 ________________________ now.
(start, better)

A: 7 Then, ________________________ to me? 8 I'm hungry.
(bring, a snack, would)

B: 9 Okay, I will bring you an apple.

해석

A: 1 엄마, 제가 지금 ________________________?

B: 2 아니, 너는 먼저 네 숙제를 끝내야 해.

A: 3 저녁 식사 후에 숙제 할게요. 4 저는 지금 그것을 ________________________.

B: 5 나중에 잊어버릴지도 몰라. 6 너는 지금 시작하는 것이 낫단다.

A: 7 그러면 저에게 간식을 가져다 주실래요? 8 저 배고파요.

B: 9 알겠다, 사과 하나 가져다줄게.

C 1 do the dishes 설거지를 하다 2 carry 나르다; 가지고 다니다 3 turn down (소리·온도 등을) 낮추다 volume 음량[볼륨]
D forget 잊어버리다 snack 간식 hungry 배고픈

천일비급 p.120

# UNIT 37 의문사+be동사 의문문

## A

의문문 만들기 ▶ **주어진 단어를 사용하여 의문문을 완성하세요.**

1 ________ ________ the weather today? (how)

2 ________ ________ you drawing now? (what)

3 ________ ________ he going last night? (where)

4 ________ ________ the plane going to arrive? (when)

## B

배열 영작하기 ▶ **다음 우리말과 의미가 같도록 주어진 단어를 올바르게 배열하세요.**

1 공원에 있던 사람들은 누구였나요? (who / the people / were)

→ ________________________________ in the park?

2 그녀는 오늘 아침에 왜 울고 있었니? (was / crying / she / why)

→ ________________________________ this morning?

3 그들은 부산 어디에서 지낼 예정인가요? (stay / are / where / they / going to)

→ ________________________________ in Busan?

## C

조건 영작하기 ▶ **주어진 단어를 사용하여 대화를 완성하세요.**

1 A: ________ ________ ________ ________ now? (doing, be, he)

B: He is reading a magazine.

2 A: ________ ________ ________ ________ for school this morning? (late, be, you)

B: I woke up late, so I missed the bus.

3 A: ________ ________ ________ ________ ________ ________? (be, they, study, going to)

B: They are going to study at the library.

**A** 1 weather 날씨, 기상  2 draw (그림 등을) 그리다  4 arrive 도착하다  **B** 3 stay 지내다, 머무르다  **C** 2 late 늦은, 지각한; 늦게

# UNIT 38 의문사+일반동사 의문문

천일비급 p.120

## A

어법 판단하기 ▶ **다음 밑줄 친 부분을 어법상 알맞은 형태로 고쳐 쓰세요.**

1 When does she goes to the gym? → ______________

2 Why do you call him last night? → ______________

3 Who send you the flowers yesterday? → ______________

## B

배열 영작하기 ▶ **다음 우리말과 의미가 같도록 주어진 단어를 올바르게 배열하세요.**

1 누가 이 머핀을 구웠니? (this muffin / baked / who)

→ ______________________________?

2 그는 왜 매일 운동하니? (he / does / why / exercise)

→ ______________________________ every day?

3 너는 네 안경을 어디에 두었니? (did / where / put / you)

→ ______________________________ your glasses?

## C

조건 영작하기 ▶ **주어진 단어를 사용하여 대화를 완성하세요.**

1 A: ________ ________ ________ ________ on the test? (do, you, do)

B: I did very well. I got a perfect score.

2 A: ________ ________ ________ ________ now? (live, Kate, do)

B: She lives in New York.

3 A: ________ ________ ________ ________ this bag? (you, do, buy)

B: I bought it last weekend.

4 A: ________ ________ ________ ________ to you? (Paul, say, do)

B: He didn't say anything.

**A** 1 gym 체육관; 헬스클럽 2 call 전화하다; 전화 (통화) 3 send 보내다 **B** 1 muffin 머핀 bake 굽다 **C** 1 perfect 완벽한 score 점수; 득점하다 3 weekend 주말 4 anything (부정·의문문에서) 아무것도, 무엇, 무엇이든

천일비급 p.120

# UNIT 39 의문사+조동사 의문문

## A

어법 판단하기 ▶ **다음 밑줄 친 부분을 어법상 알맞은 형태로 고쳐 쓰세요.**

1 Where we should travel this summer? → ________

2 What will she orders for dinner tonight? → ________

3 How can you are so strong? → ________

4 Can who give me the right answer? → ________

## B

배열 영작하기 ▶ **다음 우리말과 의미가 같도록 주어진 단어를 올바르게 배열하세요.**

1 누가 나 설거지하는 거 도와줄 수 있니? (me / help / who / can)

→ ________ with the dishes?

2 너는 언제 돌아올 거니? (back / you / will / be / when)

→ ________?

3 제가 그 카트를 어디에 반납해야 하나요? (I / return / the cart / where / should)

→ ________?

## C

조건 영작하기 ▶ **다음 우리말과 의미가 같도록 주어진 단어를 사용하여 문장을 완성하세요.**

1 우리는 왜 채소를 먹어야 하니? (should, we, eat, vegetables)

→ ____ ____ ____ ____ ____?

2 너는 내 책을 언제 다시 가져올 거니? (will, bring back, you)

→ ____ ____ ____ ____ ____ my book?

3 제가 그 셔츠에 있는 얼룩을 어떻게 제거할 수 있나요? (the stain, can, remove, I)

→ ____ ____ ____ ____ ____ ____ from the shirt?

**A** 1 travel 여행하다; 여행 2 order 주문하다; 주문 4 right 정확한, 맞는; 오른쪽의 answer 답, 대답; 대답하다 **B** 1 help A with B A가 B하는 것을 돕다 3 return 반납하다; 돌아오다 cart 카트, 손수레 **C** 1 vegetable 채소 2 bring back ~을 다시 가져다주다, ~을 돌려주다 3 stain 얼룩 remove 제거하다

# UNIT 40 what/which/whose+명사 의문문

천일비급 p.120

## A

알맞은 어법 고르기 ▶ **다음 문장의 네모 안에서 어법상 알맞은 것을 고르세요.**

1 What / Whose kind of music does she listen to?

2 Which / Whose subject do you like, math or history?

3 What / Whose car is it on the side of the road?

4 What / Which time are they going to come back home?

## B

문장 해석하기 ▶ **다음 밑줄 친 부분에 주의하여 해석을 완성하세요.**

1 What color does Jasmine like?

→ 재스민은 ______________________________?

2 Whose wallet is that on the table?

→ 식탁 위에 저것은 ______________________________?

3 Which drink do you want, juice or milk?

→ 주스와 우유 중에 너는 ______________________________?

## C

조건 영작하기 ▶ **다음 우리말과 의미가 같도록 주어진 단어를 사용하여 문장을 완성하세요.**

1 몇 시에 그 경기가 시작하나요? (the game, start, time, do)

→ ______ ______ ______ ______ ______ ______?

2 그는 누구의 책을 빌렸니? (book, borrow, he, do)

→ ______ ______ ______ ______ ______?

3 당신은 피자와 파스타 중에 어떤 요리를 추천하나요? (do, recommend, dish, you)

→ ______ ______ ______ ______ ______, pizza or pasta?

A 1 kind 종류; 친절한 2 subject 과목; 주제 3 side 쪽, 측; 면 road 길, 도로 B 2 wallet 지갑 3 drink 음료; 마시다 C 1 game 경기; 게임 2 borrow 빌리다 3 recommend 추천하다 dish 요리; 접시

# UNIT 41 how+형용사/부사 의문문

천일비급 p.120

## A

알맞은 어법 고르기 ▶ **다음 문장의 네모 안에서 어법상 알맞은 것을 고르세요.**

1 How [big / far] is the station from the school?

2 [How much / How long] is that dress? It looks expensive.

3 How [many / much] people came to the meeting?

4 How [many / much] sugar do you want in your tea?

## B

알맞은 형용사·부사 고르기 ▶ **다음 빈칸에 알맞은 단어를 〈보기〉에서 골라 대화를 완성하세요.**

| 보기 | much | many | old | often |
|---|---|---|---|---|

1 A: How __________ students does your father teach?
B: He teaches thirty students.

2 A: How __________ is your little brother?
B: He is 8 years old.

3 A: How __________ homework do you have today?
B: I don't have any today.

4 A: How __________ should I take this medicine?
B: You should take it three times a day.

## C

조건 영작하기 ▶ **주어진 단어를 사용하여 대화를 완성하세요.**

1 A: ______ ______ ______ ______ ______? (be, long, the movie)
B: It is two hours long.

2 A: ______ ______ ______ ______ ______? (the box, heavy, be)
B: It is five kilograms.

3 A: ______ ______ ______ ______ ______ ______? (tickets, need, you, do)
B: I need five tickets.

**A** **1** far 먼; 멀리 station 역, 정거장 **3** meeting 회의 **B** **1** teach 가르치다 **4** take medicine 약을 먹다[복용하다] **C** **2** kilogram ((무게 단위)) 킬로그램 **3** need 필요로 하다; 필요

# Chapter 통합 Exercises 10

천일비급 p.121

**A** 어휘+문법 **다음 우리말과 의미가 같도록 빈칸에 알맞은 단어를 〈보기〉에서 골라 문장을 완성하세요. (필요시 형태를 바꿀 것)**

| 보기 | should | call | far | do |
|---|---|---|---|---|

1 지구에서부터 태양은 얼마나 먼가요?

→ How ________________ is the sun from the earth?

2 너는 지난주에 이 바지를 어디에서 샀니?

→ Where ________________ you buy these pants last week?

3 누가 늦은 밤에 너에게 전화한 거야?

→ Who ________________ you so late at night?

4 우리는 회의를 언제 시작해야 할까요?

→ When ________________ we begin the meeting?

**B** 문법+해석 **다음 밑줄 친 부분을 바르게 고쳐 쓰고, 해석을 완성하세요.**

1 Why he is angry at Alice?

→ 그는 앨리스에게 ________________________________________?

2 Where do your father work now?

→ 네 아버지는 지금 ________________________________________?

3 Should who be the class president?

→ 누가 반장이 ________________________________________?

4 Whose paintings is those in the art gallery?

→ 미술관에 있는 저것들은 ________________________________________?

5 How much little sisters do you have?

→ 너는 ________________________________________?

**A** 4 begin 시작하다 (= start) **B** 3 class president 반장 *cf.* president 회장; 대통령 4 art gallery 미술관

## C 문법+대화 완성 다음 문장의 네모 안에서 어법상 알맞은 것을 고른 다음, 각 질문에 대한 알맞은 응답을 〈보기〉에서 골라 그 기호를 쓰세요.

보기
ⓐ Over there, please. ⓑ The laptop is mine.
ⓒ I told her a funny story. ⓓ Five more minutes, please.

1 How [much / many] time do you need?

2 Why was your mother [laugh / laughing]?

3 Where [I should / should I] put your bag?

4 [Which / What] computer is yours, the desktop or the laptop?

## D 영작+해석 다음 글을 읽고 주어진 단어를 사용하여 문장을 완성하고, 해석하세요.

영작

A: 1 John! ______________________? (going, be)

B: 2 I'm going to the Han Hospital. 3 My brother broke his leg.

A: 4 Oh, really? ______________________? (happen)

B: 5 He got into a car accident.

A: 6 Oh no! How are you going to get to the hospital?

B: 7 By bus. ______________________? (bus, should, take)

A: 8 You should take the number 11 bus. It's fast.

B: 9 How long does it take from here to the hospital?

A: 10 It takes 5 minutes.

해석

A: 1 존! 너는 어디 가는 중이니? B: 2 나는 한 병원에 가는 중이야. 3 내 남동생 다리가 부러졌거든.

A: 4 아, 진짜? 무슨 일이 있었니? B: 5 그는 교통사고를 당했어.

A: 6 이런! 너는 병원에 ______________________? B: 7 버스로 가려고. 내가 무슨 버스를 타야 할까?

A: 8 너는 11번 버스를 타야 해. 그게 빠르거든. B: 9 여기서 병원까지 ______________________?

A: 10 5분 걸려.

C 2 laugh (소리 내어) 웃다; 웃음(소리) 4 desktop 데스크톱 컴퓨터 laptop 노트북 컴퓨터 D break(-broke-broken) 부러지다; 깨다; 고장 내다 happen 일어나다, 생기다 get into A (A한 상태에) 처하다 accident 사고; 실수 take 타다; (시간이) 걸리다

천일비급 p.121

# UNIT 42 There is/are

## A

알맞은 어법 고르기 ▶ **다음 문장의 네모 안에서 어법상 알맞은 것을 고르세요.**

1 There [was / were] a tall tree in her backyard.

2 There [isn't / aren't] much food on the table.

3 There are fresh [a peach / peaches] in the kitchen.

4 [Was / Were] there many people in the waiting room?

## B

문장 전환하기 ▶ **다음 문장을 there를 사용하여 바꿔 쓰세요.**

1 A duck isn't in the pond.

→ ______________________ in the pond.

2 Some ice cream was in the freezer.

→ ______________________ in the freezer.

3 Many magazines are on the bookshelf.

→ ______________________ on the bookshelf.

## C

조건 영작하기 ▶ **다음 우리말과 의미가 같도록 주어진 단어를 사용하여 문장을 완성하세요.**

1 한 시간은 60분이다. (sixty minutes)

→ ______ ______ ______ ______ in an hour.

2 그 병 안에는 물이 전혀 없었다. (any water)

→ ______ ______ ______ ______ in the bottle.

3 교실에 의자가 충분히 있나요? (enough chairs)

→ ______ ______ ______ ______ in the classroom?

**A** 1 backyard 뒷마당 3 fresh 신선한 4 waiting room 대기실 **B** 1 pond 연못 2 freezer 냉동고 *cf.* fridge 냉장고 (= refrigerator) 3 magazine 잡지 bookshelf 책꽂이 **C** 2 bottle 병 3 enough 충분한

천일비급 p.121

# UNIT 43 명령문/제안문

## A

어법 판단하기 ▶ **다음 밑줄 친 부분을 어법상 알맞은 형태로 고쳐 쓰세요.**

1 Let's having lunch together. → ______

2 How about invite your friends over? → ______

3 Don't makes any noise in the library. → ______

4 Do careful with those scissors. → ______

## B

문장 전환하기 ▶ **다음 문장을 괄호 안에 지시대로 바꿔 쓰세요.**

1 You shouldn't stay up too late. (명령문)

→ ______________________ too late.

2 Let's study together at the library. (How 제안문)

→ ______________________ together at the library?

3 We should get something for Jenny. (Why 제안문)

→ ______________________ for Jenny?

## C

조건 영작하기 ▶ **다음 우리말과 의미가 같도록 주어진 단어를 사용하여 문장을 완성하세요.**

1 선생님께 예의 바르게 대하세요. (polite)

→ ______ ______ to your teacher.

2 나중에 그것에 대해 얘기하자. (talk about)

→ ______ ______ ______ it later.

3 우리가 샘을 위해 케이크를 굽는 게 어때? (we, bake)

→ ______ ______ ______ ______ a cake for Sam?

**A** 1 together 같이, 함께 2 invite A over A를 집으로 초대하다 *cf.* invite 초대하다 3 noise 소음, 소리 **B** 1 stay up 깨어 있다, 안 자다 3 get 마련하다; 구하다 **C** 1 polite 예의 바른, 공손한 2 talk about A A에 대해 이야기하다 later 나중에 3 bake 굽다

천일비급 p.122

# UNIT 44 감탄문

## A

알맞은 어법 고르기 ▶ **다음 문장의 네모 안에서 어법상 알맞은 것을 고르세요.**

1 What / How a great plan you have!

2 What / How fast the car runs!

3 What / How soft the sofa feels!

4 What / How cute socks you are wearing!

## B

문장 전환하기 ▶ **다음 문장을 괄호 안에 지시대로 바꿔 쓰세요.**

1 This is a very nice surprise. (What 감탄문)

→ ________________________ this is!

2 You look really wonderful in the dress. (How 감탄문)

→ ________________________ you look in the dress!

3 That is very terrible news. (What 감탄문)

→ ________________________ that is!

## C

조건 영작하기 ▶ **다음 우리말과 의미가 같도록 주어진 단어를 사용하여 문장을 완성하세요.**

1 달팽이는 정말 느리게 움직이는구나! (slowly)

→ ________ ________ snails move!

2 이곳은 정말 재미있는 곳이구나! (fun place)

→ ________ ________ ________ ________ this is!

3 그의 생각은 정말 훌륭하구나! (great)

→ ________ ________ his idea is!

4 그것들은 정말 색이 다양한 쿠키들이구나! (colorful cookies)

→ ________ ________ ________ they are!

**A** 1 great 멋진, 훌륭한 plan 계획; 계획하다 **B** 1 surprise 뜻밖의 일; 놀라게 하다 2 look ~해 보이다; 보다 3 terrible 끔찍한 news 소식, (신문·방송 등의) 뉴스 **C** 1 snail 달팽이 move 움직이다; 이사 가다 2 fun 재미있는; 재미 place 곳, 장소 3 idea 생각, 아이디어 4 colorful 다채로운, 형형색색의

# UNIT 45 부가의문문/부정의문문

천일비급 p.122

## A

알맞은 어법 고르기 ▶ **다음 문장의 네모 안에서 어법상 알맞은 것을 고르세요.**

1 It rained heavily yesterday, [doesn't / didn't] it?

2 [Didn't / Aren't] you have breakfast this morning?

3 Let's play badminton together, [will you / shall we]?

4 [Don't / Doesn't] Emily have a younger sister?

## B

빈칸에 알맞은 말 쓰기 ▶ **다음 빈칸에 알맞은 말을 써서 부가의문문을 완성하세요.**

1 It was Lina's birthday yesterday, ________ ________?

2 You don't like fast food much, ________ ________?

3 Mike can sing very well, ________ ________?

4 Bring me some water, ________ ________?

## C

조건 영작하기 ▶ **다음 우리말과 의미가 같도록 주어진 단어를 사용하여 문장을 완성하세요.**

1 너는 가게에서 소금을 좀 샀지, 그렇지 않니? (buy, some salt)

→ You ________ ________ ________ from the store, ________ ________?

2 제이미는 체육관에서 규칙적으로 운동하지 않니? (Jamie, exercise)

→ ________ ________ ________ regularly at the gym?

3 너와 닉은 박물관을 방문할 거야, 그렇지 않니? (the museum, visit)

→ You and Nick ________ ________ ________ ________, ________ ________?

4 너는 그 열기구가 무섭지 않았니? (afraid)

→ ________ ________ ________ of the hot-air balloon?

**A** 1 heavily (양·정도가) 심하게[아주 많이] 3 badminton 배드민턴 **B** 2 fast food 패스트푸드 **C** 2 exercise 운동하다 regularly 규칙적으로 gym 체육관; 헬스클럽 3 museum 박물관 visit 방문하다 4 be afraid of A A를 무서워하다 hot-air balloon 열기구

# Chapter 통합 Exercises 11

천일비급 p.122

**A** 어휘+문법 **다음 우리말과 의미가 같도록 빈칸에 알맞은 단어를 〈보기〉에서 골라 문장을 완성하세요. (필요시 형태를 바꿀 것)**

| 보기 | swim | take | move | restaurants |
|---|---|---|---|---|

1 그는 최근에 다른 도시로 이사 가지 않았니?

→ Didn't he ______________ to a different city recently?

2 여기 근처에 좋은 식당이 있나요?

→ Are there any good ______________ near here?

3 해변으로 여행 가는 게 어때?

→ How about ______________ a trip to the beach?

4 그 돌고래는 정말 빠르게 헤엄치는구나!

→ How fast the dolphin ______________!

**B** 문법+해석 **다음 문장의 네모에서 어법상 알맞은 것을 고르고, 해석을 완성하세요.**

1 Don't [touch / touches] the painting in the museum.

→ 박물관에 있는 그림을 ______________.

2 You will take the dog for a walk, [don't / won't] you?

→ 너는 그 개를 산책하러 데리고 나갈 거지, ______________?

3 [How about / Why don't we] take a bus to the station?

→ 우리 역까지 버스를 ______________?

4 [What / How] a boring movie this is!

→ 이것은 ______________!

5 [Don't / Do not] Henry and Kate live near the library?

→ 헨리와 케이트는 도서관 근처에 ______________?

A 1 different 다른 recently 최근에 2 near 근처에 3 trip 여행 beach 해변 4 dolphin 돌고래 B 1 painting 그림
2 take A for a walk 산책하러 A를 데리고 나가다 3 station 역; 정거장 4 boring 지루한

## C 문법+영작 다음 문장을 주어진 단어를 사용하여 바꿔 쓰세요.

1 Many children were in the playground. (there)

→ ________ ________ ________ ________ in the playground.

2 Let's join the tennis club. (why, we)

→ ________ ________ ________ ________ the tennis club?

3 This is a very beautiful city. (what)

→ ________ ________ ________ ________ this is!

4 You must not leave this room. (do, not)

→ ________ ________ ________ ________ ________.

5 Why don't you ask him for advice? (how)

→ ________ ________ ________ him for advice?

## D 영작+해석 다음 글을 읽고 주어진 단어를 사용하여 문장을 완성하고, 해석하세요.

**영작**

A: 1 Dad, ______________________________? (we, go camping, can't)

B: 2 What a great idea! 3 I'll look for a campsite. *(five minutes later)*

4 ______________________________ near this place. (there, a lake)

5 ______________________________ next week? (go there, how)

A: 6 Sure.

B: 7 Then, let's ask Mom now.

**해석**

A: 1 아빠, 저희 캠핑하러 갈 수 없나요?

B: 2 ______________________________!

3 내가 캠핑장을 찾아보마. *(5분 뒤)*

4 이 장소 근처에 호수가 있구나. 5 다음 주에 그곳에 가는 게 어떠니?

A: 6 물론이죠.

B: 7 그럼 이제 ______________________________.

**C** 1 playground 놀이터, 운동장 2 join 가입하다, 참여하다 tennis club 테니스 동아리 4 leave 떠나다; 남기다; ~을 두고 오다[가다] 5 ask A for advice A에게 조언을 구하다 **D** go camping 캠핑을 가다 look for ~를 찾다 campsite 캠핑장 lake 호수

# UNIT 46 장소/위치/방향을 나타내는 전치사

천일비급 p.123

## A

알맞은 어법 고르기 ▶ **다음 문장의 네모 안에서 어법상 알맞은 것을 고르세요.**

1 I don't have any money [at / on / in] my pocket.

2 Kevin was waiting [at / on / in] the bus stop.

3 The new toy store is [at / on / in] the third floor.

4 There are three bedrooms [at / on / in] the new house.

## B

알맞은 전치사 쓰기 ▶ **빈칸에 가장 알맞은 전치사를 〈보기〉에서 골라 문장을 완성하세요. (단, 한 번씩만 쓸 것)**

| 보기 | in front of | up | by | behind |
|---|---|---|---|---|

1 Look ______________ there! It's a rainbow.

2 Come and sit ______________ the fire. It's warm here.

3 Don't stand ______________ the TV. I can't see anything.

4 James hid ______________ the tall tree. No one could find him.

## C

조건 영작하기 ▶ **다음 우리말과 의미가 같도록 주어진 단어를 사용하여 문장을 완성하세요.**

1 우리는 그 강을 따라서 자전거를 탔다. (the river)

→ We rode our bikes ________ ________ ________.

2 그는 포스터를 벽에 붙였다. (the wall)

→ He put a poster ________ ________ ________.

3 그 쌍둥이는 나란히 서로 옆에 섰다. (each other)

→ The twins stood ________ ________ ________ ________.

**A** 1 pocket (호)주머니 2 bus stop 버스 정류장 3 floor 층; 바닥 4 bedroom 침실 **B** 1 rainbow 무지개 2 sit 앉다 warm 따뜻한 3 stand 서다 anything (부정·의문문에서) 아무것도 4 hide(-hid-hidden) 숨다, 숨기다 find 찾다, 발견하다 **C** 2 poster 포스터, 벽보 3 each other 서로 twin 쌍둥이

천일비급 p.123

# UNIT 47 시간을 나타내는 전치사

## A

알맞은 어법 고르기 ▶ **다음 문장의 네모 안에서 어법상 알맞은 것을 고르세요.**

1 Thomas arrived at the airport [at / on] 5 o'clock.

2 Did you eat some cake [on / in] your birthday?

3 We didn't have any holidays [on / in] July.

4 Do you usually go out [at / on] Saturdays?

## B

알맞은 전치사 쓰기 ▶ **주어진 단어 중 알맞은 것을 골라 빈칸에 쓰세요.**

1 (for, during)

(1) She took some notes ________ the science class.

(2) He will stay in London ________ a week.

2 (until, by)

(1) He chatted with his friends ________ midnight.

(2) We'd better hurry. We have to be home ________ 5 o'clock.

## C

조건 영작하기 ▶ **다음 우리말과 의미가 같도록 주어진 단어를 사용하여 문장을 완성하세요.**

1 그는 카페에서 3시간 동안 일했다. (three hours)

→ He worked at the cafe ________ ________ ________.

2 그녀는 자정 전에 잠이 들었다. (midnight)

→ She fell asleep ________ ________.

3 나는 항상 아침에 샤워를 한다. (the morning)

→ I always take a shower ________ ________ ________.

**A** 1 arrive 도착하다 airport 공항 3 holiday (공)휴일; 휴가, 방학 4 go out 외출하다 **B** 1 take notes 필기하다, 메모하다 science 과학 stay 머무르다, 남다 2 chat 대화를 나누다, 수다 떨다 midnight 자정 hurry 서두르다 **C** 1 work 일하다; 직장 cafe 카페 2 fall asleep 잠들다 3 take a shower 샤워를 하다

# UNIT 48 다양한 의미의 전치사

천일비급 p.123

## A

알맞은 어법 고르기 ▶ **다음 문장의 네모 안에서 어법상 알맞은 것을 고르세요.**

1 He wrote a letter [by / to] his parents.

2 Join the two pieces together [with / for] glue.

3 Maria went to Jeonju [by / with] train.

4 Do you know any reasons [to / for] the change?

## B

문장 해석하기 ▶ **다음 문장에서 밑줄 친 부분에 주의하여 해석을 완성하세요.**

1 Frank prepared dinner <u>for</u> his family.

→ 프랭크는 ______________________ 저녁식사를 준비했다.

2 Does this bus go <u>to</u> the city hall?

→ 이 버스는 ______________________ 가나요?

3 The girl <u>with</u> the red umbrella is my little sister.

→ ______________________ 그 여자아이는 내 여동생이다.

## C

조건 영작하기 ▶ **다음 우리말과 의미가 같도록 주어진 단어를 사용하여 문장을 완성하세요.**

1 우리 엄마는 한 달 동안 병원에 계셨다. (a month)

→ My mom was in the hospital ________ ________ ________.

2 내 남동생은 그의 친구와 함께 숙제를 했다. (his friend)

→ My brother did his homework ________ ________ ________.

3 채드는 그의 학생증을 사서에게 보여줬다. (the librarian)

→ Chad showed his student card ________ ________ ________.

**A** 1 write(-wrote-written) 쓰다 letter 편지 2 join 붙이다; 가입하다 piece 조각 4 reason 이유 change 변화; 변하다
**B** 1 prepare 준비하다; 대비하다 2 city hall 시청 **B** 3 librarian 사서 show 보여주다; 공연 student card 학생증

천일비급 p.123

# UNIT 49 <전치사+명사>의 역할

## A

전치사구의 역할 판단하기 ▶ **〈보기〉와 같이 〈전치사+명사〉를 찾아 (　　)로 표기한 후, 꾸며 주는 것에 동그라미하세요.**

| 보기 | The snowflakes (fell) (to the ground). |
|---|---|

1 It rained for three days.

2 Pasta is one of my favorite foods.

3 The idea of a trip sounds great.

## B

문장 해석하기 ▶ **다음 문장에서 밑줄 친 부분에 주의하여 우리말 해석을 완성하세요.**

1 Let's talk about the travel plans.

→ 우리 ______________________________.

2 The new library has a special room for little children.

→ 그 새로운 도서관은 ______________________________ 있다.

## C

조건 영작하기 ▶ **다음 우리말과 의미가 같도록 〈보기〉에서 알맞은 〈전치사+명사〉를 찾은 다음, 주어진 단어를 사용하여 문장을 완성하세요.**

| 보기 | for a long time | after a few days | like wild pigs and birds |
|---|---|---|---|

1 그 꽃은 며칠 후에 열매로 바뀌었다. (turn into, a fruit)

→ The flower ______________________________.

2 나는 그것에 대해 오랜 시간 동안 생각했다. (it, think about)

→ I ______________________________.

3 어떤 사람들은 멧돼지와 새와 같은 동물을 사냥한다. (hunt, animals)

→ People ______________________________.

A snowflake 눈송이　ground 바닥, 땅　**2** favorite 가장 좋아하는　**3** sound ~하게 들리다　B **1** plan 계획; 계획하다　**2** special 특별한　little 어린; (크기가) 작은　C wild pig 멧돼지 *cf.* wild 야생의　**1** turn into A A로 바뀌다　fruit 열매; 과일　**3** hunt 사냥하다

# Chapter 통합 Exercises 12

천일비급 p.124

**A** 어휘+문법 **다음 우리말과 의미가 같도록 빈칸에 알맞은 단어를 〈보기〉에서 골라 문장을 완성하세요. (단, 한 번씩만 쓸 것)**

| 보기 | on | of | with | during |
|---|---|---|---|---|

**1** 잔디 위에 앉지 마세요.

→ Do not sit ________ the grass.

**2** 켈리는 수업 시간 동안 차의 역사를 배웠다.

→ Kelly learned the history of cars ________ class.

**3** 그녀는 자기 자신을 자랑스러워한다.

→ She is proud ________ herself.

**4** 그는 많은 경험을 가진 의사를 원한다.

→ He wants a doctor ________ a lot of experience.

**B** 문법+해석 **다음 문장의 네모에서 어법상 알맞은 것을 고르고, 해석을 완성하세요.**

**1** They talked on the phone [for / during] two hours.

→ 그들은 ________________ 통화했다.

**2** That man [on / at] the counter is my father.

→ ________________ 저 남자는 나의 아버지이다.

**3** An airplane just flew [across / behind] the sky.

→ 비행기가 방금 ________________ 날아갔다.

**4** The bakery stays open [by / until] 10 p.m. on weekends.

→ 그 빵집은 ________________ 문을 연다.

**5** Don't give any food [from / to] the animals in the zoo.

→ ________________ 어떤 음식도 주지 마세요.

**A** **1** grass 잔디(밭); 풀 **4** experience 경험; 경험하다 **B** **1** talk on the phone (전화)통화하다 **2** counter 카운터 **3** fly(-flew-flown) 날다 **4** bakery 빵집, 제과점 open (문을) 연; 열다

**C** 문법+영작 **다음 빈칸에 알맞은 전치사를 쓰고, 〈전치사+명사〉의 역할로 알맞은 것을 〈보기〉에서 골라 그 기호를 쓰세요.**

**보기** ⓐ 형용사 ⓑ 부사

1 내일 11시에 만나자.

→ Let's meet ______________ 11 o'clock tomorrow. [　　]

2 너는 이번 주말을 위한 어떤 계획이라도 있니?

→ Do you have any plans ______________ this weekend? [　　]

3 나는 네 뒤에 앉아 있었어.

→ I was sitting ______________ you. [　　]

4 차에 무슨 문제라도 있나요?

→ Are there any problems ______________ the car? [　　]

**D** 영작+해석 **다음 글을 읽고 주어진 단어를 사용하여 문장을 완성하고, 해석하세요.**

**영작**

1 Our class will go on a school trip ______________________________.
(Gyeongju, September)

2 We are going to go there by bus.

3 In Gyeongju, we will stay ______________________________.
(a hotel, three days)

4 During the trip, we will visit places like **Cheomseongdae*.

5 After the trip, we will draw a picture of it ______________________________.
(school)

*Cheomseongdae 첨성대

**해석**

1 우리 반은 9월에 경주로 수학여행을 갈 것이다. 2 ______________________________.

3 경주에서, 우리는 호텔에서 3일 동안 머무를 것이다.

4 여행하는 동안, 우리는 ______________________________.

5 여행 후에, 우리는 학교에서 여행 그림을 그릴 것이다.

**C** 1 meet 만나다 4 problem 문제 **D** go on a trip 여행을 가다 place 장소, 곳